بسم الله الرحمن الرحيم

(وَفِي أَنْفُسِكُمْ أَفَلَا تُبْصِرُونَ)

صدق الله العظيم

دليل المرشد التربوي والأخصائي النفسي ومعلم التربية الخاصة

أساسيات الإرشاد النفسي والتربوي
بين النظرية والتطبيق

٢

أساسيات
الإرشاد النفسي والتربوي

بيـن النظرية والتطبيق

تـأليـف : عبد الـله أبو زعيزع
ماجستير الإرشاد والصحة النفسية - الجامعة الأردنية

تقديم: أ.د. جميل الصمادي
أستاذ علم النفس بكلية التربية - الجامعة الأردنية

٢٠٠٩

طبع بدعم من وزارة الثقافة
٢٠٠٨

دار يافا العلمية للنشر والتوزيع

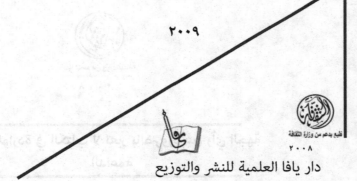

دليل المرشد التربوي والأخصائي النفسي ومعلم التربية الخاصة

٣٧١.٢

أبو زعيزع، عبد الله

أساسيات الإرشاد النفسي والتربوي بين النظرية والتطبيق /

عبد الله أبو زعيزع ._ عمان: دار يافا العلمية، ٢٠٠٨

( ) ص

ر.إ.: ٢٠٠٨/٨/٣٠٠٣

الواصفات: علم النفس التربوي // الإرشاد التربوي //
التربية //

● تم إعداد بيانات الفهرسة الأولية من قبل دائرة
المكتبة الوطنية

طبع بدعم من وزارة الثقافة

٢٠٠٨

الآراء الواردة في الكتاب لا تعبر بالضرورة عن رأي الجهة
الداعمة

الطبعة الأولى ، ٢٠٠٩

دار يـــــافـــــا العلمية للنشر والتوزيع

الأردن – عمان – تلفاكس ٤٧٧٨٧٧٠ ٦ ٠٠٩٦٢

ص.ب ٥٢٠٦٥١ عمان ١١١٥٢ الأردن

E-mail: dar_yafa @yahoo.com

الإهداء

إلى أبي وأمي فيض الحنان والعطاء ورمز البر والعطاء.

إلى زوجتي رمز الحب والإخلاص.

إلى إخوتي رمز الإيثار والدعم.

إلى أبنائي حسام ورغد ويوسف رمز البراءة.

المهارات الأساسية في الإرشادية

التقديم

بقلم الأستاذ الدكتور جميل الصمادي
أستاذ علم النفس بكلية التربية- الجامعة الأردنية

يتضمن هذا الكتاب عرضا لأساسيات الإرشاد النفسي والتربوي والصحة النفسية، ويعالج الكثير من المفاهيم النظرية والتطبيقية لهذا الميدان الهام من ميادين علم النفس بحيث يعتبر كتابا مرجعيا للمرشد التربوي في المدرسة وللأخصائي النفسي- ولمعلم التربية الخاصة.

يعرض الكتاب للمفاهيم النظرية الحديثة للإرشاد النفسي- والتوجيه التربوي والمسلمات الأساسية التي يستند إليها الإرشاد والصحة النفسية كتمهيد لعرض النظريات المختلفة للإرشاد النفسي والتربوي بحيث مثلت القاعدة النظرية الأساسية للانطلاق في الإجراءات العملية التطبيقية للإرشاد،كما احتوى الكتاب على أساليب جمع المعلومات والبيانات الإرشادية بأسلوب واضح يسهل على المختص الذي يريد اعتماد أحد هذه الأساليب أن يستفيد منها بشكل مباشر، وقد زاد المؤلف على هذه إجراءات جمع وتنظيم المعلومات الإرشادية التي تساعد المرشد أن ينظم بياناته ومعلوماته ويرتبها ليضع بعد ذلك الخطة الإرشادية المتكاملة.

وحتى تتم عملية الإرشاد والعلاج،فلا بد من الاعتماد على عدد من الاختبارات والمقاييس النفسية والتربوية كوسائل دقيقة للحصول على البيانات والمعلومات في الجوانب المختلفة للفرد المسترشد، وهذا ما قام بتوضيحه المؤلف حيث وضح أهمية استخدام الاختبارات الموضوعية في مجالات الذكاء والاستعداد والتحصيل الأكاديمي والقدرات والميول والشخصية وبين كيف يمكن توظيف

نتائج هـذه الاختبـارات والمقـاييس في العمليـة الإرشـادية بطريقـة تجعـل مـن القارئ المختص أن يدرك أهمية هذه الأدوات في عمله.

ويعـرض الكتـاب للعمليـة الإرشـادية كمفهـوم وكمراحـل ويتسلسـل في عـرض مراحل العملية الإرشـادية بـدءا مـن الإعـداد لهـا، وبنـاء العلاقـة الإرشـادية وتحديـد المشكلة والأهداف الإرشادية وصولاً إلى الاختيار الأمثل للإستراتيجية المناسبة وتنفيذها ثم تقييم العملية الإرشادية وإنهائها والمتابعة بحيث يسـتطيع القـارئ تكـوين صـورة واضحة عن ماهية العملية الإرشادية وإجراءاتها، وأحسـن المؤلـف صنعا بـأن أضـاف المقاومة في العملية الإرشادية وعرض لأسبابها واسـتراتيجيات التعامـل معهـا وهـذا مـا أهملته الكثير من كتب الإرشاد والعلاج النفسي.

ويتناول المؤلف في هذا الكتاب الميادين الكبرى للإرشاد ويعرض لأنواعه التربوي والمهني وإرشاد الفئات الخاصـة والإرشـاد الأسري والزواجـي بحيـث يوضـح ومفـاهيم هـذه الميـادين والفـروق بينهـا، وهـل معلومـات لا بـد مـن الإطلاع عليهـا مـن قبـل المختصين والمهتمين بحث تم إلقاء الضوء على سبل تنفيذها وبـذلك فـإن عـرض مثـل هـذه الميـادين المختلفـة للإرشـاد مـن شـأنه أن يشـكل قاعـدة معرفيـة للمهتمـين في الإرشاد، وقد أجاد المؤلف عرض تلك الميادين.

ويتميز الكتاب بأن عرض،بالإضافة إلى المعلومات النظرية،مهارات إرشادية لا بد مـن توافرهـا لـدى المرشـد عنـد القيـام بعمليـة الإرشـاد. لقـد تـم توضـيح مهـارات الإصغاء،والسلوك الحضـوري والمهـارات الفنيـة في مجـال القيـاس والتشـخيص وكـذلك مهارات كشف الذات ومهارات العمل المتقدمـة وتفصيلاتها بأسـلوب يعكـس بشـكل واضح خبرة المؤلف الميدانية، بالإضـافة إلى سـعة إطـلاع المؤلـف عـلى فنيـات الإرشـاد ومهاراته.

يعد الكتاب بحق مرجعا علميا رصينا في مجال الإرشاد والصحة النفسية تضـمن الكثير من مبادئ ومفاهيم الإرشاد النفسي والتربوي النظرية والعملية على

حد سواء. إنه كتاب شامل يغني القارئ عن الإطلاع على العديد من الكتب في مجال الإرشاد النفسي والتربوي. استخدم المؤلف لغة سهلة ومفهومه ولكنه بنفس الوقت لم يتجاوز الكتابة المهنية والأكاديمية التي تؤشر إلى أن المؤلف يتمتع بثقافة نفسية وتربوية عالية ومطلع على الكثير من الكتب العربية والأجنبية في مجال الإرشاد والصحة النفسية، هذا بالإضافة إلى أن العنصر ـ الأقوى في هذا الكتاب وهوالتركيز على جانب المهارات التي تشير بشكل واضح إلى أن المؤلف لديه خبرات ميدانية في مجال الإرشاد انعكست في مضمون جميع فصول الكتاب. إنه بحق أيضا دليلا مناسبا للمرشد التربوي والأخصائي النفسي ومعلم التربية الخاصة، كما أنه مفيد للآباء والأمهات والمهتمين بالإرشاد ومشكلات الصحة النفسية.

مع أطيب تمنياتي بالتوفيق،،،

أ.د.جميل الصمادي

مقدمة المؤلف

يسعى هذه الجهد العلمي إلى معالجة المفاهيم والمبادئ والتطبيقات الضرورية في ميدان الإرشاد النفسي والتربوي والصحة النفسية والميادين ذات العلاقة، وذلك في محاولة منظمة و متكاملة لتفسير مدى واسع من مظاهر السلوك الإنساني، و التعامل معه في حالة السواء والشذوذ. ويعد اكتساب هذه المفاهيم والتطبيقات أمرا ضروريا للعاملين و المختصين في الإرشاد والعلاج النفسي ، إذ يمدهم بالاستراتيجيات العلاجية والإرشادية وأدوات التقييم وإجراءات العمل للازمة للتطبيق الميداني ،سواء أكان ذلك في المستشفيات أو العيادات النفسية أو في المؤسسات التعليمية والاجتماعية .

وان كانت هذه العناصر لا تعطي القارئ الكريم الحلول الجاهزة للمشكلات النفسية والاجتماعية والتربوية، إلا أنها توجه انتباهه إلى مجموعة من الاقتراحات ذات الأهمية الكبيرة في إيجاد تلك الحلول ، وتعطيه فكرة واضحة ومتكاملة عن ماهية العلاج والإرشاد النفسي والجوانب التطبيقية في هذا الميدان الحيوي ،كما تحرره من التقيد بتوجه نظري محدد وضيق، إذا ما أخذنا بعين الاعتبار أن أغلبية النظريات والنماذج العلاجية التي تناولت موضوع السلوك البشري تركز على جانب واحد من جوانب الشخصية دون اعتبار الجوانب الأخرى.

ولتحقيق الغاية من هذا الكتاب جاء في ثمانية فصول متكاملة تعالج المواضيع الرئيسة التي تشكل الهيكل الرئيسي لميدان الإرشاد النفسي والتي تلاؤم التطور في العلوم التربوية والنفسية .

فقد تناول الفصل الأول تمهيدا يبين المفاهيم المختلفة للإرشاد، ومناهج البحث المستخدمة به، وأساليبه المختلفة. وتناول الفصلان الثاني والثالث الأسس

والمسلمات العامة والفلسفية والنفسية والتربوية والعصبية البيولوجية التي تقوم عليها العملية الإرشادية والتوجهات النظرية الأساسية التي ساهمت في تطوير المفاهيم والإستراتيجيات العلاجية والإرشادية، ومنها الاتجاه السلوكي التقليدي، والاتجاه التحليلي، والاتجاه السلوكي المعرفي، والنموذج الإنساني.

أما الفصلان الرابع والخامس فقد عالجا موضوع المعلومات الإرشادية اللازمة للعملية الإرشادية والعلاجية، من حيث خصائصها والوسائل المستخدمة في جمعها وتنظيمها من اختبارات ومقاييس موضوعية وذاتية، والإجراءات الأساسية المتبعة في كل وسيلة .

وتناول الفصل السادس طبيعة العملية الإرشادية والمراحل العشر ـ التي تمر بها، مع توضيح الإجراءات الإرشادية المتبعة في كل مرحلة ابتداء من استقبال الحالة وبناء العلاقة الإرشادية وحتى مرحلة الإنهاء والمتابعة، كذلك المهارات والفنيات الأساسية اللازمة في مرحلة إرشادية . وتناول الفصل السابع الميادين الكبرى الأساسية في الإرشاد النفسي مثل الإرشاد التربوي، والإرشاد المهني، والإرشاد الأسري والزوجي، وإرشاد الفئات الخاصة . وعالج الفصل الثامن المهارات الأساسية اللازمة في التطبيق العملي للعملية الإرشادية.

وأخيرا يأمل المؤلف أن يلقى هذا الجهد العلمي المتواضع قبولا حسنا لدى المرشدين التربويين، والاخصائين النفسيين، ومعلمي التربية الخاصة الممارسين، والطلبة الدارسين للإرشاد النفسي والاساتذه، وأن يفيدوا منه في حياتهم العلمية والعملية ويدعوهم ان لايبخلوا عليـه بـردود فعلهـم ونقـدهم البنـاء سعيا وراء الافضل والاستفادة منها في المستقبل إن شاء الله تعالى

المؤلف
عبد الله يوسف أبو زعيزع

الفصل الأول

مقدمة في الإرشاد والصحة النفسية

تمهيد
- مفهوم الإرشاد النفسي
- أهداف الإرشاد النفسي
- الحاجة إلى الإرشاد النفسي
- الإرشاد والعلاج النفسي
- الإرشاد والصحة النفسية والتكييف
- الإرشاد النفسي والتوجيه التربوي
- الإرشاد النفسي والعلوم المتصلة به
- طرق الإرشاد النفسي

تمهيد

يرى بعض المختصين في الميدان ان الإرشاد النفسي هو مجموعة من الممارسات التدخلية التي تهدف إلى تنمية وعي الأفراد والجماعات في التعامل مع المشكلات الحياتية و التوصل إلى قرارات أكثرفعالية، ويتطلب ذلك من المرشد استخدام مجموعة من المهارات الإكلينيكية (المهارات الإرشادية) في سياق العلاقة الإرشادية.

وتتطلب هذه العملية استخدام مبادئ وأساليب دارسة الفرد الانساني، بهدف إكسابه مهارات جديدة تساعد على تحقيق مطالب النمو والتكيف مع الحياة. ويستفيد من الخدمات التي يقدمها الأخصائيون في الإرشاد النفسي جميع الأفراد في المراحل العمرية المختلفة، سواء في بيئة الأسرة أو العمل أو المدرسة وهناك تعريفات كثيرة للإرشاد النفسي كل منها يركز على وجهة نظر معينة.

مفهوم الإرشاد النفسي

لقد تناولت العديد من الأدبيات في العلوم النفسية والتربوية مفهوم الإرشاد النفسي. وفيما يلي عرض لأشهر التعريفات التي تناولت المفاهيم المختلفة للإرشاد النفسي:-

- عرفت الجمعية الأمريكية لعلم النفس (A.P.A) الإرشاد النفسي بانه عملية تهدف إلى مساعدة الأفراد نحو التغلب على معيقات نموهم الشخصي التي تعترضهم وكذلك مساعدتهم نحو تحقيق النمو الأفضل لمصادرهم الشخصية.

- وعرف(بلوتشر، ١٩٦٦) الإرشاد النفسي بانه عملية يتم فيها التفاعل بين المرشد والمسترشد بهدف توضيح مفهوم الذات لدى المسترشد والبيئة المحيطة به وأهدافه المستقبلية.

- ويعرف (زهران، ١٩٨٥) الإرشاد النفسي بانه عملية بناءة تهدف إلى مساعدة الفرد لكي يفهم ذاته ويدرس شخصيته ويعرف خبراته ويحدد مشكلاته وينمي إمكاناته ويحل مشكلاته في ضوء معرفته ورغبته وتعليمه وتدريبه، لكي يصل إلى تحديد وتحقيق أهدافه وتحقيق الصحة النفسية والتكيف شخصيا وتربويا ومهنيا وأسريا وزوجيا. وهو العملية الرئيسية في خدمات التوجيه النفسي، ويتضمن العملية الإرشادية نفسها عمليا، ويمثل الجزء العملي فيها.

- ويرى باترسون (Paterson.P ١٩٨٦) ان الإرشاد تنظيم للمقابلة في مكان خاص وامن يستمع فيه مرشد ذو خبرة وكفاءة ومهارة في الإرشاد، ويحاول فهم المسترشد ومعرفة ما يمكنه تغييره في سلوكه بطريقة أو بأخرى يختارها ويقررها المسترشد، وبالتالي تحقيق لأهداف العامة والخاصة للعملية الإرشادية. ولا بد ان يكون المسترشد يعاني من مشكلة ويكون لدى المرشد المهارة والخبرة للعمل معه للوصول إلى حل المشكلة.

- ويعرف بيتروفيسا (Petrofesa،١٩٧٨) الإرشاد بانه العملية التي يحاول من خلالها المرشد (وهو شخص مؤهل تأهيلا متخصصا للقيام بالإرشاد) ان يساعد شخصا آخر وهو المسترشد في فهم ذاته واتخاذ القرارات وحل المشكلات. وتتضمن هذه العلاقة مواجهة انسانية وجها لوجه تتوقف نتيجتها إلى حد كبير على العلاقة بين الطرفين.

- وأحدث التعريفات للإرشاد النفسي قدمته رابطة الطاولة المستديرة العالمية للإرشاد (I.R.T.A.C) وهو ان الإرشاد النفسي عملية مساعدة الأفراد نحو التغلب على عقبات نموهم الشخصي التي تعترضهم، وكذلك مساعدتهم نحو تحقيق النمو الأفضل لذواتهم ومصادرهم الشخصية عن طريق توفير خبرات نمائية تعليمية).

أهداف الإرشاد النفسي ومناهج تحقيقها

يأتي المسترشد إلى الإرشاد بمشكلة أو حاجة ما وهو يتوقع نتيجة معينة أو مجموعة من النتائج، وكذلك فان المرشد يدخل إلى عملية الإرشاد ومعه مهاراته وأفكاره وفي ذهنه شيء ما يود ان يحدثه. ان ذلك الشيء الذي يبحث عنه المسترشد ويود المرشد ان ينجزه هو ما يمكن ان يطلق عليه هدف الإرشاد أو أهداف الإرشاد. وتقع أهداف الإرشاد في ثلاث مستويات رئيسية هي:-

أ. مستوى الأهداف العامة وتشمل:

- تسهيل عملية تغيير سلوك وافكار ومشاعر المسترشد.
- تطوير قدرة المسترشد على اتخاذ القرارات.
- تحسين العلاقات الشخصية للمسترشد.
- زيادة مهارات التواصل والتعامل مع المواقف الضاغطة.
- تنمية طاقات وقدرات المسترشد.

ب. مستوى الأهداف الخاصة (مستوى النتائج).

تفرض طبيعة المشكلة التي يأتي بها المسترشد للإرشاد وكذلك طبيعة شخصيته على المرشد ان يعد أهداف خاصة لهذا المسترشد وهي التي توجه المرشد في اختيار الاستراتيجيات الإرشادية التي تساعد على تحقيقها.

ج. مستوى الأهداف الموجهة للمرشد.

وهي الأهداف التي يحددها المرشد بناءً على التوجه النظري الذي يتبناه في عمله، فإذا كان المرشد يتبنى العلاج التحليلي مثلا فان أهدافه تتركز على استحضار المواد المكتوبة من اللاشعور وتفسيرها للمسترشد لتبصرها.

وتتعدد أهداف عملية الإرشاد النفسي بتعدد النماذج النظرية واتجاهات الإرشاد، وهناك أهداف عامة ورئيسة لابد من تحقيقها عقب كل عملية إرشاد. كما ان هناك بعض الأهداف تكاد تكون خاصة بكل مسترشد حسب المشكلة التي يعاني

منها وتوقعاته من العملية الإرشادية. وعموما يتفق الباحثون على اختلاف توجهاتهم على ان هناك أهداف رئيسية للإرشاد النفسي أهمها:-

١- تحقيق الذات: لاشك ان الهدف الرئيسي للإرشاد هو العمل مع الفرد لتحقيق الذات، ويقول كارل روجرز ان الفرد لديه دافع أساسي يوجه سلوكه وهو الدافع لتحقيق الذات، ويتضمن ذلك تنمية بصيرة المسترشد ومساعدته على نمو مفهوم موجب للذات.

٢- تحقيق التوافق: أي تناول السلوك والبيئة الطبيعية والاجتماعية بالتغير والتعديل حتى يحدث توازن بين الفرد وبيئته، وهذا التوازن يتضمن إشباع حاجات الفرد ومقابلة متطلبات البيئة وذلك في المستويات الشخصية والتعليمية والمهنية والاجتماعية.

٣- تحقيق الصحة النفسية: ويرتبط بتحقيق الصحة النفسية كهدف للعملية الإرشادية حل مشكلات المسترشد، أي مساعدته في حل مشكلاته بنفسه ويتضمن ذلك التعرف على أسباب المشكلات وأعراضها وإزالة الأسباب وإزالة الأعراض. ويتبع العاملون في الإرشاد النفسي ثلاثة مناهج لتحقيق أهداف الإرشاد السابقة وهي:-

ا- المنهج النمائي:- ويتضمن الإجراءات التي تؤدي إلى النمو السوي السليم لدى الأسوياء خلال رحلة نموهم طول العمر، حتى يتحقق الوصول بهم إلى أعلى مستوى ممكن من النضج والصحة النفسية والسعادة والكفاية والتوافق النفسي

ب- المنهج الوقائي:- ويطلق عليه أحياناً منهج التحصين النفسي ضد المشكلات والاضطرابات والأمراض النفسية. وتتضمن الخطوط العريضة للوقاية من الاضطرابات النفسية على ما يلي:-

- الاجراءات الوقائية الحيوية وتتضمن الاهتمام بالصحة العامة والنواحي التناسلية.

- الإجراءات الوقائية النفسية وتتضمن رعاية النمو النفسي السوي ونموالمهارات الأساسية والتوافق الزواجي والأسري و المهني والمساندة أثناء الفترات الحرجة والتنشئة الاجتماعية السليمة.
- الإجراءات الوقائية الاجتماعية وتتضمن إجراء الدراسات والبحوث العلمية وعمليات التقويم والمتابعة والتخطيط العلمي للإجراءات الوقائية والتوعية الإعلامية.

ج _ المنهج العلاجي:هناك بعض المشكلات والاضطربات التي قد يكون من الصعب التنبؤ بها فتحدث فعلا. فكل فرد يختبر في وقت ما مواقف وأزمات وفترات حرجة ومشكلات حقيقية يحتاج فيها إلى مساعدة ومساندة لتخفيف مستوى القلق ورفع مستوى الأمل. ويتضمن دور المنهج العلاجي كذلك علاج المشكلات والاضطرابات والأمراض النفسية بهدف العودة إلى حالة التوافق والصحة النفسية. ويهتم هذا المنهج بنظريات الاضطراب والمرض النفسي وأسبابه وتشخيصه وطرق علاجه وتوفير المرشدين والمعالجين والمراكز والعيادات والمستشفيات النفسية.

الحاجة إلى الإرشاد النفسي

يحتاج الفرد خلال مراحل نموه المتتالية إلى خدمات الإرشاد النفسي، فجميع الإفراد يمرون بمشكلات عادية وفترات انتقال حرجة(Critic Time) خلال مراحل نموهم المختلفة، وغالباً ما يتخللها صراعات وإحباطات وتوترات وخوف من المجهول. وأهم الفترات الحرجة التي يمر بها الانسان تلك التي ينتقل بها من المنزل إلى المدرسة أو عندما يتركها، والفترة التي ينتقل بها الفرد من الدراسة إلى العمل، وعندما ينتقل من حياة العزوبية إلى الحياة الزوجية، أو عندما يحدث الطلاق أو موت الزوج، وعندما ينتقل الانسان من مرحلة الطفولة إلى مرحلة المراهقة أو من المراهقة إلى الرشد أو من الرشد إلى الشيخوخة. وقد

يعاني الفرد من تأخر نمائي في أحد جوانب النمو المختلفة،كما تحتاج الجماعات إلى خدمات الإرشاد النفسي ابتداء من الأسرة التي تتعرض إلى تغيرات اجتماعية كبيرة ومتعاقبة، مروراً بالمدرسة حيث تطرأ قوانين وتعليمات جديدة يتبعها تغيرات في الانماط السلوكية لأطراف العلمية التربوية لاسيما الطالب. كما حدثت زيادة في إعداد التلاميذ في المدارس، فضلا عن التقدم العلمي والتكنولوجي الكبير الذي طال التعليم ومناهجه.

ويحتاج أفراد المجتمع في جميع المؤسسات الاجتماعية إلى خدمات الإرشاد النفسي، لا سيما في عصر تفجرت فيه المعرفة السيكولوجية وكثرت الكوارث والحروب والآثار الاجتماعية والاقتصادية لها، وأصبح العالم بفضل ثورة الاتصالات والفضائيات قرية صغيرة مما جعل البعض يطلق على هذا العصر عصر القلق. ان جميع ما سبق من تغيرات وتطورات على المستوى الفردي والجماعي يؤكد الحاجة الماسة إلى خدمات إرشادية متخصصة.

الإرشاد النفسي والعلاج النفسي.

يعرف العلاج النفسي (psychotherapy) بانه مجموعة من الأساليب تهدف إلى مساعدة المريض النفسي في تعديل سلوكه وأفكاره ومشاعره حتى يتكيف مع بيئته بشكل معقول. ويعتمد ذلك على فهم وتبصر المريض بدوافعه الشعورية واللاشعورية وصراعا ته، كما يعتمد على تمكينه من تعلم كيفية السيطرة على مشاكله. وتدور جميع أساليب العلاج النفسي حول الاتصال بين شخصين هما المعالج والمريض، حيث يشجع المعالج المريض على التصريح عن كل مخاوفه ومشاعره وخبراته دون خوف من النقد أو اللوم. والمعالج كطرف في عملية العلاج يحاول التعرف على مشاكل المريض دون ان يتورط فيها حتى يقيمها بطريقة موضوعية. ان العلاج النفسي يجدي نفعاً أكثر مع

الحالات المتوسطة من المرض النفسي والأمراض العصابية، حيث يكون المرضى واعون لمشاكلهم وقادرين على التعامل مع المعالج ويطلبون العلاج.

ويشترك العلاج النفسي بهذا المفهوم مع الإرشاد النفسي بان كلاهما يقوم على أساس وجود علاقة تفاعلية تسعى إلى تقديم المساعدة للمسترشد. ويلاحظ ان عددا كبيرا من الكتب في ميداني الإرشاد النفسي والعلاج النفسي تجمع بين المفهومين على سبيل المثال:-

١-Patterson-(١٩٨٦).Theories of counseling & psychotherapy. N.Y: Haven and Row

٢-Corey،G.(٢٠٠١).Theory and practice of counseling & psychotherapy.California: Cole publishing company.

ويشترك المرشد النفسي مع المعالج النفسي في عملية التشخيص وبعض الاستراتجيات العلاجية لاسيما الاستراتجيات السلوكية المعرفية والتحليلية. ويسعى كلٍ منهما إلى نفس الهدف- كل في حدود تخصصه- وهو حل المشكلات التي يعاني منها المسترشد وتحقيق الصحة النفسية. ومع ذلك نرى انه لابد من الإشارة إلى جوانب الاختلاف بين الإرشاد النفسي والعلاج النفسي تجنبا للخلط وسوء الممارسة وتحقيقا لأقصى فائدة من مزايا واستخدامات كل منها. وفيما يلي أبرز الفروق بين الإرشاد النفسي والعلاج النفسي:-

١- الإرشاد النفسي يركز على المشكلة وتوضيحها للمسترشد، في حين يركز العلاج النفسي على الشخص وعلى خبراته السابقة وطريقة تفكيره بهدف إيصاله إلى حالة من الاستبصار وإعادة تنظيم شخصيته.

٢- يعمل المرشدون النفسيون مع أشخاص عاديون يعانون من مشكلات تكيفيه لاتفصلهم عن الواقع مع انها تعيقهم من التفاعل مع هذا الواقع. في حين يعمل المعالجون النفسيون مع أشخاص مضطربين يبدون أساليب شاذة

للتكيف ويعانون من اضطرابات نفسية نموذجية (اكتئاب، وسواس قهري،هستيريا...الخ).

٣- تقدم خدمات الإرشاد النفسي عادة في المدارس أو المراكز الإرشادية أو الجامعات في حين تقدم خدمات العلاج النفسي في العيادات النفسية أو مستشفيات الأمراض النفسية أو مراكز الصحة النفسية وتستند استراتيجياته إلى الإتجاه التحليلي البيولوجي.

٤- هناك اختلاف في نسبة الوقت المخصص في المهارات المشتركة بين العلاج النفسي والإرشاد النفسي، و في توقيت هذه المهارات. ففي الإرشاد لابد من توجيه الأوامر والمعلومات وتقديم المساعدة في منتصف العملية الإرشادية وليس في بدايتها لأن تقديم المساعدة يعتمد على جمع المعلومات. والجدول رقم (١) يوضح الاختلافات فيما يتعلق بالوقت المنصرم في تطبيق المهارات والعمليات المشتركة بينهما.(انظر الصفحة التالية).

جدول رقم(١)

نسبة الوقت المنصرم في تطبيق المهارات والعمليات المشتركة بين الإرشاد والعلاج النفسي.

يلاحظ من قراءة الجدول رقم (١) ان هناك تفاوت واضح في الوقت الذي يعطيه كل من المرشد والمعالج النفسي في ممارسة المهارات المشتركة، وبشكل أساسي في مهارة الإصغاء وتقديم المعلومات. ان التداخل بين الإرشاد النفسي والعلاج النفسي يمكن توضيحه بالشكل التالي:-

العلاج النفسي	الإرشاد النفسي	المهارة / العملية
٦٠%	٢٠%	الإصغاء
١٠%	١٥%	توجيه الأسئلة
٥%	٥%	التقويم
٣%	١%	التفسير
٥%	١٥%	الاستيضاح
٣%	٢٠%	تقديم المعلومات
٣%	١٠%	النصح
١%	٩%	توجيه الأوامر
١٠%	١٥%	التدعيم

أخذ هذه الشكل بتصرف عن (brimming snowstorm،١٩٧٧)

خصائص العلاج النفسي:-

- يركز على دراسة الشخص بعمق وعلى مستوى اللاشعور.
- يستند إلى المنهج التحليلي والبيولوجي.
- يهدف إلى إعادة بناء الشخصية.
- يركز على الماضي.
- يركز على المشكلات العصابية والمشكلات الإنفعالية.

خصائص الإرشاد النفسي:-

- يركز على دراسة الأعراض الظاهرة وعلى مستوى ا لشعور.
- يستند إلى نظريات التعلم والمنحى السلوكي المعرفي.
- يركز على مشكلات الحياة الناجمة عن سوء التكيف.
- يهدف إلى إكساب مهارات وانماط سلوكية جديدة .

علاقة الإرشاد النفسي بالصحة النفسية والتكيف

مفهوم الصحة النفسية

هناك عدة تعريفات للصحة النفسية نذكر من أهمها ما يلي:-

- الحالة التي يستشعر معها الشخص بانه لا يعاني من أية أعراض نفسية كالتوتر الشديد والقلق والخوف أو الصراعات النفسية الخطيرة، والتي تحول دون تكيفه مع نفسه أو بيئته. وفي هذه الحالة يكون الشخص قادرا على مواجهة الضغوط واستيعابها واحتمالها .
- حالة من التكيف والتوافق والانتصار على الظروف والمواقف يعيشها الشخص في سلام حقيقي مع نفسه وبيئته والعالم من حوله، و يستشعر فيها انه راض عن نفسه وسعيداً بأحواله ومتصالح مع الواقع ومسيطر على انفعالاته.

- هي القدرة على التعامل مع مطالب الحياة اليومية دون ان يرهق الشخص نفسه أو يبذل من طاقته أكثر مما يستطيع أو يتطلب الموقف، ومن ثم يستشعر انه كفؤ للتعامل مع المواقف بايجابية وبانتظام، وان يفكر بوضوح ويسيطر على انفعالاته ويفي بالتزاماته ويستمتع بالحياة وتكون له علاقات سوية، و بالتالي يرضى عن نفسه وبيئته ويعيش في سلام معهما.

مفهوم التكيف: (ADAPTATION)

- **المفهوم الطبي للتكيف**: عملية توافق مع أوجه القصور الفطري الذي يولد به الفرد.أو هو ما يطرأ على الدوافع والاتجاهات والعواطف من تعديل في حدود استطاعة الشخص بهدف التوافق مع مقتضيات الموقف.(الحفني ،ص٤٠٩)

- **المفهوم النفسي للتكيف**:- هو عملية موائمة قد تكون على إحدى المستويات التاليه:-

١- المستوى البيولوجي: حيث يوافق الفرد بين حاجاته وظروف البيئة ويعدل من سلوكه بغية الحفاظ على حياته.

٢- المستوى الفسيولوجي: حيث يطرأ تعديل أو تغير في كيميائية الجسم.

٣- المستوى العصبي الحسي: حيث يتغير الإحساس بالتنبيه حتى يستطيع العصب أو عضو الحس ان يتحمل المنبه الذي يتعرض له طويلاً.

٤- المستوى النفسي: وفيه يستنفر الفرد آلياته النفسية ليدافع بها عن الجهاز النفسي ويستمر شعوره بالتكامل.

٥- المستوى الاجتماعي: حيث يلائم الفرد بين حاجاته ومطالب المجتمع. وقد يقوم الفرد بالتكيف عن قصد أو بممارسة المجتمع على أفراده ثقافة التكيف من خلال التنشئة الاجتماعية.(الحفني ،ص٤٠٩)

- **السلوك التكيفي:** هو ما يقوم به الفرد من استجابات لمواجهة متطلبات البيئة والتوافق مع ظروفه.

- **المفهوم التحليلي للتكيف:** يتضمن الملائمة بين الحاجات الغريزية وظروف ومتطلبات العالم الخارجي، وهو استعداد وراثي يزود به الفرد قبل الميلاد. ويكتسب الفرد آلية التكيف بفعل الصراع من أجل البقاء. (القوصي.ص١٤)

- **متلازمة التكيف:** تشير إلى مجموعة التغيرات المركبة في الجسم الناتجة عن الضغوط والتي تعمل كدفاع ضدها. **وتقسم هذه المتلازمة إلى ثلاثة مراحل هي:-**

* **المرحلة الأولى:** تكون الاستجابة بالانذار، ولا يحدث تكيف في هذه المرحلة.

* **المرحلة الثانية:** تتضمن المقاومة ويأخذ التكيف طريقه ويفعل مفعوله.

* **المرحلة الثالثة:** يفشل الفرد بتحقيق التكيف ويستنفذ طاقته ويموت او يضطرب. (الحفني، ص. ٤١٠).

ان العلاقة بين الإرشاد النفسي وبين التكيف والصحة النفسية علاقة واضحة وبسيطة ويمكن إجمالها بالقول في ان الإرشاد النفسي هو الوسيلة الأساسية لتحقيق التكيف والصحة النفسية.وفي حالة سوء التكيف النفسي تضطرب علاقة الفرد مع الآخرين ويعجز عن التكيف مع الظروف البيئية والاجتماعية المحيطة مما يسبب له المشكلات والتوتر في المجال الاجتماعي والتربوي والمهني والأسري. يتبين لنا مما تقدم ان السلوك التكيفي هو المؤثر الفعال الذي يساعد الافرد على التغلب على المؤثرات البيئية والاجتماعية.

الإرشاد النفسي و التوجيه التربوي

يشير مفهوم التوجيه التربوي إلى توفير الخبرات التي تساعد الطلبة على فهم انفسهم و بذلك يشترك مع مفهوم الإرشاد النفسي - الذي يعتبر الخدمة الرئيسية من خدمات التوجيه -. ويتضمن التوجيه الإجراءات و العمليات التي تنظم لبناء علاقة تقديم المساعدة ((العلاقة الإرشادية)) (منصور،ص ١٦).

وتتضمن خدمات التوجيه الانشطه و الأعمال التي تتخذها المدرسة لجعل التوجيه إجرائيا و قابلاً للتطبيق ومتاحاً للطلبة. ويمكن التمييز بين خمسة مجالات خدمية في برنامج التوجيه التربوي هي:

١- خدمة التقدير: تهدف هذه الخدمة من خدمات التوجيه إلى جمع وتحليل و استخدام مجموعة من المعلومات الاجتماعية والنفسية والشخصية الموضوعية والذاتية عن كل طالب بهدف الوصول لفهم أفضل للتلاميذ، و كذلك مساعدتهم على ان يفهموا انفسهم.

٢- خدمه المعلومات: تصمم هذه الخدمة لتزويد الطلبة بمعرفة اكبر عن الفرص التربوية و المهنية والشخصية و الاجتماعية، كي يتمكنوا من اتخاذ اختيارات و قرارات أفضل تستند إلى معلومات مناسبة في مجتمع يزيد تعقيداً.

٣- خدمة الإرشاد: و تصمم بهدف تسهيل عملية فهم الذات و تنميتها من خلال العلاقة الإرشادية المهنية بين المرشد و المسترشد او بين المرشد ومجموعة من المسترشدين، وتركز هذه العلاقة على تنمية إمكانيات المسترشد الشخصية واتخاذ القرارات التي تستند إلى فهم الذات و معرفة البيئة.

٤- خدمة التخطيط و الوضع في المكان المناسب: و تصمم لدعم نمو الطلبة عن طريق مساعدتهم على اختيار و استخدام الفرص المتاحة داخل المدرسة وخارجها في سو ق العمل.

٥- التقويم: ويتضمن استخدام أساليب و أدوات تحقق بها أهداف التوجيه والإرشاد في ضوء معايير محدده (منصور، p.١٦).

الإرشاد النفسي والعلوم المتصلة به.

يصنف الإرشاد النفسي ضمن مجموعة العلوم الانسانية التي تهدف إلى خدمة البشرية وسعادتها وهو يأخذ من هذه العلوم ويقدم لها العديد من حيث الأهداف والأساليب والوسائل لاسيما العلوم النفسية والتربوية والاجتماعية.وفيما

يلي عرض موجز لأهم العلوم الانسانية ذات العلاقة الوثيقة بميدان الإرشاد النفسي، والتي لابد ان يكون المرشد ملما بالأساسيات والمهارات الأساسية لها التي قد تلزمه في عمله الإرشادي:-

١) علم التربية (Education)

ترتبط عملية التربية مع العملية الإرشادية من حيث انها عملية تضم الافعال والتأثيرات المختلفة التي تهدف إلى تنمية الفرد في جميع جوانب شخصيته وتسير به نحو كمال وظائفه و ما تحتاجه هذه الوظائف من انماط سلوكية وقدرات، وبالتالي تحقق التربية للفرد التكيّف مع ذاته ومع محيطه.

٢) علم النفس العام (Psychology)

يستفيد الإرشاد النفسي من علم النفس العام أدوات القياس والتقويم لشخصية المسترشد وفهم دينامياتها، كما يستفيد من نظريات التعلم والشخصية.

٣) التربية الخاصة (Special Education)

يعتقد(رين، ١٩٦٢) ان الأفراد ذوي الاحتياجات الخاصة هم احوج الناس إلى خدمات الإرشاد النفسي، وقد خصص مجال من المجالات الإرشادية لهذه الفئة. وتشترك عملية الإرشاد النفسي مع التربية الخاصة من حيث ان كلاهما تعتبر عملية مساعدة في رعاية ذوي الاحتياجات وتوجيه نموهم نفسياً وتربوياً ومهنياً وزواجياً وأسرياً، وبالتالي حل مشكلاتهم المرتبطة بمجالات اعاقتهم او تفوقهم او تلك الناتجة عن الاتجاهات النفسية والاجتماعية تجاههم وتجاه حالاتهم. وتتلخص اهداف الإرشاد لهذه الفئة من الناس بالتغلب على الآثار النفسية المترتبة على الحالة الخاصة لهم مثل: الانطواء او العزلة او العدوانية والنقص، والعمل على تعديل ردود فعل الآخرين للحالة، كما في الاتجاهات

السلبية نحو الاعاقة والمعوقين، ودمجهم تربوياً ومهنياً واجتماعياً مع بقية افراد المجتمع، وتقديم خدمات الإرشاد الزواجي. (انظر ارشاد الفئات الخاصة).

٤) انثروبولوجي \علم الانسان (Anthropology)

علم الانسان هو العلم الذي يدرس العناصر الحيوية والاجتماعية والثقافية للانسان، كما يهتم بدراسة انماط الثقافة التي تشكل السلوك البشري بعناصره اللغوية وغير اللغوية، كما يدرس منتجات الثقافة المادية وغير المادية في الاجزاء المختلفة من العالم مثل الجماعات البدائية والثقافات الفرعية داخل المجتمع. ولابد ان يكون المرشد النفسي على اطلاع باساسيات هذا العلم حيث يفيد منه كثيرا بالإرشاد متعدد الثقافات، على اعتبار ان هنالك فروق بين الثقافات والحضارات لا بد ان يحيط بها.

٥) علم النفس الإكلينيكي(Clinical psychology)

يعرف علم النفس الاكلينكي بانه فرع من فروع علم النفس التطبيقي يهتم بدراسة مظاهر الاضطرابات النفسية وطرق تشخيصها واستراتيجيات علاجها، ويتعامل العاملين في هذا الميدان مع الحالات العصابية بشكل خاص، ومشكلات التكيف الشخصية التي تكون بدرجة بسيطة ومتوسطة من التعقيد. ومن الأمثلة على المشكلات والاضطرابات التي يتعامل معها عالم النفس الإكلينيكي: مشكلة الإدمان، وانحراف الأحداث، والإعاقة العقلية البسيطة والمتوسطة، والمشكلات الزاوجية والأسرية. ويستفيد الإرشاد النفسي من علم النفس الاكلينكي في تمييزه وتصنيفه للاضطرابات النفسية وتشخيص درجتها.

٦) علم النفس التربوي (Educational Psychology)

فرع من فروع علم النفس يهتم بدراسة المشكلات المتعلقة بعملية التعلم والتعليم والمشكلات النمائية التي تظهر بالمدرسة كالضعف القرائي والكتابي،

وتدني التحصيل الدراسي، وبطئ التعلم.ويستفيد الإرشاد من هذا الفرع من العلوم طرق اكتساب المعرفة والتعلم، ويشترك معه في ان كلاهما يركزان على عمليات التعلم والتعليم.

٧) علم النفس الفسيولوجي(Physiological psychology)

فرع من فروع علم النفس يهتم بدراسة الحواس المختلفة ووظائفها، واثر العمليات الحسية على السلوك بمختلف جوانبه، كما يهتم بدراسة الجوانب الفسيولوجية من دوافع الانسان وانفعالاته، ودراسة الدماغ تشريحيا ووظيفيا لمعرفة المراكز العصبية المسئولة عن العمليات السيكولوجية المتخصصة. ويستفيد الإرشاد النفسي من علم النفس الفسيولوجي في فهم الأسس العصبية للضغوط النفسية، وما تحدثه من أثرعلى الجسد في المواقف الضاغطة، واستثمار هذه المعرفة في تنفيذ هذه الاستراتجيات الإرشادية، مثل استراتجية الاسترخاء العضلي.

٨) علم نفس نمو (Developmental psychology)

فرع من فروع علم النفس يهتم بدراسة المظاهر النمائية المختلفة للانسان والعوامل المؤثرة في هذا النمو منذ لحظة الإخصاب وحتى مرحلة الشيخوخة، كذلك يهتم علم نفس النمو بدراسة التغيرات التي تطرأ على جوانب السلوك المختلفة المعرفية والجسدية والانفعالية والاجتماعية.

ويستفيد الإرشاد النفسي من علم نفس النمو في معرفة مطالب النمو والمعايير التي نقيم على ضوئها نمو المسترشد. ويشترك التخصصين في ان كلاهما يهدف إلى رعاية النمو السوي لدى المسترشد في مختلف جوانب الشخصية.

٩) علم الإجتماع(Socsiology)

يعرف علم الإجتماع بانه العلم الذي يدرس الفرد والجماعة، وعملية التفاعل بين الطبقات الاجتماعية، ونظم الحياة الريفية والمدنية للثقافات المختلفة وما ينبثق عن ذلك من اتجاهات وقيم وعادات، والكيفية التي تتغير بها الثقافات والجماعات. ويهتم المرشد التربوي بدراسة هذه القضايا لأن جزءا كبيرا منها يدخل ضمن عمله الإرشادي، فقد يتفاعل المرشد مع مسترشد يحمل اتجاهات سلبية تعيقه عن التكيف مع المجتمع وتسبب له مشكلات عديدة. وأخيرا يشترك الإرشاد النفسي مع علم الإجتماع في ان كلاهما يهدف إلى تحقيق الرفاه الاجتماعي.

مناهج البحث في الإرشاد النفسي

ان احد الخدمات التي يقدمها المرشد النفسي سواء كان عمله في المؤسسات التعليمية أو الطبية أو الاجتماعية،هي إعداد الدارسات والبحوث الميدانية للمشكلات التي تطرح عليه. ومن هنا تقتضي الحاجة إلى عرض لأهم مناهج البحث العلمي التي يمكن للمرشد ان يستخدمها في إجراء دراساته وأبحاثه بيسر وسهولة. ويهدف علم الإرشاد النفسي كغيره من العلوم الانسانية إلى اكتشاف القوانين العلمية الصادقة الثابتة والوصول إلى التعميمات التي تساعدنا في فهم سلوك المسترشد والتنبؤ به والسيطرة عليه إلى حد ما. فالكشف عن العوامل التي تؤثر في الجانب السلوكي والمعرفي والانفعالي للمسترشد يعتبرمحورا رئيسياً للبحوث في هذا المجال. ولا شك ان الخطوة الأولى في مثل هذه المحاولات هي الحصول على البيانات والحقائق المرتبطة بموضوعات الدراسة. ولهذا لا بد ان يقوم المرشد الباحث ببحوثه التي تمكنه من الوصول إلى هذه الحقائق. وتختلف الطرق المتبعة في الدراسة في مدى موضوعيتها، كما تختلف في مدى قدرة المرشد الباحث على السيطرة على العوامل المؤثرة في الظاهرة موضع الدراسة. فمن طرق يصعب على الباحث فيها ان يتحكم في العوامل المؤثرة في

الظاهرة موضع الدراسة يكتفي فيها بالملاحظة، إلى طرق تتصف بقدرة لا بأس بها على السيطرة على العوامل المؤثرة في الظاهرة موضع الدراسة كالطرق التجريبية.

وأي كانت الطريقة التي يسلكها المرشد في البحث، فان هناك خطوات نموذجية يقوم بها ويسلك فيها إلى حد كبير خطوات البحث العلمي التي تبدأ بالشعور بالمشكلة، ثم الحصول على البيانات والحقائق المرتبطة بموضوعات الدراسة وتحديد المشكلة، واقتراح الحلول (الفروض)، واستنباط نتائج الحلول المقترحة، واختبار الحلول المقترحة ومناقشتها، وأخيرا اختيار الحل الأفضل والتحقق من صحته ومدى فاعليته. ويرافق ذلك عملية جمع الملاحظات والبيانات فإذا أيدت الملاحظات والبيانات صحة وفاعلية هذا الحل (الفرض) كان صحيحاً، وإلا وجب تعديله أو تطويره أو استبعاده نهائياً واقتراح بدائل (فروض) أخرى. ولا شك ان نجاح المرشد في حياته العلمية والعملية يتوقف إلى حد كبير على قدرته على حل المشاكل بطرق منهجية، ومدى إتقانه لأساسيات البحث العلمي. وفيما يلي عرض لأهم مناهج البحث في ميدان الإرشاد النفسي:-

منهج البحث التجريبي: (experimental Study)

تدور الدراسة في مجال الإرشاد النفسي حول ظاهرة نفسية اجتماعية حولها علامات استفهام ويحيط بها الغموض وتحتاج إلى تفسير. ومن الأمثلة على المشكلات والظواهر التي دار حولها الكثير من البحث: طرق الإرشاد النفسي، ومشكلة قلق الامتحان، الإدمان، تدني التحصيل الدراسي، و الانطواء. وفي المنهج التجريبي لا يقف المرشد الباحث عند مجرد وصف موقف، أو تحديد حالة، أو التأريخ للحوادث الماضية. وبدلا من ان يقصر نشاطه على ملاحظة ما هو موجود ووصفه، يقوم عامدا بمعالجة عوامل معينة تحت شروط مضبوطة

ضبطا دقيقا، لكي يتحقق من كيفية حدوث شرط أو حادثة معينة ويحدد أسباب حدوثها. ويسلك المرشد عند استخدامه للمنهج التجريبي مجموعة من الخطوات على النحو التالي:-

١- تحديد المشكلة على أساس تعريف وبلورة الظاهرة بوضوح وتجميع علامات الاستفهام التي تحيط بالظاهرة والتعرف العلمي الدقيق على المشكلة ومكوناتها وعزل العوامل التي أدت إلى المشكلة. وتنبع المشكلة من الشعور بصعوبة ما فإذا تسببت بعض الأشياء في إحداث حيرة وعدم ارتياح لدى الباحث فان عدم الارتياح المقلق هذا يؤرق هدوء حالته العقلية، حتى يتعرف بدقة على ما يحيره ويجد بعض الوسائل لحله. وتتجسد المشكلة حينما يشعر الباحث بان شيئا ما ليس صحيحا أو يحتاج إلى المزيد من الإيضاح. فإذا تملك الباحث إحساس بان شيئا ما يحتاج إلى تفسير، وأراد الحصول على تصور واضح للعوامل المسببة لهذه الظاهرة المحيرة، فانه يكون قد وفّر بعض الشروط اللازمة للتعرف على المشكلة وتحديدها.

٢- تحديد الهدف من البحث، ومن أهم أهداف البحث العلمي التفسير، والتنبؤ، والضبط، أي التحكم في بعض العوامل الأساسية التي تسبب الظاهرة السلوكية لكي تجعل ذلك يتم أو تمنع وقوعه (كمنع وقوع قلق الامتحان والسلوك العدواني والنشاط الزائد وكافة الانحرافات).

٣- صياغة الفروض (Hypotheses) التي تساعد الباحث في استكشاف الحقائق العلمية التي تحقق الفروض التي يفترضها أو لا تحققها، تثبتها أو تنفيها. فهي تزوده بالإطار التركيبي الذي يمكن ان تنظم حوله البيانات ذات الصلة بالموضوع. ويساعد الفرض الباحث على تحديد أي الإجراءات تكون أكثر مناسبة وملائمة لاختبار الحل المقترح للمشكلة، وهو يحتفظ بطابع التخمين حتى توجد الحقائق الصحيحة لكي تؤيده أو ترفضه.

٤- وضع تصميم تجريبي يتضمن جميع النتائج وشروطها وعلاقاتها وقد يستلزم ذلك القيام بالحظوات الفرعية التاليه:-

أ- اختيار عينة من المفحوصين لتمثل مجموعة من الأفراد (جزء من المجتمع) و تُؤخذ بطريقة معينة من المجتمع الدراسي الأصلي لدراستها، وتكون خصائصها مشابهة لنفس خصائص المجتمع الأصلي، أما المجتمع الإحصائي الأصلي فيشير إلى مجموعة من الأفراد أو العناصر ذات الصفات المشتركة القابلة للملاحظة والقياس، وهذه الصفات واضحة يمكن تميزها عن غيرها من الصفات التي تكوّن مجتمع إحصائي آخر، هذا وقد يكون أفراد المجتمع الإحصائي محدودا كما في عدد طلبة كلية الهندسة في إحدى الجامعات أو غير محدود مثل عدد المواطنين الذين يسكنون بالإيجار مثلا. ويشير المختصون بالإحصاء ان نسبة (٥-١٠%) من أفراد المجتمع تكون نسبة مقبولة بوجه عام كعينة ممثلة للمجتمع. وهناك انواع مختلفة للعينات تختلف باختلاف طبيعة البحث منها: العينة العشوائية، والعينة الطبقية، والعينة المنتظمة، والعينات القصرية، وهي تلك التي تؤخذ في حالات معينة يكون المجتمع فيها غير متجانس أو معروف بالدقة (مثل حالات الإدمان والجنوح)، وهذه العينات غير عشوائية يترتب عليها نتائج تقريبية لا يترتب عليها عادة إجراءات أو أحكام مصيرية. وأهم انواع هذه العينات: العينة المقصودة، وعينة الصدفة، وقد يضطر الباحث أحيانا إلى استخدام هذا النوع من العينات.

ب - تصنيف المفحوصين في مجموعات أو المزاوجة بينهم لضمان التجانس

ج - التعرف على المتغيرات أي العوامل التي يظن الباحث ان لها صلة بالظاهرة موضع الدراسة. **ويقوم الباحث بتقسيم هذه المتغيرات إلى ثلاثة انواع:**

* المتغير المستقل (independent): وهو المتغير أو العامل الذي يغير الباحث في مقداره ليدرس الآثار المرتبة على ذلك في متغير آخر (مثل إستراتيجية تقليل الحساسية التدريجي).

* المتغير التابع (dependent): وهو المتغير الذي يتغير بتغير المتغير المستقل، وهو ما ينعكس عليه آثار ما يحدث من تغير في المتغير المستقل إذا كانت ثمة علاقة بين المتغيرين. (مثل السلوك التجنبي).

* المتغيرات الأخرى: وهي المتغيرات الدخيلة أو الغريبة التي قد تؤثر في المتغير التابع والتي يحاول المرشد الباحث ان يتخلص من آثارها بعزلها أو تثبيتها، (مثل الدوافع والاتجاهات و الأعمار ومستويات الذكاء والجنس... الخ). ويلقى الباحث التجريبي كثيرا من المشقة في سبيل تثبيت تلك العوامل الغريبة التي لا يرغب في السماح لها بالتأثير على المتغير التابع، وقد يكون ذلك من الأسباب التي تؤدي إلى استخدام مجموعتين من الأفراد تسمى احدهما بالمجموعة التجريبية (experimental) والأخرى بالمجموعة الضابطة أو المقارنة (control group) وتكون بمثابة الأساس الذي تتم المقارنة بالنسبة له كما سنوضح بعد قليل.

د - إجراء دراسة استطلاعية لإكمال نواحي القصور في الوسائل أو التصميم التجريبي.

هـ - تحديد مكان إجراء التجربة أو البحث، ووقت إجرائها والمدة التي تستغرقها.وينظم المرشد النفسي الموقف التجريبي بالصورة التي تسمح

له بتثبيت المتغيرات الغريبة أو عزل آثارها، والتي تمكنه من السيطرة على المتغير المستقل فيغير منه متى أراد ذلك، وبالطريقة التي تسمح له بملاحظة التغيرات التي تطرأ على المتغير التابع سواء أكانت تلك الملاحظة كيفية أم كمية.

انواع المنهج التجريبي
يأخذ المنهج التجريبي نوعين رئيسيين من التصميمات التجريبية:

النوع الاول:- تصميم المجموعة الواحدة:
وهو أبسط تصميم تجريبي، ويتكون من مجموعة واحدة فقط من المفحوصين، إذ يقوم الباحث بملاحظة أداء المفحوصين قبل وبعد تطبيق متغير تجريبي أو إبعاده، ويقيس مقدار التغير الذي يحدث، إذا ما وجد تغير في أدائهم. ولمنهج المجموعة الواحدة مميزات وحدود، فطالما انه يحتاج إلى مجموعة واحدة فقط من المفحوصين، فمن اليسير استخدامه، وطالما ان نفس المجموعة تتعرض لكل المتغيرات المستقلة، وليست مجموعات متماثلة، فانه لا يمكن ان يرد أي جزء من الفرق في النتائج إلى تباين المفحوصين واختلافهم فيما بينهم. إلا ان استخدام منهج المجموعة الواحدة قد يؤدي إلى أخطاء خطيرة. فإذا استخدم الباحث اختبارا عقليا أو مقياسا معينا في بدء التجربة أو في نهايتها، فانه لا يستطيع ان يكون متأكدا من ان الفرق بين النتائج في الحالتين يعزى فقط إلى المتغير المستقل، بل يمكن ان يكون الفرق راجعا إلى عوامل أخرى كالتعب، أو ان أعضاء المجموعة بذلوا مجهودا زائد نتيجة شعورهم بالفخر للمشاركة في التجربة، أو قد تكون ممارسة المفحوصين للاختبار في المرة الأولى هي التي ساعدتهم على الأداء في المرة الثانية بصورة أفضل وهكذا. ولذلك فان تصميم المجموعة الواحدة إذا لم يؤخذ بعناية تامة فان التغير في الظاهرة قد ينسب إلى المتغير المستقل بسهولة وبدون مبرر، ويغفل أثر الظروف الأخرى التي تفسر النتائج الحادثة فعلا.

النوع الثاني:- تصميم المجموعات المتكافئة (Parallel):

صممت تجربة المجموعات المتكافئة للتغلب على صعوبات معينة تواجه الباحث في تصميم المجموعة الواحدة. فلكي نضبط أثر بعض المؤثرات غير التجريبية التي يتجاهلها تصميم المجموعة الواحدة مثل النضج على المتغير التابع، نستخدم مجموعتين متكافئتين من المفحوصين في نفس الوقت المجموعة الأولى هي المجموعة التجريبية (experimental group)، والمجموعة الثانية هي المجموعة الضابطة (control group)، وهذه الأخيرة تخدم كمرجع تتم به المقارنات. وعند استخدام تصميم المجموعات المتكافئة، يقوم الباحث أولاً باختيار مجموعتين متماثلتين بقدر الإمكان، ثم يطبق المتغير المستقل على المجموعة التجريبية، ويبعده عن المجموعة الضابطة. وبذلك تعتبر المجموعة الضابطة في وضعها الطبيعي أي لا تخضع لأية معاملة تجريبية. وبعد فترة مناسبة، يلاحظ الفرق بين المجموعتين. ولما كان من المفترض تكافؤ المجموعتين في جميع النواحي، عدا التعرض للمتغير المستقل، فان الباحث يفترض ان أيَ فروق توجد، انما هي نتيجة للمعاملة التجريبية، والفرق ما هو إلا مقياس لأثر المتغير المستقل. وهدف هذا التصميم هو معاملة مجموعتين متماثلتين معاملات مختلفة للوصول إلى نتيجة تتعلق بأثر هذه المعاملات المختلفة. وبدون المجموعة الضابطة، تصبح نتائج كثير من التجارب لا معنى لها، وذلك لوجود إمكانية حدوث نفس الأثر، دون وجود المتغير التجريبي.

المنهج الوصفي (descriptive)

يهدف المنهج الوصفي إلى تقرير خصائص موقف معين أي وصف العوامل التي قد تؤدي إلى حدوث مشكلة معينة أو ظاهرة سلوكية، كما هو الحال في موضوعات التعليم والمهن والجنس والحالة الاجتماعية، إلى غير ذلك من البيانات التي تجمع لمعرفة توافرها في العينة أو في المجتمع، ولمعرفة الارتباط

بينهما وبين المتغيرات الهامة في الدراسة يتبع الباحث في الإرشاد بغية ذلك مجموعة من الخطوات تتلخص فيما يلي:

١- تحديد المشكلة وتقرير الفروض.

٢- تدوين الافتراضات أو المسلمات التي تستند عليها فروضه وإجراءاته.

٣- اختيار المفحوصين المناسبين ومصادر المواد.

٤- اختيار أو إعداد الطرق الفنية لجمع البيانات.

٥- إعداد فئات لتصنيف البيانات واستخراج المتشابهات أو الاختلافات أو العلاقات الهامة.

٦- التحقق من صدق أدوات جمع البيانات.

٧- القيام بملاحظات موضوعية منتقاة بطريقة منظمة ومميزة بشكل دقيق.

٨- وصف النتائج وتحليلها وتفسيرها في عبارات واضحة محددة في محاولة لإستخلاص ذات مغزى تؤدي إلى تقدم المعرفة.

ومن الواضح ان قيمة الدراسة الوصفية تتوقف على عدة عوامل منها حجم العينة المستخدمة في الدراسة، ووسائل الملاحظة العلمية ودقتها، وأدوات البحث المختلفة.

أشكال البحوث الوصفية:

تأخذ البحوث الوصفية عدة أشكال وانماط أهمها:

أولا: الدراسات المسحية (Survey Study)

وهي محاولات لجمع أوصاف مفصلة عن الظواهر الموجودة بقصد استخدام البيانات لتأييد الظروف أو الممارسات الراهنة، أو لعمل تخطيطات أكثر ذكاء بغية تحسين الظروف والعمليات التربوية والاجتماعية مثلا. وقد لا يكون

هدفها مجرد كشف الوضع القائم فقط، ولكن تحديد كفاءته أيضا عن طريق مقارنته بمستويات، أو معايير أو محكات تم اختيارها أو إعدادها مسبقاً.

ويستخدم القائمون بالدراسات المسحية _ حول الاتجاهات والقيم _ عادةً الاستفتاءات أو المقابلات الشخصية لجمع بياناتهم، ويختاروا مفحوصيهم بعناية بحيث تمثل بدقة وجهات نظر كل قطاع من مجتمع الدراسة.

ثانيا: الدراسات الترابطية(Correlation Study)

وهي دراسات تحاول تحديد ما إذا كانت توجد علاقة بين متغيريـن كميين أو أكثر، أو لا توجد مثل هذه العلاقة وما مقدارها أو درجتها؟ والغرض من الدراسة الترابطية هو تحديد وجود علاقة أو عدم وجودها أو استخدام العلاقات في التنبؤات. ودراسات العلاقة عادة تدرس عددا من المتغيرات يعتقد انها تتصل بمتغير أساسي أو معقد كالتحصيل الدراسي، وتحذف المتغيرات التي لا ترتبط ارتباطا عاليا بالمتغير الأساسي. فعلى سبيل المثال، وجود علاقة بين مفهوم الذات والتحصيل الدراسي لا يتضمن بالضرورة ان مفهوم الذات يسبب ارتفاع التحصيل أو انخفاضه، أو ان التحصيل الدراسي يؤثر ويشكل مفهوم الذات. ومثل هذه العلاقة تبين فحسب ان الطلاب الذين لديهم مفهوم ذات مرتفع يحققون مستويات عالية في التحصيل، والعكس صحيح، والحقيقة ان المتغيرين يرتبطان ارتباطاً عالياً ومن هنا قد يستنتج ان أحد المتغيرين سبب للآخر، وقد يكون هناك عامل ثالث يؤثر في المتغيرين المترابطين مثل مستوى التدريس أو الدخل (متغيران كميان).

ثالثا: الدراسات التطورية(Developmental Studies)

إحدى طرق البحث التي تصف جوانب النمو المختلفة في تطورها خلال مدة تتراوح بين شهور أو سنوات، وترصدها وتحللها كما هو الحال في دراسة

النمو الاجتماعي مثلا من الميلاد حتى الشيخوخة. وهناك طريقتين متبعتين في هذا النوع من الدراسات هما

١- الطريقة الطولية:- وهي طريقة بسيطة يستخدم فيها الباحث الملاحظة والوصف لنمو الأفراد أو الجماعات في أعمار أو تواريخ مختلفة، ويحدد مظهر النمو لدى هذه الفئات ويستخدم نفس الاختبارات وتحتاج هذه الطريقة إلى وقت طويل حتى يمكن الحصول على معلومات ذات قيمة.

٢- الطريقة المستعرضة:- ويتم فيها ملاحظة متغيرات اقل على عينات ممثلة أو جماعات في سن معينة وتطبق عليهم وسائل القياس الحديث، وتؤخذ عينات أخرى من سنوات أخرى اكبر عمرا ويتبع معهم نفس الوسائل (في نفس الوقت). وهذه الطريقة أكثر استعمالا واقل تكلفة.

وقد نجد المرشد الباحث يعتمد على الأسلوب التاريخي بطريقة أو بأخرى، فبدلا من ان يتتبع الظاهرة، يقوم بجمع بيانات عما حدث في الماضي كما يحدث في دراسة الحالة، حيث يقوم بجمع البيانات حول جوانب معينة من حياة الشخص الماضية تكون موضع اهتمامه.

رابعا: الدراسات المقارنة: (COMPARTIV Studies)

وهي تركز على كيف ولماذا تحدث المشكلات السلوكية والانفعالية والاجتماعية؟. انها تقارن جوانب التشابه والاختلاف بين المشكلات، لكي تكتشف أي العوامل أو الظروف يبدو انها تصاحب أحداثا أو ظروفا أو عمليات أو ممارسات معينة. وهي تحاول ان تنظر بعمق بغية تأكيد ما إذا كانت هذه العلاقة قد تسبب أو تسهم أو تكمن وراء المشكلة الظاهرة.

ومن الأمثلة التي توضح هذه الطريقة، دراسة مشكلة التكيف المدرسي، فانه بدلا من ان يتم تشكيل تجربة ما إذا كانت هناك عوامل متعددة سوف تسبب المشكلة أو الظاهرة، يقارن المجتمع الذي خبر المشكلة بمجتمع آخر لم يخبر هذه

المشكلة. وبعد دراسة التشابهات والاختلافات بين الموقفين، نصف العوامل التي يبدو انها تكمن وراء المشكلة في أحد المثالين وليس في المثال الآخر.

وتتميز الدراسات المقارنة بان لها حدود كثيرة، فهي تزودنا بالوسيلة التي تعالج بها المشكلات التي لا يمكن فحصها في مواقف معملية، وتمدنا بدلائل قيمة تتعلق بطبيعة الظواهر. وان كانت لا تنتج المعلومات الدقيقة الثابتة التي يمكن الحصول عليها من خلال الدراسات التجريبية الجيدة. وكلما تحسنت الطرق الفنية والأدوات والضوابط في معالجة الدراسات المقارنة حظيت باحترام أكبر.

طرق الإرشاد النفسي

تختلف الأساليب التي يتبعها العاملون في الإرشاد النفسي عند تقديم الخدمات الإرشادية والنفسية، حسب طبيعة المشكلة والمسترشد والإمكانيات المادية للبرامج الإرشادية،إضافة إلى التوجه النظري الذي يعتمده المرشد في تقديم خدماته. وفيما يلي عرض لأهم أساليب وطرق الإرشاد النفسي.

اولاً: أسلوب الإرشاد الفردي

الإرشاد الفردي هو أوج عملية الإرشاد وهو أهم مسؤولية مباشرة في برامج التوجيه والإرشاد، كما يعتبر نقطة الارتكاز لانشطة أخرى في كل من عملية الإرشاد وبرامج الإرشاد. ويعرف الإرشاد الفردي بانه((إرشاد مسترشد واحد وجها لوجه في كل مرة. وتعتمد فاعليته أساسا على العلاقة الإرشادية المهنية بين المرشد والمسترشد. أي انها علاقة مخططة بين الطرفين تتم في إطار الواقع وفي ضوء الأعراض وفي حدود الشخصية ومظاهر النمو)) (لورانس برامر وايفيريت شوستروم١٩٩٧). وهناك وظائف رئيسية للإرشاد الفردي يمكن إجمالها بما يلي:-

– تبادل المعلومات.

– إثارة الدافعية لدى المسترشد.

– تفسير المشكلات.

– وضع خطط العمل المدرسية.

ويستخدم هذا الأسلوب من الإرشاد مع الحالات التي يغلب عليها الطابع الشخصي والخاصة جدا، والحالات التي لا يمكن تناولها بفعالية عن طريق الإرشاد الجماعي كما في حالات ذات طبيعة خاصة في مفهوم الذات الخاص، وحالات المشكلات والانحرافات الجنسية... الخ. ويتم في هذا النوع من الإرشاد تطبيق إجراءات العملية الإرشادية، والتي لا بد ان يفهمها المسترشد ابتداءً من المقابلة الأولية وحتى عملية الانهاء.

إجراءات الإرشاد الفردي

١- استعداد المرشد: لا بد من استعداد المرشد لعملية الإرشاد، فالعملية تحتاج إلى إعداد مسبق وتخطيط دقيق وتحضير مدروس. ويتوقف نجاح عملية الإرشاد على الإعداد الجيد لها، ويتضمن ذلك استعداد المرشد وتهيئة ظروف العملية ومتطلباتها مثل المكان المناسب والوقت الكافي الذي يسمح له بقيامه بواجباته على خير وجه، وتوفير جميع وسائل جمع المعلومات والتشخيص والتقييم والمتابعة... الخ.

٢- استعداد المسترشد: ان أساس علمية الإرشاد النفسي هو الإقبال والتقبل فالإقبال من قبل المسترشد أمر هام جدا وضروري لنجاح عملية الإرشاد، وأفضل المسترشدين هو الذي يقبل على عملية الإرشاد بنفسه.ويتطلب ضمان نجاح تكوين وتأكيد الألفة توافر بعض الخصائص الشخصية في المرشد منها، الاهتمام بالمسترشد ووجهات نظره، والثبات

الانفعالي، والنضج والفهم، والتفاهم والتعاطف والتعاون، والمظهر الخارجي، والتوازن بين الجد والمزاح، والاحترام المتبادل.

٣- تقديم عملية الإرشاد: ويتبع المرشدون في ذلك مجموعة من الخطوات على النحو التالي:

أ- التقديم:ويتضمن الترحيب بالمسترشد،وتعريفه بموضوع المقدمة، والاستعداد لمساعدته، وحثه على التعاون، وتأكيد السرية المطلقة للمعلومات.

ب- إيضاح الهدف: يوضح المرشد هدف عملية الإرشاد وهو تحقيق التوافق والصحة النفسية وصيانة الشخصية.

ج- تحديد المشكلة: ويتضمن تقديم توجيهات للمسترشد تعينه في تحديد مشكلته بصدق وأمانة ودقة.

د- أسباب المشكلة: يلفت المرشد نظر المسترشد إلى أسباب المشكلات التي تتعدد وتتفاعل بين داخلية وخارجية، أصلية ومساعدة، حيوية ونفسية واجتماعية، ويحثه على ذكر الأسباب الخاصة بمشكلته كما يراها هو.

هـ - أعراض المشكلة: يعرف المرشد المسترشد بالأعراض التي تدل على وجود المشكلة والاضطراب، وان منها أعراضا داخلية وأخرى خارجية ومنها أعراض عضوية المنشاء وأخرى نفسية المنشاء.

و- إجراءات الفحص: يلفت المرشد نظر المسترشد إلى أهمية الفحص وهدفه وأهمية الكشف عن مفهوم الذات ومحتوى الذات الخاص، كما يلفت نظره إلى أهمية الفحوص والبحوث النفسية والاجتماعية والعصبية والطبية.

ز- أهمية التشخيص: يوجه المرشد نظر المسترشد إلى أهمية التشخيص الدقيق في تحديد المآل (مستقبل المشكلة) وطريقة العلاج المناسبة، ويلفت نظره إلى مسؤوليته ومسؤلية المسترشد في إعطاء المعلومات الصادقة بالنسبة لدقة التشخيص.

ح- عملية الإرشاد: هنا يأتي الهدف الرئيسي من المقدمة، حيث يعرف المرشد المسترشد بطرق وحالات الإرشاد، وأهم ملامح وإجراءات عملية الإرشاد من بدايتها حتى نهايتها والمتابعة التي تليها.

ط- خاتمة: أخيرا يعرف المسترشد بان العملية تستغرق بعض الوقت، ويعرفه بنظام الجلسات وزمنها ومواعيدها.... الخ ويطلب منه بدء العمل.

ثانياً: الإرشاد الجمعي (Group Counseling)

يعرف الإرشاد الجمعي بانه((إرشاد عدد من المسترشدين الذين تتشابه مشكلاتهم واضطراباتهم معا في جماعات صغيرة يتراوح عددها من (٥ ـ ١٠) أفراد،كما يحدث في جماعة إرشادية أو في صف مدرسي. ويعتبر الإرشاد الجمعي في الواقع عملية تربوية، أو انه يقوم على موقف تعليمي. وهناك قوى ديناميكية اجتماعية تلعب دورا هاما في عملية الإرشاد الجمعي مثل التفاعل الاجتماعي والتماسك بين أعضاء المجموعة والخبرة الاجتماعية والأمن والجاذبية والثقة والمسايرة، والتي لابد للمرشد ان يستثمرها في تحقيق أهداف الإرشاد)). وتهدف برامج الإرشاد الجمعي إلى ما يلي:

١- مساعدة الطالب على فهم نفسه وقدراته وميوله ونقاط القوة والضعف لديه.

٢- مساعدة الطالب للتعبير عن نفسه وإبداء رأيه في جو من الأمن والتقبل والراحة.

٣- تزويد الطالب بالثقة حتى يستطيع مواجهة مشاكله وحلها.

٤- مساعدة الطالب للبحث عن هويته وأهدافه في الحياة.

٥- الحصول على معلومات كافية في مجالات الاختيار المتاحة لطموحاته المستقبلية فيما يتعلق بالدراسة والمهنة.

٦- تقوية تقدير الذات.

٧- تنمية القدرة على تحمل المسؤولية.

مبادىء الإرشاد الجمعي

يقوم الإرشاد الجمعي على مبادئ وأسس نفسية واجتماعية أهمها ما يلي:

- ان اغلب المشكلات التي يعاني منها المسترشد تحدث في إطار وبيئة اجتماعية وبالتالي لا بد ان يتم علاجها في إطار جماعي، فالمسترشد الذي يأتي للإرشاد الجمعي لا يأتي من فراغ، انه يأتي من جماعات ويعود إلى جماعات ومعظم خبرات ومشاكل المسترشد تحدث في مواقف اجتماعية.

- الانسان كائن اجتماعي: أي لديه حاجات نفسية واجتماعية لا بد من إشباعها في إطار اجتماعي، مثل الحاجة إلى الأمن والنجاح والشعور بالانتماء والمسؤولية والحب... الخ، و ان كل فرد يشترك مع غيره في انماط سلوكية أخرى.

- تتحكم المعايير الاجتماعية التي تحدد الأدوار الاجتماعية في سلوك الفرد وتخضعه للضغوط الاجتماعية.

- تعتمد الحياة في العصر الحاضر على العمل في جماعات، وتتطلب ممارسة أساليب التفاعل الاجتماعي السوي واكتساب مهارات التعامل مع الجماعة.

- يعتبر تحقيق التوافق الاجتماعي، هدفا هاما من أهداف الإرشاد النفسي.

القوى المؤثرة في الجماعة.

للجماعة قوى إرشادية هائلة يجب استغلالها، وينبغي تعريف أعضاء الجماعة الإرشادية بهذه القوى حتى يمكن الاستفادة منها، وهذه القوى تعطي فائدة للجماعة الإرشادية، وفيما يلي أهم هذه القوى:

١- **التفاعل الاجتماعي**: أي الأخذ والعطاء والتأثير المتبادل بين أعضاء الجماعة الإرشادية وذلك يجعل الأعضاء يندمجون في النشاط الاجتماعي، ويصبح

٢- هناك تأثير إرشادي ملحوظ بين الجميع فلا يعتمد الإرشاد على المرشد بل يصبح المسترشدون انفسهم من مصادر الإرشاد.

٣- **الخبرة الاجتماعية**: تتيح الجماعة (كنموذج مصغر للمجتمع) فرصة لتكوين علاقات اجتماعية جديدة، واكتساب خبرات ومهارات اجتماعية تفيد في تحقيق التوافق الاجتماعي.

٤- **التماسك الاجتماعي**: ويسمى (قوة جذب الجماعة لإفرادها) ويعرف بانه محصلة نهائية للقوى التي تجذب الأعضاء إلى الجماعة وتدفعهم إلى البقاء فيها ومقاومة التخلي عن عضويتها. وحتى ينجذب الفرد إلى جماعة ويتمسك بها لا بد ان تلبي له هذه الجماعة حاجاته الأساسية والثانوية على حد سواء. ويحدث ذلك عندما توفر الجماعة له الأنشطة الجماعية التي تتيح لهم إشباع حاجاتهم النفسية وتحقيق أهدافهم. ويقاس تماسك الجماعة بملاحظة عدد المرات التي يستخدم فيها الأعضاء كلمة (انا) وكلمة (نحن) في أحاديثهم، وكذلك العبارات المعبرة عن الرضى.

٤- **الأمن والانتماء**: تعتبر المجموعة الإرشادية المكان الآمن الذي يطرح فيها المسترشد صعوباته وأسراره في جو يتصف بالتقبل غير المشروط ويخلو من اللوم والانتقاد، مما يدفع الفرد للتعبير عن مشاعره وأفكاره ، فيفهم ذاته ويتقبلها ويتمكن من تحديد ووضع البدائل المناسبة والتي تتصف عموما بانها أهداف تكيفيه إنفعالية واجتماعية. ويؤدي الانتماء إلى جماعة إرشادية إلى اقتناع الفرد بانه ليس الوحيد الذي توجد لديه مشاكل نفسية. كما ان سماعه لغيره وهو يتحدث عن مشكلاته يزيد من اطمئنانه ويقلل من مقاومته للتحدث عن مشكلاته عندما يدرك ان هناك من يشاركه نفس المشكلات.

٥- **المسايرة**: لكل جماعة معاييرها التي تحدد السلوك الاجتماعي المتوقع،ويلتزم أعضاء الجماعة بمسايرة هذه المعايير، ومن أهم المعايير في

الجماعة الإرشادية: التحدث عن المشكلات بحرية وصدق،كما تضغط الجماعة على أعضائها لمسايرة هذا المعيار وعدم مغايرته.

تكوين المجموعات الإرشادية

يحتاج المسترشد للاستفسار عن العديد من المواضيع قبل الانضمام للمجموعة الإرشاديه، كما ان المرشد يرغب في إيصال قضايا معينه للمسترشد وعليه تتم المقابلة التمهيدية واختيارالأعضاء، حيث يوضح المرشد هدف المجموعة وزمن الجلسة ومن هم الأعضاء المنضمين اليها وما هي توقعاتهم ، وعدد مرات الاجتماع والأدوار المناطة بالأعضاء،وكيفية الالتزام بالمجموعة ومعاييرها. ويوضح المسترشد رغبته بالانضمام إلى المجموعة ورغبته بالالتزام. ولا شك ان الاختيار الدقيق للمسترشدين يزيد من فرص المساعدة ،والمرشد يختار المسترشدين ممن يطلب المساعدة طواعية فالمتطوعين يتمتعون بالدافعية العالية وهم أفضل لاختيارهم كأعضاء في المجموعة، وفيما يتعلق بمكان التقاء المجموعة الإرشادية يتم اللقاء في مكان يتوفر فيه الهدوء والراحة والأمان. وتكون الجلسة بشكل دائري بحيث يتاح لجميع الأعضاء التواصل اللفظي وغير اللفظي الفعال وإمكانية النقاش ولحوار. وهناك مجموعة من الشروط الواجب مراعاتها في اختيار المجموعة الإرشادية هي:-

١-العمر: ان الاختلاف الكبير في العمر يضعف النقاش المفتوح ويخفض احتمالات الشعور بالانتماء.

٢-القدرة العقلية: ان عدم أخذ عامل الذكاء بالاعتبار يخلق مشاكل في اختيار المسترشدين ، أي يفترض ان لا يكون فرق كبير حتى لا يؤدي انعزال من هم أقل مستوى في الذكاء والثقافة والشعور وبالعزلة والغربة بينهم.

٣-الجنس من الأفضل ان يكون الأعضاء من نفس الجنس.

٤-المشاكل المشتركة: ان المجموعة ذات المشكلة الواحدة تساعد الأعضاء بالشعور بالانتماء والفهم ، كما يستطيع المرشد ان يحصل على انفعالات صادقة، خصوصا بمرحلة المراهقة لأن المراهق يحب ان ينتمي لمجموعة من نفس عمره فإذا اكتشف ان بقية الأعضاء في المجموعة لديهم نفس المشاكل فهذا يكون عاملا مدعما له، اخذين بعين الاعتبار ان المجموعة غير المتجانسة لا تنمو حقيقة نحو تحقيق الأهداف المعدة.

٥-الوقت: من الضروري ان يكون لدى المسترشد وقتا إضافيا، وان لا يتعارض مع مسؤولياته الأخرى سواء في الاسرة او العمل او في المدرسة حتى يتفاعل مع المجموعة بايجابية.

٦-تجنب الجمع بين الأصدقاء والأقارب والمعارف من الطلبة في المجموعة الإرشادية، إذ قد يتعذر مناقشة المشكلة بحرية تامة.

٧-الثقة المتبادلة: يجب ان يحتفظ الأفراد بما يدور بينهم بسرية تامة، ويمنع الحديث عنه خارج المجموعة.

وتبدأ المجموعة الإرشادية بالأعضاء الموجودين في الجلسة الأولى، ويجب ان يحدد عندها ما إذا كانت المجموعة مفتوحة أو مغلقة أي إمكانية انتساب أعضاء جدد في الجلسات اللاحقة.

وعادة ما يحدد المرشد وقت متوقع لانجاز الأهداف المطلوبة بحيث يكون هذا التوقع مرنا، وتنتهي المجموعة الإرشادية فعليا عندما تتحقق جميع أهدف أفراد المجموعة الإرشادية ويتبع ذلك متابعة المرشد لأفراد المجموعة إذ قد يحول بعضهم إلى الإرشاد الفردي أو إلى مجموعات أخرى.

أساليب الإرشاد الجمعي

يلعب المرشد مجموعة من الأدوار ضمن المجموعة مثل التنسيق والإصغاء والتعاطف والتقبل والتفسير والتعليق والتلخيص، بينما يلعب

المسترشدين أدوارا مختلفة كالمشاركة الفعالة والاتصال المفتوح والالتزام والمتابعة وأداء الواجبات. إضافة إلى ذلك يستخدم المرشد مجموعة من الأساليب الفنية أهمها ما يلي:-

١- التمثيل الاجتماعي المسرحي (Sociodrama)

وتسمى أيضاً لعب الدور ((Roll playing)) ويشير إلى قيام الفرد بتمثيل دور غير دوره الحقيقي، كدور المعلم أو دور أبيه أو أخيه الأكبر سناً. ويتم تمثيل مواقف مختلفة تكون في معظمها مشكلات تحتاج إلى حل، وفي هذا النشاط لا يكلف الفرد بتقمص الدور الذي يقوم به بشكل دقيق، وان كان يطلب منه ذلك لاحقاً. وتهدف السوسيودراما إلى كشف سمات السلوك لدى الفرد الممثل ومساعدته على اكتساب الثقة بالنفس، كونه يستخدم مهارات لغوية وحركية وفكرية وتدريب الأفراد على ادوار ومهارات حياتية كثيرة وأخيراً مساعدتهم على فهم انفسهم وفهم الآخرين.

٢- المحاضرات والمناقشات الاجتماعية.

هي أسلوب من أساليب الإرشاد الجماعي التعليمي يلعب فيه عنصر التعليم وإعادة التعلم دورا هاما، حيث يقوم المرشد بإلقاء محاضرات سهلة على المسترشدين ويتخللها ويليها مناقشات، وهي تهدف إلى تغيير اتجاه المسترشدين، و تكون الموضوعات عادةً حول الاضطرابات النفسية والعلاقات المتبادلة بين العقل والجسم وتأثير الحالة الإنفعالية على الجسم ومشكلات التوافق النفسي والإرشاد الديني. وتكون هذه المحاضرات للمسترشدين أفراد المجموعة فقط، وفائدتها انها تغير اتجاهات المسترشدون، وفي المحاضرات تستخدم الوسائل المعينة الممكنة مثل الأفلام والكتيبات (مثل كيف تذاكر دروسك ... الخ) مما يساعد على الإيضاح . ويستخدم أسلوب المحاضرات بنجاح وعلى نطاق واسع في الإرشاد الوقائي وخاصة في المدارس.

٣-السيكودراما(Psychodrama)

ابتكر هذا الأسلوب يعقوب مورينو سنة (١٩٢١ م). وهوعبارة عن تمثيل مسرحي لمشكلات نفسية يأخذ شكل التعبير الحر في شكل جماعي، والذي يتيح فرصة التنفيس الانفعالي التلقائي والاستبصار الذاتي لدى الممثل(المسترشد). أما فيما يتعلق بموضوع التمثيلية النفسية فان القصة تدور حول خبرات حياتية مختلفة مثل خبرات المسترشد الماضية أو الحاضرة أو المستقبلية التي يخافها أو يحتمل ان يواجهها في المستقبل القريب، وقد يدور موضوع القصة حول مواقف تنطوي على التنفيس الانفعالي وأخرى تهدف إلى حل صراع نفسي وتحقيق التكيف النفسي، كذلك من الممكن ان تدور القصة حول مواقف تمثيلية (غير واقعية) وأخرى تهدف إلى تشجيع فهم ألذات بدرجة أفضل. وقد تشمل القصة موضوعات متنوعة مثل: الاتجاهات السلبية، الأفكار والمعتقدات، اللاعقلانية والأحلام...الخ.

أوجه الشبه والاختلاف بين الإرشاد الفردي والجمعي:

يعتبر الإرشاد الفردي والإرشاد الجمعي وجهين لعملة واحدة، يكمل كل منهما الآخر ولا غنى عن أي منهما في البرنامج المتكامل للتوجيه والإرشاد النفسي، فقد يبدأ الإرشاد الفردي قبل الإرشاد الجمعي، ويمهد له وقد يبدأ أيضا الإرشاد الجمعي قبل الإرشاد الفردي ويمهد له، وقد يتخلل جلسات الإرشاد الفردي جلسات جماعية، والعكس.

أوجه الشبه بين الإرشاد الفردي والإرشاد الجمعي:

١- وحدة الأهداف العامة، فكل منهما يهدف إلى مساعدة وتوجيه المسترشد ليفهم ويوجه ذاته.

٢- وحدة الإجراءات الأساسية في عملية الإرشاد.

أوجه الاختلاف بين الإرشاد الفردي والإرشاد الجمعي

يعتبر أسلوب الإرشاد الجمعي أوفر من حيث الوقت والجهد والنفقات مقارنة بالإرشاد الفردي، ويتيح فرصة التفاعل الاجتماعي مع الآخرين ويستغل القوى الإرشادية في الجماعة وتأثيرها على الفرد، حيث يتقبل المسترشد الحلول الجماعية باعتبارها صادرة منه ومن الجماعة والجدول التالي يوضح الفروق بين الاسلوبين.

جدول رقم(٢) ابرز الاختلافات بين الإرشاد الفردي والإرشاد الجمعي

الإرشاد الجمعي	الإرشاد الفردي
الجلسة الإرشادية (حوالي ساعة ونصف)	الجلسة الإرشادية أقصر (حوالي٤٥ دقيقة)
يتركز الاهتمام على كل أعضاء الجماعة	يتركز الاهتمام على الفرد
التركيز على المشكلات العامة	يتركز الاهتمام على المشكلات الخاصة
أكثرفعالية في حل المشكلات العامة والمشتركة	أكثرفعالية في حل المشكلات الخاصة
يبدو طبيعيا	يبدو اصطناعيا أكثر
تفاعل اجتماعي مع الآخرين ويستغل القوى الإرشادية في الجماعة وتأثيرها على الفرد	خصوصية وعلاقة إرشادية أقوى بين المرشد والمسترشد
يتيح وجود الجماعة تجريب الأفراد للسلوك الاجتماعي المتعلم من خلال عملية الإرشاد	ينقصه وجود المناخ الاجتماعي
دور المرشد أصعب وأكثر تعقيدا	دور المرشد أسهل وأقل تعقيداً
يأخذ فيه المسترشد ويعطي في نفس الوقت ويتقبل الحلول الجماعية باعتبارها صادرة منه ومن رفاقه	يأخذ فيه المسترشد أكثر مما يعطي وأحيانا ينظر إلى ما يأخذه من المرشد على انه مأخوذ من سلطة

ثالثاً: أسلوب الإرشاد المباشر (Directive counseling)

ويسمى ايضاً أسلوب الإرشاد (المتمركز حول المشكلة)، وهو أسلوب إرشادي يقوم على أساس ان العملية الإرشادية النفسية عملية عقلية معرفية وان المرشد مسئول عن تحديد المعلومات المطلوبة وعن حجمها وتقديمها للمسترشد، على افتراض انه يمتلك المعلومات والخبرة والقدرة على تقديم النصح وحل المشكلات وتوجيه عملية التعلم لدى المسترشد.

وفي هذا الأسلوب من الإرشاد يكون العبء الأكبر على المرشد، وتنحصر المقابلة الإرشادية في دائرة المشكلة وتسير في خطوات محددة مقننة تبدأ بالإعداد لها، ثم بدئها، ثم السير بها حتى انهائها وتسجيلها. وفي هذا الاتجاه من الإرشاد يقدم المرشد خدماته للمسترشد حتى لو لم يطلب ذلك المسترشد والذي يعتمد عليه في حل مشكلاته. ويتم التركيز في الإرشاد المباشر على النواحي العقلية من الشخصية، وكذلك على إجراء الاختبارات والمقاييس الموضوعية والقيام بعملية تشخيص دقيقة، كما يهتم أصحاب هذا الاتجاه بالتقييم المستمر للمسترشد والعملية الإرشادية. ويتدخل المرشد إلى حد بعيد في اتخاذ قرارات المسترشد. وأخيرا يرى بعض الباحثين ان هذا النوع من الإرشاد يجدي نفعاً مع الأطفال والكبار ذوي الذكاء المنخفض. بقي ان نقول ان هذا الأسلوب بني أساسا على مفاهيم نظرية السمات والعوامل.

رابعاً:- أسلوب الإرشاد غير المباشر (Nondirective counseling)

ويطلق عليه ايضاً الإرشاد المتمركز حول الشخص، وهو طريقة في الإرشاد بنيت أساسا على دراسات وخبرة (روجرز) في الإرشاد والعلاج النفسي يتركز فيها العمل حول المسترشد بهدف إحداث تغيير في مفهوم الذات عن طريق التعلم والنمو حيث يساعد المرشد المسترشد في حل الأخير لمشكلاته بنفسه، ويعلمه كيف يعمل بشكل مستقل ويعتمد على نفسه في حلها. ويفترض

هذا الاسلوب ان لدى المسترشد دوافع للتغيير والنمو تؤهله للتكيف مع بيئته وهو وحده الذي يعرف كيف يستخدمها وانه لا احد يعرف مصلحته مثله هو. وفي هذه الطريقة من الإرشاد يقدم المرشد خدماته للمسترشد الذي يطلبها ويسعى اليها فقط. وهي تحتاج إلى وقت أطول نسبياً مقارنةً مع طريقة الإرشاد المباشر. و أخيراً يعتبر الإرشاد غير المباشر أفضل طريقة لتحقيق حالة الاستبصار وفهم الذات والثقة بالنفس، وهو يتماشى ويتفق مع أسس الفلسفة الديمقراطية إذ انه يقوم على مبدأ احترام الفرد وحقه في تقرير مصيره.

خامساً:- أسلوب الإرشاد بالعب (Play Counseling)

طريقة شائعة في برامج إرشاد الأطفال وتشخيص وعلاج مشكلاتهم. وتقوم هذه الطريقة على أسس نفسية أهمها نظرية الطاقة الزائدة والتي تنظر إلى اللعب على انه عملية تنفيس ضرورية للطاقة الزائدة عند الطفل، وكذلك نظرية الغريزة التي تؤكد على ان اللعب نشاط ضروري لتدريب وتهذيب غرائز العدوان، وتأتي نظرية التلخيص لتفترض ان الطفل عندما يلعب ويمارس نشاطات السباحة وبناء البيوت ويتسلق الأشجار في لعبه انما يلخص ما يعمله أبواه والراشدين وأفراد الجنس البشري، وهناك نظرية تجديد النشاط بالتسلية والرياضة كشيء ضروري بعد التعب والإجهاد في العمل. هذا ويعتبر اللعب احد الأساليب الهامة التي يعبر بها الطفل عن نفسه، وكذلك فهم العالم من حوله كما يعتبر حاجة نفسية لا بد ان تشبع وهو مخرج لمواقف الإحباط التي يتعرض لها الطفل في الحياة اليومية. ويعتمد الإرشاد باللعب مجموعة من الأساليب أهمها:اللعب الحر، واللعب المقيد.

سادساً: - أسلوب الإرشاد العرضي (Incident counseling)

وهو أسلوب إرشادي طارئ سريع مختصر وغير مخطط له، ويحدث خارج حدود المركز الإرشادي أو العيادة أو المؤسسة التعليمية. وفي هذه الحالة يقدم المرشد بعض جوانب عملية الإرشاد، ولا يحاول التعميق في فهم ديناميات الشخصية وصراعاتها بهدف طمانة المسترشد. وينفع هذا النوع من الإرشاد إذا قدم في اللحظة السيكولوجية المناسبة، وهو فعال في تناول حالات سوء التكيف الانية واضطرابات الشخصية العابرة مثل حالات الاكتئاب الناتجة عن فقدان شخص عزيز. ويلجأ إلى هذا النوع من الإرشاد عادة عندما لا تتوفر الإمكانيات المادية للإرشاد وعندما يكون وقت المرشد محدودا أو يكون غير مقيم. ويؤخذ على هذا النوع من الإرشاد انه لا يقبل كثيراً ولا يرحب به من قبل المسترشدين مقارنة مع طرق الإرشاد الأخرى التي تتضمن جهداً كبيراً وتحدث أثرا ملموساً.

سابعاً:- أسلوب الإرشاد الديني(Religion counseling)

أسلوب يقوم على أساس ان الدين ركن أساسي في حياة البشر، ويهدف إلى تنمية الانسان الحر صاحب الإرادة والعقيدة والإيمان الذي يعيش في أمان وسلام وبالتالي تحقيق الصحة النفسية في اعلى مستوياتها. ويتم الإرشاد الديني بتكوين حالة نفسية متكاملة يتطابق فيها السلوك ويتكامل مع المعتقدات الدينية، وهذا ما يميزه عن الوعظ الديني الذي يقتصر على تقديم معلومات دينية من جانب الواعظ فقط دون تفاعل موسع مع المستمع. ويجدي الإرشاد الديني نفعاً في مواضيع الزواج والمقبلين عليه. ويفضل المرشد الديني أسلوب الإرشاد غير المباشر والإرشاد الفردي والتعاطف والمساندة، وصدق رسول الله صلى الله عليه وسلم خاتم الانبياء والمرسلين حين قال: ﴿لقد تركت فيكم ما ان تمسكتم به لن تضلوا بعدي أبدا، كتاب الله وسنتي﴾.

ثامناً:-أسلوب الإرشاد المختصر (Brief counseling)

وهو احد طرق الإرشاد المكثف خلال بضع جلسات (٣-٧جلسات) يقتصر على المعلومات المهمة، ويطلق عليه البعض الإرشاد قصير الأمد (-Micro counseling). ويركز هذا النوع من الإرشاد على الأبعاد المحورية المختارة من عملية الإرشاد ويستخدم في حل مشكلات محدودة مثل ضعف التحصيل في إحدى المواد الدراسية. وقد أفادت بعض الدراسات ان لهذه الطريقة من الإرشاد تأثير متفاوت على السلوك، والبحث جاري حول فاعليتها. ومن المزايا الايجابية لهذه الطريقة من الإرشاد هي حصول المسترشد على اكبر فائدة ارشادية في اقل وقت ممكن، وتركيزه على تحقيق الحاجات وحل الصراعات وكشف الدفاعات، وتعليم المسترشد مهارة حل المشكلات وكيفية اتخاذ القرارات. ومن اهم الأساليب الإرشادية المستخدمة في هذه الطريقة اسلوب التصريف الانفعالي، وأسلوب الشرح والتفسير.

الفصل الثاني

اسس ومسلمات العملية الإرشادية

- تمهيد
- الأسس والمبادىء العامة
- الأسس الفلسفية
- الأسس النفسية والتربوية
- الأسس العصبية والفسيولوجية

تمهيد

يقوم الإرشاد النفسي كفرع تطبيقي من فروع علم النفس على مجموعة من الاسس والمبادئ التي ترتبط بالسلوك البشري وعملية الإرشاد النفسي، والتي لا بد ان يلم بها المرشد النفسي ويفهمها بدقة، حتى تمكنه من فهم السلوك البشري والتنبؤية ومن ثم السيطرة عليه. ان المعرفة الدقيقة لهذه الاسس والمبادئ تسهل على المرشد –سواء اكان مبتدءاً أو خبيراً – فهم العملية الإرشادية وتقديم خدماتها ضمن برنامج وخطط عمل واضحة تقوم على اسس واضحة. وخلافا لذلك يكون عمل المرشد النفسي عشوائيا ومتخبطا وبالتالي لا تأتي العملية الإرشادية أو العلاجية ثمارها.

وتتعدد الاسس والمبادئ التي تقوم عليها عملية الإرشاد النفسي، وهي كثيرة بكثرة ما يوجد من نماذج واتجاهات نظرية ارشادية وعلاجية. لذا سيتم الاقتصار في هذا الكتاب على ذكر أهم الاسس والمبادئ الأساسية واللازمة في العمل الإرشادي والعلاج النفسي على حد سواء، والتي يمكن تصنيفها ضمن اربع فئات وهي:-الاسس العامة والاسس الفلسفية والاسس النفسية والتربوية والاسس العصبية والفسيولوجية. وفيما يلي توضيح مفصل لكل من هذه الاسس:-

اولا: الاسس والمبادئ العامة

وهي مجموعة من الاسس التي لا بد ان يلم بها المرشد النفسي سواء اكان طالبا أو مهنيا مبتدءاً أو خبيراً. وهذه الاسس تكاد تكون مشتركة مع جميع التخصصات السيكولوجية التطبيقية وهي:

١- **السلوك البشري ثابت نسبيا ويمكن التنبؤ به.**

والمقصود بالثبات هنا هو ثبات السلوكيات والتصرفات الظاهرة، ولا يقتصر الثبات على السلوكيات الظاهرة فحسب وإنما يتعدى ذلك ليشمل البناء الاساسي للشخصية، مثل المعتقدات والأفكار و الاتجاهات والقيم والحاجات

والميول والانفعالات، مع الاخذ بعين الاعتبار نقطة مهمة وهي تساوي الظروف والعوامل المحيطة الاخرى بهذه السلوكيات أو التنظيمات الشخصية. وخير مثال يوضح هذا المبدأ الإرشادي حالة التبول اللاإرادي عند طفل ناتجة عن الاساءة الجسدية من قبل والدية ومعلميه، او تتناوله لكميات كبيرة من الماء والسوائل في فترة المساء. فان المرشد في مثل هذه الحالة يقوم ببناء تنبؤات دقيقة حول السلوك، فيتوقع بان المشكلة ستستمر لديه اذا ما استمرت العوامل والأسباب المؤدية لها مثل تعرضه للإساءة الجسدية واستمرار شرب الماء في المساء، و يتنبأ باحتمالية تطور الحالة .

٢-السلوك البشري مرن وقابل للتعديل.

ان مبدأ الثبات النسبي للشخصية بكافة ابعادها لا يعني جمود الشخصية والسلوك وعدم قابليتها للتعديل والتغيير. فبالرغم من خاصية الثبات النسبي للسلوك فان بمقدور المرشد أو المعالج النفسي تعديل السلوك الانساني، سواء اكان ظاهرا وملاحظا كتعديل الاستجابات التجنبية (الخوف الاجتماعي)، أو كان سلوكا داخليا خفيا كالأفكار والانفعالات ومفهوم الذات. فمثل هذه السلوكيات الداخلية والخارجية وان كانت ثابتة نسبيا الا انها تتصف بخاصية المرونة والقابلية للتعديل.

والمثال الشائع في الادب التربوي والنفسي على مرونة السلوك البشري هو حالات الاطفال الذئاب الذي عثر عليهم في غابات فرنسا والهند، واللذين عاشوا منذ ولادتهم مع الذئاب لعدة سنوات، وكانوا يتغذوا على اثداء اناث الذئاب واكتسبوا السلوكيات الحيوانية مثل العواء والافتراس وحرموا من العلاقات الانسانية. وبعد ان عثر عليهم اخذوا إلى المدينة وطبقت عليهم برامج تربوية ونفسية بهدف ترويضهم سلوكيا واجتماعيا وتنمية مهارات التواصل لديهم، وقد تم اكسابهم المعرفة والمهارات الحياتيه اللازمة مثل مهارة الكلام وضبط الحاجات الفسيولوجية وارتداء الملابس وفهم اللغة البسيطة.

٣-السلوك الانساني فردي - جماعي

ان أحد أهم الاهداف الإرشاديه هو تحقيق الذات وتحقيق التكيف مع الذات ومع الاخرين. ان سمات الفرد الشخصية المنفردة تميزه عن غيره من الافراد وتجعل منه شخصا فريدا لا مثيل له بين الافراد، حتى في حالة التوأم المتطابقة. ان التميز في السمات الشخصية هو الذي يجعل الفرد يتصرف ويفكر ويشعر بطريقة مختلفة ومتميزة عن الاخرين. الا ان الأفكار والمشاعر وما يترتب عليها من تصرفات يقوم بها الفرد، يتم تنظيمها وتقييمها بموجب اطار اجتماعي يؤثر ويتأثر بها. ومن اهم المتغيرات الاجتماعية والعناصر التي لا بد ان يأخذها المرشد في الحسبان والتي يحدث في سياقها السلوك الفردي- حيث يفيد من معرفه هذه المتغيرات الاجتماعية لا سيما في عملية الإرشاد الجمعي، التي تقوم اساسا على معرفة ديناميات الجماعة وعملية التفاعل الاجتماعي مثل المسايرة والضغوط الاجتماعية سواء مسايره الجماعه للفرد أو مسايرة الفرد للجماعة والتزامه بمعاييرها - ما يلي:-

- المعايير الاجتماعية (Social norms)

وهي محددات تتضمن ما يقبله وما لا يقبله المجتمع من قواعد وعادات واتجاهات وقيم وغير ذلك مما تتفق عليه ثقافة معينة، وهي بمثابة اطر مرجعية تحدد الأساليب السلوكية المختلفة المقبولة بين أفراد الجماعة والتي تسهل عليهم عملية التفاعل الاجتماعي.

وتتكون المعايير الاجتماعية من خلال عملية التفاعل الاجتماعي وتحدد عن طريقها الأدوار الاجتماعية. ومن الأمثلة على المعايير الاجتماعية نذكر التعاليم الدينية والمعايير الأخلاقية والقيم الاجتماعية والأفكار القانونية واللوائح والأعراف والعادات والتقاليد وحتى (المودات). وأخيرا تؤثر المعايير على سلوك الشخص وتعمل كدوافع قوية حينما يضفي

عليها ألوانا عاطفية مختلفة، وعندها يخضع لها خضوعا يهيمن على حياته بطريقة مباشرة أو غير مباشرة.

- الادوار الاجتماعية(Social Role)

نمط منظم من المعايير فيما يختص بسلوك فرد يقوم بوظيفة معينة في الجماعة ،وهو يشبه السيناريو الذي يحدد السلوك أو يعبر عن الانفعال ويحدد الأقوال، ومن أمثلة الأدوار الاجتماعية دور القائد ودور الامومة ودور الطبيب ودور رجل الدين، وكل دور من هذه الأدوار يشمل نمطاً منتظما من المعايير السلوكية المتوقعة من جانب كل دور.

- الاتجاهات الاجتماعية(Attitudes)

ميل عام مكتسب، نسبي في ثباته، عاطفي في اعماقه، يؤثر في الدوافع النوعية ويوجه سلوك الفرد. ويتضمن الاتجاه موقف نفسي للفرد حيال احد القيم أو المعايير او فئات عرقية، وينطوي هذا الموقف النفسي على حالة من التهيؤ العقلي التي تنظمها الخبرة.

ويتكون الاتجاه من ثلاث مكونات أساسية هي: المكونات المعرفية والمكونات الوجدانية والمكونات السلوكية، التي تعبر بدورها عن المكونات المعرفية والوجدانية. ويمكن تعديل الاتجاه تعديلا طفيفا عن طريق النقاش والتواصل الفعال المباشر ووسائل الاعلام. وقد صمم نفر من علماء النفس والاجتماع مجموعة من المقاييس التي تقيس الاتجاهات من اشهرها مقياس التباعد الاجتماعي (بوجاردس)، ومقياس ثرستون، ومقياس ليكرت، ومقياس (جتمان).

- الجماعه المرجعية (Reference Group)

وهي مجموعة من الأفراد يحيطون بالفرد ويؤثرون في سلوكه ويكسب منهم العادات والمعايير والقيم والاتجاهات، وتتمثل عادة بالأسرة والأصدقاء والمدرسة.ويعد بعض علماء الاجتماع المجتمع بأكمله جماعة

مرجعية للفرد الذي يعيش فيه. ولا شك ان جماعة الرفاق(Friends) تقوم بدور هام في عملية التنشئة الاجتماعية والنمو الاجتماعي للفرد، حيث تؤثر في معاييره الاجتماعية ويقوم معها بادوار اجتماعية متعددة. وتتعدد انواع جماعات الرفاق فمنها جماعة اللعب وجماعة النادي وجماعة العمل وجماعة الشلة. وقد تكون جماعة الرفاق محرك ودليل خير للفرد تجلب له السعادة وتعينه على تخطي الصعاب، وقد تكون عكس ذلك تجلب له المتاعب وتجعله ينزلق في طرق الانحراف، ويعتبر سن الطفولة المتأخرة وسن المراهقة من اكثر المراحل التي يتأثر بها الفرد في جماعة الرفاق.

- القيم (Values)

مجموعة من الأحكام المعرفية الإنفعالية التي يكتسبها الفرد من الثقافة التي يعيش ضمنها ويعممها نحو الأشخاص والأشياء والمعاني وأوجه النشاطات المختلفة. وتعبر القيم عن الاهتمام والتفضيل والاختيار نحو (الأشخاص والأشياء). ويمكن تصنيف القيم إلى قيم عامة مثل الأيمان والعدل والعلم، وقيم خاصة مثل تلك المتعلقة بالطقوس الاجتماعية والدينية والاقتصادية والسياسية. وقد تكون القيم دائمة وقد تكون عابرة. ولابد للمرشد من تفحص قيم المسترشد سواء الظاهرة أو الضمنية حتى يتم مساعدته بفاعلية.

- التفاعل الاجتماعي(Social Interaction)

عملية اجتماعية يرتبط بها أعضاء الجماعة بعضهم مع بعض عقليا ودفاعيا، وفي الحاجات والرغبات والوسائل والغايات. ويعرف التفاعل الاجتماعي اجرائيا بانه ما يحدث عندما يتصل فردان او اكثر(ليس بالضرورة اتصالا ماديا)، ويحدث نتيجة لهذا الاتصال تعديل سلوك أحد

الطرفين. ومن اهم مظاهر التفاعل الاجتماعي تقويم الذات والآخرين، وإعادة التقويم، والتقويم المستمر.

مما سبق يتضح لنا ان الفرد لا يعيش بمعزل عن البيئة الاجتماعية، وإنما يعيش ويتفاعل كفرد ضمن نظام اجتماعي مترابط ومتسلسل يتكون من انظمة فرعية مثل نظام الاسرة نظام المدرسة نظام القيم نظام المعايير الاجتماعية...الخ. ويستفيد المرشد فائدة عظيمة من هذه النظم الاجتماعية لاسيما نظام الاسرة ونظام المدرسة في تقديم الخدمات الإرشادية والعلاجية، كما يستفيد من مؤسسات المجتمع المختلطة مثل المراكز الثقافية والمهنية.

٤- استعداد الفرد ورغبته في الإرشاد

لا بد من توفر الاستعداد والدافعية والرغبة الحقيقية لدى الفرد لتقبل الإرشاد النفسي، وان يدرك ان ذلك يعتبر شرطا اساسيا لنجاح العمليه الإرشادية وبالتالي حل المشكله. فعملية اجبار المسترشد ودفعه إلى الدخول في العملية الإرشادية دون التحقق من الرغبة والاستعداد الحقيقيين للارشاد تحول دون توثيق العلاقة الإرشادية بينه وبين المرشد. ونتيجة لذلك تظهر لديه مظاهر المقاومة وعدم التعاون.

٥- الإرشاد النفسي حق للفرد في جميع مراحل نموه

ان الحاجه إلى الإرشاد النفسي حاجة نفسية لا تقل اهميتها عن الحاجات الانسانية، لذا لابد ان يتم اشباع هذه الحاجه بغية تحقيق الصحة النفسية والتكيف.

٦- التقبل الايجابي غير المشروط للمسترشد.

لا بد ان يتقبل المرشد المسترشد ويثق به حتى يتسنى له بناء علاقة ارشادية فعالة ودافئة، وهي خطوة ضرورية في العملية الإرشادية. وبدون تحقيق هذا الشرط - عدم تقبل المسترشد بسبب لونه أو دينه أو جنسه أو

مستواه الثقافي أو الاجتماعي - فان المسترشد سيشعر بعدم التقبل، وعندئذ لن يثق بالمرشد ومن ثم لن يتقبل منه المساعدة والتدخل الإرشادي.

ونود ان نشير في هذا الاطار إلى ان عملية التقبل تشمل فقط تقبل السلوك السوي المرغوب والانفعالات- سواء السلبية أو الايجابية- والسمات الشخصية، ولا تشمل عملية التقبل قبول السلوكيات الخاطئة واللاسوية الصادرة من المسترشد، فلا ينبغي للمرشد تقبلها وانما يحاول تغييرها أو ايقافها لأن تقبله لمثل هذه السلوكيات يفسر من المسترشد على ان المرشد يشجع هذه السلوكيات.

٧- للمسترشد الحق في تقرير مصيره واختياراته

فلا يجوز للمرشد ان يتخذ قرارات نيابة عن المسترشد أو يقدم له الحلول الجاهزة أو النصائح أو الاوامر - اللهم الا في حالات صغار الاطفال والاستثنائيين وضعاف العقول - وانما يساعده على حل مشكلاته بنفسه، لأن تقديم الحلول الجاهزة التي يكون المرشد قد جربها خلال ممارسته في الإرشاد أو جربها شخصيا وحققت نجاحا اكيدا، قد لا تفلح في حل مشكلة المسترشد بسبب اختلاف الظروف والفروق الفردية بين الافراد.

ثانيا: الاسس الفلسفية

١- الطبيعة البشرية.

هناك اختلافا كبيرا وتضاربا في الاراء حول الطبيعة البشرية وحول الاجابة على ما هو الانسان؟ انه سؤال قلما نفكر فيه مع انه يمثل نقطة جوهرية جدا.ذلك انه على اساس الاجابة عليه يتوقف اسلوب تعاملنا مع الانسان وفهم شخصيته.

لقد شغل البحث في الطبيعة البشرية بال الفلاسفة والمفكرين عبر العصور، فالقديس اوغسطين مثلا اعتقد ان الانسان عدواني وشهواني يعمل ضد المجتمع، وحذا حذوه في ذلك عالم النفس التحليلي

(سيجموند فرويد). غير ان هناك بعض الفلاسفة من اعتبر ان الانسان خير بطبيعته مثل (روسو) الذي اكد في كتابه (اميل) ان الانسان خير بطبيعته وهو يأتي إلى الوجود كاملا ومثاليا لكن المجتمع يفسده، وبالمثل تبنى هذه النظره للانسان عدد من علماء النفس المحدثين مثل روجرز الذي اكد ان الانسان خير ويكمن لديه دافع وارادة لأن يعيش يساعدانه على تحقيق ذاته بطريقة آلية، وبالتالي يحقق التكيف والصحة النفسية، وانه يصبح عدوانيا ومؤذيا فقط عندما لا يعامل بثقة واحترام كذلك عندما تسلب حريته.

والواقع ان لدى كل منا تصور أو نظرة معينة عن الانسان طبيعته وخصائصه المميزة له، وهذه النظرة قد تكون واضحة لدى الافراد توصلوا لها عن طريق جهد متعمد من الملاحظة والدراسة والتحليل، وقد تكون نظرة ضيقة تسربت عناصرها إلى الفرد دون ان يعيها نتيجة لخبرات محدودة مع الناس الذي يتعامل معهم، ومن ثم يبني على هذه النظره بعض المعتقدات الخاطئة حول الطبيعة البشرية.واخيرا لعل اكثر التصورات قبولا للطبيعة البشرية هو ان الانسان ذو امكانيات متعددة قابلة للتفتح والنمو، اذا ما توفرت الظروف البيئية الملائمة وان النقطة الجوهرية التي ينبغي على المرشد الالتفات اليها هي اكتشاف هذه الامكانيات اولا ثم تنميتها ثانيا.

٢- الإرشاد النفسي مهنة لها دستورها الاخلاقي:

لكل مهنة وممارسة اخلاقيات مهنيه يسترشد بها المختص أو المهني عند تقديم خدماته لعملائه، وتكاد تشترك جميع المهن بأخلاقيات معينه في حين تقتصر بعض الاخلاقيات على مهن معينة. وفيما يتعلق بالدستور الاخلاقي لمهنة الإرشاد النفسي والمعالجون النفسيون فانه يحدد مجموعة من الاخلاقيات المهنية التي تحدد واجب كل من المرشد والمسترشد

ومسؤولياتهما، كما تحدد حقوقهما وحدود العمل الإرشادي بالنسبة للمرشد. و فيما يلي اهم هذه الأخلاقيات:-

أ- الاعداد العلمي والفني للمرشد: اذ لا بد ان يقدم الخدمات الإرشادية- أي كان مجالها- مرشدا متخصصا في الإرشاد النفسي، ومؤهلا بالمعرفة النفسية المتخصصة، ومزودا بالخبرات والمهارات اللازمة في العمل الإرشادي العلاجي، كما ينبغي عليه متابعة النمو المهني والتطور الجديد في ميدان الإرشاد النفسي، اضافة إلى حصوله على ترخيص لمزاولة مهنة الإرشاد من الجهات المسؤولة، فضلا عن شهادته الجامعية، وتتطلب هذه الرخصة من المرشد في معظم الدول الشهادة العليا في التخصص – الماجستير أو الدكتوراه- اضافة إلى اجتيازه سلسلة من الاختبارات المتخصصة، وأداء القسم بان يراعي الـلـه ويخلص في عمله، ويلتزم بأخلاقيات المهنة التي اهمها سرية المعلومات الشخصية التي يدلي بها المسترشد

ب- استخدام الاستراتيجيات والأساليب الإرشادية التي تتفق مع حاجات المسترشد ومشكلاته، والوقوف عند الحد الذي يجد فيه المرشد نفسه غير قادر على تقديم المساعدة - بسبب نقص مهاراته أو اعداده – وإحالة المسترشد إلى مرشد اخر أو جهة اكثر فاعلية وتخصصا في تناول الحالة.وينبغي على المرشد ان لا يتردد في استشارة زملائه المرشدين وذوي الاختصاصات والخبرات الاخرى مثل الاطباء، المحامين، المعلمين...الخ لاسيما في الحالات المتطرفة.

ج- العلاقة الإرشادية علاقة مهنية

لا بد ان تبقى العلاقة الإرشادية علاقة انسانية مهنية، تبنى ضمن اطار مهني محدد بمعايير اجتماعية وثقافية وقانونية، وان لا تتطور إلى علاقة

شخصية أو أي نوع من العلاقات الاخرى وذلك حتى تكون هذه العلاقة خبرة انسانية حقيقية ونقية مع انسان آخر أصيل.

د- اقتصاديات عملية الإرشاد النفسي.

هناك اختلاف حول قضية الإعلان عن الخدمات الإرشادية وتقاضي الاجر مقابل الخدمة الإرشادية. فبعض المرشدون يروا انه لا بد من عرض خدماتهم والترويج لها اعلاميا بهدف استقطاب المسترشدين (الزبائن)، وان يدفع المسترشد أو ذويه التكاليف المترتبة على الخدمة الإرشادية، ويعكس هذا الرأي النظام الاقتصادي الحر. وفي الجهة المقابلة يرى بعض المرشدين ان الإرشاد النفسي مهنة لها مكانتها، فلا يجوز للمرشد ان يعرض خدماته الإرشادية أو العلاجية على الناس في وسائل الإعلام أو حتى في الجلسات العامة. وفيما يتعلق بالتكاليف فان هذا الفريق من المرشدين يرفضون استغلال المسترشد وإرهاقه بالتكاليف، على افتراض ان الإرشاد النفسي حق مجاني لكل فرد تكلفه الدولة، ويعكس هذا الرأي النظم الاقتصادية الاشتراكية.

ثالثا: الاسس النفسية والتربوية

١- الإرشاد النفسي عملية تعلم وتعليم

ان من اهم اهداف العملية الإرشادية هو تسهيل وتحسين العملية التربوية والتعليمية ويرى البعض ان العملية الإرشادية بحد ذاتها خبرة تعليمية يتعلم المسترشد من خلالها الكثير عن نفسه والعالم المحيط به، كما يتعلم عادات وانماط سلوكية ومعرفية جديدة. ومن هذا المنطلق لا بد ان يلم المرشد بطبيعة عملية التعلم ومبادئها والظروف التي تحدث بها، حتى يتسنى له ان يهيئ الخبرات التعليمية المناسبة التي تسمح للمسترشد تعلم المهارات

المختلفة والمعلومات وتساعده على حل مشكلاته الواقعية معتمدا على نفسه خارج اطار الجلسة الإرشادية.

وهناك مجموعة من الحقائق التي اثبتتها الدراسات العلمية والممارسات التربوية حول عملية التعلم ينبغي ان يلم بها المرشد سواء اكان مبتدءاً أو خبيراً أو طالباً يدرس الإرشاد وهي:

– ان العلاقة بين التعلم والتعليم متداخلة ومتشابكة، اذ يعتبر التعلم هدف للعملية التعليمية التي تتمثل في الجهود المنظمة لمساعدة الطالب على التعليم بغية تحقيق اهداف تربوية محددة وضمان انتقال اثر التدريب.و يحتاج التعليم الفعال إلى توافر مجموعة من العناصر لتحقيق التعلم الفعال وأهدافه الاخرى مثل:

أ- المعلم أو المرشد الفعال المؤهل.

ب- الطالب أو المسترشد الذي يرغب في التعليم ويمتلك الاستعداد والقدرات.

ج- موضوع التعليم (المنهاج) الذي يأخذ شكل معلومات أو مهارات أو اتجاهات.

د- الطرق والوسائل التعليمية.

هـ- الظروف البيئية والاقتصادية والثقافية والاجتماعية المناسبة.

– يتعلم الفرد الكثير من السلوكيات والمعارف والمهارات عن طريق المحاكاة، بمعنى رؤية السلوك أو المهارة من خلال شخص ماهر يقوم به. ويعتمد هذا النوع من التعلم على دقة الملاحظة والانتباه و الادراك.فعندما يشاهد الفرد سلوكيات صحيحة وسوية أو خاطئة فانه يقلل من سلوكيات المحاولة والخطأ، وتكون عملية المشاهدة هذه بمثابة تجربة اولية ناجحة مع انه يشاهد فقط. ويكتسب الفرد عن طريق هذا النوع من التعلم انماط السلوك الاجتماعية والمهارات الاجتماعية بشكل

خاص كما يتعلم الامتثال للمبادئ والمعايير الدينية والاخلاقية، وكذلك الانفعالات الايجابية والسلبية وطرق التعبير عنها والتحكم بها وذلك في اطار التفاعل الاجتماعي مع الاشخاص المهمين والمحيطين به.

- يمكن للمسترشد ان يتعلم اسلوب حل المشكلات وذلك بالاعتماد على المهارات والخبرات والتجارب المكتسبة سابقاً المتوفرة لديه من جهة ، والمفاهيم و الحقائق والرموز الخاصة بموضوع المشكلة من جهة اخرى. ويتطلب ذلك منه فهم هذه المفاهيم وتطبيقها وتقيميها والتعبير عنها ،وهذا النوع من التعلم يساعد المسترشد على ادراك مشكلة بصورة جديدة وادراك العلاقات بين الافكار والاشياء (الاستبصار).
- ان التعلم الذي يركز على المبدا او الفكرة الرئيسية والعامة التي تدور حولها التفاصيل في موضوع ما هو تعلم مقاوم للنسيان، في حين ان التعلم الذي يركز على الممارسة العابرة لمهارة او القراءة العشوائية لمادة دراسية يعتبر تعلماً ناقصاً قد يضر اكثر مما ينفع.
- على المرشد النفسي ان يستخدم استراتيجية التعليم المبرمج عند قيامه بتدريب او تعليم المسترشد مهارات وانماط سلوكية او معرفية معنية، وذلك يعني تقسيم هذه المهارات او الانماط السلوكية إلى خطوات بسيطة مرتبة ترتيباُ متسلسلاً ومنطقياً من الاسهل إلى الاصعب، بحيث يستجيب لها المسترشد تدريجاً ويتبع كل استجابة تعزيزاً مناسباً، وتقدم التغذية الراجعة الايجابية او التصحيحية للمسترشد قبل الانتقال إلى الخطوة التاليه.وتقوم على هذا المبدأ الكثير من الممارسات الإرشادية والعلاجية.
- التعلم عملية تقوم على الاستبصار والتفكير والادراك والتمييز بين المميزات، وليس على الربط بين المثيرات والاستجابات فحسب. ويتعلم الفرد المعلومات والمعرفة عن طريق طرح الاسئلة والاستفسارات من مصادر المعرفة.

– يتعلم الفرد السلوكيات الخاطئة كما يتعلم السلوكيات الصحيحة و في كلتا الحالتين تقوم عملية التعلم على نفس المبادئ، و انه يمكن محو السلوكيات الخاطئة واحلال سلوكيات جديدة صحية عوضا عنها باستخدام استراتجيات سلوكية (سياتي ذكرها لاحقا).

٢- العملية الإرشادية عملية عقلانية تقوم علي المنطق

تعتبر المعتقدات والافكار التي يحملها المسترشد عنصرا مهما في تحديد وتوجيه سلوكياته وانفعالاته، وغالبا مايتعامل المرشد النفسي مع مثل هذه المعتقدات والافكار التي قد تكون السبب الرئيسي وراء الحالة او المشكله وهذا ما يعرف بالعوامل الداخلية. اضافة إلى ذلك فان الافكار والمعتقدات الخاصة بالمرشد تحدد نوع العلاقة الإرشادية بينه وبين المسترشد. من اجل ذلك لابد ان يلم المرشد بقواعد التفكير الصحيح والذي يتناولها علم المنطق لاسيما مبادئ الاستقراء والاستنتاج التي تساعده في ادارة الحوار والنقاش مع المسترشد، وتحديد اسباب المشكلة المرتبطة بنظام المعتقدات اللاعقلانية وبالتالي تعديلها او التخلص منها بالاقناع المنطقي.

٣- الفروق الفردية(Individual differences)

يشير مفهوم الفروق الفردية إلى الاختلافات والانحرافات بين الأفراد (كماً ونوعاً) عن المتوسط الطبيعي للبشر في كافة الصفات والمظاهر الشخصية جسدياًً ومعرفياً وانفعالياً واجتماعياً. وتختلف هذه الصفات والمظاهر لدى نفس الفرد الواحد من مرحلة نمائية إلى مرحلة نمائية اخرى ومن موقف إلى اخر. وهذه الفروق هى التي تجعل الفرد شخص متفردا بشخصيته له عالمه الخاص و حاجاته المميزة وطريقته الخاصة في الاستجابة للمشكلات و الضغوط النفسية. وهناك فروق فردية بين الذكور والاناث لا سيما في الخصائص الفسيولوجية والسمات النفسية والاجتماعية لابد ان ياخذها المرشد بعين الاعتبارعند تقديم خدمات الإرشاد المهني والاسري

والزواجي، خاصة ان مبدا الفروق الفردية اضافة إلى ما سبق يساعد المرشد على اختيار الاستراتيجية والاسلوب الإرشادي المناسب لكل فرد على حده. وتعود الفروق الفردية بين البشر أما لعوامل وراثية تكوينية أو بفعل عوامل بيئية. ويمكن قياس الفروق الفردية بين الأفراد والتمييز بينهم وتصنيفهم عن طريق الاختبارات النفسية والتربوية. وتعتبر الفروق الفردية مبدأ أساسي من مبادئ التعلم والتعليم الذي يقوم عليه تخطيط المناهج وأساليب التدريس.

٤- العملية الإرشادية عملية نمائية

تشمل مظاهر النمو الانساني جوانب محددة ومتعددة مثل الجانب الجسدي كنمو الحواس والدماغ والعضلات والجهاز التناسلي....الخ، والجانب العقلي الذي يتضمن نمو القدرات وعدد المفردات والاستعدادات....الخ. وهكذا تعكس هذه الجوانب النمائية درجة التكيف والنجاح لدى الفرد وتؤثر بدرجة كبيرة على مفهوم الذات لديه وفي نفس الوقت تعكس نمو الشخصية.

وفيما يلي مجموعة من الحقائق حول النمو الانساني لابد ان يعرفها المرشد النفسي:-

— هناك عادات ومهارات - مهمات نمائية - على الفرد ان يتعلمها في مراحل نمائية معينة دون الأخرى، وهي من متطلبات النمو النفسي السوي وتحقيق الصحة النفسية، فإذا تعلمها الفرد في المرحلة الانسب أدت إلى سعادته وتوافقه وخصوصا تعلم المطالب اللاحقة والعكس صحيح، فإذا فشل الفرد في تعلمها فان ذلك يؤدي إلى تعاسته وصعوبة تحقيق المهمات اللاحقة. وقد اقترح كل من هافجرست((Havighurst)) واريكسون مجموعة من المطالب النمائية لكل مرحلة عمرية. ومن الأمثلة على هذه المطالب في مرحلة الطفولة المبكرة: بدء الطفل فهم واستعمال اللغة وتعلم المشي والأكل وضبط الإخراج والتبول...الخ. في

حين نجد ان هذه المطالب تختلف في مرحلة المراهقة، فنجد ان تقبل الذات وتكوين الاتجاهات والمفاهيم الضرورية للحياة وتكوين العلاقات الناضجة وتحقيق الاستقلال الانفعالي واختيار التخصص والمهنة هي من المطالب الأساسية. وهكذا تختلف المطالب من مرحلة نمائية إلى اخرى.

- هناك فرق بين النمو والنضج فالنمو يشير إلى تغير في السلوك ناتج عن تدريب او خبرة سابقة ويتقرر بعوامل بيئية عادةً، في حين ان النضج تغير في السلوك تقرره العوامل الوراثية والتغذية إلى حد كبير. فهو عملية نمو طبيعي وتلقائي.

- النمو الانفعالي مطلب نمائي اساسي لمرحلة المراهقة والمراحل اللاحقة، حيث يساعد الفرد على المشاركة الإنفعالية للآخرين، والتي تنطوي على التعاطف والرئفة والاخذ والعطاء وزيادة الواقعية في فهم الآخرين، واعادة النظر في الطموحات والامال.ويدل على توفر هذا المطلب النمائي لدى المراهق او الراشد وجود قيم ومبادئ اخلاقية ودينية واضحة لديه، وقدرته على تحمل المسؤولية،وكذلك تحمله للاحباط، ومطابقة سلوكه الفردي مع المعايير والظروف الاجتماعية المقبولة.

  ويعيق تحقيق هذا المطلب الاساسي الخبرات المؤلمة، سواء المبكرة او الحديثة كتعرض الفرد لاحد اشكال الاساءة، و العيوب الجسدية، ونقص الخبرة والتدريب في مواجهة ضغوط الحياة،كما تلعب الصرعات النفسية غير المحلولة دوراً مهماً في اعاقة هذا الجانب النمائي.

- النمو العقلي(Mental Development) جانب مهم من جوانب النمو الشخصي تعتمد سلامته وتقدمه بالدرجة الاولى على سلامة الجهاز العصبي، وكذلك على مدى توافر البيئة التربوية الداعمة. ولا شك ان العوامل الوراثية تحدد الاستعداد لهذا الجانب من النمو التي تعمل البيئة على تنميته او كفه.ويمر النمو العقلي بثلاث مراحل أساسية تعتمد كل

مرحلة على سابقتها وتؤثر بالمرحلة التي تليها. وهناك مظاهر نمائية خاصة بكل مرحلة تكاد لا تحصى اذا ما اخذنا بعين الاعتبار ارتباط النمو العقلي بجوانب النمو اللغوي والنمو الحركي والنمو الانفعالي.

– يرتبط النمو اللغوي (Language development) ارتباطاً وثيقاً بالنمو العقلي، وهو مظهر له قيمته الكبيرة في التعبير عن الذات والتكيف النفسي السوي، ويبدأ النمو اللغوي عند الانسان منذ الولادة، و هناك فروق فردية بين الذكور والاناث في مراحل النمو اللغوي لصالح الاناث.

ويمر النمو اللغوي بالمراحل النمائية التاليه:

أ- مرحلة الاصوات: وتبد بصيحة الميلاد التي يطلقها الجنين عند الولادة مروراً بالمناغاة والتبسم واخيراً استخدام الحروف.

ب- مرحلة الكلمة الاولى: وتبدأ في الشهر العاشر من عمر الطفل تقريبا وتقتصر على نطق الأسماء للاشخاص المحيطين.

ج- مرحلة الكلمتين: وتبدأ في العام الثاني وتقتصر على نطق وتحصيل الضمائر وحروف الجر والعطف .

د- مرحلة الجمل القصيرة: وهي جمل مفيدة تتكون من (٣-٤كلمات) سليمة من حيث المعنى إلا انها لا تكون صحيحة من ناحية التركيب اللغوي، وتبدأ هذه المرحلة في العام الثالث من عمر الطفل تقريبا.

هـ- مرحلة الجمل التامة: تبدأ (في العام الرابع وحتى السادس) وتتكون من (٤-٦كلمات) وتتميز هذه الجمل بانها مفيدة تامة الأجزاء وأكثر دقة بالتعبير. ويتحسن في هذه المرحلة النطق ويختفي الكلام الطفلي ويزيد عدد المفردات.

و- مرحلة الجمل المركبة والتعبير الشفوي والتحريري.

ـ النمو الاجتماعي مظهر اساسي من مظاهر نمو الشخصية، وهو يمر بثمانية مراحل نادى بها اريكسون (١٩٦٣)، حيث يؤكد ان هناك مهمات تواجه الفرد في كل مرحلة نمائية(Psycho – Social Developmental stage) اطلق عليها اسم ازمات . واعتبر اريكسون هذه الازمات هي نقطة تحول وتغير مهمة في حياة الشخص. واستنادا إلى نظريته فان حياة الشخص هي نتاج للقرارات المتخذة عند نقاط التحول هذه. وقد ركز اريكسون على العوامل الاجتماعية- بدلا من الغرائز الجنسية والصراعات- في تقسيمه لمراحل النمو النفس اجتماعية وهي على التسلسل كما يلي:

(١) مرحلة الرضاعة (الثقة مقابل عدم الثقة):- والتي اذا زودنا الرضيع بحاجاته الفسيولوجية والانفعالية فانه يطور الإحساس بالثقة، وعكس ذلك فانه يطور الإحساس بعدم الثقة تجاه العلاقات الاجتماعية.

(٢) مرحلة الطفولة المبكرة (الاستقلالية مقابل الشك والخجل): ويحدث فيها الصراع بين الشعور بالثقة بالنفس من جهة وبين الشك في القدرة الجسدية والعقليةمن جهة اخرى، ويحتاج الطفل لتلافي هذا الصراع إلى الاستكشاف والتجربة من اجل ارتكاب الاخطاء وتعلم كيف تحدث الاشياء، فإذا ساعده الوالدين واتاحوا له فرصة التجريب والاستكشاف والاستقلالية، فانه يطور سمة الاستقلالية،أما اذا اتكل عليهم في كل صغيرة وكبيرة وحُرم فرصة الاستكشاف فانه سيطور سمة الشك والخجل.

(٣) مرحلة ما قبل المدرسة (المبادرة مقابل الشعور بالذنب): والمهمة الأساسية في هذه المرحلة هي تحقيق الاحساس في التفوق والمبادرة، فإذا منح الوالدين الاطفال الحرية في اختيار نشاطات

ذات اهمية معنوية فانهم سوف يميلون إلى تطوير نظرة ايجابية للذات، والعكس صحيح تماما. وفي هذه المرحلة يتركز محور العلاقات على افراد العائلة ويتم فيها اكثر مظاهر التعليم، مثل تعليم الطفل على ضبط عادات الاخراج والطعام. والطفل الذي يجد معاملة حسنة من والديه فانه يكون مؤكدا لذاته وسعيدا وضابطا لنفسه اكثر من كونه شاعراً بالذنب، وتقابل هذه المرحلة النمائية المرحلة الشرجية عند فرويد.

(٤) مرحلة الطفولة المتوسطة (الانتاجية مقابل الشعور بالنقص): يحتاج فيها الطفل إلى فهم العالم وتطوير هوية مناسبة تعتمد على جنسه، كما يحاج إلى تعلم المهارات الأساسية للنجاح المدرسي والاجتماعي في المدرسة والتي تجعله يحس بالانتاجية، وفي حالة عدم اكتساب هذه المهارات فانه يطور الشعور بالنقص.

(٥) مرحلة البلوغ والمراهقة (١٢-١٨) سنة (مرحلة الهوية مقابل عدم الهوية): وهي مرحلة انتقالية بين مرحلة الطفولة ومرحلة البلوغ يتم فيها اختبار القيود الاجتماعية وكسر العلاقات الاتكالية وتكوين هوية جديدة (يتساءل المراهق من انا؟ ومن أكون؟). والفرد الذي يتعدى هذه الازمة فانه يتعلم ادوار اجتماعية ايجابية ويكون منتجا ولا يلجأ إلى الجنوح. ويتركز محور العلاقات المهمة في هذه المرحلة على مجموعة الاصدقاء والجماعات ونماذج القيادة.

(٦) مرحلة الرشد (الألفة مقابل العزلة): المهمة النمائية في هذه المرحلة تتضمن تكوين علاقات حميمة والتي يتمكن على اساسها الراشد من الزواج الناجح او الصداقة المستديمة، والفشل في هذه المهمة يعود إلى العزلة. ويتركز محور العلاقات في هذه المرحلة على شركاء الصداقة والتنافس والتعاون.

(٧) مرحلة اواسط العمر (مرحلة الانتاجية مقابل عدم الانتاجية): والمهمات الرئيسية في هذه المرحلة هي تحقيق الانتاجية والعطاء في مجال العمل والأسرة، وكذلك الابتكار والإبداع والاعتدال بين الاحلام الشخصية السابقة وبين ما حققه الشخص فعلا، ويؤدي فشل الفرد في تحقيق هذه المهمات إلى انكباب الفرد على ذاته وانانيته وتكوين حس بعدم الانتاجية، ويكون محور العلاقات في هذه المرحلة مركزا على العلاقات المهنية والأسرية.

(٨) مرحلة الشيخوخة (التكامل مقابل اليأس): وتعتمد هذه المرحلة على النجاح في تحقيق المهمات النمائية في المراحل السابقة، فإذا حققها الانسان بنجاح فانه يشعر بالتكامل والفخر ويصبح حكيما، اما اذا فشل في تحقيق المهمات النمائية في المراحل السابقة فانه يطور الاحساس باليأس.

رابعاً: الاسس العصبية والفسيولوجية

تؤثر الحالة النفسية على النواحي الفسيولوجية والعصبية لدى الفرد والعكس صحيح تماماً، فمثلاً تؤثر حالة القلق على جهاز الدوران حيثُ تتزايد سرعة دقات القلب ومعدل التنفس كما يزيد افراز الغددالصماء وهرمونات الطوارئ (الادرنالين). وفي المقابل عندما يعتل الانسان جسدياً فانه يشعر بالضيق والضجر وربما يعاني من حالة الاكتئاب. وقد أكد الإطباء النفسيون على تأثير بعض الأمراض كالانفلونزا الحادة وحالات النفاس على إصابة الفرد بالاكتئاب. ومن هنا لابد للمرشد النفسي ان يلم ببعض المعلومات الفسيولوجية والعصبية الأساسية المرتبطة باجهزة الجسم، لاسيما الجهاز العصبي وجهاز الغدد الصماء والحواس الخمس والتي تؤثر بدورها على العمليات المعرفية

والانفعالية. وفيما يلي اهم الاسس والمسلمات العصبية والفسيولوجية التي تقوم عليها العملية الإرشادية والعلاجية:-

١- الاسباب الفسيولوجية للاضطرابات النفسية

تعود اسباب العديد من الاضطرابات الإنفعالية والسلوكية والمعرفية إلى خلل في وظائف الجهاز العصبي او جهاز الغدد الصماء او احد الحواس الخمسة، وتسمى هذه الاسباب بالاسباب الحيوية للاضطراب.

٢- الجهاز العصبي(Nervous System)

هو الجهاز الرئيسي في الجسم الذي يسيطر على الاجهزة الاخرى من خلال رسائل عصبية خاصة تنقل من الاحساسات المختلفة والمثيرات الداخلية والخارجية، حيث يستجيب لها الجهاز العصبي في شكل تعليمات إلى اعضاء الجسم ـ مما يؤدي إلى تكيف نشاط الجسم ومواءمته لوظائفه المختلفة الارادية واللاإرادية الضرورية للحياة بانتظام وتكامل. ويقسم الجهاز العصبي العام إلى الاجزاء التالية:

أ- الجهاز العصبي المركزي (Centered Nervous System)

وهو جزء رئيس من الجهاز العصبي العام يتحكم في السلوك الارادي للانسان، ويتكون من المخ الذي يتركب من القشرة الدماغية واللب ويحاط بالسائل المخي الشوكي. ويعتقد العلماء ان الجزء الامامي من المخ هو المسؤول عن العمليات العقلية العليا والإحساس والحركة الارادية، اما الجزء الجانبي (الجداري) فهو مركز الاحساس غير المخصص كاللمس والألم. ويختص الجزء الخلفي من المخ بعملية الابصار، اما مركز السمع فيقع في الجانب الصدغي. ويتالف الجهاز العصبي المركزي من قسمين هما: -

- الدماغ (Brain)

وهو الجزء الرئيس من الجهاز العصبي وهو المسؤول عن تنظيم وظائف الجسم والعمليات السيكولوجية، ويتركب من ١٢بليون خلية عصبية أو أكثر. ويحتوي الدماغ مراكز عصبية مسئولة عن استقبال المعلومات حول وضع الجسم والعضلات واللمس، كما تستقبل المعلومات القادمة من البيئة الخارجية عن طريق الحواس الخمس. ومن حيث الموقع تقع المراكز العصبية الحسية عند ملتقى الفصين الجبهي والداخلي. كما يحتوي على مراكز عصبية تتحكم بحركات معظم أجزاء الجسم الخاصة بالحركة وتسيطر عليها وتقع بجانب المراكز العصبية الحسية. ويبلغ وزن الدماغ في الانسان البالغ(١٤٠٠)غم تقريبا. ويتكون من ثلاثة اجزاء رئيسية هي: الدماغ الامامي الذي يشكل المخ والمخ البيني، والدماغ الخلفي الذي يتكون من المخيخ والقنطرة، والنخاع المستطيل.ووظيفياً يقسم الدماغ إلى اربعة فصوص هي:

* الفصوص الجبهية(Frontal Lobe): - وهي أجزاء من القشرة الدماغية مسئولة عن عمليات التخطيط وصنع القرار والقيام بالسلوكيات الهادفة.

* الفصوص الداخلية(Parietal Lobe):-يتوقع علماء الفسيولوجيا بانها الموقع الذي تتجمع فيه الحروف مع بعضها البعض لتكون الكلمات ومن ثم تتجمع الكلمات لتكون الجمل والأفكار.

* الفصوص الصدغية(Temporal Lobe):-مجموعة من الفصوص بعضها مسئول عن تفسير المعلومات الصوتية، وبعضها يقوم بوظائف الإدراك والذاكرة والأحلام وباقي العمليات العقلية العليا. وينتج عند إصابة هذه الفصوص بأذى اضطراب النطق وفقدان الذاكرة.

* الفصوص القذالية(Occipital Lobe):-هي فصوص تقع في مؤخرة الدماغ وهي مسؤولة عن تحليل المعلومات البصرية من حيث اتجاهها ومكانها وحركتها.

- الحبل الشوكي (Spinal cord)

وهو حبل عصبي ابيض اسطواني الشكل يوجد في القناة الشوكية الفقرية، ويبلغ طوله حوالي ٤٥ سم وسمكه سمك قلم الرصاص. ويعتبر الحبل الشوكي من أهم مكونات الجهاز العصبي المركزي. ويحيط به ثلاث أغشية هي غشاء الام الجافية وغشاء الام الحنون والغشاء العنكبوتي ويطلق على هذه الأغشية الثلاث السحايا.

ب- الجهاز العصبي الذاتي (Autonomic Nervous System)

جزء رئيسي من الجهاز العصبي العام وظيفته التحكم في السلوكيات اللاإرادية للانسان، وهو جهاز مستقل يعمل تلقائيا (لا شعوريا) ولا اراديا. وينقسم إلى جهازين فرعيين يعمل كل منهما عملا مضادا لعمل الآخر لكنه مكمل له وهما الجهاز العصبي التعاطفي (السمبتي Sympathetic) وهو ينبه وينشط عمل اجهزة الجسم التي يتحكم بها، والجهاز العصبي نظير التعاطفي(نظير السمبتي Parasympathetic) وهو ينشط او يكف وينظم عمل اجهزة الجسم التي يسيطر عليها.

وأخيراً تعتبر الخلية العصبية ومحورها وتشعباتها وحدة الجهاز العصبي الرئيسية. وترتبط الخلايا العصبية فيما بينها ترابطاً تركيبيا ووظيفياً بواسطة ما يسمى بالتشابكات العصبية والتي توجد بين التفرعات النهائية للخلية.ومن خصائصها المميزة انها اذا تلفت لا يمكن تجديدها كما تتصف بخاصية التنبه والنقل_ اذ يتم النقل باتجاه واحد من الزوائد العصبيه إلى جسم الخلية العصبية ومن جسم الخلية إلى المحور العصبي. والأعصاب تتكون من

حزمة محاور والياف عصبية وظيفتها هي توصيل الاشارات العصبية بين المخ والحبل الشوكي والجهاز العصبي الذاتي من جهة وبين اجزاء الجسم الاخرى من جهة ثانية. وتعمل الاعصاب في اتجاهين فمنها اعصاب مستقبلة (موردة) حسية، وأعصاب مرسلة (مصدرة) حركية، وأعصاب (موصلة) مشتركة (حسية حركية).

٣- الغدد الصماء (En-docrine Glands)

تؤثر الغدد الصماء تأثيراً كبيراً يأتي في أهميته بعد تأثير الجهاز العصبي على جميع اعضاء الجسم. كما تؤثر الغدد الصماء على بعضها بمعنى ان الاضطراب في افرازات احد الغدد يؤثر في افرازات باقي الغدد ويتأثر بها. ولا شك ان التوازن في افرازات الغدد الصماء يجعل الفرد شخصاً سليماً جسدياً ونفسياً ومتزن في تصرفاته.

ومن أهم الغدد التي تؤثر في نمو الجسم وفي السلوك الانساني الغدة الدرقية والغدد جارات الدرقية والغدة الكظرية والغدة التناسلية وغدد جزر لانجرز. وتعتبر الغدة النخامية أهم غدة صماء حيث تعتبر همزة الوصل بين جهاز الغدد الصماء من جهة، والجهاز العصبي من جهة أخرى، كما تسيطر هذه الغدة على نشاط الغدد الأخرى وتتحكم في النمو الجسدي والفسيولوجي بشكل خاص، وتؤثر على ضغط الدم.

٤- الامراض النفس جسمية (Psychosomatic Disorders)

هي اضطرابات جسمية ذات منشأ نفسي، تحدث عندما يعاني الفرد من انفعال سلبي مزمن يتحول عن طريق الجهاز العصبي الذاتي اللاإرادي إلى اعراض جسمية تصيب اعضاء الجسم الذي يتحكم فيها هذا الجهاز. ومن أكثر الأجهزة البيولوجية تأثراً بهذا النوع من الاضطرابات جهاز الدوران (الدم)

والجهاز الهضمي والجهاز الغددي والجهاز التناسلي والجهاز العضلي وجهاز الجلد.

ومن اكثر الاضطرابات النفس جسمية الشائعة يمكن ذكر مرض السكري، وقرحة المعدة، والبدانة، وآلام الظهر والمفاصل. ومن الجدير بالذكر ان الهستيريا التحويلية لا تدخل ضمن الاضطرابات النفس الجسمية؛ لأن الانفعال المزمن في حالة الهستيريا يتم تحويله عن طريق الجهاز العصبي المركزي المسؤول عن اعصاب الحس والحركة وليس الجهاز العصبي الذاتي.

الفصل الثالث

نظريات الإرشاد النفسي

- تمهيد
- النظرية السلوكية التقليدية
- النظرية التحليلية
- النظرية السلوكية المعرفية
- المنحنى الانساني في الإرشاد

تمهيد

يعرف النموذج النظري (النظرية) بانه مجموعة من القوانين والعلاقات التي تفسر مجالاً علمياً معيناً بشكل شمولي. وفي الإرشاد والعلاج النفسي كعلوم انسانية لا بد ان تفسر النظرية بالمفهوم السابق، السلوكيات البشرية على اختلاف اشكالها سواء في حالة السواء أو اللاسواء، كما لا بد ان تقترح مجموعة من التكنيكات التي تساعد على التدخل والمساعدة في تعديل السلوك والأفكار، وليس المهم معرفة التفاصيل الدقيقة لكل نظرية بقدر معرفة الاسس والمفاهيم التي قامت عليها النظرية، وتفسيرها للسلوك المضطرب والسوي، والتكنيكات الإرشادية والعلاجية التي تقترحها. اضافة إلى ذلك لا بد ان تتمتع النظرية في الإرشاد بخصائص أساسية هي:-

١- التحديد والوضوح بالنسبة لمصطلحاتها، إذ لا بد ان تكون المصطلحات المستخدمة في النظرية اجرائية قابلة للملاحظة والقياس.

٢- الشمولية بمعنى ان تشتمل النظرية على المفاهيم والمصطلحات التي تغطي الظاهرة النفسيه أو السلوكية من جميع جوانبها، وليس مجرد تغطية جزء أو فئة من الظاهرة السلوكية،

٣- الفائدة والقابلية للتطبيق في الحياة العملية.

يلاحظ في مجال نظريات الإرشاد النفسي ان هذه الميزات تكاد تكون صعبة المنال وان كانت تنطبق على بعض الاتجاهات والنماذج النظرية، فمثلا الميزة الاولى وهي التحديد والوضوح لا تنطبق على النموذج التحليلي،حيث يتضمن مصطلحات ومفاهيم لا يمكن ملاحظتها أو قياسها بوسائل القياس مثل مفهوم " الانا " و " الانا الاعلى " و " الهي ". في حين ينطبق الشرط الثاني على النموذج التحليلي وهوالشمولية.

وتاريخيا تطورت النماذج الإرشادية نتيجة لجهود العاملين بالإرشاد النفسي وعلم النفس المتمثلة بمساهمات الفرويديين الجدد، وآراء كارل روجر Carl rogers) ومؤخراً مساهمات الاتجاه السلوكي المعرفي الذي قدم تفسيرا واضحا ودقيقا لطيف واسع من الاضطرابات النفسية والمشكلات السلوكية، مما ادى بالمحصلة النهائية إلى ظهور اتجاهات مختلفة في الإرشاد مثل الإرشاد المباشر، والإرشاد غير المباشر، والارشاد التحليلي.

ويتضح لنا ان النماذج الإرشادية اتسعت كثيرا وأصبحت عديدة إذ قدرها (كورسيني) بـ (٤٠٠) اتجاه نظري، الا انه يمكننا اجمالها بالنظريات التالية:

١- النظرية السلوكية التقليدية Classic Behavioral theory
٢- النظرية التحليلية Psychoanalytic theory
٣- النظرية السلوكية المعرفيةCognitive Behavioral theory
٤- النموذج الانساني Humanistic theory

وفيما يلي توضيح لهذه النماذج التي ترتبط ارتباطا مباشرا بتطبيق الخدمات والمهارات الإرشادية.

النظرية السلوكيه التقليدية (Behaviorism)

تعكس النظرية السلوكيه التقليدية نموذجاً نظرياً في تفسير وعلاج السلوك الانساني اتخذ من الاسلوب العلمي التجريبي منهجاً لدراسة الظواهر السلوكية المختلفة. وقد جاء هذا الاتجاه كردة فعل على الاتجاه التحليلي. ومن رواده (واطسن، بافلوف، سكنر، ثورندايك،ولازاروس). وتاريخيا تعود فلسفة هذا الاتجاه إلى الفيلسوف الصيني ((كونفوشيوس)) الذي افترض بان ((الانسان هو الجسد المادي وليس غير ذلك شيء)).

ان السلوكية التقليدية ترجع التعلم الترابطي للواقع المادي الملموس والعلاقة بين المثير والاستجابة. وأول دراسة علمية تجريبية للسلوك ظهرت في

روسيا على يد عالم الفسيولوجيا الروسي إيفان بافلوف باسم الاستجابة الانعكاسية، الذي توصل من خلالها إلى ان الاستجابة الغريزية الواحدة تثيرها حوافز عديدة ولا تقتصر استثارتها على الحافز الطبيعي المرتبط به اصلاً. فاستجابة الكلب بإفراز اللعاب سلوك انعكاسي يحدث عند رؤية الطعام (المثير الطبيعي)، ويمكن ان تحدث اذا اقترن تقديم الطعام بصوت الجرس، وعندئذ يصبح الجرس مثيرا شرطيا حيث تتبع استجابة افراز اللعاب صوت الجرس. وذكر بافلوف ان الاستجابة الواحدة يمكن ان تحدث نتيجة عدد من المثيرات وفقا لقانون الاقتران، الذي يشير إلى: ((ان تقديم مثير شرطي قبل المثير الطبيعي مباشرة لعدد من المرات يؤدي إلى تكون عادة جديدة)). ويتميز النموذج السلوكي بمجموعة من الميزات تميزه عن غيره من النماذج النظرية الاخرى اهمها:-

١. انه يتناول مشاكل المسترشد الحالية والعوامل المؤثرة به بدلا من البحث عن الاسباب الماضية والتاريخية للمشكلات، على افتراض ان مشاكل المسترشد تتأثر بالظروف الراهنة.

٢. يتحمل المسترشد والمرشد بشكل متساوٍ المسؤولية في العملية العلاجية، حيث يقوم المرشد بجمع المعلومات وتطبيق الاختبارات واقتراح الاستراتيجيات ووضع الاهداف الواقعية للارشاد. وينخرط المسترشد في العملية الإرشادية ويقوم بمهمة مراقبة سلوكياته خلال الجلسات العلاجية وخارجها ويتعلم ويمارس مهارات وادوار سلوكية جديدة.

٣. يتم الإرشاد السلوكي عموما في بيئة المسترشد كلما امكن ذلك، حيث ينفذ المسترشد ما تعلمه في المركز الإرشادي (العيادة) في حياته اليومية. وتعتبر الواجبات البيتية جزءا مهما في الإرشاد السلوكي.

٤. يتحرك الإرشاد السلوكي من الأساليب العلاجية البسيطة والأقل تعقيداً إلى الأساليب الاكثر تعقيدا وتهديدا.

٥. يتطلب الإرشاد السلوكي وقتا اقصر نسبيا من حيث عدد الجلسات مقارنة مع النماذج النظرية الاخرى.

٦. يركز الإرشاد السلوكي على اسلوب المنهج العلمي في تناول مشكلات المسترشد، حيث يتبع خطوات الطريقة العلمية التي تبدأ بتحديد المشكلة وتنتهي بتقييم العملية العلاجية.

٧. يلجأ المرشدون السلوكيون إلى استخدام ادوات القياس الموضوعية الدقيقة بغية تحديد وتعريف المشكلة، وتقييم الخطة العلاجية، واكتشاف العلاقات السببية (الوظيفية) بين العوامل البيئية والسلوك.

المفاهيم والافتراضات الأساسية للنظرية السلوكيه

السلوك (Behavior)

ينظر السلوكيون إلى السلوك على انه نشاط موجه وواعٍ- وقد يكون غير ذلك- نحو هدف يقوم به الفرد لتحقيق وإشباع حاجات معينة. وفي الغالب الأعم يأتي السلوك نتيجة لمثير أو مجموعة من المثيرات. وسواء أكان النشاط الذي يقوم به الانسان واعياً أم غير واعٍ فانه يأخذ إشكالاً وانواعاً مختلفة ، فهناك النشاط الحركي الجسدي ، وهناك النشاط العقلي المعرفي ، وهناك النشاط الانفعالي والاجتماعي. كما يؤكدون على ان السلوك الفطري (المنعكسات) نظامي تحدده وتضبطه العوامل الجينية والبيئية بطرق منظمة وثابتة، بينما تحدد العوامل البيئية الكثير من الخصائص السلوكية التي يكتسبها الفرد عن طريق التعلم.

ويركز السلوكيون على دراسة السلوك الظاهر بدلا من القيام بعمليات التخمين المضلل للمشاعر والأفكار الداخلية للفرد،لأن هذه الحالات الداخلية تتأثر بالظروف الخارجية وبالتالي فهي نتائج وليست اسبابا للسلوك، وبناء على ذلك

ينظرهذا الاتجاه للأعراض على انها نتائج للسلوك وليست اسبابا – بعكس الاتجاه السلوكي المعرفي- حيث انها تتأثر بالظروف البيئية.

ويعتقد اصحاب هذا الاتجاه ان دور المرشد او الاخصائي النفسي يتمثل في اكتشاف العلاقات السببية (الوظيفية) بين العوامل البيئية والسلوك، واقترحوا بان افضل طريقة لتحديدالعلاقات هي القيام بضبط ظروف محددة ومن ثم مراقبة النتائج السلوكية.

ويميزون بين السلوك المكتسب والسلوك الانعكاسي، فالسلوك المكتسب يتم اكتسابةعن طريق التعليم والتدريب والذي قد يتطور إلى عادة (Habit)نتيجة لرابطة قوية بين مثير واستجابة وتكرار الممارسة.اما السلوك الانعكاسي Reflexive) (behavior فيتضمن سلوكاً بسيطاً جداً ليس فيه إرادة أو اختيار، ويولد الانسان مزود بهذه المنعكسات البسيطة. ويؤكد السلوكيون على ان سلو كات الوليد في معظمها سلوكيات انعكاسية. في حين ان معظم العادات التي يقوم بهاالاطفال الاكبر سنا والراشدون مكتسبة وليست موروثة مع ان لها أساس من الاستعداد الوراثي.

ويأخذ السلوك الانعكاسي بهذا المعنى عدة اشكال منها:

١- منعكس إغلاق جفن العين (Blinkining)

ويتضمن الحركة السريعة المفاجئة لعضلات الجفون لتغطية كرتي العين بمجرد ملامسة تيار هوائي بارد أو جسم غريب للرموش ليقي العين من الضرر المحتمل. كذلك تغلق الجفون عند تسليط ضوء قوي على العين لحماية الشبكية الحساسة من تأثير ذلك الضوء

٢- منعكس الرضاعة(Breastfed Reflex)

وهو سلوك انعكاسي يتضمن عمليتي المص والبلع، فحين يلامس فم الطفل ثدي الأم أو حلمة الزجاجة فانه يفتح فمه ويحيط الحلمة بلسانه وسقف حلقه، ويحرك قاع الفم الأسفل بطريقة تشبه المضخة الماصة، فيحدث تفريغ بتجويف الفم، وبعد ان يمتلئ الفم باللبن يرفع قاع الفم لأعلى فينضغط اللبن

مندفعا إلى البلعوم فالمريء فالمعدة.ويرتبط بهذا الفعل المنعكس فعل آخر وهو انه يدير رأسه نحو اليمين أو اليسار إذا لامس جسم أحد خديه في تلك الجهة Rooting reflex، ذلك لأن ما يلامسه يكون في الغالب شيئاً مفيداً له، وهذا على عكس ما يحدث في حالة الكبار حيث يديرون وجوههم فورا إلى الناحية المضادة كذلك منعكس العطس والتنفس.

التعلم (Learnining)

عملية تغير في السلوك ناتج عن مثيرات داخلية وخارجية. وهو عملية دائمة ومستمرة وشاملة لا تقتصر على مجال من مجالات الحياة، بل تشتمل على كل ما يكتسبه الفرد من معارف وأفكار واتجاهات ومهارات وسلوكيات وقيم... الخ. ولكي تتم عملية التعلم لا بد ان تتوفر لدى الفرد شروط أساسية اهمها: النضج العقلي الخاص بموضوع التعلم، والدافعية للتعلم، والممارسة والخبرة (التكرار او التدريب) اذ تلعب دورا اساسيا في تحسين الاداء وبالتالي التعليم.

ويميز السلوكيون بين التعلم بهذا المفهوم والمحاكاة(Imitation) والتي تشير إلى عملية تفاعل يتعلم فيها الفرد (لاسيما في مرحلة الطفولة) الكثير من الانماط السلوكية عن طريق الاستجابة لمنبه أو مثير مماثل لتلك الاستجابة، وهي بمثابة فعل منعكس شرطي يقتصر على السلوكيات التي لا تتطلب إثارة استجابات جديدة، فالشخص الذي يحاكي لا يتصف عادة بالابتكار ولكن ليس كل محاكاة تكون بهذا المستوى من البساطة، فأحيانا يميل الفرد إلى محاكاة بعض السلوكيات دون غيرها، ويعتمد ذلك على متغيرات عديدة يأتي في مقدمتها: مدى استخدام الفرد لآلية التقمص ودرجة الانتباه للسلوك المحاكى ومدى إشباع السلوك المحاكى لحاجات ودوافع الفرد. وبشكل عام يحاكي الناس انماط وأفكار الآخرين بهدف تحسين المركز الاجتماعي أو التحلي بصفات النموذج الذي تتم محاكاته كذلك لأن المحاكاة أسهل من الابتكار.

التعزيز (Reinforcement)

مبدا اساسي في عملية تعديل السلوك و التعلم الاجرائي ويشير (سكنر) إلى ان اقوى اشكال التعزيزالتي تؤثر على السلوك الاجرائي هي:

١. المعززات الايجابية: وهي التي تسبق السلوك المتعلم وتؤدي إلى اشباع الحاجات، وقد تكون هذه المعززات مادية كالنقود والحلويات والفيشة، وقد تكون معنوية كالمديح والشعور بالرضى والنجاح.

٢. المعززات السلبية: وهي المثيرات التي ترتبط بالمواقف السلبية والبغيضة والمؤلمة وتلقى رفضا وعدم رضى اجتماعي أو نقد وتذمر، وبإزالة هذه المثيرات يتم تعزيز الموقف.وقد اهتم سكنر بجداول التعزيز وبأهميتها في تعديل السلوك واكتساب عادات جديدة والتي تتضمن تقديم مكافأة أو تعزيز بعد كل استجابة متعلمة بصفة منتظمة أو متقطعة تبعا لعدد استجابات ثابتة، أو بعد فترات زمنية محددة أو بعد استجابات غير محددة أو بعد فترات زمنية غير محددة. ويذكر (سكنر) بان التعزيز المتقطع غير المرتبط بعدد استجابات أو بفترة زمنية يؤدي إلى الاحتفاظ بالسلوك المعزز لفترة اطول.

مبدأ المثير والاستجابة (Stimulus & response Principle)

مبدأ أساسي في التعلم والتدريب والعلاج نادى به (جثري)، يشير إلى ان لكل سلوك (استجابة) مثير خاص، وانه إذا كانت العلاقة بين المثير والاستجابة طبيعية كان السلوك طبيعياً.وأشار جثري إلى ان هناك عوامل وسيطية تدخل بين المثير والاستجابة مثل الإدراك والإحساس والقيم والخجل وعوامل شخصية كثيرة.

وقد أكد كلٍ من العالم (سكنر) رائد نظرية الاشراط الإجرائي، و(كارل هل) رائد نظرية التعزيزعلى اهمية العلاقة بين المثير والاستجابة، واشارا إلى مفهوم زمن الرجع(Reaction time)، وهو الزمن الذي يمضي بين مثير وبين

الاستجابة لهذا المثير. ويقاس بواسطة جهاز زمن الرجع الذي يتوفر عادة في مختبرات علم النفس، ويستخدم هذا المقياس عادة لقياس الاستجابات الحركية والعضلية والحسية.

مبدأ بريماك (Bremack Principle)

مبدأ من مبادئ التعزيز ينص على انه في حالة استخدام الفرد زوجاً من الاستجابات او السلوكيات فان السلوك الاكثر احتمالية في الحدوث سيعزز السلوك الاقل احتمالية للحدوث، بمعنى انه اذا اردنا تعزيز سلوك احتمال تكراره اقل، فاننا نستطيع تعزيزه عن طريق سلوك يكون احتمال تكراره اكثر مثل: قولنا للطفل اذا درست لمدة ساعة (احتمال تكراره اقل) سوف تشاهد التلفاز (احتمال تكراره أكثر)

الانطفاء(Extension)

ويسمى ايضا المحو وهو مبدأ اساسي من مبادئ تعديل السلوك ينص على ان إلغاء التعزيز الذي كان يحافظ على استمرارية حدوث السلوك، سيؤدي إلى ايقاف ذلك السلوك. ويحدث الانطفاء حين تتكرر الاستجابة المتعلمة من غير ان يستمر التعزيز فيضعف الاستعداد للقيام بها ويتوقف حدوثها، مع ملاحظة ان الانطفاء لا يتضمن أي عقاب من أي نوع، كما يجب ان لا يتضمن استعادة تلقائية للسلوك. وعلى هذين المبدأين تعتمد الكثير من الاجراءات العلاجية والإرشادية.

والأسلوب الشائع للانطفاء في الإرشاد هو استخدام اسلوب التجاهل للسلوك الذي يكون قد عزز بالانتباه حتى يختفي، مثل تجاهل بكاء الطفل وعدم حمله او ضمه عند القيام بالبكاء.وقد يحدث استرجاع تلقائي (Spontaneously

Back) للسلوك الخاطئ وتعود السلوكيات غير المناسبه فجأة بعد انطفائها بفترة زمنية اذا ما انقطع التعزيز عن السلوكيات البديله.

الكف المتبادل (Reciprocal inhibition)

مبدأ أساسي من مبادئ العلاج السلوكي يؤكد انه بإمكاننا كف استجابة غير مرغوبة (السلوك التجنبي أو البكاء) عن طريق تقديم استجابة أخرى مضادة لها في نفس الوقت. على افتراض انه لا يمكن لاستجابتين متضادتين ان تحدثا في نفس الوقت، إذ لابد ان تكف أحداهما الأخرى مثل (استجابة الاسترخاء تكف استجابة القلق). وهناك إجراءات سلوكية عديدة ومتسلسلة يتم إجراؤها في تطبيق هذا المبدأ.

تفسير النظرية السلوكية للاضطراب النفسي

ان التفسير السلوكي يرجع الاضطرابات النفسية إلى خطأ في عملية التعلم (الاشراط) يتضمن تعزيز السلوكيات غير التكيفية وعدم تعزيز السلوكيات التكيفية. واجمالا ينتج الاضطراب النفسي من وجهة نظر سلوكية عن احد العوامل التالية:

أ- فشل الفرد في تعلم سلوكيات تكيفية مناسبة، أو تعلمه لأساليب سلوكية مرضية مع توفر واستمرار التعزيز لهذه السلوكيات.

ب- الاستخدام الواسع والمبالغ به لأساليب العقاب والضبط والتنفير (الكف) من قبل مصادر السلطة في المجتمع (الآباء، المعلمين، المؤسسات الاجتماعية).

وتزداد المشاكل سوءاً بسبب الاستمرار في الاستخدام العشوائي لهذه الأساليب.

العملية الإرشادية

يعرف (كرومبولتز) و (ثيرستون) الإرشاد السلوكي بانه عملية مساعدة الناس على تعلم أساليب حل المشكلات الشخصية والانفعالية عن طريق اعداد الظروف التي تحقق السلوك التكيفي، وتنمية القدرة على مواجهة وحل المشاكل. وتهدف العملية الإرشادية التي تتبع النموذج السلوكي إلى تحقيق الاغراض التالية:

١- خلق ظروف بيئية جديدة تمكن المسترشد من تعلم سلوكيات جديدة تساعده على التخلص من مشكلته.

٢- تقديم التعزيز المباشر للاستجابات التي تؤدي إلى التخفيف من المشكلة أو انهائها.

٣- دراسة البيئة الاجتماعية التي تؤثر على المسترشد، والتي تتمثل في جميع الاشخاص المحيطين بالمسترشدين من والدين واخوة وزملاء وجيران ومدرسين، بالاضافة إلى دراسة المستوى اللاقتصادي والاجتماعي والمهني.

ولتحقيق الاهداف السابقة لا بد ان تمر العملية الإرشادية بالخطوات المقننة والمنظمة التالية:-

١- تحديد السلوك الخاطيء وتعريفه إجرائيا بدقة عن طريق استخدام الخط القاعدي (Basel Line)؛ وهو إجراء سلوكي ضروري ينفذ قبل تطبيق أي استراتيجية إرشادية أو علاجية يتم فيه تحديد وقياس مستوى السلوك الحالي للمسترشد أو المتعالج (عدد مرات حدوث السلوك في اليوم، والمدة الزمنية التي يستغرقها السلوك وشدته إلى غير ذلك من المعايير). وتوفر مثل هذه المعلومات خطاً قاعدي يمكّن المرشد من قياس نسبة التحسن بعد تطبيق الاستراتيجيات العلاجية.وتهدف هذه الخطوة إلى استثمار نقاط القوة لدى المسترشد، ووضع خطة إرشادية مناسبة، واكتشاف العوامل الوظيفية ذات العلاقة بالسلوك الخاطيء والتي ترتبط عادة بظروف بيئية محددة.

٢- تحديد الاهداف الإرشادية الواقعية وهي خطوة ضرورية في الإرشاد السلوكي؛ إذ لا بد من تحديد الاهداف العامة والاهداف الخاصة المحددة، والتي تتحدد عن طريق الاجابة عن السؤالين (لماذا جاء المسترشد؟ وماذا يريد؟). ومن أهم الاهداف الخاصة التي يسعى المرشد إلى تحقيقها هي حل مشكلة المسترشد الراهنة من خلال علاقة ارشادية ناجحة. ولابد للمرشد ان يعرِّف الهدف بدقة ووضوح، ويتعرف كل من المرشد والمسترشد مسؤوليته ازاءه. وقد يكون للمسترشد اهداف خاصة اخرى يجب تحديدها ومعرفتها منذ البداية.

٣- تصميم وتنفيذ خطة علاجية (Counseling Pl an) تناسب مشكلة المسترشد، يضع بموجبها المرشد الخطوط الأساسية في التعامل مع المشكلات التي تعرض عليه ، ويحدد الاستراتيجيات العلاجية أو الوقائية للقضاء أو للتخفيف من مشكلات المسترشدين، وذلك بهدف اشباع حاجاتهم النفسية أو الإرشادية. كما يحدد في الخطة الاهداف الخاصة والعامة للعملية الإرشادية والوقت والمكان اللازمين للتنفيذ اضافة إلى تحديد مسؤولية كل من المسترشدين وذويهم والمحيطين به في تنفيذ الخطة الإرشادية.

٤- تقييم فعالية البرنامج الإرشادي بعد تطبيق الخطة، وذلك بالعودة إلى الخط القاعدي الذي تم تحديده مسبقا واستخدام التقييم البعدي.

الاستراتيجيات الإرشادية السلوكية:

يستخدم المرشد السلوكي طيفاً واسعاً من الاستراتيجيات. فقد يستخدم استراتيجية واحدة محددة لعلاج مشكلة مركبة ذات ابعاد مختلفة، او يستخدم توليفة من الاستراتيجيات الإرشادية لعلاج مشكلة سلوكية محددة وهذا ما سيتضح لنا عند عرض الاستراتيجيات التالية:-

اولاً: استراتيجية تعديل السلوك (Behavior Modification)

هي اجراء علاجي وإرشادي يعتمد على مبادئ الاشراط الكلاسيكي والاشراط الاجرائي (مبادئ التعلم)، ويتضمن مجموعة من الاجراءات التي تنبثق من قوانين السلوك البشري والتي تصف العلاقات الوظيفية بين المتغيرات البيئية والسلوك، بهدف ضبط المتغيرات المسؤولة عن السلوك الخاطيء وتحقيق الاهداف المتمثلة في تغيير السلوكيات ذات الاهمية الاجتماعية على نحو مرغوب فيه.ويعتبر كل من (كرومبولتز وثيرستون وجوزيف ولبي وآرنولد لازاروس وسكنر وباندورا) من رواد تعديل السلوك البشري، وهم من اكثر السلوكيين استخداما لهذه الاستراتيجية،وقد افادوا ان هذه الاستراتيجية تقوم اساسا على اجراءات ومباديء التعلم الشرطي التالية:-

الاشراط الاجرائي (Operant Conditioning)

وهي طريقة لدراسة تعلم السلوكيات تقوم على مبادئ التعزيز والتعميم والتميز لدى الفرد. وقد ابتكرها عالم النفس الأمريكي سكنر، الذي افترض ان السلوكيات البشرية محكومة بنتائجها. وقال بان مبادئ الاشراط الاجرائي تصف العلاقة بين السلوك وأحداث البيئة المختلفة (المثير السابق- النتيجة)، وهذه المعادلة هي المسؤولة عن التغيير والتعديل في السلوك البشري. ان كلمة اجرائي مشتقة من كون الفرد المتعلم في حالة السلوك الاجرائي يقوم بإجراء (سلوك) معين في البيئة من حوله، فمثلا الذهاب مكان باب المنزل عند سماع الجرس وفتح الباب بالمفتاح هي اعمال اجرائية تقود إلى استقبال الطارق (الضيف).

ان احد اهم مبادئ الاشراط الاجرائي هي:- ضبط المثير(Stimulus Control) والذي يتضمن تطوير علاقة بين مثير معين واستجابة معينة من خلال ازالة جميع المثيرات التي ترتبط بتلك الاستجابة، وإزالة جميع الاستجابات

التي ترتبط بذلك المثير. ويستخدم هذا المبدأ بفاعلية مع مشكلات تسببها مثيرات بيئية

مثال:

مشكلة التشتت (كاستجابة) ناتجة عن ضجيج السيارات (كمثير) بالنسبة لطلبة المدارس، فيكون ضبط المثير اغلاق جميع نوافذ غرفة الصف والباب لتقليل الاصوات المنبعثة من الشارع.

الاشراط الكلاسيكي   (Classic Conditioning)

مفهوم اساسي في العلاجات السلوكية يشير إلى احدى طرق التعلم عن طريق اقتران مثيرات محايدة بمثيرات طبيعية، بحيث يصبح لهذه المثيرات المحايدة القدرة على اجترار السلوك الانعكاسي او ما يسمى بالسلوك الاستجابي نتيجة تكرار الاقتران بين المثيرات المحايدة والمثيرات الطبيعية لعدة مرات. وأفضل تجربة صممت للتأكد من فاعلية هذا الاسلوب هي تلك التي قام بها عالم الفسيولوجيا الروسي ايفان بافلوف، الذي توصل إلى ان المثير المحايد (الشرطي) المتمثل بالجرس عندما اقترن بالمثير الطبيعي (الطعام) عدة مرات، اصبح المثير المحايد وحده قادرا على اجترار استجابة سيلان اللعاب دون حاجة إلى تقديم الطعام واعتبر هذه الاستجابة هي استجابة متعلمة محكومة بمثيرات سابقة. وعكس الاشراط الكلاسيكي هو الاشراط الاجرائي علما بانهما يشتركان في بعض مبادئ التعلم.

تمييز مثيرات   (Stimulus Discrimination)

مبدأ أساسي من مبادئ تعديل السلوك تتضمن فكرته الأساسية انه عندما نقدم مثيراً محدداً تحدث له عدة استجابات. فإذا ما عززنا إحدى هذه الاستجابات دون الأخرى في موقف ما دون غيره، فان هذا التعزيز يعمل على إيجاد تمييز

لدى الفرد لهذه الاستجابات ومثيراتها ويتصرف على النحو المطلوب كلما وجد هذا المثير ويتصرف بطريقة أخرى إذا وجد مثيراً مختلفاً وعند ذلك يكون قد حدث التمييز.ان عملية التمييز هذه هي العملية المتممة لعملية التعميم فإذا كان التعميم هو رد لفعل عند وجود تشابه بين المثيرات، فان التمييز يمثل رد الفعل عند وجود اختلاف بين المثيرات. وعملية التمييز تحدث عن طريق التعزيز التفاضلي.

التعميم Generalization))

مبدأ رئيسي من مبادئ التعلم يتضمن استجابة الفرد لمثيرات مشابهة للمثيرات الاصلية التي تستجر هذه الاستجابة. ويميز السلوكيون بين نوعين من التعميم هما:

- **(تعميم المثير):** والذي يشير إلى ان الاستجابة التي عززت في وضع معين ستكون اكثر حدوثا في نفس ذلك الوضع او الاوضاع المشابهة له، وضبط السلوك عن طريق مثير مقدم مشترك مع مثيرات اخرى بنفس الخاصية، مثل تعميم استجابة الخوف لدى الطفل من الطبيب او طبيب الاسنان والممرضة وكل شخص يلبس مريولاً ابيض.
- **(تعميم الاستجابة):** ويشير إلى ان تعزيز استجابة معينة قد يؤدي إلى حدوث استجابة مشابهة، فعندما نعزز الطفل على سلوك ترتيب فراشه فان هناك احتمال كبير ان يقوم بسلوكيات تعاون مشابهة في المنزل، مثل مساعدة والدته في بعض أعمال التنظيف.

مثال على تعميم الاستجابة.

استجابة الجلد الجلفاني(Galvanic Skin Respons) وهي حالة من الاشراط يتم فيها احداث اقتران بين نغمة موسيقية بذبذبة معينة، وبين صدمة كهربائية خفيفة للجلد كمثير شرطي، ومع تكرار تقديم نغمات موسيقية من

ذبذبات مختلفة (ادنى أو اعلى من الذبذبة الاصلية) فان استجابة الجلد للصدمة الكهربائية الخفيفة تتضاءل بشكل ملحوظ وتسمى هذه الظاهرة بمنحدر التعميم.

الانطفاء(Extension)

وقد تم الحديث عنه سابقاً.

العقاب(Punishment)

وهواحد الاجراءات السلوكية المستخدمة في تعديل السلوكيات غير المرغوبة، ويتضمن هذا الاجراء تقديم مثير منفر (عقاب سلبي) او ازالة معزز ايجابي (عقاب ايجابي)، وذلك بعد حدوث الاستجابة غير المرغوبة فورا، الامر الذي يقلل من احتمال حدوث السلوك غير المرغوب في المستقبل. ولا بد من التدريب على السلوك البديل للسلوك غير المرغوب حتى يحل محله، وتعزيز الاستجابات التي تتعارض مع الاستجابات المعاقبة.ومن أهم الآثار الجانبية لاستخدام العقاب شدة الاستجابة الإنفعالية للشخص الذي يتلقى العقاب، وتجنبه وسيلة العقاب، وتقليد اسلوب العقاب وممارسته على الآخرين. ويأخذ العقاب عادة عدة اشكال اهمها:-

١- العزل:

وهو اجراء عقابي يتضمن عزل الفرد لفترة زمنية محددة في بيئة تكون اقل تعزيزا، كغرفة خالية من المثيرات الحسية وذلك عقب قيامه بالسلوك غير المرغوب.و يقسم العزل إلى نوعين هما:-

ا- العزل عن البيئة المعززة نهائياً.

ب-العزل عن المشاركة في النشاطات الممتعة مع بقائه في البيئة المعززة(الخطيب،ص.٢٧١).

٢- تكلفة الاستجابة:

شكل من اشكال العقاب يشتمل على أخذ كمية معينة من المعززات التي تكون بحوزة الفرد بعد قيامه بالسلوك غير المرغوب فيه مباشرة،مع العلم انه يجب الاتفاق على كل شيء يتعلق بهذا الاجراء مع المسترشد - بالنسبة للسلوك المرغوب والسلوك غير المرغوب -. ومن حسنات هذا الاسلوب انه سهل التطبيق وقوي الفاعلية.

٣- التوبيخ:

وهو اجراء عقابي شائع يشتمل على التعبير عن عدم الموافقةعلى سلوك الفرد وقد يكون التوبيخ لفظياً او غير لفظي كقول كلمة اسكت او من خلا ل ايماءات الوجه. وهو ذو فاعلية كبيرة اذا استعمل بانتظام وبشكل صحيح.

٤- الممارسة السلبية (Negative Practic):

إجراء سلوكي عقابي يستخدم لتقليل السلوك غير المرغوب يشتمل على اجبارالفرد تكلفا بتأدية السلوك الخاطئ بشكل متكرر، خلال مدة يحددها المعالج. ويقوم هذا الاجراء على فكرة ان تكرار الفرد للسلوك غير المرغوب وفي وضع غير مريح يجعله يشعر بالتعب، وهكذا تتولد لديه النزعة للامتناع عن القيام بهذا السلوك مستقبلاً.

٥- التصحيح الزائد (Over Correction)

اجراء عقابي يشتمل على خطوتين رئيسيتين هما:

(١) تكليف الفرد بإعادة الوضع إلى افضل مما كان عليه قبل حدوث السلوك غير المرغوب، وذلك عن طريق ازالة أي اضرار سببها السلوك غير المرغوب في البيئة.

(٢) الممارسة الايجابية لسلوك مناقض للسلوك المراد تقليله.

ان العامل الحاسم في التصحيح الزائد هو عدم تعزيز الفرد اثناء تأديته للسلوكيات المطلوبة منه، ويجب ان تكون مدة تأدية الاعمال مدة طويلة حتى تصبح هذه الاعمال مزعجة للفرد.

تشكيل السلوك (Behavior Shaping)

اجراء سلوكي علاجي تقسم بموجبه السلوكيات المركبة إلى سلوكيات بسيطة تؤدي إلى السلوك المركب، ثم تعزز السلوكيات البسيطة بالتدريج مع مراعاة عدم تعزيز السلوكيات التي لا ترتبط بالهدف السلوكي حتى تختفي، ونستمر بذلك حتى نصل إلى تشكيل السلوك النهائي. فالتشكيل يهدف إلى ايجاد سلوكيات جديدة لدى الفرد مع التعزيز المباشر للاستجابات التي تؤدي إلى الهدف النهائي، وهذا ما يميزه عن استراتيجية التسلسل الذي يستخدم خلالها المرشد سلوكيات موجودة في الذخيرة السلوكية للفرد، وتكون فيه المحاولات عادة واضحة.

تسلسل السلوك (Behavior Sequence)

إجراء سلوكي يتم من خلاله تعديل السلوك، ويتم فيه تقسيم السلوك إلى سلسلة متعاقبة من الاستجابات، حيث تكون هذه الاستجابات مأخوذة من الذخيرة السلوكية للفرد ولكنها تنظم وتنتقى لتشكيل سلوك محدد هو السلوك المطلوب. ويجب ان ترتب السلسلة السلوكية بحيث تسبق الاستجابات الابسط الاستجابات الاكثر تعقيدا، والسلوك الذي يسبق التعزيز يصبح بمثابة اشارة أي انه يصبح مثيراً تفاضلياً، وهذا يزيد من احتمال حدوث السلوك فيثبت السلوك السابق ويعزز السلوك اللاحق، فمثلا من خلال اسلوب التسلسل يمكن تعليم الطالب ورفع قدراته الدراسية، بحيث تجزأ الاهداف الدراسية إلى اهداف بسيطة يتم من خلالها التعامل مع الطالب في عدة مراحل وفي كل نجاح يحققه يتلقى تعزيزاً

محدداً كالابتسامة، والتشجيع، والثناء، مما يؤدي بالمحصلة النهائية إلى تطور قدراته الدراسية.

التلقين (Inculcation)

احد أساليب تعديل السلوك التي تعتمد على التلميحات اللغوية واليدوية لتسهيل تطوير السلوك، وهو بمثابة تعزيز تفاضلي للسلوك. ويأخذ التلقين اشكالاً عديدة مثل مراقبة نموذج أثناء قيامه بالسلوك المطلوب، اللمس، الإيماءات الجسدية، وتعليم الطفل لغويا.وللتلقين اهمية كبيرة في إجراء أسلوبين؛ التسلسل والتشكيل مع ملاحظة ان إلغاء التلقين باكرا قد يؤدي إلى عدم استمرار ظهور السلوك،وتخفيض التلقين يتم في المراحل النهائية من اجراءات التشكيل. فمثلا التلقين المستخدم في تشكيل سلوك الاكل بالملعقة لطفل معوق يكون حسب التسلسل التالي: امساك اصابعه - امساك يده - امساك ذراعه - امساك كتفه - تلقينه لفظيا.

النمذجة (Modeling)

تشير النمذجة إلى تعلم الفرد السلوك من خلال مراقبته سلوك فرد أخر - نموذج - وهي عملية تعتمد بشكل أساسي على الملاحظة والانتباه ومستوى الإثارة في النموذج، ويتطلب ذلك من الفرد - المتلقي - ترجمة السلوك النموذج إلى سلوك صريح. ويحتاج من اجل ذلك إلى القدرة العقلية والبدنية، كما يحتاج إلى مجال بيئي يتيح له نمذجة السلوك المرغوب، وتقديم تغذية راجعة تتضمن التعزيز الخارجي والتعزيز الذاتي.وقد تكون النمذجة رمزية أو حية أو نمذجة بالمشاركة. وحتى تتم عملية النمذجة بدقة ونجاح لابد ان يكون هناك تشابه نسبي بين النموذج والشخص من حيث القدرات والجنس والعمر، وقد تستخدم النمذجة كأسلوب تعديل مستقل او كجزء من استراتيجية إرشادية معينة.

تعزيز السلوك المرغوب (Reinforcement)

من ناحية علاجية وإرشادية يعتبر التعزيز المبدأ الذي يشكل حجر الاساس في ميدان تعديل السلوك البشري. وهو يشير إلى عملية تعلم تشمل تقديم او ازالة مثير معين بعد حدوث الاستجابة المرغوبة، الأمر الذي يؤدي إلى تقوية تلك الاستجابة. ويسمى المثير الذي يعمل على زيادة احتمالات حدوث السلوك معززاً، ويسمى معززاً موجبا اذا ادى ظهوره إلى تقوية السلوك في حين يسمى المثير الذي يؤدي اختفاؤه إلى تقوية السلوك بالمعزز السالب. ويعتبر التعزيز في بعض الحالات اجراءً مستقلاً يؤدي فيه حدوث السلوك إلى توابع ايجابية او ازالة توابع سلبية مستقبلا. ويترتب على ذلك الشيء زيادة احتمال حدوث ذلك السلوك في المستقبل في المواقف المماثلة، ويفترض خبراء تعديل السلوك البشري ان التعزيز يقوي الميل او الاستعداد لتكرار الاستجابة.

ويطلق السلوكيون على الحالة التي يفقد فيها المعزز قيمته التعزيزية نتيجة لحصول الفرد على كمية كبيرة منه في فترة زمنية قصيرة حالة الاشباع (Satisfaction)، ولتلافي هذه الحالة اهتم سكنر بجداول التعزيز وبأهميتها في تعديل السلوك واكتساب عادات جديدة.وهناك اشكال عديدة من التعزيز اهمها:-

(١) التعزيز الايجابي المادي مثل الطعام والشراب، والمعززات الاصطناعية مثل: لوحة النجوم وما يترتب عليها من مكافآت مادية واجتماعية مثل: الأقلام والألعاب أو النشاطات التي يحبها الفرد والابتسامة والتقبيل والانتباه. او التعزيز اللفظي مثل: الثناء، وهي معززات لها حسنات كثيرة مع انها مثيرات طبيعية. وترتبط هذه المعززات بالحاجات الأساسية لدى الفرد. وقد لا ينجح استخدام هذا النوع من المعززات دائماً لأن الاشباع يحدث فيها بسرعة.

(٢) التعزيز السلبي الذي يتضمن ازالة مثير بغيض او مؤلم. وقد يحتوي المثير المنفر على مثيرات مثل الضجيج، او العزل،، او الصدمة الكهربائية ويقدم

قبل الاستجابة المرغوبة ويُزال اثناء القيام بالسلوك المرغوب. ويستخدم المرشد السلوكي نوعين من المعززات في هذا النوع من التعزيز هما:-

- المعززات الأولية: وهي التي تقوي بطبيعتها السلوك دون خبرة سابقة او تعلم، لذا تسمى المعززات غير الشرطية.وتعتمد على الاستجابة غير المتعلمة مثل الصدمة والصوت العالي.

- المعززات الثانوية: وهي التي تأخذ قيمتها التنفيرية من جراء الارتباط مع موقف تنفيري مثل الشتم، وتكون الاستجابة لمثل هذه المثيرات هروبية تعمل بدورها كمعزز للتخلص من الألم، وهي بذلك مثيرات اكتسبت خاصية التعزيز من خلال اقترانها المتكرر بالمعززات الاولية فهي بالأصل حيادية وتحتاج إلى وقت ليتعلمها الفرد.

ومهما كان شكل التعزيز فانه يجب ان يقدم بموجب عقد سلوكي(Behavioral Agreement)؛ يكون بمثابة اتفاقية بين المرشد والمسترشد، تحدد السلوكيات التي سيؤديها الطرف الثاني (المسترشد) والمكافآت التي سيقدمها الطرف الاول (المرشد)، وهذا يسهل عملية التعلم ويزيد من الدافعية لدى المسترشد.

ويستند العقد السلوكي إلى فكرة مبدأ بريماك الذي ورد ذكره سابقاً. ويجب ان يكون العقد السلوكي مكتوبا حتى يساعد المسترشد على الاقتراب تدريجيا من السلوك النهائي المطلوب. ولا بد ان يوضح المرشد للمسترشد بان المكافآت لن تقدم الا بعد تأدية الثاني للسلوك المستهدف.ومن قواعد العقد السلوكي الأساسية انه لابد ان يكون العقد عادلا من حيث مناسبة المكافأة مع طبيعة السلوك المستهدف، وان يقبل المسترشد بذلك، كذلك لا بد ان تكون بنوده واضحة وتكتب بصيغة ايجابية؛ أي تحديد المهمات والسلوكيات التي ينبغي على المسترشد تأديتها وليس الانشغال بالسلوكيات والمهمات التي عليه الامتناع عنها، وأخيرا يجب تعديل بنود العقد اذا اقتضت الحاجة ذلك.

ثانيا:-استراتيجة تقليل الحساسية التدريجي (Desensitization)

تتضمن هذة الاسنراتيجية وضع المسترشد في حالة من الاسترخاء العضلي في مواجهة تدريجية على مستوى التخيل مع مثيرات تزداد تدريجيا في قدرتهاعلى استمرار استجابة القلق عند المسترشد. وتقوم هذه الطريقة في العلاج على اساس مبدا الكف المتبادل (Reciprocal Inhibition). وقد لاحظ ولبي ان استجابة الاسترخاء العضلي من الاستجابات المضادة للقلق والقادرة على كفه ايضا.

وتسير استراتيجية تقليل الحساسية التدريجي في اربع خطوات رئيسية هي:-

١- التدريب على الاسترخاء العضلي.

يعتبر تمرين الاسترخاء العضلي الخطوة الاولى في استراتيجية تقليل الحساسية التدريجي، وهو يستخدم على نطاق واسع في العلاجات السلوكية. وتستخدم طريقة جاكبسون في ذلك، والتي تتضمن وضع المسترشد في وضع مريح جدا على كرسي حاص للاسترخاء(Lazy Chair)، ثم يطلب منة بعد ذلك ان يغمض عينيه وان يقوم بعمليات شد وارخاء عضلات الجسم ابتداء من عضلات الجبين وانتهاء بعضلات القدمين والاصابع، بحيث يتم شد وارخاء هذه العضلات تدريجيا بواقع مرتين على الاقل لكل منها. ويرافق ذلك ايحاءات متعددة من قبل المرشد المعالج يوحي بها للمسترشد ان يشعر بالراحة والثقل واللذة المرافقة للاسترخاء.

٢- وضع هرم القلق.

بعد ان يتم اللقاء مع المسترشد وتبحث مظاهر قلقه ومخاوفه، يحث المعالج المسترشد على تحديد المثيرات والمواقف والظروف التي تثير قلقه او خوفه بشكل او باخر وبدرجات متفاوتة،ثم يطلب منه ان يقوم بترتيب تلك

المثيرات والمواقف ترتيبا هرميا ابتداء من اقلها اثارة للقلق إلى اكثرها اثارة.

٣- تطبيق عملية تقليل الحساسية التدريجي وتتضمن هذه العملية ما يلي:-

أ- التدريب على التخيل ويتم ذلك بتدريب المسترشد على تخيل مواقف او مشاهد ايجابية محايدة في البداية، مثل عملية تخيل لمنظر طبيعي جذاب لمدة تتراوح من (٥-١٠) دقائق وذلك لكي يتعلم كيفية تخيل الموقف على افضل وجه وباقرب ما يمكن من الحقيقة و الواقع.

ب- تعريض المسترشد للمواقف المثيرة للقلق تدريجيا وعلى مستوى الخيال و تقديم المشاهد التي يتضمنها هرم القلق تدريجيا، ابتداء من المشهد الاول الاقل اثارة للقلق وذالك بواقع (٢-٤) مشاهد في الجلسة الواحدة - يعود لبعضها في الجلسات اللاحقة - بحيث يبقى هناك قدر من التداخل بين المشاهد وضمان عدم اثارتها للقلق، حتى ينتهي الامر بتخيل المسترشد لأشد المواقف اثارة للقلق والتوتر وهو في حالة استرخاء تام.

ج- استمرار الطلب من المسترشد البقاء في حالة الاسترخاء والاشارة إلى الشعور بالقلق حين يحدث للعودة إلى مشاهد اقل اثارة، ويستمر ذلك حتى نهاية الجلسات العلاجية وانتهاء هرم القلق.

٤- اختبار أثر التعلم في الحياة الواقعية.

وذلك بنقل المسترشد إلى واقع الحياة لمثيرات قلقه الاصلية، للتاكد من انها لم تعد مثيرة لذلك القدر من القلق الذي كان يستثار في السابق.وتعد هذالمرحلة مرحلة تقييم ضرورية في العلاج، كما تلعب دورا هاما في تعزيز شعور المسترشدبقدرته على مواجهة الموقف فعلا.

ثالثا: التدريب على المهارات الاجتماعية (Social skills)

يحتاج الانسان في تفاعله الاجتماعي في البيت وفي الشارع والمدرسة والعمل إلى مهارات اجتماعية، ولابد ان تكون هذه المهارات مناسبة وفعالة تتناسب مع المواقف الحياتية التي يمر بها الفرد. ولا شك ان فشل أو نقص اكتساب هذه المهارات يعتبر سبباً رئيساً لكثير من المشكلات السلوكية والانفعالية، ولابد ان يتمركز العلاج في مثل هذه المشكلات على تعليم الفرد هذه المهارات ومساعدته على تطبيقها في المواقف الحياتية واليومية. ومن الأمثلة على المهارات الاجتماعية: مهارة طلب الاستئذان، ومهارة توكيد الذات، ومهارة التفاوض. ويعتبر التدريب على المهارات الاجتماعية طريقة علاجية متعددة العناصرتستخدم انواعا من الاستراتيجيات.

ان الاساس الذي يقوم علية تدريب المهارات الاجتماعية هو ان المبادى التي يتم من خلالها اكتساب السلوكيات اللاتكيفية هي نفسها التي تطبق لتعديل السلوكيات لتصبح سلوكيات تكيفية يتقبلها الاخرون في المجتمع. وقد استخدمت هذة الطريقة ضمن اطار نظرية التعلم الاجتماعي، في معالجة الكثير من المشكلات وخاصةالانطواء الاجتماعي والسلوك العدواني والمخاوف المرضية. فالكثير من الطلاب الذين يواجهون مشكلات اجتماعية واكاديمية في المدرسة تعوزهم مثل هذه المهارات، وقد وجد ان تدريب هؤلاء الطلبة على المهارات الاجتماعية التي تعوزهم يؤدي إلى تحسين مستوى تكيفهم الاجتماعي والاكاديمي وارتفاع مستوى تحصيلهم، وانسجامهم مع الأنشطة الاجتماعية داخل المدرسة وخارجها. وتكون هذه الطريقة فعالة عندما يحصل التدريب ضمن جماعات في المواقف الطبيعية.ويرى اصحاب الاتجاه السلوكي ان السبب الرئيسي للمشكلات التي يعاني منها الفرد هو نقص الخبرات الاجتماعية في سنوات حياته المبكرة، أي افتقاره للمهارات الاجتماعية المناسبة للمواقف، ولذلك فان العلاج يكون

بتعليمه هذه المهارات ومساعدته على تطبيقها في المواقف الحياتية اليومية، وبذلك يتم استبدال السلوك غير المناسب بالسلوك المناسب.

خطوات التدريب على المهارات الاجتماعية.

يتم التدريب على المهارات الاجتماعية على شكل جلسات ارشادية تدريبية باستخدام اسلوبين متكاملين،احدهما يقوم على تدريب الطلبة على المهارات داخل الجلسة الإرشادية، والاخر يقوم من خلال تدريبات يقوم بها الطالب في البيت على شكل واجبات بيتية يتابعها المرشد خلال الجلسات الإرشادية. وبذلك فان الجزء الاكبر من مسؤلية التدريب تلقى على عاتق المسترشد نفسه من خلال استمراره في تطبيق ما تعلمه في الجلسات التدريبية في البيت، واستخدام المهارات في مواقف حياتية مختلفه.اما عدد الجلسات التدريبية فيعتمد على عدد المهارات التي تم تحديدها مسبقا من قبل المرشد وبناء على حاجة المسترشدين. اذ يتم التدريب في كل جلسة على مهارة واحدة فقط.وفيما يلي عرض لاهم الاجراءات المتبعة في التدريب على المهارات الاجتماعية:-

اولا: تحديد المهارات

ليبدأ المرشد التدريب على المهارات الاجتماعية، يجب عليه ان يعرف ما هي المهارات التي يحتاجها المسترشدون.كما يجب ان تكون المهارات المختارة ملائمة للمسترشدين وللمشكلات التي يعانون منها؟ وكذلك لطبيعة المواقف الاجتماعية التي يعيشون فيها.ويمكن للمرشد النفسي ان يحدد المهارات الاجتماعية من خلال المصادر التالية:-

١- الرجوع إلى الادب التربوي المتعلق بالموضوع.فمثلا اذا كانت المهارات التي يحتاجها المسترشدون تتعلق بتوكيد الذات فيمكن الرجوع إلى ما كتب حول هذا الموضوع.

٢- الاستفادة من مقابلات اولياء الامور والمعلمين ومدير المدرسة حول المهارات التي تعوز الطلبة.

٣- اعداد قائمة شاملة بالمهارات التي يحتاجها الطلاب في سن المدرسة، وتعريف كل مهارة منها، ووضع سلم يتكون من اربع درجات لتقدير مستوى اداء الطالب لهذه المهارة.

ثانياً: تحليل المهارات

في هذه الخطوة يقوم المرشد بتجهيز بطاقات المهارات قبل بدء التدريب. وهذه البطاقات تحتوي على خطوات تعلم كل مهارة لكي تسلم للطالب اثناء الجلسات،و يقوم المرشد بتحليل المهارات باتباع الخطوات التالية:-

أ- الرجوع إلى المصادر: اذ ان المراجع الخاصة بموضوع المهارات الاجتماعية تحتوي على العديد من المهارات التي تم تحليل خطواتها.

مثال:

مهارة الاعتذار يمكن تحليلها إلى المهارات الفرعية التالية:-

- تحديد اذا كان هناك شى ترغب بالاعتذار عنه.
- تحديد افضل طريقه للاعتذار.
- قدم اعتذارك بطريقة لطيفة ودافئة.

ب- مراقبة شخص يتقن المهارة ومتابعة خطوات تنفيذه لها.

ج- مناقشة جماعية مع مجموعة من المهتمين والمختصين بالمجال.

د- استنتاج خطوات تعلم مهارات اخرى اعتمادا على تعريفه للمهارة وتحديده لها عن طريق المحاكاة العقلية.

ثالثاً: اعطاء التعليمات

يقوم المرشد بتزويد الطلبة بمعلومات حول المهارة،تعريفها، اهميتها،خطوات تعلم المهارة، اذ يجب ان يكون المسترشد مقتنعا باهمية المهارة في حياته العملية، ويمكن للمرشد ان يستعين بافراد المجموعة عن طريق طرح اسئلة.

مثال:-

- من يعرف ما هو التفاوض؟
- ماذا يعني ضبط الذات لك؟

ثم يقدم المرشد البطاقة التي تحتوي على خطوات تعلم المهارة، ويطلب من المسترشدين قراءاتها لمتابعة كل خطوة اثناء قيام النموج بتقديم المهارة، كما يخبر المرشد الطلاب انه سوف يتم مناقشة المهارة بشكل اكثر تفصيلا بعد مشاهدة النموذج.

رابعاً: نمذجة المهارة

في هذه الخطوة يقوم شخص ما بالمهارة المطلوبة اما بشكل مباشر امام المسترشدين، او بواسطة الافلام والفيديو. ويقوم المسترشدون بمراقبة النموذج وملاحظة سلوكه. وتزداد فاعلية النمذجة في حالة ان يكون النموذج من نفس الجنس وذا مكانة عالية ويتقن المهارة، كذلك اذا كان يتسم بالتعاون والود، كما اذا تم تعزيزه على المهارة.وتمر النمذجة بثلاث خطوات رئيسية هي:-

١- الانتباه(Attention)

لايستطيع المتدرب تعلم المهارة من خلال مراقبة النموذج ما لم يوجه انتباهه لسلوك النموذج موضوع التعلم وتتبع خطوات المهارة.

٢- الاحتفاظ (Retention)

يجب ان يحتفظ المتدرب بالسلوك المنمذج في ذهنه؛ أي يتذكره من اجل ان يستطيع القيام به فيما بعد.

٣- القيام بالسلوك (Reproduction)

لا يمكن القول ان المتدرب قد تعلم السلوك اذا قام بالانتباه للنموذج،وتذكر السلوك، وانما يجب ان يؤدي هذا السلوك.اي ان يقوم بتكرار المهارة كما شاهد النموذج يقوم بها، ويعتمد قيام المتدرب بالسلوك على توقع المكافاة وخاصة اذا تمت مكافاة النموذج على قيامه بنفس السلوك.لقد تبين من خلال الدراسات ان السلوكيات الايجابية التي يتم تعلمها بالنمذجة دون تعزيز تنخفض بعد مرور بعض الوقت ثم تختفي، اما السلوك الذي يتم نمذجته ويقوم به المتدرب ويتلقى تعزيزا عليه ويقوم باعادته وتطبيقه في حياته اليومية، فانه يميل إلى الثبات، ويصبح جزءا من سلوكيات الفرد اليومية.ويمكن للمرشد ان يقوم بنفسه بتقديم نموذج للمهارة الا انه يفضل ان يستعين باخرين او بافلام الفيديو.وفي هذه الخطوة تتم مناقشة الموقف الذي تم فيه استخدام المهارة من قبل المرشد ويوجه اسئلة.

مثال:-

— هل يذكرك هذا الموقف بمواقف في حياتك تحتاج فيها إلى مثل هذه المهارة؟

— ماذا تفعل لو واجهت مثل هذا الموقف؟

كما يشجع المرشد الطلاب على الحديث عن طريق استخدام المهارة والمشاكل التي قد تواجههم اثناء استخدامهم لها.

خامساً: لعب الدور (Role Playing)

يعرف لعب الدور بانه موقف يطلب فيه من الفرد القيام بدور (يسلك بطريقة معينة)ليس له في الحقيقة. ولكي يكون للعب الدور نتائج فعالة يجب تقديم

معلومات واضحة حول السلوك المستهدف. وعادة يكون هناك ممثل رئيسي يقوم بالدور (المهارة) وممثل مساعد يقوم باختيارة الممثل الرئيسي ليساعده في تادية المهارة. ويطلب من المتدرب هنا اعادة السلوك الذي يقوم به النموذج بالاستعانة ببطاقة تحليل المهارة. وبشكل اكثر تفصيلا يقوم المرشد اثناء الجلسة بما يلي:-

- يطلب من احد الطلاب ان يحدد المواقف التي يستخدم المهارة ومع من؟
- يطلب من نفس الطالب ان يقوم بالدور الرئيسي وان يختار من بين الاعضاء من يساعده.
- يتم ترتيب المكان بحيث يساعد على القيام بلعب الدور،ويساعد المرشد المتدرب في ذلك بتوجيه اسئلة مثل:-
- هل تريد ان تقف ام تجلس؟
- من اين سوف ياتي الشخص الاخر؟

كما يوجه المرشد اعضاء المجموعة كما يلي:-

- للممثل الرئيسي:حاول ان تتبع خطوات المهارة بافضل ما يمكن.
- للممثل المساعد:حاول ان تقوم بدورك بشكل مناسب وعبر عن افكارك بحرية.
- لاعضاء المجموعة:راقبو كيف يقومون بالدور وتتبعو الخطوات لمناقشتها بعد الانتهاء من لعب الدور.

سادساً: التغذية الراجعة والتعزيز للمهارات (Reinfocement & Feedback)

بعد كل خطوة اثناء لعب الدور يتم تقديم تغذية راجعة للمتدرب في كل خطوة يقوم بها بالسلوك المطلوب. وهناك انواع من التعزيز التي يمكن ان تستخدم هي:-

- المعززات المادية(النقود، الطعام...).
- المعززات الاجتماعية (التقدير، المديح...).

– المعززات الذاتية(وهي التي يقدمها الفرد لنفسه عندما يتقن اداء المهارة ويقدر نفسه ايجابيا. مثل الرضى عن الذات،والحديث الايجابي مع الذات).

ولابد ان يتم التركيز على التعزيز الاجتماعي بشكل خاص للمحافظة على السلوك ودوامه، لاننا في الحياة اليومية نتلقى تعزيزات مثل المديح او كلمة شكر او تقدير من الآخرين او ابتسامة. ولا نتلقى في الغالب معززات مادية.كما انه ينبغي ان نجعل الفرد هو مصدر التعزيز لنفسه عن طريق تقديره لسلوكه ومهاراته لأن الكثير من سلوكيات الفرد قد لا ينتبه لها الآخرون، وبالتالي لا تحصل على التعزيز الاجتماعي. وبعد تقديم التعزيز المناسب يقوم المرشد بما يلي:-

– يطلب من الطالب ان يستمع إلى اراء الجميع قبل ان يبدا بالقيام بالمهارة.

– يسال المرشد الممثل المساعد:اثناء قيامك بدور....بماذا شعرت؟ وما هي ردة فعلك نحو...(النموذج)؟

– يسال المرشد اعضاء المجموعة:هل تم اتباع خطوات المهارة؟

– يعزز المرشد الخطوات المتقنه ويقدم ارشادات من اجل اتقان باقي الخطوات.

– يسال الممثل الرئيسي:لقد سمعت الجميع،كيف تشعر نحو ماقمت به من عمل؟

رابعا: الاستراتيجيات السلوكية الكشفية
تتضمن هذه الاستراتيجيات اسلوبين علاجيين يقومان على تكنيك تقليل الحساسية التدريجي هما:
أ. اسلوب المواجهة بالواقع (In Vivo): حيث يتعلم المسترشد استجابة منافسة للقلق والتوتر، تتضمن ارخاء عضلاته ومواجهة السلوك في الواقع بشكل تدريجي أو دفعة واحدة،حيث يؤدي إلى تقليل التحسس تجاه الموقف الضاغط.

ب. اسلوب الغمر (Flooding): يطلب ضمن هذا الاسلوب من المسترشد ان يتخيل أو يعيش في الواقع، وينخرط في الموقف الضاغط لفترة معينة قد تطول أو تقصر. وهو اسلوب فعال في علاج الافعال القهرية والقلق و الاضطرابات المزاجية.

الانتقادات الموجهة للنظرية السلوكية

١- تركيز السلوكيين على السلوك الظاهر والملاحظ فقط، واهمال العمليات العقلية والانفعالات. فالاستراتيجيات السلوكية قد تغير السلوكيات ولكنها لا تغير الافكار والمشاعر.

٢- تجاهل الإرشاد السلوكي ضرورة اقامة علاقة ارشادية دافئة مع المسترشد. فقد اغفل السلوكيون فكرة ان المسترشد لا يتقبل المساعدة والتدخل العلاجي اذا لم يثق بالمرشد فضلا عن ان الاستراتيجيات تكون رتيبة وجامدة.

٣- تركيز الإرشاد السلوكي على حاضر المسترشد واغفال ماضيه والعوامل الحيوية والخبرات الماضية التي مر بها.

٤- تجزئة السلوك البشري (الشخصية) إلى اجزاء بسيطة من الاستجابات، وعدم الاخذ بعين الاعتبار ان الانسان كل متكامل من السمات والقدرات ويستجيب بطريقة كلية للمواقف.

النظرية التحليلية (Psychoanalitic)

مؤسس هذا الاتجاه هو سيجموند فرويد Freaud (١٩٢٧-١٩٣٣) الذي نظر للانسان نظرة حتمية، حيث يعتقد ان سلوكيات البشر محكومة بدوافع لا شعورية بيولوجية وأخرى فطرية تنشأ خلال السنوات الستة من عمر الانسان. كما ان السلوكيات البشرية محكومة بغريزتين اساسيتين هما: غريزة الحياة ممثلة

بالطاقة الجنسية وغريزة الموت ممثلة بالسلوكيات العدوانية، ومن جهة أخرى اكد فرويد على ان هاتين الغريزتين وما ينبثق عنهما من دوافع (الجنس العدوان)، هي المحرك الحتمي وراء سلوكيات البشر، وما الانجازات الحضارية الا عملية ازاحة للطرق الطبيعية لإشباع الحاجات البيولوجية عموما والحاجات الجنسية بصفة خاصة.

لا شك ان الاتجاه التحليلي يعتبر ركناً اساسياً في الإرشاد والعلاج النفسي الحديث، حيث ينطلق بعض الممارسين في مجال الإرشاد النفسي من مفاهيم أساسية وأساليب نابعة من التحليل النفسي، مثل التنفيس الانفعالي والتداعي الحر، ومن طوارئ عملية الإرشاد ما يعتبر من المفاهيم الهامة في التحليل النفسي مثل المقاومة والتحويل.

المفاهيم والافتراضات الأساسية للاتجاه التحليلي

الشخصية الانسانية

افترض فرويد ان الشخصية الانسانية تتكون من نوعين من الابنية هما:-

ا - النباء الدينامي للشخصية (Functional Personality Structure):

لقد ميز فرويد بين ثلاثة عناصر تكون البناء الدينامي للشخصية على النحو التالي:-

١- الانا (Ego)

وهو احد انظمة (اجزاء) الشخصية الرئيسة ويمثل هذا النظام مركز الشعور والإدراك والوعي، ويقوم بدور المدير التنفيذي للشخصية الذي يدير ويتحكم بالشخصية ويتوسط بين نظام الهو (ID) ومتطلبات البيئة المحيطة، ويعمل الانا بموجب مبدأ الواقع والمنطق في اشباع الحاجات. والجانب الكبير من نظام الانا يمكن احضاره من منطقة ما قبل الشعور إلى منطقة الشعور من خلال استراتيجيات التحليل النفسي.

٢- الانا الاعلى(Super Ego)

ويمثل هذا النظام مركز الاخلاقيات والمعايير الاجتماعية والقيم الدينية والمثاليات، لدرجة ان البعض يطلق عليه الضمير الانساني ويعتبر الانا الاعلى بمثابة سلطة داخلية ورقيب نفسي على الهو (ID) والانا (Ego). ويتشكل الانا الأعلى من خلال التأثيرات الوالدية في الطفولة المبكرة، كذلك من تأثيرات المجتمع و يرتبط الانا الاعلى بالعقاب النفسي وذلك عندما يشعر الفرد بالذنب، كما انه يرتبط بالثواب والمكافأة عندما يكون تقدير الفرد لذاته مرتفعا، وأخيرا تكمن مكونات هذا النظام في الجزء

اللاشعوري من الشخصية وهو في صراع دائم مع الهي (ID) الذي يعكس الجانب الغرائزي والشهواني من شخصية الانسان.

٣- الهي (ID)

وهو الجزء الذي يمثل منبع الطاقة الحيوية والنفسية والجانب الغريزي من الشخصية، كما يشتمل على الدوافع الفطرية التي تسعى إلى الاشباع بأي شكل من الاشكال، واعتبر فرويد هذا الجزء من الشخصية جزءاً بدائياً وأطلق عليه اسم الجانب البهيمي من الشخصية. ويقوم المجتمع ممثلاً بالوالدين والمدرسة والمؤسسات الاجتماعية بتهذيب هذا الجانب من الشخصية.

ان الجهاز النفسي بمكوناته السابقة لا بد ان يكون متوازيا حتى تسير الحياة سيرا سويا. ويرى فرويد ان الانا يحاول حل الصراع بين الهو والانا الأعلى فإذا نجح كان الشخص سويا وإذا اخفق ظهرت اعراض الاضطراب في الشخصية(p.٦٩،Cory).

ب- البناء الوظيفي للشخصية (Functional Personality Structure)

وهوبناء يشمل المكونات الجسمية والعقلية والاجتماعية والمكونات الإنفعالية. وتكون هذه المكونات جميعا مترابطة وظيفيا في حالة السواء، أما اذا حدث اضطراب او نقص او انحراف في أي من مكوناتها او في العلاقة بينهما ادى ذلك إلى اضطراب البناء العام والأداء الوظيفي للشخصية.وقد قدم بعض التحليلين من تلاميذ فرويد تفسيرات مختلفة قليلاً عن نظرة فرويد للشخصية الانسانية.فقد أكد إيرك فروم (From) على ان الشخصية هي مجموعة من السمات الإنفعالية والجسدية المورثة والمكتسبة التي تميز الفرد عن غيره وتجعل منه شخصا فريدا، وأكد دور الاسرة في اكساب الفرد السمات الشخصية لاسيما

النظام الاخلاقي. وأشار يونج (Jung) إلى مفهوم الشخصية المقنعة التي تستخدم الاقنعة التي يلبسها الفرد للتوافق مع البيئة الاجتماعية، وأكد ان هناك نمطين رئيسيين للشخصية هما:

- النمط الانبساطي الذي يركز بموجبه الشخص انتباهه وشعوره كليا نحو ما هو خارج ذاته ويتفاعل بدرجة اكثر مع المجتمع.
- النمط الانطوائي الذي يلجأ إلى التأمل والتفكير العاطفي ويتقوقع على نفسه.

وأكد يونج انه ليس هناك نمطا نقيا لدى الافراد اذ ان هناك اشخاصاً يجمعون بين السمات التي تميز كلا من النمطين.

الحتمية النفسية (Psychological inevitable)

مبدأ تحليلي نادى به فرويد وكارين هورني مفاده ان السلوك مسبب بأسباب حتمية تسبقه. وانه لا يحدث اعتباطاً فوراء كل سلوك مقدمات لها تأثير عليه.

مبدأ اللذة (Pleasure Principle)

مبدأ تحليلي يشير إلى ان الناس يميلون لتجنب الألم وعدم الارتياح ويسعون للحصول على الإشباع واللذة.

الغريزة (Instinct)

قوة تهدف إلى إشباع الحاجات الفسيولوجية والثانوية، بهدف إزالة التوتر الناتج عن تصادم هذه الحاجات مع البيئة الخارجية. ويكون موضوع الغريزة هو الأداة التي تحقق إزالة التوتر وبالتالي الإشباع. ويعتبرالتناقض بين غرائز الانسان من وجهة نظر تحليلية سبباً قوياً للاضطراب السلوكي والنفسي. ومن أهم الغرائز التي تؤثر في سلوك الانسان الغريزة الجنسية، وغريزة البقاء، وغريزة حب الحياة، وغريزة الموت، وغريزة التجمع، وغريزة الأبوة والأمومة،

وغريزة التملك، وغريزة الجوع. ومن الجدير بالذكر ان هذه الغرائز متأصلة في نفس الانسان إلا انه يمكن تهذيبها والتحكم بها.

عقدة الاخصاء (Castration Complex)

تعرف أيضا بعقدة حسد القضيب حيث تعتقد البنت انه كان لها عضواً ذكرياً وفقدته، وقد تظهر عقدة الخصاء أيضا عند الولد على شكل خوف مكبوت من ان يفقد قضيبه كما هو الحال عند البنت. على أي حال لم يدعم هذا المفهوم (كما عقدة اوديب والكترا) بوسائل تجريبية موضوعية مناسبة، ولم يتم إثباتها واختبارها عمليا، لذلك يعتبرها العديد من علماء النفس انها افتراضات واهية وضعيفة.

عقدة الكترا (Electra complex)

عقدة تنشأ لدى الطفلة الانثى في مرحلة الطفولة المبكرة، تكّون بموجبها الطفلة مشاعر الغيرة والعداء تجاه أمها، ومشاعر الحب تجاه أبيها مع الشعور بالذنب نتيجة لذلك، وإذا لم تحل هذه العقدة بأسلوب واعٍ فانها تسبب للفتاه مشكلات زواجية في المستقبل تتمثل في العزوف عن الزواج.

عقدة اوديب (Oedipus complex)

عقدة تنشأ لدى الطفل الذكر في مرحلة الطفولة المبكرة حيث يكّون الطفل الذكر مشاعر الغيرة والعداء تجاه والده، لانه يعتقد ان أباه ينافسه في حب أمه، وبناءً على ذلك يغار منه ويكرهه وفي نفس الوقت فانه يشعر بالذنب لانه لا يحب أباه في الوقت الذي يتقمص شخصيته. وسميت بعقدة (اوديب) نسبة إلى اوديب الذي كان ابنا لأحد الملوك في الاسطورة اليونانية القديمة، والذي قتل أباه دون ان يعرف انه أبوه لانه انفصل عنه منذ ولادته، وبعد فترة من الزمن تزوج هذا الابن الملكة دون ان يعلم انها أمه ولما علم بذلك فقأ عينيه من الندم.

عقدة تفوق (Superiority Complex)

وهو شعور كاذب بالقوة يخفي وراءه عقدة نقص. وهي محاولة للتعويض ولكنها غير ناجحة يعاني منها الشخص الذي لديه اهتمام وتفاعل اجتماعي ضعيف، ساعياً لتجنب المشاكل بدلا من مواجهتها وحلها.

عقدة النقص (Inferiority Complex)

وهو شعور الفرد بالنقص نتيجة لقصور جسدي او معرفي او اجتماعي او اقتصادي، مما يؤثر على حياته ويشعره بالنقص والدونية، وعدم القدرة على التكيف وتحقيق الذات والانتاجية. وقد يكون هذا الشعور بالدونية منبعاً للابداع يدفع الفرد للكفاح من اجل السيطرة والتفوق والكمال لاسيما في مرحلة الطفولة. ومن جهة اخرى قد يكون الشعور بالدونية منبعا للعدوانية والاضطرابات السلوكية للتخفيف من ذلك الشعور. و يرى (الفريد أدلر) ان هذا الشعور بالنقص قد يكون حقيقياً وقد يكون متخيلاً.

ألاحلام (Dreams)

يؤكد فرو يد ان الحلم نشاط عقلي يتضمن طريقة لا شعورية للتعبير عن المخاوف والحاجات المكبوتة، والدوافع غير المقبولة للشخص نفسه، او الامنيات الواقعية المقبولة اجتماعيا وذاتيا. والأحلام لها محتويان محتوى خفي مهدد يظهر على شكل رمزي يتألف من المخاوف والحاجات المكبوتة، والدوافع غير المقبولة واللاواعية، ولان هذه المكونات مؤلمة فان اللاشعور يحولها إلى محتوى واضح وظاهر مقبول اجتماعيا وهو المحتوى الثاني.

وتعتبر الاحلام اسقاطات لاهتمامات الفرد الحالية وحالته المزاجية، وهي بذلك تمثل بروفه او تدريب لمجرى الاحداث المقبلة والممكنة، ويعتبر تفسير

الأحلام مهارة تحليلية لفهم ديناميات المسترشد الداخلية.يلاحظ ان التفسير التحليلي لظاهرة الحلم تختلف عن التفسير البيولوجي، فمن وجهة نظر بيولوجية يعرف الحلم بانه استمرار نشاط المخ اثناء النوم كاستمرار مسترخ لنشاطه اثناء اليقظة.

أحلام اليقظة (Dreams Day)

ظاهرة إنفعالية ينتقل فيها الفرد - خصوصا في مرحلة المراهقة - من عالم الواقع إلى عالم الخيال، حيث ينفذ اوج نشاطه الخيالي فيبني قصورا من الخيال ويجمع الاموال الطائلة ويحقق الرغبات والحاجات غير المشبعة ويحمي نفسه من تهديد التناقضات الكثيرة في العالم من حوله. وأحلام اليقظة لا تؤثر على الفرد اذا كانت في شكل غير مبالغ فيه وغير مستمرة اما اذا زادت عن الحد الطبيعي فان الفرد يعتاد الهروب من مواجهة مطالب الحياة الواقعية. والاستغراق بأحلام اليقظة بشكل واضح ينبئ عن سوء تكيف لدى الشخص.

اسلوب الحياة (Life style)

ويسمى ايضا نمط الحياة ومخطط الحياة واستراتيجية العيش وخريطة الحياة، وهو مفهوم اساسي في نظرية ادلر يشير إلى النظام الذي تمارس بمقتضاه شخصية الفرد وظائفها وتتقدم نحو هدفها الحياتي، وهو المبدأ الذي يفسر لنا تفرد الشخص عن غيره من الأشخاص. ويحدد اسلوب الحياه كل شيء في حياة الفرد ويتكون في فترة مبكرة من حياة الشخص خلال (٤-٥ سنوات)، وخلال ذلك الوقت يتمثل الفرد الخبرات حسب اسلوب حياته ومن الصعب فيما بعد تغيير اسلوب حياة الفرد من ناحية عملية.

هدف الحياة (Life Goal)

ويطلق عليها بعض الكتاب الغائية (Finalism). وهو الهدف الذي يحدد اسلوب حياة الفرد وسلوكه. وقد يكون هذا الهدف واقعيا يحقق الرضى والاستقرار للفرد، او خياليا نحو غاية وهمية لا يمكن تحقيقها وعندئذ يحدث الاضطراب النفسي. ويقول ادلر ان كل فرد له هدف يميل نحوه في كل موقف جديد من مواقف الحياة، وخصوصا عندما يواجه مشكلات الحياة الثلاث الرئيسية، المشكلة الاجتماعية، والمشكلة المهنية، ومشكلة الارتباط الزواجي والحب.

الترتيب الولادي (Birth Arrangement)

أكد ادلر أثر الترتيب الولادي للفرد على كيفية تصرفه في الحياة وأكدت العملية العلاجية على ديناميكية الأسرة وخاصة العلاقات بين الاشقاء، والترتيب الولادي و موقع الطفل في الأسرة الذي يعتبر مكوناً رئيسياً لإسلوب حياة الفرد. ومع ان الاطفال الاخوة يمرون بنفس مراحل النمو ولهم نفس الوالدين الا انهم يعيشون بيئة اجتماعية مختلفة، وهناك ميزات شخصية معينة ترتبط بترتيب الولادة وموقعها. وقد حدد ادلر خمسة مواقع نفسية ولادية تؤثر على شخصية الفرد وأسلوب حياته وهي:

(١) الطفل الاكبر ويحظى باهتمام كبير من المحيطين حتى يأتي الطفل الثاني ويفقده هذه الميزة، وقد تؤثر هذه الميزة في الطفل الاكبر بطرق مختلفة. وعادة ما يهتم الطفل الاول بالماضي لانه كان مركز اهتمام الاسره كما انه يهتم بالقوة والسيطرة وغالبا ما يكون متفوقاً عقلياً

(٢) الطفل الثاني وهو يحاول دائما منافسة اخيه الاكبر في الحصول على الاهتمام، وغالبا ما يعاكس المولود الثاني المولود الاول.

(٣) الطفل الأوسط وهو يتميز بانه محصور في الاسرة من حيث الاهتمام به والانتباه اليه، حيث يكون ذلك موجه غالبا إلى الطفل الأكبر والأصغر مما يؤدي إلى شعوره بعدم العدل والتمييز وقد يصبح طفلا مشاكسا

(٤) الطفل الأصغر وهو المدلل عادة وتدليله يولد لديه صراعا بين ان يستقل عن الآخرين او يعتمد عليهم في حل مشاكله، وهناك احتمالية ان يصبح عصابياً او كحولياً في مرحلة الرشد.

(٥) الطفل الوحيد ويأتي في الترتيب الاسري كحالة نادرة وهو ذلك الطفل الذي يمتلك خصائص الطفل الأكبر، وهو اكثر دلالاً وانانية (يحب ان يأخذ وقليلاً ما يعطي)، اضافة إلى انه يتعلم التفاعل مع الراشدين بطريقة جيدة.

التحليل الذاتي (Self Analysis)

مبدأ تحليلي أساسي نادت به (هورني) ويشير إلى ان الانسان السوي لديه القدرة على حل مشاكله والتقليل من صراعاته إلى حدها الادنى، وهو قادر على ان يحافظ على علاقة معقولة بين الذات الواقعية والذات المثالية، وانه قادر على الاستبصار والتحليل الذاتي لنفسه بنفسه. اما الشخص العصابي فهو غير قادر على فعل ذلك، لذا يجب على المعالج ان يوصله إلى مرحلة الاحساس بالمسؤولية، وان يكسبه مهارات التحليل الذاتي حتى يعتمد على نفسه في حل مشكلاته.

الاهتمام الاجتماعي (Social Interest)

افتراض نادى به (ادلر) يقول ان البشر كائنات اجتماعية وان الفرد جزء من المجتمع الانساني، لذلك لا نستطيع فهم السلوك الانساني الا من خلال محتواه الاجتماعي ويعتقد ادلر ان الاهتمام الاجتماعي. شيء فطري يحتاجه الانسان

للتكيف مع الحياة الاجتماعية، والذي يمكن تطويره من خلال التدريب وبالتالي اتقان مهارات التكيف الاجتماعي.

ويعتقد ادلر ان البحث عن المكانة والأهمية في المجتمع، هو هدف اساسي لكل انسان صغيراً كان ام كبيراً. ويرى ان معظم مشكلات البشر هي مشكلات علاقاتية ترتبط بعلاقة الفرد مع الآخرين ، ويهدف في اسلوبه العلاجي إلى تشجيع الاهتمام الاجتماعي عند المريض ومساعدته على التفاعل الاجتماعي والخروج من عزلته.

صدمة الميلاد (Birth trauma)

مفهوم تحليلي نادى به عالم النفس التحليلي (اتورانك) يقول: ان الطفل ينصدم فور ولادته وخروجه من رحم أمه عند عملية الميلاد، حيث انه انتقل من بيئة كانت تلبي حاجاته دون ان يطلبها، إلى بيئة أخرى لابد له ان يصيح ويتوتر حتى يتم تلبية حاجاته. ويدّعي رانك ان الطفل يدرك هذا الفرق ويبقى طوال فترة الطفولة يكافح حتى يتغلب على صدمة الميلاد هذه، فإذا فشل في هذا الكفاح فانه يطور العصاب النفسي.

مستويات الحياة النفسية

تحدث فرويد عن ثلاث مستويات لوعي الفرد هي: -

١) الشعور (Consciousness)

جزء بسيط من المجموع الكلي للعقل يمكن معرفته والوصول اليه مباشرة، حيث يعي الفرد محتوياته التي لا تمثل عادة أي تهديد لشخصيته.

ويرى فرويد ان الشعور هو منطقة الوعي الكامل، ووظيفته الاتصال بالعالم الخارجي وهو الجزء السطحي من الجهاز النفسي ويطلق عليه يونج

(Jung) اسم العقل الواعي الذي يتكون من المدركات والذكريات والمشاعر الواعية.

٢) ما قبل الشعور (Preconscious ness)

وهو الجزء الثالث في الجهاز النفسي (الشخصية) الذي يأتي بعد الشعور واللاشعور، وهو يحتوي على الذكريات والأفكار الكامنة التي من الممكن استدعاؤها بقليل من الجهد والشعور، فهي ليست موجودة في الشعور حالياً. ان هذا الجزء من الشخصية يحتوي على الخبرات غير المرغوبة التي لا تنطوي على تهديد كبير للشخص، مثال ذلك الاحباطات البسيطة التي يمر بها الفرد في حياته ولا تؤثر على انتاجيته أو تفاعله، مثل عدم دخوله التخصص الدراسي الذي يرغبه أو فشله في الزواج من فتاه بعينها. ان مثل هذه الخبرات لا يمكن لها ان تقبع في اللاشعور لأن هناك ثمة مثيرات حياتية تذكرالفرد بمثل هذه الخبرات، ولكن ليس بشكل متواتر دائماً إلاعندما يصادف مثل هذه المثيرات التذكيرية.

٣) اللا شعور (Unconsciousness)

هو المستودع الذي تكبت فيه خبرات الفرد المؤلمة والمخزية والمخجلة، اضافة إلى ذلك يختزن الفرد في لاشعوره حاجاته ودوافعه التي يتعذر الوصول اليها عندما تكون خارج تحكمه ووعيه، كذلك يحتوي الصراعات غير المحلولة. وحسب رأي فرويد يشكل اللاشعور الجذر الرئيسي لكل حالات العصاب.

ويعبر الانسان عن محتوياته اللاشعورية عن طريق الاحلام والتي ترمز إلى الامنيات والصراعات، وكذلك عن طريق زلات اللسان مثل ذكر اسم المحبوب كذلك عن طريق الاعراض الهستيرية. وأخيرا يعتبر اللاشعور

مفتاحاً رئيسياً لفهم السلوك ومشاكل الشخصية، ولكن لا يمكن تحقيق هذا الفهم بشكل مباشر، وانما يمكن ذلك من خلال السلوكيات والأعراض المرضية.(Cory،p.٧٠). وقد ميز يونج (Jung) بين نوعين من اللاشعور هما:

- **اللاشعور الجمعي (Group Unconsciousness)**

وهو ذلك الجزء من الشخصية الذي يحتوي مجموع خبرات الاجيال والطرق البدائية للسلوك، والأمور التي يجهلها الفرد، والنزعات المورثة (الصور القديمة). وتأخذ هذه النزعات ثلاثة اشكال هي:

- القناع وهو السلوكيات التي يقوم بها الفرد في مواجهة المجتمع ومتطلباته بأساليب لا تتفق مع شخصيته الحقيقية، وهو يمثل الشخصية المقنعة التي يتصرف بموجبها الفرد للتوافق مع البيئة الاجتماعية.
- الظل: وهو الجزء المظلم من الانسان وهو بدائي وسلبي ويمثل الانا الشعورية ويتكون من نموذج اصلي رغباته بدائية تهدد الشخصية.
- الذات اللاشعورية: وهي المستودع العميق الذي يكبت به الفرد خبراته المؤلمة.

ويشير يونج إلى ان اللاشعور الجمعي بمحتوياته الكامنة يكون مشترك بين جميع الاشخاص، ويتكون من النماذج الاصلية للتراث الانساني مثل نموذج الام، ونموذج الميلاد، ونموذج الموت. ويمكن دراسة وتحديد اللاشعور الجمعي عن طريق دراسة الاحلام والطقوس والأساطير.

- **اللا شعور الشخصي(Personal Unconsciousness)**

وهو جزء من الشخصية يتضمن التجارب والدوافع والرغبات المدركة او الغامضة، ويذهب يونج إلى ان الدوافع والرغبات والانفعالات والأفكار

تتجمع في مجموعات تسمى العقد وتتضمن الموضوعات والمواقف التي ترتبط بهذه المحتويات.

نظرة التحليليين للقلق النفسي

يميز التحليليون بين ثلاثة حالات من حالات القلق يتعرض لها البشر هي:-

١) القلق الأخلاقي (Moral Anxiety)

وهي حالة إنفعالية سلبية تحدث نتيجة للصراع بين دوافع الهو (الجانب البهيمي للانسان). ووظائف ألانا الأعلى المتمثلة بالأوامر والنواهي الوالدية تحديدا. ويتميز هذا النوع من القلق بشعور قوي بالذنب والزيف. ان هذا النوع من القلق يحدث بصورة اكبر عندما يتعرض الانسان لإغراءات الحياة التي لا تتفق مع ضميره.

٢) القلق الأساسي (Basic Anxiety)

وهي حالة من حالات القلق تحدثت عنها (كارين هورني)، تشير إلى إحساس الطفل بالعزلة والعجز والعداء في عالم يمتلئ بالعداوة والعوامل المخالفة لعالمه في البيئة مثل عدم احترام حاجاته الفردية، وافتقاره إلى الاهتمام والعطف، وتحميله المسؤولية الزائدة، والإسراف في الحماية أو عدم العدالة في التعامل، والاتجاهات الوالدية المتضاربة بخصوص تنشئة الطفل. وتؤدي هذه الحالة إلى شعور الطفل بعدم الأمن. ويعتقد (فرويد) ان القلق الأساسي حالة حتمية يتعرض لها كل انسان. ويساعد الطفل على التخلص من هذه الحالة أبداء الوالدين للتعاطف الحقيقي مع الطفل.

٣) القلق العصابي ((Neuroses Anxiety

هي حالة إنفعالية سلبية تحدث عندما تفشل ألانا في التعامل مع متطلبات الهي اللاشعورية وتصبح مخاوفها مبالغاً فيها. ويأخذ القلق العصابي ثلاثة أشكال:

- القلق العام: وهو الحالة التي يعاني بها الفرد من الخوف المزمن من خطر وشيك الوقوع.
- الخوف المرضي: وهو خوف غير منطقي من شيء أو حدث معين.
- نوبات الهلع: وتتضمن ظهور خوف مفاجئ وقوي بدون وجود سبب واضح يؤدي إلى إضعاف الفرد وشل قدراته(p.٧١،Cory).

مراحل النمو النفس-جنسية

وهي خمسة مراحل نمائية افترض فرويد ان جميع الافراد يمرون بها وان كان هناك تنوع واختلاف بين الافراد بها، وافترض فرويد ان هذه المراحل الخمسة ضرورية لنمو الشخصية وهي:

(١) المرحلة الفمية:

وتبدأ منذ السنة الاولى من حياة الطفل حيث يكون المصدر المبدئي للمتعة هو الفم، ويكون ذلك عن طريق المص والابتلاع خلال عملية الرضاعة والتغذية. ويؤكد فرويد ان التثبيت على هذه المرحلة يطور سمات شخصية سلبية مثل عدم الثقة في الآخرين ورفضهم، ويحدث ذلك عندما يحرم الطفل من الاشباع الفمي في مرحلة الرضاعة، ويقابل هذه المرحلة عند اريكسون في نظريته للنمو النفس اجتماعي مرحلة الرضاعة (الثقة – مقابل عدم الثقة)

(٢) المرحلة الشرجية:

وتبدأ خلال السنة الثانية حيث يدرك الطفل ان عملية الاخراج تسبب له الشعور بالارتياح، وفي هذه الاثناء يبدأ الوالدين بتدريبه على استخدام دورة المياه ويشكل ذلك من وجهة نظر فرويد الصراع الاول بين الطفل والوالدين. وتؤدي الذكريات والأفكار المرتبطة بهذه المرحلة إلى ظهور سمات شخصية تعتمد على اسلوب تعامل الوالدين مع الطفل، فإذا كان اسلوبهم يتسم بالقسوة في التدريب على ضبط الاخراج فان الطفل عندئذ سيطور شخصية تتسم بالخجل والعناد وأعراض الوسواس القهري، اما اذا كان اسلوبهم يتسم بالمرونة واللين فانه سيطور شخصية تتسم بالابتكار والانتاج. هذا وقد تمتد هذه المرحلة وسابقتها عبر السنوات الثلاث الاولى من حياة الطفل.

(٣) المرحلة القضيبية:

وتمتد من عمر (٣-٥) سنوات حيث تبدأ الفروق الفردية الجنسية بين الذكور والاناث بالظهور والاختلاف من حيث امتلاكهم او عدم امتلاكهم للقضيب. وتتميز هذه المرحلة بظهور عقدة اوديب عند الاولاد وعقدة الكترا عند الاناث، ويظهر الذكور في هذه المرحلة اهتماما بأعضائهم التناسلية ويزداد الخيال والفضول لدى كل من الجنسين، ويشير التحليليون الجدد انه مع مرور الوقت تتعدل عقدتي اوديب والكترا وتضعف مع مرور الزمن، وذلك بسبب زيادة الادراك لواقع وطبيعة الجهاز التناسلي من قبل الاطفال.

(٤) مرحلة الكمون:

وتبدأ في عمر (٦-١٣) سنة تقريبا حيث يضعف تأثير عقدتي اوديب والكترا ويتم كبت (كمون) الذكريات والمشاعر الجنسية، وتستبدل بمشاعر الحب والاهتمامات الاجتماعية التي تتعلق بالمدرسة ورفاق اللعب والرياضة والنشاطات الجديدة. وتعتبر هذه المرحلة بداية بناء العلاقات الاجتماعية، وفي

هذه المرحلة تكون الانا أكثر ارتباطاً بمبدأ الواقع حيث يتشرب الطفل المزيد من القيم الوالدية. وفي نهاية هذه المرحلة يتشكل مركز الانا الاعلى (الضمير).

(٥) المرحلة التناسلية:

وتمتد من سن (١٣ فما فوق) حيث تتميز بانجذاب الطفل إلى حب الآخرين والميل لهم بعد ان كان حبه متمركزا حول ذاته في المراحل الثلاث الأولى. ويميل الفرد في بداية البلوغ بشكل اساسي إلى افراد الجنس الآخر. ويظهر خلال هذه المرحلة عملية التطبيع الاجتماعي والمشاركة في النشاطات الاجتماعية مثل الزواج، وتكوين الاسرة، والنمو والتخطيط المهني، والفرد الطبيعي يحصل على المتعة من خلال هذه النشاطات.

وأخيرا يرى التحليليون ان التنظيم النهائي لشخصية الفرد هو محصلة لكل المراحل النمائية السابقة، والتي يستمر تأثيرها في مرحلة الرشد وحتى الشيخوخة.

وسائل الدفاع النفسية (Ego- Defense Mechanisms)

اكد فرويد على ان هناك مجموعة من الوسائل النفسية الدفاعية التي تساعد الفرد على خفض القلق والتعامل مع المواقف الضاغطة، وتساعده في حدودها الطبيعية على مواجهة الواقع. وتتميز وسائل الدفاع النفسية بخاصية الانكار و تحريف الواقع، والتعامل مع الاحداث بمستويات لا شعورية، وتقود الفرد إلى استجابة سلوكية إنفعالية معرفية في محاولة منه لمواجهة التهديد والابقاء والمحافظة على الذات. وقلما نجد انساناً لم يستخدم وسيلة من وسائل الدفاع لنفسه طوال حياته اذ ان استخدام الطرق الواقعية لحل المشكلات ليس متيسرا دائما. وهناك وسائل دفاع متعددة وشائعة الاستعمال، ويدرج بعض علماء النفس

التحليليون القلق العصابي كأحد وسائل الدفاع النفسية.وفيما يلي عرض لاهم وسائل الدفاع النفسية التي يستحدمها الشخص في المواقف الضاغطة:-

١) النكوص (Regression)

آلية دفاع نفسية تشير إلى عودة الفرد إلى سلوكيات قديمة كان قد تجاوزها، وتتسم عادة بانها غير ناضجة وغير ملائمة للمرحلة العمرية التي يمر بها الفرد وذلك بهدف التغلب على مشاعر القلق سيما في الفترات الحرجة.

وفي عملية النكوص يعود الفرد عادة إلى سلوكيات كان يقوم بها في مرحلة نمائية كان قد شعر بها بالأمن، وليس بالضرورة ان تكون مرحلة الطفولة فقط. ولا شك ان الاستخدام الزائد للنكوص يؤدي إلى صعوبات في العلاقات الاجتماعية مع الأهل والأصدقاء والى مشكلات التنشئة-

٢) الكبت (Repression)

وسيلة دفاع يكبت من خلالها الفرد المشاعر والأفكار والرغبات والخبرات المؤلمة او المخزية بطريقة لا شعورية من مستوى الشعور والوعي إلى مستوى اللاشعور. وتشير الدراسات النفسية إلى ان الكبت نوعان: احدهما يدفع بمواد موجودة في ما قبل الشعور إلى اللاشعور، والثاني يمنع المواد الموجودة في اللاشعور من الظهور إلى مستوى الشعور.

وعندما تصبح المواد المكبوتة في مستوى اللاشعور فان هذا لا يعني انها قد انتهت حيث انها تستمر في تأثيرها على الشخص ،و ينتج عن الزيادة في استخدام هذه الالية افراز شخصية جامدة متوترة وحساسة تجاه العديد من الموضوعات المرتبطة بالمواد المكبوتة. وأخيرا يطلق بعض التحليليين (هورني) على المواد المكبوتة مصطلح النقط العمياء في الشخصية.

٣) التقمص (Identification)

وسيلة دفاع نفسية يقوم من خلالها الفرد بتذويت او تشرب خصائص او ادوار شخص آخر او جماعة ما. وقد يؤدي التقمص إلى تشرب سلوكيات مناسبة او غير مناسبة. ان الفرد عندما يستخدم هذه الوسيلة فانه يقوم بها بطريقة غير واعية، وغالبا يلجأ الفرد إلى هذه الوسيلة حتى يحسن القيمة الذاتية لشخصه عن طريق ربط نفسه بشخص او جماعة على امل الشعور بالأهمية.

٤) التعويض (Compensation)

آلية دفاع نفسية يلجأ إليها الفرد عندما يدرك ضعفا واضحا في احد جوانب شخصيته، فيقوم بتطوير وإظهار جوانب القوة لديه من أجل اخفاء الضعف الموجود والتعويض عنه. وقد يكون التعويض سلبياً كحالة الطفل الذي لا يحصل على اهتمام مقبول من ذويه فيطور سلوكيات عدوانية للحصول على الاهتمام، وفي المقابل قد يكون التعويض ايجابياً كحالة الطالب الضعيف من الناحية الجسدية الذي يُظهر اهتماما زائدا في مجال التحصيل الدراسي.

٥) التسامي (Sublimation)

آلية دفاع عن النفس يحول من خلالها الفرد النزعات والرغبات غير المقبولة والعدوانية والجنسية إلى نشاطات ذات قيمة قد تكون رياضية او اجتماعية او فكرية. ويرى فرويد ان العديد من المساهمات الفكرية والرياضية والفنية الرائعة التي يبتكرها الناس انما هي نتيجة لإعادة توجيه الطاقات الجنسية والعدوانية وتفريغها في سلوكيات مبدعة، ونضرب مثلا على ذلك اللوحات الفنية التي رسمها الفنان ليوناردو دافينشي.

٦) التبرير (Rationalization)

آلية دفاع نفسية يقدم فيها الفرد تبريرات وأسباباً مقبولة اجتماعيا ونفسيا لتصرفات (او مشاعر او احداث) غير مقبولة ومزعجة او مخيبة للآمال مثال: ذلك الطالب الذي يتقدم بطلب قبول جامعي ولا يحصل على فرصة او مقعد فانه يقول انه لا يحب جو الاختلاط ولا يعترف انه لم يقبل فيها.ويستخدم الناس هذه الآلية في المواقف التي تنطوي على الانفعالات السلبية (الاكتئاب، والقلق) وكذلك في المواقف المهددة لعلاقات الفرد الاجتماعية والمهنية.

ولابد لنا ان نميز بين التبرير والكذب ففي عملية التبرير يقدم الفرد اسباباً ومبررات قد تكون منطقية او غير ذلك بطريقة غير واعية هدفها الاساسي مطامنة وخفض القلق المرتبط بخيبة الأمل، اما الكذب فان الفرد يقدم اسباباً او معلومات او افكار يدرك ويشعر بانها غير صحيحة ويكون الهدف منه عادة كسب غير مشروع او تجنب عقوبة.وأخيرا تعتبر وسيلة التبرير من اكثر وسائل الدفاع النفسية شيوعا واستخداما عند الاطفال وهي محاولة للتخفيف من القلق والأعراض المصاحبة له عن طريق الافادة بان الفرد ليس محبطا ولا يعاني من صراع. ويأخذ التبرير اشكالا متعددة اهمها: لوم الآخرين والظروف الموضوعية.

٧) التثبيت (Fixation)

مفهوم تحليلي مرتبط بإسهامات فرويد يشير إلى استقرار النضج النفسي والجنسي في مرحلة نمائية معينة، ويظهر التثبيت على شكل تعلق لدى الفرد في مرحلة لاحقة من مراحل النمو لشخص او موضوع يثبت فيه تعلقه السابق المتكون لديه في مرحلة الطفولة بشكل خاص.

٨) الانكار (Denial)

ابسط وسيلة دفاع عن الذات من بين وسائل الدفاع النفسية تتضمن انكار وتشويه ما يحدث مع الفرد او يفكر فيه او يشعر فيه او حتى يعيه. وتحدث هذه الآلية في مستويين هما ما قبل الشعور والشعور. ويلعب الانكار دوراً مهماً مشابهاً للدور الذي يلعبه الكبت وهو اغلاق عيني الفرد عن التهديدات الموجودة في الواقع و الاحداث المؤلمة مثل الحروب والكوارث.

٩) الاسقاط (Projection)

وسيلة دفاع عن النفس يقوم من خلالها الفرد بعزو ونسب الرغبات او الصفات غير المقبولة اجتماعيا والموجودة لديه لأشخاص آخرين. ويعتبر القاء اللوم على الآخرين نوعاً من انواع الاسقاط ويختار الفرد الاشخاص الذين يشعر بان لهم نفس دوافعه ورغباته وبذلك يخفف من القلق الذي يشعر به.

١٠) الإزاحة (Displacement)

احدى اليات الدفاع عن النفس وتسمى (ابدال) وهي طريقة للتعامل مع القلق من خلال ازاحة الرغبات المهددة وإبدالها من موضوع مهدد إلى هدف مطمئن وآمن، وتتضمن الازاحة طاقة موجهة نحو شخص او موضوع آخر عندما يكون الموضوع الاصلي متعذر البلوغ. ومثال ذلك الغضب من شخص ما قد يقودنا إلى ضرب الحائط او الباب او كما في حالة المدرس الذي يغضب من ابنائه فانه قد يفرغ غضبه على تلاميذ المدرسة. ويشير اصحاب الاتجاه التحليلي إلى ان تطور الشخصية يشمل سلسلة من الازاحات، حيث يبقى مصدر وهدف الازاحة ثابتين بينما يتنوع موضوع الازاحة. وبذلك تعمل الازاحة على اعادة توجيه المشاعر السلبية القوية من شخص إلى آخر او من موضوع لآخر.

تفسير النظرية التحليلية للاضطراب النفسي

يرد فرويد الاضراب النفسي إلى حالة الصراع الذي يحدث بين الدوافع الفطرية والبيولوجية النابعة من نظام الهي (ID) من جهة، وبين المثل العليا والمعايير الاجتماعية لدى نفس الفرد والتي تنبع من نظام الانا الاعلى (Super Igo)من جهة احرى، كما اكد فرويد على دور القلق كسبب حاسم في احداث الاعراض العصابية واعتبر ان القلق مرض نفسي يتضمن مجموعة من الأعراض التي تعبر عن صراع نفسي قد يتراوح بين البسيط والمركب. واكد ان القلق هو أساس العصاب ومحوره الرئيسي، وان الاعراض العصابية هي محاولة غير ناضجة يقوم بها الفرد للتكيف مع الواقع وليس الانفصال عن هذا الواقع، وهو من أكثر الإمراض النفسية التي يعاني منها الانسان. وعموماً يعتبره المعالجون من اكثر الامراض النفسية قابلية للعلاج النفسي التحليلي والعلاجات السلوكية المعرفية.

وقد اختلف الفرويدون الجدد مع فرويد حول تفسير الاضطراب النفسي وأسبابه،مثل ادلر (Adlr) الذي اعتقد ان نقص الاهتمام الاجتماعي والشعور بالنقص هما اسباب قوية تقود للمرض النفسي، ويرى ان معظم مشكلات البشر هي مشكلات علاقاتية ترتبط بعلاقة الفرد مع الآخرين. كما اشارت (Horny) إلى اهمية العوامل الاجتماعية والثقافية السيئة في حدوث التوتر النفسي والاضطرابات مثل التنافس المرضي بين الطبقات، والتمييز العنصري بكافة اشكاله، والعلاقة السيئة بين الطفل ووالديه في المراحل المبكرة.

العملية الإرشادية في النموذج التحليلي

تهدف العملية الإرشادية والعلاجية في النموذج التحليلي إلى تخليص الفرد من اسباب التوتر، وذلك عن طريق خلق موقف علاجي خالياً من التهديد والخطر بحيث يتيح للمتعالج التعبير عن انفعالاته وأفكاره دون خوف من التحقير

او السخرية، وبالتالي يتطهر من الانفعالات والأفكار والمواد المكبوتة في اللاشعور(p.٨٧،Cory). وتسير عملية الإرشاد التي تأخذ المنحنى التحليلي طريقاً لها وفق الخطوات التالية:-

١. تكوين علاقة ارشادية دافئة وسليمة مع المسترشد، والعمل على مطامنة قلقه وتأكيد ثقته بنفسه.
٢. اخراج المكبوتات اللاشعورية التي تمثل اسباب الاضطراب والصراع النفسي الذي يعاني منه المسترشد إلى حيز الوعي والشعور باستخدام استراتيجية التداعي الحر.
٣. تفسير المواد المكبوتة التي تكشف عنها عملية التداعي الحر.
٤. تدريب المسترشد وتعليمه استراتيجيات التصريف الانفعالي.

طوارئ عملية التحليل النفسي

تحدث اثناء عملية التحليل النفسي ديناميات وآليات تحليلية قد تؤثر سلباً أو ايجاباً على سير العلاج اهمها:-

ا - المقاومة (Resistance)

مصطلح اساسي في عملية التحليل النفسي وممارستها. والمقاومة تشير إلى افكار ومشاعر واتجاهات وأفعال شعورية او لا شعورية تمنع المسترشد من تقديم خبرات لا شعورية او التعبير عنها، وبذلك تقف عائقاً امام حدوث التغيير. وتحدث المقاومة عادة خلال عملية التداعي الحر. ويصور فرويد المقاومة كقوة لاشعورية يستخدمها الانسان ليدفع فيها القلق والألم الذي قد يظهر اذا اصبح واعيا لمشاعره المكبوتة. وإذا تم تفسير اسباب المقاومة وتم ايصال هذا التفسير للمسترشد فانه يتعامل مع صراعاته بواقعية.

وتتضمن المقاومة الكثير من اشكال السلوك من جانب المسترشد مثل، حذف الافكار أثناء التداعي الحر، ورفض اخراج المكبوتات (محتويات

اللاشعور)، ورفض تفسيرات المعالج. ويُلاحظ ان المقاومة (كذلك التحويل) لا تعتبر اسلوباً علاجياً؛ ولكن مهارة المحلل في ادراك وتسهيل وتفسير المقاومة يعطيها شكل الاسلوب العلاجي.

ب - التحويل (Transference)

وهوعملية نفسية تحدث اثناء التحليل النفسي يحول بموجبها المتعالج مشاعره وانفعالاته التي تكونت لديه في مراحل سابقة تجاه اشخاص مهمين (عادة الوالدين) إلى المعالج بشكل لا شعوري، بحيث يصبح المعالِج مركز اهتمام المتعالَج وقد تكون هذه المشاعر سلبية او ايجابية. وتحدث عندما يصبح المريض مشغولا بشكل اكبر في الحاضر وبشكل خاص في عملية العلاج نفسها، وهذا الانشغال يجعله يستدعي بعض المشاعر والأفكار والرغبات من الماضي وتظهر على شكل نماذج موجهة نحو المعالج. ان عملية التحويل تسمح للمعالج بفهم ومعالجة الكثير من الاعمال غير المنتهية الماضية والتي ترتبط بمشاعر الثقة او عدم الثقة، او الحب مقابل الكره او الاستقلالية مقابل الشعور بالخجل والذنب، كذلك يُسمح للمتعالج باستبصار مشاعره في الوقت الحاضر. ويمكن فهم العلاقة بين المعالِج والمتعالِج من خلال عملية التحويل. ومن المهم ان يعرف المعالِج مدى تطور قدرة المريض على الملاحظة الذاتية (القدرة على التقويم الموضوعي للخبرات الإنفعالية).

لقد كان يُنظر إلى عملية التحويل في السابق على انها عقبة خطيرة في طريق التحليل النفسي ، إلا انه في الواقع يمكن من خلاله التعرف على الكثير من صراعات الطفولة ومحاولات المتعالج في علاجها، والمطلوب من المعالج عندما تظهر هذه العملية ان يطور قوة ملاحظة المريض الذاتية، ويبصره بهذه المكبوتات، ويكسبه قدرة التقييم الموضوعي لخبراته الماضية، والبدء بمعالجة صراعاته الطفولية بطرق فعالة.

ج - التحويل المضاد (Counter Transference)

وهو ردود فعل المعالج الشعورية منها واللاشعورية تجاه المتعالج، وتتضمن ردود الفعل هذه مشاعر سلبية او ايجابية خفية أو واضحة يعكسها المعالج على المتعالج، وهي ظاهرة غير مستحبة في التحليل النفسي.

الاستراتيجيات الإرشادية للنموذج التحليلي

ان الأساليب التحليلية التي ابتكرها فرويد لا تسعى إلى تكوين خبرات جديدة لدى المسترشد بقدر ما تسعى إلى تطهيره من المكونات اللاشعورية وإحضارها إلى مستوى وعيه. ويتطلب نجاح أي من هذه الأساليب تعاون المسترشد وصراحته في كشف الذات، وحتى يضمن المرشد ذلك لا بد ان يوفر بيئة علاجية تساعد على عملية التحليل. وفيما يلي اهم الاستراتيجيات العلاجية التي يمارسها المرشدون والأخصائيون التحليليون في ميادين عملهم:

اولا: التداعي الحر (Free Association)

وهو اسلوب اساسي للتحليل النفسي يتفق بموجبه المعالج المحلل مع المريض بان يتحدث له بكل شيء يخطر على باله، حتى لو كان هذا الشيء غير مريح او يبدو انه غير مهم، ودون ان يحدد مواضيع معينة او يتقيد بالتسلسل او المنطق او الاخلاق أثناء الحديث. كما يطلب منه ان يتحدث بشكل فوري وذلك بهدف اضعاف رقابة الشعور، بحيث تكون هذه الترابطات محكومة بقوة لا شعورية تتمثل في الصراعات المسببة للعصاب ورغبة الفرد بان يكون جيد وان يُسعد الحلل، وقد يهدد التفاعل بين هذه القوى عملية التحليل نفسها.

ويقود هذا الاسلوب عادة إلى التعرف على الاشياء المكبوتة في اللاشعور، ويركز المعالج على المعاني الخفية والضمنية لما يقوله المريض. ومن حيث آلية اجراء عمليه التداعي الحر يستلقي المريض على اريكة مريحة

في غرفة شبه معتمة،ويجلس المحلل خلف المقعد بعيدا عن مجال رؤية المريض، وتكون وظيفته هي الاستماع بعناية اليه ومحاولة فهم ما يقوله واختيار الوقت المناسب للتفسير.

وفي أثناء عملية التداعي الحر يكون المرشد يقظا لما يبدو على وجه المسترشد من انفعال، او لما يأتيه من حركات عصبية، كذلك لابد للمرشد ان ينتبه لما قد يتورط به المسترشد من فلتات اللسان او ما ينتابه من تردد او تأخر او توقف مفاجئ في تسلسل التداعي والترابط. وتمتد جلسة العلاج بالتداعي الحر ما بين ٤٥-٦٠ دقيقة في المتوسط.

ثانيا: التنفيس الانفعالي (Abreaction)

اسلوب تحليلي يتضمن تفريغ وتحرير الانفعالات المكبوتة لدى المتعالج ومخاوفه وحيله الدفاعية للتخفيف من اثرها في تكوين الاضطراب النفسي، ومن ثم تفسيرها ومعرفة دلالاتها. ويتطلب إجراء ذلك مناخاً مناسباً يساعد المتعالج على الحديث عن مشكلاته الخاصة والانفعالات التي يعبر عنها اثناء المشكلة. ويستخدم المعالج في عملية التنفيس الانفعالي وسيلة التداعي الحر والأسئلة العلاجية، وعندما يعي الفرد مشاعره وانفعالاته المكبوتة تنمو بصيرته وتزداد ثقته بنفسه ويحدث الامر الايجابي للتحليل النفسي. ويمكن الاستفادة من اسلوب التنفيس الانفعالي في بعض المواقف الإرشادية، خاصة تلك التي يعاني بها المسترشد من مشاعر او انفعالات قوية، فمثلاً عندما يعاني المسترشد من حزن شديد يجب على المرشد ان يتيح له المجال بان يعبر عن هذا الحزن عن طريق البكاء ويشجعه على الحديث عن مشاعره السلبية دون تقييم أو انتقاد.

ثالثا: تحليل وتفسير المقاومة (Analysis and Interpretation of Resistance)

اجراء علاجي تحليلي يقوم به المعالج بتفسير مظاهر المقاومة التي يبديها المتعالج عند اخراج مكونات اللاشعور وما قبل الشعور، بهدف مساعدة المتعالج ليكون واعيا لأسباب المقاومة. وكقاعدة عامة يشير المعالج ويفسر اكثر مظاهر المقاومة وضوحا، ليقلل من احتمالية رفض المتعالج للعلاج والنظر إلى السلوك المقاوم. ومن الضروري ان يحترم المعالج مقاومة المتعالج ويساعده على التعامل بطريقة علاجية مع دفاعاته، وبذلك فان المقاومة تكون من اكثر الادوات اهمية لفهم المتعالج. وأخيرا يعتمد المعالج تفسيرات تقدم للمتعالج ايضاحات لما قاله المتعالج نفسه بشكل صريح او ضمني. ولا بد من اعتماد التوقيت المناسب في تقديم التفسير واستخدام السلوكيات غير اللفظية (اللهجة، نبرة الصوت) عند تقديم التفسير.

رابعا: تحليل وتفسير التحويل (Analysis and Interpretation of Transference)

تكنيك اساسي في التحليل النفسي يتضمن تفسير عملية التحويل التي يقوم بها المتعالج تجاه المعالج، ومن المنطق ان يتصرف المتعالج بناءً على الخبرات والعلاقات المبكرة مع المعالج كشخص مهم، وبذلك فهو يعيش هذه الخبرات المبكرة في العلاقة مع المعالج ويعبر عن مشاعره وأفكاره ورغباته كما هي في اللاشعور، وبالتالي يؤدي ذلك إلى تحقيق الاستبصار (هنا والان) بهذه المكبوتات اللاشعورية.

ومن خلال عملية تفسير هذه التعبيرات للمشاعر ذات التكوين المبكر للشخص، فان المتعالج يصبح قادرا على ان يغير انماطاً سلوكية تشكلت منذ عهد بعيد. والمعالج في بداية العلاج يظهر للمتعالج انه يتقبل المواد المكبوتة التي ينظر لها الأخير بانها مشؤومة ومخزية، وتدريجيا يتبنى المتعالج اتجاه المعالج نحو هذه المواد ويندمج معها بشكل عميق.

بمعنى آخر يسمح المعالج للمتعالج بالنكوص الآمن ويكون جزءاً من هذا النكوص نحو المعالج. ففي بداية العلاج وفي التحليل يحمل المتعالج مشاعر ايجابية تجاه المعالج سرعان ما تتحول إلى مشاعر سلبية عدائية، وهذا التحويل يظهر الصراع النفسي في الطفولة تجاه الوالدين، وعندها يقدم المعالج تفسيراً لهذه العملية يساعد على إفهام المتعالج ان مشاعره هذه غير مناسبة في العلاقة العلاجية ولكنها ترتبط بعلاقته المبكرة مع ابيه. وبهذا التحليل يتحقق الاستبصار لدى المتعالج بصراعات الطفولة وعلاقاته مع والديه السابقة.

ولا بد ان يقدم المعالج الدعم والفهم والثبات خاصة عند تقديم التفسيرات لعملية التحويل، وهذا يساعد المتعالج في ان يدرك ان هذه المشاعر مدمرة للحياة خارج عملية العلاج وداخلها، وبالتالي يتقبل المتعالج المشاعر الايجابية ويطور انماطاً سلوكية متكيفة.

الانتقادات الموجهة للنموذج التحليلي:
على الرغم من ان النموذج التحليلي من اكثر النماذج النظرية شمولا للشخصية الانسانية، حيث انه تناول الجوانب الشعورية واللاشعورية في شخصية الانسان وابتكر أساليب خاصة لسبر اغواره، الا انه انتقد من قبل الاخصائيين النفسيين والمرشدين التربويين في عدة جوانب اهمها:-

١- عدم خضوع الافتراضات والمفاهيم النظرية حول شخصية الانسان والاضطراب النفسي والأساليب العلاجية إلى المنهج التجريبي- الذي يؤكد على القياس الموضوعي والمصطلحات الاجرائية وخطوات الطريقة العلمية.

٢- بنى فرويد معظم افتراضاته على المرضى الذين كان يعالجهم في عيادته، وبذلك تعتبر نظريته مبنية على عينة متميزة وبالتالي فان امكانية تعميمها تبقى محدودة.

٣- تأكيد فرويد على حتمية السلوك البشري، وبذلك نفى ان يكون هناك إرادة للانسان يختار ويقرر من خلالها.

٤- اعتبار فرويد ان الجانب الغريزي في شخصية الفرد هو الاقوى وهو الذي يتحكم في كافة سلوكياته، سيما الغريزة الجنسية وغريزة العدوان وإهماله للجوانب الاجتماعية في نمو الشخصية.

٤- تحتاج الأساليب العلاجية التحليلية إلى جلسات اكثر ووقت اطول مقارنة مع الاستراتيجيات العلاجية غير التحليلية، اضافة إلى ان تطبيق هذه الأساليب يحتاج إلى الخبرة والتدريب العملي الطويل.

النظرية السلوكية المعرفية
(cognativ Behavior Theiory)

يعتبر الاتجاه السلوكي المعرفي من النماذج العلاجية الفعالة التي اعتمدت في تفسير وعلاج الاضطرابات السلوكية والمعرفية والانفعالية بنجاح. وقد تم تطوير هذا الاتجاه النظري على يد عالم النفس الاكلينيكي البرت اليس (Elbert Elles) سنة ١٩٥٠. وطوره واضاف عليه علماء نفس آخرين مثل عالم النفس المعرفي آرون بيك (Aron Beak) الذي قدم تفسيرا دقيقا لمرض الاكتئاب النفسي، وابتكر مقياسا مقننا لتشخيصه لدى الفرد، واستراتيجيات علاجية معرفية وسلوكية لعلاجه. كما تم اعتماد الاتجاه السلوكي المعرفي من قبل عالم النفس الامريكي (دونالد مايكن بيوم) الذي طور برنامجا سلوكيا معرفيا أسماه (التحصين ضد التوتر) لعلاج الحالات الناتجة عن الضغوط الحياتية، والتي يكون القلق والتوتر عنصراً بارزاً بها.

ويتميز هذا الاتجاه عن غيره من الاتجاهات النظرية في الإرشاد بميزات تجعله اكثرفعالية وقبولا لدى الممارسين في ميادين الإرشاد والعلاج النفسي والاطباء النفسيين على حد سواء. ومن اهم هذه الميزات نذكر ما يلي:-

١- انه يوظف طيفاً واسعاً من التقنيات* السلوكية والمعرفية والانفعالية مثل (لعب الدور، التدريب التوكيدي، اعادة البناء المعرفي، التأمل الذاتي، الاسترخاء العضلي).

٢- يحتاج لوقت وجلسات اقل مع انهاء سريع للاعراض.

٣- يؤكد على تغيير الافكار اللاعقلانية للمسترشد تغييراً فلسفياً عميقاً، وتعليمه كيفية تفنيد هذه الافكار.

---

* يلاحظ ان هذا الاتجاه قد استعار بعض الاستراتيجيات من بعض الاتجاهات النظرية الاخرى مثل استراتيجية التدريب التوكيدي والاسترخاء العضلي

٤- التأكيد على اهمية القياس والتقويم المستمر للمسترشد والعملية الإرشادية، وكذلك على السوابق واللواحق والمكاسب للسلوك غير السوي بغية القيام بعملية تشخيص دقيقة.

٥- يتبع هذا الاتجاه النظري اسلوب الإرشاد المباشر المتمركز حول المشكلة.

مراحل النمو المعرفي (Cognitive Development Stage)

قبل البدء بالحديث عن الخلفية النظرية للاتجاه السلوكي المعرفي لا بد من التطرق إلى المراحل الأساسية للنمو المعرفي عند الانسان والتي تؤثر في سلوكه. فالنمو المعرفي يتضمن مظاهر نمائية خاصة بكل مرحلة عمرية تكاد لا تحصى، اذا ما اخذنا بعين الاعتبار ارتباط النمو المعرفي بجوانب النمو اللغوي والنمو الحركي والنمو الانفعالي.وتعتمد سلامة النمو المعرفي وتقدمه بالدرجة الاولى على سلامة الجهاز العصبي بشقيه المركزي والطرفي، كذلك على مدى توفر البيئة التربوية الثرية الداعمة كما ذكرنا سابقاً. ولا شك ان العوامل الوراثية تحدد الاستعداد للنمو المعرفي الذي تعمل البيئة على تنميته أو كفّه. ويعتبرالنمو المعرفي جانباً مهماً من جوانب نمو الانسان. و يمر بثلاث مراحل أساسية تعتمد كل مرحلة على سابقتها وتؤثر بالمرحلة التي تليها والمراحل هي:-

١- **مرحلة التفكير الحسي(Sensory Stage):**

والذي يعتمد فيها الطفل على الادراك الحسي للمثيرات البيئية المحيطة، عن طريق الحواس البصرية والسمعية واللمسية والشم والذوق. وتبدأ هذه المرحلة منذ الولادة وتمتد حتى منتصف السنة الثانية. والمعرفة الناتجة عن هذه المرحلة من التفكير تكاد تكون محصورة بالأشياء المادية لا المجردة.

٢- مرحلة التفكير التصوري(Preopera tional Stage)

يؤكد بياجيه وغيره من أصحاب النظريات المعرفية النمائية مثل برونر على نمو قدرة الطفل على تمثيل الموضوعات والأحداث تمثيلا عقليا لنفسه.

وهكذا يتمثل ويكتسب فيها الفرد المفاهيم ومعاني الكلمات، حيث يتمثل المفاهيم العلمية والأخلاقية والمبادئ الاجتماعية والاقتصادية التي تساعده في اكتساب المعرفة وبلوغ المرحلة الثالثة؛ وهي مرحلة التفكير المجرد. ولكن ما هو ملاحظ خلال هذه المرحلة ان كثيرا من هذه التمثيلات الداخلية (Internal Representations) مازال مرتبطا بحوادث خاصة أو شخصية، ولم تنظم بعد في انساق مركبة. وتبدأ هذه المرحلة مع بداية ظهور اللغة في سن سنتين تقريبا وهي نهاية مرحلة النمو الحسي، وتستمر حتى بداية مرحلة العمليات المفاهيمية في سن السابعة تقريبا. وأهم ما يميز هذه المرحلة هي انها مرحلة انتقالية بين مرحلة التفكير الحسي والتفكير المجرد؛ أي لا تتميز بحدوث أي توازن أو ثبات. وقد يقع الطفل في أخطاء أو تناقضات ظاهرة في تفكيره العقلي خلال هذه المرحلة النهائية، فقد يذكر في لحظة ما ان الشيء (أ) أكبر من (ب)، ثم يعود بعد ذلك ليقول ان (ب) أكبر من (أ) دون إدراك للتناقض الواضح بين الحالتين.

٣- مرحلة التفكير المجرد

والتي تعتمد على العمليات العقلية العليا مثل: التخيل والتذكر والتنظيم والتركيب والتصنيف وحل المشكلات ومعالجة المعلومات وإعادة بناء المعرفة والتفكير بالمعرفة وفي التفكير نفسه (ما وراء التفكير).

المفاهيم والافتراضات الأساسية للاتجاه السلوكي المعرفي

١. يولد الناس منطقيين بنائين لذواتهم، ويسعون إلى تحقيق السعادة والتوازن في حياتهم. إلا انه هناك بعض الظروف تجعل منهم اناساً غير عقلانيين وهازمين لذواتهم مثل أساليب التنشئة الوالدية الخاطئة في مرحلة الطفولة، وتورط الفرد في انحرافات خطيرة مثل المشروبات الكحولية، السرقة، أو التدخين في مراحل مبكرة من العمر وانحراف الاحداث.

٢. ان افكار ومعتقدات الفرد لها معان شخصية عالية لديه ويمكن اكتشاف هذه المعاني من قبل المرشد.

٣. ان التشويهات المعرفية (Cognitive Disruptions) والتي تتمثل في الاستدلالات او الاستنتاجات المبنية على معلومات خاطئة تؤدي إلى التفكير الخاطيء، والذي يقود بدوره إلى المشكلات النفسية. ومن الامثلة على هذه الاستدلالات التعميم المبالغ فيه، والتفكير ذو القطب الواحد، والربط بين الحوادث والموقف على غير اساس منطقي.

٤. ان الحديث الذاتي (Self – talk) الذي يتمثل بالأفكار والتعليمات الذاتية التي يكررها الفرد داخل نفسه- بشان موقف أو خبرة أو حدث أو شخص معين- يلعب دوراً مهماً في تشكيل مشاعره و سلوكه نحو هذه المواقف اوالأشخاص.

٥. ان الشعور بالذنب سبب رئيسي من اسباب الاضطرابات الإنفعالية، وان الناس عرضة للانفعالات السلبية مثل القلق و الاكتئاب والخجل بسبب تفكيرهم اللامنطقي.

٦. ان استجابة الفرد للضغوط النفسية تبدأ بالتفكير، ثم بعد ذلك الانفعال، ومن ثم الاستجابة السلوكية المرضية وليس العكس. فالتفكير يحكم الانفعال والاثنين يحكمان السلوكيات البشرية.

التفسير السلوكي المعرفي للاضطراب النفسي

ان الافكار اللامنطقية التي يحملها الانسان تلعب الدور الاساسي في حدوث الاضطراب النفسي أياً كان شكله. وان نظام المعتقدات ونمط التفكير المحدود لدى الفرد حول مشكلة ما، هو الذي يمهد لحدوث الاضطراب الانفعالي وليس المشكلة بحد ذاتها. وقد وضع (البرت اليس) نظرية فسر بها آلية حدوث الاضطراب النفسي والاجراءات التي يتم بها التعامل مع الاضطرابات الإنفعالية،

أطلق عليها نظرية (A.B.C). وترمز هذه الحروف إلى الحرف الاول من كل كلمة، وهذه الكلمات تشير اما إلى حدث أو معتقدات أو اجراء علاجي. ويمكن توضيح هذه النظرية على النحو التالي:

A: (Active event)

حادث نشط (مشكلة) يتعرض له الفرد يأخذ شكل حدث أو خبرة أو تجربة حياتية قاسية مثل فقدان عزيز، خسارة مادية، فقدان منصب... الخ. وهذا الحادث يكون في وعي الفرد ويمكن معرفته بسهولة من خلال عملية جمع المعلومات.

B: (Believe system)

نظام المعتقدات والقيم والاتجاهات لدى الفرد الذي يؤثر على تصور الفرد للحدث النشط، وهذا النظام من المعتقدات خفي ولا يمكن ملاحظته مباشرة وانما يحتاج إلى ادوات قياس معينة لقياسه، مثل اختبار الافكار اللاعقلانية الذي طوره (البرت اليس) وبعض وسائل جمع المعلومات الذاتية.

C: (emotional&behavioral cosequenece)

ويشير إلى الاضطراب الانفعالي الذي يعاني منه الفرد والذي تكون اعراضه واضحة ويلاحظها المرشد أو المعالج.

D: (disputing intervention)

وهي المرحلة التي يسعى من خلالها المعالج إلى تحديد الافكار اللاعقلانية التي يتمثلها الفرد ويحاول تفسيرها، مستخدما بذلك الاقناع والاستراتيجيات المعرفية الاخرى (وهذه المرحلة هي لب العملية العلاجية).

E: (effect)

وفي هذه المرحلة يساعد المعالج المتعالج على استبدال الافكار اللاعقلانية بأفكار عقلانية.

F:(new feeling)

وهي مرحلة تغيير المشاعر والوصول إلى حالة الشفاء. (Ellis،١٩٧٧)

العملية الإرشادية للاتجاه السلوكي المعرفي.

أهدافها:

١. تغيير وتفنيد المعتقدات الخرافية التي تقف وراء السلوك اللاتكيفي والطريقة التي يفكر بها المسترشد.
٢. تقليل الاضطرابات النفسية والسلوكيات الهازمة للذات، وتقليل لوم الذات والآخرين.
٣. احداث تغيير لدى المسترشد يشمل التفكير الخاطيء والتوضيح له كيفية تأثير تفكيره الخاطيء على تصرفاته وشعوره، من خلال التعرف على التشويهات المعرفية وترتيب ظروف وتجارب تقود للتغيير المعرفي.
٤. إطلاع المسترشد على قراءات معرفية لها علاقة بمشكلاته شريطة ان تحتوي هذه القراءات على افكار عملية وعقلانية للتعامل مع المشكلات. مثال ذلك: توجيه المسترشد إلى كتاب " امتلك حياتك " وهذا ما يعرف بأسلوب العلاج بالقراءة (Bibliotherapy).

خطوات العملية العلاجية

ان العملية الإرشادية والعلاجية المتبعة ضمن الاتجاه السلوكي المعرفي هي عملية عقلية معرفية تنحصر في دائرة المعتقدات والأفكار اللاعقلانية التي يحملها الفرد، اكثر ما تنحصر في المشكلة الحياتية التي يتعرض لها الفرد قبل ان يأتي الإرشاد. ولا بد ان تسير العملية الإرشادية العلاجية في خطوات محددة على النحو التالي:-

اولاً: تحديد الافكار والقيم والاتجاهات اللاعقلانية التي يعتقد بها المسترشد، والتي تؤثر على نمط تفكيره ومشاعره، وبالتالي على تصرفاته وتسبب له الاضطراب النفسي.

ثانياً: مساعدة المسترشد على الوعي والاستبصار بهذه الافكار والمعتقدات اللاعقلانية وعلاقتها بالجوانب الإنفعالية والسلوكية من جهة، والاحداث التي يمر بها الفرد من جهة اخرى. ولتحقيق عملية والاستبصار هذه لا بد للمرشد ان يستخدم قواعد المنطق والحوار السقراطي.

ثالثاً: مساعدة المسترشد على التخلص من هذه الافكار وذلك باتخاذ الاجراءات التالية:-

أ- إجبار المسترشد على جعل هذه الافكار في مستوى وعيه وانتباهه ومساعدته على فهم لماذا هو غير عقلاني؟

ب- التوضيح له كيف ان هذه الافكار تسبب له تعاسته واضطرابه الانفعالي.

ج- توجيه انتباهه إلى الافكار العقلانية لديه ومساعدته على المقارنة بينها وبين الافكار اللاعقلانية.

رابعاً: مهاجمة وتحدي الافكار اللاعقلانية عن طريق استخدام الوسائل التالية:-

أ- رفض الكذب واساليب الدعاية الهدامة والممارسات السلبية التي يقوم ويؤمن بها المسترشد.

ب- تشجيعه في بعض المواقف التي يظهر بها افكاراً منطقية، واقناعه بممارسة السلوكيات التي يعتقد انها خاطئة – من وجهة نظره – وان لم يتم ذلك يجبر على القيام بهذه السلوكيات.

ج- مواجهة الافكار اللاعقلانية حال ورودها، وكذلك الحيل الدفاعية التي يستخدمها المسترشد اثناء الجلسة الإرشادية.

خامساً: تدريبه على تغيير وتحدي الافكار اللاعقلانية واستبدالها بأفكار عقلانية وعملية وذلك عن طريق دمجه بسلوكيات تؤدي إلى تغيير هذه الافكار فور الانخراط بها.

الاستراتيجيات السلوكية المعرفية.
١) اعادة البناء المعرفي (Cognitive Re-structure)
وهي استراتيجية معرفية يتم فيها تعليم المسترشد طريقة التحليل الذاتي، وذلك بالطلب منه ان يسجل على مذكرة خاصة معتقداته وأفكاره اللاعقلانية المرتبطة بمشكلته، ثم يطلب منه تحليل التصرفات الخاطئة ، ومن ثم تطوير اهداف إنفعالية وسلوكية ومعرفية جديدة. ومن اجل تحقيق اعادة البناء المعرفي لدى المسترشد يستخدم المرشد وسائل معرفية مثل:

- زيادة دافعيه المسترشد ليقوم بحصر وتقييم فوائد ومضار افكاره اللاعقلانية.
- اتخاذ قرارات حول مشكلاتهم وإيجاد طرق للتعامل معها، بالإضافة إلى توجيهه نحو الجوانب الايجابية من الموقف المشكل، ومعالجة المواقف السلبية عوضا عن الانزعاج الذاتي واجترار الافكار السلبية.
- يمكن استخدام وسائل التصوير ولعب الدور، وذلك لمساعدة المسترشد على تحديد ونفي الافكار اللاعقلانية التي تؤدي إلى التوتر.
- يمكن تعريضه إلى مواقف واقعية وبشكل مخطط، بحيث تثير هذه المواقف حالة من التوتر، ويطلب منه وقف استجاباته التقليدية التي اعتاد عليها و استعمال المهارات المعرفية الجديدة المتعلَمة.

كما تتضمن استراتيجية اعادة البناء المعرفي اكساب المسترشد مجموعة من التعليمات اللفظية التي تقدم له مباشرة ليتعلمها وتصبح جزءً من بنيته المعرفية، وتكون هذه التعليمات على شكل بدائل عقلية للافكار اللاعقلانية والسلبية، مثلا عندما تكون لدى الفرد فكرة لاعقلانية على النحو التالي: (على جميع الناس

التصرف بطريقة حسنة) فان المرشد يدحض لديه هذه الفكرة اللاعقلانية ويقدم لديه فكرة عقلانية بديلة وهي: (ليس هناك معيار واضح للتصرف الحسن، ثم انه من الصعب ان يتحلى جميع الناس بصفات الملائكة).

٢) استراتيجية التحصين ضد التوتر (Stress Inoculation)

ان استراتيجية التحصين ضد التوتر استراتيجية سلوكية معرفية نادى بها مايكنبيوم تهدف إلى اكساب الفرد مهارات معرفية سلوكية للتعامل مع حالات التوتر والمواقف الضاغطة وتتضمن خطوتين رئيستين هما:-

ا- تزويد الفرد بمعلومات حول طبيعة التوتر، حيث تتولد الطاقه النفسيه (Psychological energy) لدى الفرد و تنشط و تنطلق عندما يتعرض لضغوط حياتيه، و يحاول جراء ذلك العوده إلى التوازن وخفض التوتر، فإذا ما زال التوتر وعاد الفرد إلى توازنه توقف توليد الطاقة وشعر بالراحة، وكذلك تزويده بمعلومات عن طبيعة الضغوط النفسية وأثارها النفسية (اكتئاب، قلق، شعور بعدم الاتزان الانفعالي)، والاجتماعية (عزلة، وانسحاب، وعدم تأكيد الذات)،والسلوكية(ادمان،تدخين)،والجسدية (امراض سيكوسوماتيكية).كذلك تزويده بمعرفة المراحل التي يستجيب بها الفرد للضغط النفسي وهي:- مرحلة التهيؤ لمواجهة الضغط، ثم مرحلة المقاومة والدفاع عن الذات، وأخيرا مرحلة الانهاك وفشل الفرد في مواجهة الموقف الضاغط.

ب- تدريب المتعالج على مهارات التكيف المعرفية والسلوكية مثل:- ابعاد العبارات السلبية التي تسبق الموقف الضاغط، واستبدال التعليمات السلبيه قبل مواجهة الموقف الضاغط بعبارات ايجابية مثل (كيف استطيع التعامل مع الموقف بنجاح ؟)، وكذلك مهارة تعزيز الذات بعبارة ايجابية عند النجاح

في التعامل مع الموقف، وقد يكون من المناسب استخدام مهارات الاسترخاء العقلي والعضلي والتسكين في الحالات المرضية الشديدة.

٣) استراتيجيه الحوار السقراطي.

وهي استراتيجية معرفية تهدف إلى توليد الافكار العقلانية والعملية، عن طريق قيام المرشد بطرح اسئلة على المسترشد تتطلب افكار واضحة يقدمها الاخير من اطره المعرفية، وبذلك يعتاد المسترشد على كشف الحقائق بنفسه وممارسة النشاط الذهني، والاعتماد على التفكير الذاتي. و يمكن اجمال الخطوات الرئيسية لاسلوب الحوار السقراطي بالنقاط التالية:-

- توجيه المسترشد إلى اقتراح اوافتراض مبدئي.
- قيادته إلى الاعتراض على عدم قدرته على التخلص من الافتراض الذي افترضه، أو التخلص من الحيرة التي هو فيها.
- ارشاده إلى البحث عن حقيقة الافتراض الخاطيء الذي بداء به.

مثال على الخطوات الثلاثة للحوار السقراطي:

المسترشد: افترض انني لا استطيع القيام بأي شيء في الوقت الحالي.

المرشد: ماذا تخسر لو حاولت ؟

المسترشد: لن تكون المحاولة مجديه.

المرشد: كيف تعرف بانه لا قيمة من المحاوله ؟

ولا بد ان يلم المرشد بقواعد المنطق الأساسية؛ إذ ان كثير من المناقشات مع المسترشد تحتاج إلى التفكير المنطقي سيما في الإرشاد السلوكي المعرفي، الذي يقوم على تحديد الأفكار اللامنطقية- والتي تعتبر بمثابة الأسباب الرئيسية للسلوك المضطرب - و مساعدة الفرد على التخلص منها بالإقناع المنطقي،

وإكسابه أفكار منطقية جديدة. ولا شك ان منطق الانسان وما يترتب عليه من أفكار عقلانية أو غير عقلانية تؤثر على أسلوب حياته وتكيفه.

٤) الالهاء (Distraction)

وهي استراتيجية عقلانية تشير إلى صرف نظر المسترشد مؤقتا عن مشكلته الحالية، إلى شيء ثانوي مثل الرياضة او الابداع الفني او قضية اقتصادية او تمارين اليوجا والتأمل. وعندما يتم الهاء المسترشد بإحدى النشاطات السابقة، فانه يستجمع قواه وطاقاته مرة أخرى لمواجهة هذه المشكلة، إضافة إلى انه لن يجد الرغبة أو الوقت في التفكير اللاعقلاني بخصوص هذه المشكلة والشعور بالقلق إزائها.

٥) الدعابة و السخرية (Derision& Humor)

وتستخدم هذه الاستراتيجيه بشكل فعال في حالات الحزن الناتج عن الفقدان. ان الافراد الذين يعانون من الاكتئاب يخبرون عواطف مؤلمة، ويقولون بانهم لا يستطيعون تحمل الاذى، وانه لاشيء يستطيع ان يجعلهم يتحسنوا. وفي هذه الحالة لا بد من مواجهة الامر المؤلم عن طريق استخدام الضحك والسخرية غير المؤذية لمشاعر المريض من قبل المعالج، والتي تقتصر على تفسير المظاهر الهزلية في بعض مواقف الحياة.

٦) الواجبات البيتية (Home works)

هناك مشكلات ذات طبيعة تتطلب واجبات ومهمات على المسترشد ان يقوم بها خارج اطار الجلسة الإرشادية، فمثلا الافراد المكتئبين لديهم صفة المبالغة في المتطلبات الخارجية والمشكلات والضغوطات. ان مثل هؤلاء الناس يشعرون بان لديهم اشياء كثيرة يجب انجازها ولا يستطيعون القيام بها، وفي مثل هذه

الحالة يطلب منهم المعالج واجب بيتي يتضمن وضع قائمة بالأشياء التي يرغبون القيام بها ووضع الاولويات، وتجزئة المشكلات الخارجية إلى وحدات يمكن القيام بها. وفي هذه الاستراتيجية يأخذ المعالج دور الموجه وقد يضطر إلى مساعدة المتعالج في كتابة قائمة المهمات، ويطور خطة عمل واقعية، ويسجل مدى تعاون الشخص المكتئب.

٧) استراتيجية التدريب التوكيدي (Assertion Training)
استراتيجية سلوكية معرفية تهدف إلى التدريب على المهارات الاجتماعية مثل مهارة عقد الصداقات، ومهارة طلب الاستئذان، ومهارات التعبير عن المشاعر والحقوق... الخ. وتعتبر هذه المهارات الاجتماعية ضرورية جداً لتحقيق التكيف الشخصي والاجتماعي، حيث يعاني الاشخاص الذين يفتقرون اليها من مشاكل شخصية مع الآخرين في البيت والعمل والمدرسة وخلال اوقات الفراغ ويتم استغلالهم بسهولة.

وتستند هذه الاستراتيجية الإرشادية على مبدأ وهو ان للناس الحق (ولكن ليس مفروضا) في التعبير عن انفسهم بطريقة تأخذ مشاعر الآخرين بعين الاعتبار.

الانتقادات الموجهة للاتجاه السلوكي المعرفي.

١. ركز اصحاب هذا الاتجاه كثيرا على قوة التفكير الايجابي لدى المسترشد دون اخذ الظروف البيئية المحيطة بعين الاعتبار، والتي تساهم إلى حد كبير في التأثير على افكار وانفعالات المسترشد، كما انه تجاهل دور العوامل اللاشعورية كأسباب للاضطرابات النفسية.

٢. يؤخذ على الاتجاه السلوكي المعرفي انه مبسط كثيرا، وينكر أهمية الاحداث الماضية للمسترشد.

٣. عدم الاكتراث في اقامة علاقة علاجية دافئة مع المسترشد.
٤. التقنيات العلاجية موجهة لازالة الاعراض فقط دون استكشاف الاسباب الموضوعية الخارجية في البيئة.

الـمنحى الانساني Humanistic Approach

نموذج نظري مبني على مبادئ علم النفس الانساني يشترك في العديد من المبادئ والقيم مع النموذج النظري الوجودي.و يشدد هذا الاتجاه على الصفات الشخصية للمرشد والتي أهمها: الأصالة، التطابق والتعاطف (سيتم توضيحها لاحقا)، كما يشدد على الدور الفعال للمسترشد في العلاج كعنصر اساسي ومحدد للعملية الإرشادية. والرائد الاول لهذا الاتجاه هو كارل روجرز (Carl Rogers)، ومن الجدير بالذكر ان هذا الاتجاه لم يقتصر على التطبيق في مجالات التربية وعلم النفس والإرشاد، وانما تعدى ذلك ليتم تطبيقه في حل الصراعات العرقية بين البشر وفي بعض حقول السياسة.وذلك بهدف تقليص التوتر الناتج عن هذه الصراعات والتوصل إلى السلام العالمي، مما ادى إلى ترشيح روجرز للحصول على جائزة نوبل للسلام.

لقد وصف (Wood & Rogers،١٩٧٤) الخصائص التي تميز المنحنى الانساني عن النماذج النظرية الاخرى كما يلي:-

١- ان منحى الإرشاد الانساني المتمركز حول الفرد يركز على مسؤلية المسترشد ومقدرته على اكتشاف طرق مواجهة الواقع بشكل افضل.
٢- ان المسترشدين الاقدر على معرفة ذواتهم يكتشفون سلوكيات ملائمة اكثر.
٣- يركز المنحى الانساني على العالم الظاهراتي للمسترشد مع محاولة فهم الاطار المرجعي للمسترشد، وايصال هذا الفهم له بغيه ادراك نفسه والعالم المحيط به.

المفاهيم والافتراضات الاساسيه للنموذج الانساني

وضع روجرز نظريته في الشخصية الانسانية والعملية العلاجية من خلال مجموعة من المفاهيم والافتراضيات اهمها:

١- مفهوم الذات (Self – Concept)

يشير مفهوم الذات إلى تكوين معرفي منظم ومكتسب للمدركات الشعورية والتصورات الخاصة بالذات، يبلوره الفرد ويعتبره تعريفا نفسياً لذاته كما ينعكس إجرائياً في وصف الفرد لذاته. ويتكون مفهوم الذات من افكار الفرد وتصوراته حول ذاته، والتي تحدد خصائصه وتؤثر في ادراكه للخبرات وتحدد سلوكياته. ويعتبر مفهوم الذات حجر الزاوية في الشخصية، إذ يمثل مكانة هامة في الإرشاد المتمركز حول الشخص. وبالرغم من ثبات مفهوم الذات لدى الشخص الا انه يمكن تعديله وتغييره عن طريق الإرشاد غير المباشر، الذي يقوم على مبدأ ان تغيير السلوك يمكن احداثه بإحداث تغيير في مفهوم الذات.

وقد اطلق (روجر) على مفهوم الذات الذي يتضمن افكار الفرد وتصوراته لذاته كما يدركها هو اسم (الذات المدركة)، وميز بين الذات المدركة والذات الاجتماعية، والتي تشير إلى افكار الفرد وتصوراته لذاته والتي يعتقد ان الآخرين يتصورونها نحوه. ويتمثل الفرد هذه التصورات من خلال التفاعل الاجتماعي مع الآخرين. كما تحدث روجر ايضا عن (الذات المثالية)، وهي تمثل التصورات والأفكار التي يسعى الفرد ان تكون محددات لذاته.. ويعتبر مفهوم الذات الجسدي (Body-Concept) عنصرا هاما في تكوين مفهوم ذات ايجابي لاسيما في مرحلة المراهقة.

ويتأثر مفهوم الذات بالتفاعل الاجتماعي في الاسرة والمدرسة والحي، كما يتأثر ايضاً بعمليات التقمص و الذكاء والقدرات الطائفية. وأخيرا يرتبط مفهوم الذات ارتباطا وثيقا بالتكيف النفسي السليم، وبالتالي فان أي خلل في

مفهوم الذات من شانه ان يؤدي إلى اعراض سوء التكيف، حيث يعتقد ان الاستجابات العصابية تنشأ من بعد الفرد عن ذاته الحقيقية (المدركة) والسعي وراء الذات المثالية، ولا شك ان تحقيق واحترام الذات تتربع على هرم الحاجات الانسانية وقليل من الناس من يحقق هذه الحاجة.

٢- العالم الظاهراتي:

وهو الواقع المحيط بالفرد والذي يشتمل على جميع الظروف الخارجية التي تحيط بالفرد(البيئة)، ويؤكد روجرز ان الفرد يسلك ويفكر ويشعر حسب نظرته الخاصة لهذا العالم.

٣- الخبرة الانسانية

تعرف الخبرة الانسانية(an Experience) بانهاأي حدث فيزيائي أو حسي أو نفسي أو اجتماعي يؤدي إلى التغير في إدراك الفرد ومشاعره سلبياً أو ايجابياً، مما يؤثر على جميع جوانب شخصيته، ومن الأمثلة الشائعة على الخبرات الانسانية: خبرة دخول المدرسة أول مرة، وخبرة فقدان شخص عزيز أو مبلغ كبير من المال، أو خبرة التعرض لحادث مؤسف يؤدي إلى إعاقة جسدية.وليس بالضرورة ان تكون الخبرات الانسانية دائما سلبية، فقد تكون خبرات ايجابية وممتعة مثل خبرة النجاح في مرحلة دراسية حاسمة، أو خبرة الارتباط بشريك محب، أو الالتحاق بعمل لطالما حلم به الفرد.وأي كان نوع الخبرة التي يمر بها الفرد فانه لابد له من ان يتكيف معها، وخلافاً لذلك فانها تصحب عادة بالتوتر والإضطراب الداخلي.

ان الخبرات التي يمر بها الفرد اما ان تدرك ويكون لها معنى ايجابي وتصبح جزاء من الذات، واما ان يتم اهمالها لعدم وجود أي علاقة تربطها

بمكونات الذات، وقد يكون المعنى الذي تأخذه الخبرة سلبي لعدم توافقها مع مكونات الذات لدى الفرد وتعتبرعندئذ مصدرا للتهديد وسؤ التكيف.

٤-التكيف (Adjustment)

يعرف التكيف بانه عملية ديناميكية مستمرة يحاول بها الانسان-عن طريق تغيير سلوكه أو أفكاره أو مشاعره- ان يحقق التوافق بينه وبين نفسه من جهة، وبين نفسه والبيئة التي تشمل كل ما يحيط به من أفراد ومؤثرات وامكانات من جهة اخرى،وذلك بهدف الوصول إلى حالةً من الاستقرار النفسي والبدني والتكيف الاجتماعي.

تفسير الاتجاه الانساني للاضطراب النفسي

يتضمن التكيف النفسي من وجهة نظر روجر التطابق التام بين الخبرة ومفهوم الذات، والانفتاح التام على الخبرة، وعدم تشويه أو انكار الخبرة التي لا تتوافق مع الذات. حيث يرى ان الفرد يتكيف مع ذاته ومع بيئته المحيطة بشقيها المادي والاجتماعي، عندما يتمكن من استيعاب كافة الخبرات التي يمر بها ويعطيها معنى يتلاءم مع مفهوم الذات لديه.واكد روجر ان الذات تعمل على تفحص هذه الخبرات واستيعابها، ومن ثم زيادة قدرة الفرد على تفهم الآخرين وتقبلهم كأفراد مستقلين، وعلى النقيض من ذلك يعاني الفرد من حالة سوء التكيف والاضطراب النفسي(Maladaptaion)، ويحدث ذلك عندما يفشل في استيعاب وتنظيم الخبرات التي مر بها بسبب عدم توافقها مع مفهوم الذات لديه؛ مما يؤدي إلى اضطراب علاقته مع الآخرين وعدم التكيف مع الظروف البيئية والاجتماعية المحيطة به.

العملية الإرشادية للنموذج الانساني

أكد روجرز في عمله الإرشادي منذ البداية على مواقف وصفات المرشد الشخصية، وجودة العلاقة الإرشادية، وإمكانيات المسترشد كمحددات مهمة لتقديم العلاج. ووضع الأمور الأخرى كمعرفة المعالج النظرية والتكنيكات العلاجية في المرتبة الثانية من حيث الأهمية. وتهدف العملية العلاجية في النموذج الانساني إلى تحقيق ما يلي:-

١- إحداث درجة عالية من الاستقلالية والتكامل(Self Independency) داخل الفرد، بمعنى زيادة قدرته على تقرير مصيره واتخاذ قرارته بنفسه- دون الاعتماد على الاخرين- حول اشباع حاجاته الأساسية والثانوية. ويعتبر ذلك مظهر اساسي من مظاهر الصحة النفسية والتكيف، وهدف علاجي وإرشادي اساسي لدى كافة التوجهات والنماذج العلاجية عموما والنموذج الانساني بشكل خاص.وبذلك يكون الهدف مساعدة المسترشد في عملية النمو الشخصي حتى يتعامل مع مشاكله الحالية والمستقبلية.

٢- توفير مناخ ايجابي آمن يساعد المسترشد على كشف ذاته وخلع الأقنعة التي تحول دون ايصاله مع ذاته.

٣- تشجيع المسترشد على اكتساب الخصائص التي تؤدي إلى تحقيق الذات مثل الانفتاح على الخبرات،والثقة بالنفس، وتطوير مركزا داخليا للضبط والتقييم الذاتي(Locus of Control)؛ وبالتالي زيادة قدرة الفرد على التخلي أو الاعتماد على الدعم والتأثير البيئي في ضبط تصرفاته، فلا يكون معتمدا في سلوكياته وتلبية حاجاته على مثيرات ومعززات البيئة الخارجية، وانما يسلك بطريقة مستقلة متحررة من قيود البيئة الخارجية - لاسيما الاجتماعية منها - ويتحمل مسؤولية قراراته.

ولتحقيق الأغراض سابقة الذكر تسير العملية الإرشادية للنموذج الانساني وفق الخطوات التالية*:-

١- بناء العلاقة الإرشادية الدافئة التي تجعل المسترشد يثق بالمرشد ويتقبل مساعدته، ويتطلب ذلك من المرشد ان يتحلى بصفات مهنية وانسانية اهمها الأصالة والتطابق في الاقوال والأفعال، والتقبل الإيجابي غير المشروط للمسترشد، والقدرة على فهم مشكلاته الخاصة من وجهة نظر المسترشد وإيصال هذا الفهم له.

٢- فهم اتجاهات المسترشد التي تؤثر على مشكلته، من خلال اتاحة الفرصة له بالتعبير عن المشكلة بحرية حتى يتحرر من الضغط النفسي.

٣- جمع المعلومات عن الصعوبات التي تعوق المسترشد وتسبب له التوتر والضيق، ثم تحديد جوانب القوة لديه والتي يمكن تنميتها. ويفضل روجرز استخدام المقابلة الإرشادية والأساليب الذاتية في عملية جمع المعلومات بدلا من الاختبارات الموضوعية.

٤- العمل على زيادة بصيرة المسترشد للقيم الحقيقية التي لها مكانه لديه، عن طريق توجيه اسئلة تتعلق بهذه القيم بهدف معرفة التناقض بينها والتعرف على اسباب التوتر الناتج عن ذلك.

الاستراتيجيات العلاجية للنموذج الانساني

تختلف الأساليب العلاجية الانسانية عن غيرها من الأساليب العلاجية الأخرى، في انها أساليب تؤكد على شروط العلاقة الدافئة وعلى طبيعة التفاعل والتواصل بين المرشد والمسترشد. حيث يعتقد روجرز ان جودة العلاقة الإرشادية وما تتطلبه من مهارات تواصل وشروط علاجية، هي المتغير الأهم

---

* تتراوح مدة العلاج بين ١٠ – ٢٠ جلسة بواقع جلسة واحدة كل اسبوع

في العلاج وهي التي تقود للنمو والتغيير الايجابي. وأكد كذلك على ان استخدام استراتيجيات علاجية جامدة ومحددة بإجراءات رتيبة يقدمها مرشد مختص ومتمكن لمسترشد بائس يمر في محنة، لا يمكن الوثوق بنتائجها دائما. وعموما يمكن اجمال الأساليب العلاجية الروجرية بالنقاط التالية:-

١-الاصغاء الفعال (Effective Listening)

وهو اسلوب اساسي في الإرشاد الروجري يتضمن بقاء المرشد متيقظ غير متشتت اثناء المقابلة الإرشادية، حيث يصغي إلى الجوانب المعرفية والجوانب الإنفعالية في حديث المسترشد، ويتجنب مقاطعة حديث المسترشد وإصدار الاحكام عليه اثناء حديثه.وهناك مهارات ارشادية فرعية تتضمنها هذه المهارة هي مهارة عكس المشاعر، ومهارة عكس المحتوى، ومهارة التخليص (انظر الفصل الثامن).

٢- التطابق والاصالة (Coherenc)

وهو شرط اساسي من شروط الإرشاد النفسي الروجري للنجاح في كسب ثقة المسترشد وبناء العلاقة الإرشادية معه. ويشير هذا الشرط إلى ان لا يكون هناك تناقض بين ما يقوله المرشد وبين ما يفعله، وان يتحلى بخصائص الشخص العملي والفعال بشكل كامل، وان يتعامل مع المسترشد باعتباره شخص ايجابي وليس فقط شخص متوتر ومريض ومتعالج. وعليه ان يكون واضح في افكاره واتجاهاته وان يكون اصيل وليس مزيف.

٣- التقبل الإيجابي غير المشروط (Positive Accepting)

وهو احد شروط العلاقة الإرشادية الناجحة، وتتضمن عملية التقبل اهتماماً عميقاً وحقيقياً من قبل المرشد تجاه المسترشد كفرد فعال وليس كمتعالج،

بحيث يكون هذا الاهتمام غير مشروط ولا يتضمن التقييم والحكم على مشاعر وأفكار وسلوك المشترسد كجيد او سيء. ويجب ان يكون الاهتمام بالمسترشد غير هادف لتكوين صورة ايجابية ولامعة للمرشد حتى يحبه ويقدره المسترشد، فعندئذ سيكون التغير البناء صعب التحقيق. ووفقا لأبحاث روجرز (١٩٧٧) فانه كلما زادت درجة الاهتمام والتقدير والتقبل غير المشروط والبعد عن التقييم، زادت فرص نجاح الإرشاد واتى ثماره Haugh،(٥٠-٤٤.P.P).

٤-التقمص العاطفي (Empathy)

ويطلق عليه أحيانا التعاطف مع المسترشد، وهي عبارة عن مهارة تتضمن القدرة على فهم عالم المسترشد الخاص ومن خلال وجهة نظره هو، وليس من خلال الإطار المرجعي للمرشد. ولا بد ان يشتمل فهم العالم الخاص للمسترشد أفكاره ومشاعره وخبراته وكيف يدرك المسترشد تصرفاته؟ كما لا بد ان يقبل المرشد أحكام المسترشد حول ذلك العالم، ويلاحظ ما هو غامض في كلام المسترشد ويتعمد توضيح ما يقوله. ولكي تكون عملية التقمص العاطفي فعالة لا بد ان يتم إيصال هذا التعاطف للمسترشد بطرق لفظية وغير لفظية.ويؤكد روجرز ان التقمص العاطفي شرط اساسي لتحقيق النمو والتغيير لدى المسترشد.وضمن هذه المهارة يكون المرشد متسامحا(Permissiveness) مع المسترشد، حيث يترك له الحرية في التحدث بجو من الدفء بدون ان يصدر عليه أحكام أو تعليمات أو انتقادات. وهكذا يجد المسترشد نفسه أمام صديق مخلص راغب في تفهم مشكلته. وبذلك يضع المرشد نفسه في صورة تختلف عن صورة الآخرين الذين يتعامل معهم المسترشد. والتسامح يكون عادةًً في الأفكار وليس بالأفعال؛ بمعنى ان المرشد يتحفظ على أعمال المسترشد ويطلب منه ان لا يتخذ قرارات عملية أثناء فترة الإرشاد في أمور مصيرية كالزواج أو الطلاق حتى يتحرر من التوتر والضغط النفسي.(Bozarth،١٩٩٨).

٥-السلوك الحضوري (Attendance Behavior)

تتطلب هذه المهارة من المرشد ان يكون حاضراً جسديا ونفسيا ويشعر المسترشد بانه منتبه له ومهتم به ويفهم ما يقوله ويشعر به. وذلك يتم عن طريق الاتصال غير اللفظي، الذي يستخدم منه المرشد وسائل غير لغوية مثل حركات الجسم، كأن يجلس بوضعية زاوية قائمة كدليل على النشاط والانتباه، والتواصل بالعينين وهو مهم جدا في تنظيم وتوثيق العلاقة الإرشادية، أو ضم اليدين على الخصر كرسالة على عدم الرضا، وكذلك استخدام نغمة الصوت وجميع ما من شانه ان يشعر المسترشد بتعاطف وتفهم المرشد للمشكلة.ويؤكد روجرز ان جميع أشكال السلوك الحضوري تهدف إلى التعبير عن المشاعر، وتوضيح وإغناء الكلمات المنطوقة، وتقديم التغذية الراجعة حول العلاقة الإرشادية والتحسن لدى المسترشد(انظرالفصل الثامن).

٦-الإندماج الفعال (Involvement)

يرى روجر بان الاندماج الفعال مهارة رئيسية يجب ان تتوفر لدى المرشد او المعالج حتى يحقق علاقة ارشادية او علاجية ناجحة. وتعتبر الحاجة للاندماج سببا قويا لطلب العلاج او الإرشاد. كما يرى بعض الباحثين في العلاج النفسي ان الاندماج اول وأصعب مرحلة في العلاج،لأن المريض يكون بحاجة ماسة إليه لأنه فشل في تحقيقه او الحفاظ عليه قبل مجيئه إلى العلاج.

ويحدث الاندماج من خلال التحدث عن مواضيع عديدة ترتبط بالمشكلة الحالية للمريض، وكذلك باستخدام الضمائر الشخصية (لنا، لك، انا، انت، نحن) للدلالة على الاندماج. ويجب ان يتم الاندماج بطريقة تبين للمريض ان المعالج يؤمن بقدرته على النجاح والاشتراك في السلوك المسؤول.

الانتقادات الموجهة للنموذج الانساني

بالرغم من ان كثير من الممارسين للإرشاد الروجري يؤكدون على تأثير روجرز الكبير على حياتهم المهنية، إلا ان هناك عدة انتقادات وجهت للنموذج الانساني أهمها:-

١- ان النموذج الانساني مقيد بأساليب علاجية تنحصر بمهارات التواصل اللفظي وغير اللفظي (السلوك الحضوري)، والتي قد تقود المسترشد إلى حديث غير موجه ومزيد من الثرثرة .

٢- تركيز النموذج الانساني على مواقف وصفات المرشد أكثر من المهارات الإرشادية الأخرى، كالمواجهة والتقييم على سبيل المثال لا الحصر.

٣- حمل روجرز المسترشد مسؤولية حل مشكلاته ووضع أهدافه الخاصة بنفسه دون مساعدة من المرشد، ولم يأخذ بالاعتبار ان هناك مشكلات نفسية يكون المسترشد فيها على درجة كبيرة من التوتر وانعدام الاستبصار، وبالتالي لا يكون قادرا على تحديد أهدافه بنفسه دون تدخل ومساعدة مباشرة من المرشد.

الفصل الرابع

أساليب جمع المعلومات الإرشادية

- الأساليب الذاتية في جمع المعلومات:
- أساليب جمع وتنظيم المعلومات الإرشادية

تمهيد

تعتبرالمعلومات التي يجمعها المرشد النفسي عن شخصية المسترشد بكافة ابعادها، العصب الرئيسي للعملية الإرشادية والعلاجية. وتعتبر عملية جمع المعلومات ذات اهمية بالغة بالنسبة للمرشد والمسترشد على حد سواء، فهي مهمة بالنسبة للمرشد حتى يفهم شخصية المسترشد ويشخص مشكلاتة بدقة ويتنبأ بمستقبل حالتة، مما يساعدة في وضع خطتة العلاجية وتيسير عملية الإرشاد. ومن جهة اخرى تساعد عملية جمع المعلومات المسترشد على فهم المتغيرات الشخصية لديه، و التي تساعد او ربما تتأثر بالإضطراب او المشكلة الحالية. مثال ذلك متغيرات الذكاء والميول والاتجاهات والقيم والتحصيل الدراسي... الخ. ويحتاج المسترشد إلى معلومات مهمة عن نواحي قوته ونواحي ضعفه، ومعلومات قد لا تتوافر لديه تعينه على فهم نفسه، وبالتالي التخطيط لمستقبله بثقه كبيرة. وهذا في حد ذاته انجاز هام تتميز به عملية الإرشاد.

ويلاحظ في الممارسة الفعلية للعمل الإرشادي ان بعض المرشدين يتقيدون باستخدام بعض وسائل جمع المعلومات دون الأخرى، أو يفضلون بعض الوسائل ويستغنون تماماً عما سواها. فمثلاً المرشدون الذين يفضلون طريقة الإرشاد غير المباشر أو المتمركز حول المسترشد يقيمون وزناً أكبر للسيرة الشخصية والتقرير الذاتي على حساب باقي الوسائل، في حين ان المرشدون الذين يفضلون طريقة الإرشاد المباشر الممركز حول المشكلة يقيمون وزناً أكبر للوسائل الموضوعية في جمع المعلومات على حساب باقي الوسائل.

المعلومات اللازمة في العمل الإرشادي والعلاجي.

١- **البيانات الشخصية العامة:** والتي تشمل الاسم وتاريخ الميلاد والعنوان ورقم التليفون وجهةالإحالة والمؤسسة التي ينتمي اليها المسترشد.

٢- **البيانات الشخصية الخاصة:** وتشمل متغيرات الشخصية المختلفة التي تم تحصيلها من خلال وسائل جمع المعلومات الموضوعية والذاتية على حد سواء، مثل معامل الذكاء ومستوى التحصيل والقيم والميول والاتجاهات...إلخ.

٣_ **البيانات الاجتماعية و المهنية:** ويتم الحصول عليها من خلال استحدام البحث الاجتماعي، وتتضمن الاستقصاء عن علاقة المسترشد بالمدرسة (زملائه ومعلميه)، ومشكلاته منذ بداية دخولها وحتى التخرج منها، وكذلك معلومات في مجال المهنة يتناول فيها الباحث ظروف المهنة الحالية، والمهنة السابقة وأسباب وإعراض المشكلات في المهنة، مع الاهتمام بالخطط المهنية المستقبلية. كما يتناول البحث علاقات المسترشد وتكيفه مع الجيران والرفاق والجماعات المرجعية (الاقارب)، مع تحديد اسباب وأعراض سوء التوافق الاجتماعي، وأخيرا يتضمن البحث أوجه نشاطاته الاجتماعية.

٤-**البيانات الإنفعالية:** تقدم البيانات الإنفعالية مؤشراً عن الحالة الإنفعالية للمسترشد، فقد تكون حالته سلبية تنطوي على هبوط أو تكدر في مزاج المسترشد أو إيجابية تنطوي على ارتفاع في المزاج. وعادةً ما يحث الحالات الإنفعالية وبغض النظر عن اتجاهها مثيرات خارجية يدركها الفرد أو مثيرات داخلية مثل تفكير الفرد في بعض الأحداث والمواقف أو الأشخاص، ولا بد من أخذ هذه البيانات بعين الاعتبار في عملية جمع لمعلومات. ويتم الحصول على البيانات الإنفعالية من خلال اختبارات خاصة بكل انفعال، ومن أهم الانفعالات التي على المرشد أو الأخصائي النفسي

الانتباه اليها انفعال القلق والحزن والدهشة والخوف وما يترتب عليها من انفعالات مرئية.

٥- **البيانات الصحية والفسيولوجية:** يتناول هذا القسم من المعلومات الطول، والوزن، والأمراض والعمليات الجراحية السابقة، والأصابات والعاهات لدى المسترشد أو أحد أفراد أسرته، وبيانات حول أجهزة الحواس والغدد الصماء، بهدف تحديد العوامل العضوية المسببة للاضطراب وعلاقتها به.

٦- **بيانات عن المشكلة الحالية:-** وتشمل الجوانب التالية:-

<u>أولاً: أسباب المشكلة (resaons)</u>

لا بد من تحديد أسباب المشكلة تحديداً دقيقاً، لأن عملية تحديد الأسباب توفر على المرشد جهداً كبيراً فيما يتعلق بوضع الخطة العلاجية.وتختلف انواع الأسباب التي تقود إلى المشكلات النفسية والسلوكية، حيث يميز الأخصائيون بين خمسة انواع من الأسباب المؤدية للإضطرابات النفسية هي:-

- **الأسباب الأصلية ((Original Reasons**

وتسمى الاسباب المهيئة وهي التي مهدت لظهور مشكلات تكيفيه اونفسيه، ومن امثلتها الامراض الجسمية والإعاقات والخبرات المؤلمة في مرحلة الطفولة.

- **الأسباب الحيوية (Organic Reasons)**

وهي اسباب عضوية المنشأ مثل العيوب الوراثية والتشوهات الخلقية، واضطراب جهاز الغدد، وإصابات الرأس، وعدم اخذ المطاعيم الضرورية...الخ.

- **الأسباب البيئية(Environmental Reasons)**

وهي اسباب لمشكلات نفسية وسلوكية ومعرفية تنشأ من المجال الاجتماعي الذي يعيش فيه الفرد، والمثال عليها اخطاء التنشئة الاجتماعية في الاسرة،

وسوء التكيف المهني والمدرسي، وسوء التكيف مع المجتمع كما في الصحبة السيئة، وسوء الاحوال الاقتصادية والكوارث الاجتماعية كالحرب وتدهور نظام القيم، وعدم مناسبة السكن من حيث التهوية والإضاءة والاتساع، وما إلى ذلك من ظروف فيزيقية.

- الأسباب النفسية (Psychological Reasons)

وهي اسباب نفسية المنشأ مثل عدم تحقيق مطالب النمو، والصراع النفسي بمختلف انواعه، والإحباط، وعدم اشباع الحاجات الأساسية، والخبرات الصادمة، والعادات غير الصحية، والمعتقدات الخرافية (اللاعقلانية)، والتناقض الانفعالي، والإصابة السابقة بالمرض النفسي.

- الأسباب المساعدة (المرسبة) (Auxiliary Reasons)

وهي الاسباب التي تسبق ظهور المشكلة مباشرة، والتي تعجل بظهورها بعد ان مهدت لها الاسباب الاصلية (المهيئة). ومن امثلتها حالات الفقدان المادي او المعنوي والخسارة المادية، والطلاق، والحوادث البيئية، وهذه الاسباب تمثل القشة التي قسمت ظهر البعير.

<u>ثانياً: الأعراض (symptorns)</u>

وهي علامات المشكلة او المرض التي يجب ملاحظتها ودراستها وربطها بشخصية المسترشد. ويمكن للاعراض ان تظهر على الجانب الجسدي او المعرفي او الانفعالي او الاجتماعي، او مع هذه الجوانب جميعا في نفس الوقت. وتكشف الاعراض عن الحياة الخاصة للمسترشد، وتعتبر رد فعل او تعبيرا نفسيا حيويا عن الفرد ككل، وتؤدي وظيفة صيانة مفهوم الذات عن طريق المحاولات السلبية للتكيف مع المشكلات، والسيطرة على القلق، وكف الدوافع غير المقبولة، وهناك وظيفة ثانوية للاعراض المرضية تتمثل في الحصول على العطف، والتهرب من المسؤولية.

ثالثاً: تاريخ المشكلة:(Hestory Case)

ومن أهم المعلومات التي يتم التركيز عليها في تاريخ المشكلة(الحالة) هي الدراسة المسحية الطولية الشاملة لجوانب النمو منذ الولادة، والعوامل المؤثرة به، وأسلوب التنشئة الاجتماعية والخبرات الماضية، والتاريخ التربوي والصحي، والخبرات المهنية والصراعات، وتاريخ الاسرة بطريقة شاملة وموضوعية، ودراسة وضع المسترشد العائلي في الماضي والحاضر. ويلجأ المرشد إلى سؤال المسترشد حول ما يتذكره من خبراته الماضية، وذلك للحصول على المعلومات المطلوبة، كما قد يلجأ إلى عائلته أ و إلى مدرسته للحصول على معلومات معينة(انظر دراسه الحاله).

رابعاً: الخطط العلاجية السابقة.(previous treatment)

إذ لا بد من أخذ بيانات دقيقة حول خطط العلاج السابقة، حتى يتسنى للمرشد التعرف إلى أين وصلت الجهود العلاجية مع المسترشد، وإلى أين انتهى غيره من الأخصائيين ؟ وما هي نتائجها ؟ هل تحتاج إلى تغيير أم تعديل؟؛ بكلمات أخرى ليقرر المرشد من أين يبدأ في العمل؟ و بذلك يستثني استحدام استراتيجيات علاجية تم استخدامها مع المرشد ولم تؤدي إلى تطور يذكر.

شروط جمع المعلومات الإرشادية

حتى تكون المعلومات ذات وزن في الإرشاد والخدمة النفسية لا بد ان تتوفر بها مجموعة من الشروط والصفات أهمها:-

١- الدقة والشمولية: ويشير ذلك إلى البحث عن الحقيقة كما هي دون زيادة أو نقصان أو تزييف، وأخذ جميع جوانب المشكلة وشخصية المسترشد بعين الاعتبار وعدم اعطاء أهمية لجانب على حساب جانب آخر. مع الأخذ بعين الاعتبار، ان تكون المعلومات مختصرة وقصيرة ومنتقاه تقتصرعلى

المعلومات والخبرات المهمة و تساعد في تحقيق اهداف الإرشاد، وعدم جمع المعلومات التي لا علاقة لها بالمسترشد.

٢- الموضوعية: هي سمة أساسية لابد من توفرها في عملية جمع المعلومات، كذلك في الاختبارات التربوية والنفسية على مختلف انواعها. ويشير مفهوم الموضوعية إلى اخراج رأي الباحث (الفاحص أو الاخصائي) وحكمه الشخصي من عملية التصحيح او التقييم للمعلومات المجمعة.

٣- التجدد والثبات: ويعني ذلك ان تكون المعلومات جديدة ومستمرة خلا ل تاريخ المسترشد الدراسي والمهني والاجتماعي، مع الاخذ بعين الاعتبار خاصية الثبات للمعلومات لا سيما تلك التي ترتبط بالقدرات والميول والاتجاهات والمتغيرات الشخصية الأساسية.

٤- السرية: بمعنى تجميع المعلومات وتنظيمها على شكل رموز واختصارات، وتكون في أيدي أمينة لا يطلع عليها إلا المتخصصين وتحفظ في مكان أمين.

٥- المعيارية: بمعنى ان يكون هناك معايير أو متوسطات للأداء والسلوك المعين، يمكننا من مقارنة المعلومات المجمعة لهذا السلوك. ويتطلب ذلك عادةً تعريف السلوكيات المراد جمع المعلومات حولها إجرائياً. وتعتبر المعيارية شرطاً أساسياً من شروط وسائل جمع المعلومات، حيث يساعد المرشد النفسي على اصدار حكمه في ضوء معايير خاصة تكون في أغلب وسائل جمع المعلومات كمية مثل معايير النمو والمستوى الصفي ونسبة الذكاء، وقد تكون معايير وصفية مثل معيار الجنس والثقافة.

٦- التنظيم والجمع: ويشير ذلك إلى امكانية تنظيمها وتجميعها في سجلات وربطها مع بعضها البعض، وذلك من أجل سهولة الرجوع اليها.

المشكلات التي تواجه عملية جمع المعلومات الإرشادية

تواجه عملية جمع المعلومات صعوبات كثيرة منها:

١- تغليف الذات من قبل المسترشد، والأحجام عن كشف الذات أو المقاومة.

٢- تقديم المعلومات المختصرة أو انصاف الحقائق.

٣- عدم فهم المرشد للإطار المرجى للمسترشد، وبالتالي الوصول إلى تفسيرات واستنتاجات غير صحيحة من قبل المرشد.

٤- نمو وتغيير المسترشد.

٥- عدم توفر أدوات قياس مناسبة تتسم بالصدق والموضوعية والثبات.

الأساليب الذاتية في جمع المعلومات

يعمد المرشدون والاخصائيون النفسيون إلى استخدام أساليب متنوعة في جمع المعلومات حول المشكلات التي يعاني منها المسترشد، وحول شخصية في نفس الوقت. ويمكن ادراج هذة الأساليب تحت ثلاث انواع رئيسية هي: الأساليب الذاتية في جمع المعلومات، والاساليب الموضوعية في جمع المعلومات.(والتي سيتم عرضها ومناقشتها في الفصل الخامس)، واساليب جمع وتنظيم المعلومات. وفيما يلي توضيح مفصل للاساليب الذاتيه، واساليب جمع وتنظيم المعلومات.

اولاً:- الملاحظة ((observation

يعرف سترانج وموريس (١٩٩٦) الملاحظة بانها وسيلة أساسية وضرورية من وسائل جمع البيانات، يقوم بها الباحث معتمدا على ادراكاتة وحواسة في جمع المعلومات عن ضاهرة ينوي دراستها، او عن الفرد موضع الدراسة.

وتهدف الملاحظة إلى تسجيل الأحداث التي تؤكد او تنفي فروض خاصة بسلوك المسترشد، او التغيرات التي تحدث في سلوك المسترشد نتيجة للنمو او التفاعل الاجتماعي للمسترشد في موافقة الطبيعة، كما تهدف إلى تفسير السلوك الملاحظ واصدار توصيات بشان السلوك الملاحظ. وقد تمتد مدة الملاحظة من دقائق إلى ساعات، اعتماداً على طبيعة الضاهرة وامكانية اجراء الملاحظة.

<u>انواع الملاحظة</u>

١) الملاحظة المباشرة: حيث يكون الملاحِظون امام المسترشد وجها لوجه.

٢) الملاحظة غير المباشرة: والتي تتم دون ان يدرك المسترشدون انهم موضوع ملاحظة ويتم ذلك في اماكن خاصة مجهزة لذلك.

٣) الملاحظة المنظمة الخارجية: ويكون اساسها المشاهدة الموضوعية دون التحكم في العوامل التي توثر في السلوك، ويمكن ان تكون تتبعية لسلوك معين ويقوم بها اشخاص آخرين غير المرشد.

٤) الملاحظة المنظمة الداخلية: وهي التي تكون من الشخص نفسة لنفسة، لذا فهي ذاتية (من عيوبهاانه لا يمكن تتبعها مع الاطفال).

٥) الملاحظه الدورية: وهي التي تتم في فترات زمنية محددة وتسجل حسب تسلسلها (كل صباح او كل اسبوع).

٦) الملاحظة المقيدة: وهي الملاحظة التي تتقيد بموقف معين او بنود فقرات معينة مثل ملاحظة الاطفال في موقف اللعب او التفاعل الاجتماعي.

٧) الملاحظة العرضية: وهي التي تتم بالصدفة وتكون سطحية وغير دقيقة وليس لها قيمة علمية. كملاحظة المسترشد في سلوكيات عابرة في المنزل او المدرسة، وبالرغم من ذلك فانها تعطي بعض المعلومات وتستشير بعض الاسئلة.

اجراء الملاحظة

يتم اجراء الملاحظة في عدة خطوات هي:-

١) الاعداد المسبق للملاحظة:ويقصد بذلك التخطيط المحكم للسلوك الملاحظ، وتحديد المعلومات المطلوبة بالضبط، وتجهيز الادوات اللازمة للتسجيل.

٢) تحديد الزمان التي ستجرى فية الملاحظة.

٣) تحديد المكان الذي ستجرى به الملاحظة هل هو مكان طبيعي ام مكان مجهز؟ فاحياناً تتم الملاحظة في غرف خاصة مجهزة بالادوات والمعدات الازمة، كأن يكون بها حجاب الرؤية من جانب واحد (one way screen)، وذلك بهدف ان يتصرف العملاء بتلقائية دون اصطناع. وقد تكون هذه الغرف مجهزه بالاجهزة الصوتية والبصرية اللازمة. وقد تتم ايضا في أي مكان يحد ث به السلوك في المواقف الطبيعية مثل رحلة مدرسية او داخل الصف او في الشارع.....الخ

٤) اعداد دليل الملاحظة: وهو دليل يشتمل على عينات السلوك الملاحظ. ويستخدم بعض الملاحظين قائمة مراجعة (check list) كد ليل يشتمل على الموضوعات الهامة التي ستلاحظ، ومن امثلتة "كراسة الملاحظ"التي تحتوي على جميع المعلومات العامة عن الشخص الملاحظ كقدراتة وحالتة الصحية، وسمات شخصية، ومعلومات عن اسرتة.....الخ

٥) اختيار عينات سلوكية ممثلة للملاحظة:-على الملاحظ ان يغطي عند ملاحظتة لسلوك الشخص اكبر عدد من مواقف الحياه المختلفة، مع الاهتمام بكامل الموقف الملاحَظ منذ بدايته و حتى نهايتة. وبذلك يعطي صوره متكاملة وواضحة لسلوك المسترشد؛ (فمن الممكن ان يكون مسترشد خجول مربوط اللسان في موقف معين وخطيبا في موقف اخر).

٦) عملية الملاحظة: يجب ان تتم ملاحظة الشخص الواحد في الموقف الواحد والوقت الواحد. ويجب ان يقوم بالملاحظة اكثر من ملاحِظ للموقف ضمانا

للموضوعية. واذا تم ملاحظة اكثر من شخص يفضل استخدام اجهزة اخرى للملاحظة والمراقبة.

٧) التسجيل: قد يتم تسجيل الملاحظة في نفس الوقت او بعد ان ينتهي الموقف، وهنا يوجد امكانية للنسيان لذا يفضل التسجيل الفوري.

٨) التفسير:بعد تسجيل الملاحظة ياتي التفسير، والذي يتم في ضوء الخلفية الثقافية والتربوية والاجتماعية والاقتصادية للمسترشد. وذلك بعد ملاحظة الخبرات السابقة التي جمعت بوسائل جمع المعلومات الاخرى.

مجالات استخدام الملاحظة.

١) اخذ العينية بالزمن:- تستخدم هذة الطريقة في دراسة نمو الاطفال وفي عملية التعليم؛ فيقوم المرشد باختيار سلوكيات معينة تحدث في فترات زمنية محددة تكون عادة قصيرة المدى، وتطبق على طفل واحد او مجموعة اطفال حيث تتم ملاحظتهم بشكل دوري.وخير مثال على ذلك تحليل التفاعل الصفي القائم على السلوك اللفظي بشكل دوري لكل من المعلم والطالب وتصنيف سلوك الطالب على انه مبادر او مستجيب لمثير معين.

٢) اخذ العينة بالحدث:- وتستخدم في دراسة احداث معينة كالبكاء لدى الاطفال، او استخدام المعلم للرعاية حيث يصف الباحث السلوك بالاسلوب السردي.

٣) التحليل المتتابع:- ويستخدم عندما يكون اهتمام الملاحظ ربط سلوك باخر، او اذا اراد معرفة اذا كان السلوك مشروط بسلوك سابق، فيستخدم مسجل الكتروني يسمح بالتسجيل باقصى سرعة، ثم يحلل البيانات بواسطة الكمبيوتر (مثل دراسة التفاعل بين الام والطفل)

٤) مقاييس التقدير:- يرى كيرلينر(kerlenyre) ان هذة المقاييس تعطي احكاما على السلوك المدرك عن طريق الحواس في دراسة نمو الطفل، ويكون ذلك بوضع اشارة X مثلا جانب الاجابة الاكثر انطباقا على الفرد. وتأخذ

الاجابات صيغ متعددة مثل (دائما،احيانا،ابدا). ويجب الاشارة هنا الا ان هذا يتاثر بذاتية المرشد فاذا احب طفلا مثلا يميل إلى تقديرة بالايجاب والعكس صحيح.

٥) وصف العينة:- يقوم الملاحظ هنا بتسجيل كل شئ يحدث بالتتابع ودون اختيار، مع استخدام اجهزة الكترونية بهدف تسجيل الملاحظات وتحليلها فيما بعد.

مصادر الخطأ في الملاحظة:

قد يتاثر سلوك الملاحَظ بعوامل عدة توثر في صدق الملاحظة المباشرة وهي:

١) رد الفعل: وهو تغير السلوك نتيجة لملاحظتة، وذلك بسبب معرفة المسترشد انه يتم ملاحظته، ومعرفة المرشد انه سيتم التحقق من دقة المعلومات التي يجمعها.

٢) درجة تعقيد الملاحظة:ويعتمد ذلك على عدد الاشخاص الذي يتم ملاحظتهم وعدد السلوكيات ومدة الملاحظة.

٣) نزعة الملاحظة نحو تغير التعريفات الاصلية: يتم تدريب الملاحِظين قبل البدء بجمع المعلومات، كي يزداد احتمالية التزامهم بتعريف السلوك وطرق الملاحظة والقياس التي سيتم استخدامها. ولكن احيانا يغيرون ذلك فيصبحون اقل التزاما بالمعايير التي يحتكمون اليها عند تسجيل حدث. وقد لا يحدث السلوك اصلا اثناء الملاحظة، مع احتمالية ان يقل الصدق اذا كان تعريف السلوك غير واضح او كامل، او اذا تعرف الملاحِظ على المعلومات التي جمعها الملاحِظون الاخرون.

٤) توقعات الملاحظ والتغذية الراجعة: اذا توقع الملاحَظ التغير في السلوك نتيجة التعزيز مثلا، فإنه سيكون اكثر قابلية للقيام به من الشخص الذي ليس

لديه توقعات معينة. كذلك قد توثر التغذية الراجعة التي يتوقعها الملاحَظين فيما يتعلق بفعالية العلاج بصدق الملاحظة، لذا يجب عدم ابلاغهم بالنتائج المتوقعة من المعالجة.

مزايا الملاحظة:-

١) يمكن الحصول على معلومات في الملاحظة لا يمكن الحصول عليها بطرق اخرى مثل ملاحظة تفاعل الاطفال.

٢) تتبع دراسة السلوك الفعلي في موافقة الطبيعية، وذلك افضل من اللجوء إلى قياس السلوك عن طريق الاختبارات مثلا والذي يختلف لحد كبير عن السلوك الملاحظ.

٣) تساعد الملاحظة على تحليل سلوك الشخص في حالات متعددة.

٤) تساعد الملاحظة على وضع معايير لاغراض التقويم.

٥) تسمح بجمع البيانات في الاحوال التي يبدي فيها المسترشد نوعا من المقاومة للمرشد.

عيوب الملاحظة:-

١) تحتاج الملاحظة لوقت وجهد اكثر، مقارنة مع وسائل جمع المعلومات الاخرى.

٢) بعض الاشخاص لا يرغبوا في ان يكونوا موضوع ملاحظة.

٣) كي يتم ملاحظة السلوك الفعلي لا يتم اخبار المسترشد بذلك مسبقا، وهذا ما يتعارض مع اخلاقيات الإرشاد النفسي.

٤) انخفاض دقة الملاحظة؛ لأن الملاحظ يسجل ظواهر- تحدث في الواقع المعاش- يصعب اخضاعها للتجربة والاختبار، هذا مع عدم امكانية استخدام

ادوات مقننة في القياس على درجة عالية من الدقة والثبات. وقد تكون الملاحظة وسيلة سيئة اذا كان المرشد يلاحظ فقط ما يتفق مع اهتماماتة واتجاهاته.

ثانياً:المقابلة الإرشادية

عرف سترانج (Strang) المقابلة بانها قلب الإرشاد النفسي، وقد ميز ملامحها الأساسية بقوله: ان المقابلة الإرشادية عبارة عن علاقة مواجهة دينامية وجها لوجه بين مسترشد يسعى إلى طلب المساعدة لتنمية استبصاراته التي تحقق ذاته، والمرشد النفسي القادر على تقديم هذه المساعدة خلال فترة زمنية معينة وفي مكان محدد.

وعرفها الين روس (Alan. Ross) بانها عبارة عن علاقة دينامية وتبادل لفظي بين شخصين او اكثر، الأول هو اخصائي التوجيه والإرشاد، والثاني هو الشخص الذي يتوقع مساعدة فنية محورها الأمانة وبناء العلاقة الناجحة.

وعرفها ستيوارت وكاش (Stewart & cash،١٩٧٨) على انها عملية اتصال مزدوج لتحقيق هدف جدي سبق تحديده، متضمنة اسئلة وأجوبة عليها وهي تعتبرمن الوسائل الرئيسية في تغيير سلوك المسترشدين.

اما(زهران،١٩٨٤) فيعرف المقابلة الإرشادية على انها مواجهة انسانية بين المرشد النفسي والمسترشد في مكان محدد، وبناءً على موعد مسبق لفترة زمنية معينة من أجل تحقيق أهداف خاصة.

مما سبق نستطيع القول ان المقابلة هي علاقة اجتماعية مهنية دينامية وجهاً لوجه، بين المرشد والمسترشد في جو نفسي آمن تسوده الثقة المتبادلة بين الطرفين من أجل حل مشكلة، أي انها علاقة فنية حساسة يتم فيها تفاعل

اجتماعي هادف وتبادل معلومات وخبرات ومشاعر واتجاهات. وهي أعقد اسلوب ارشادي بالمقارنة مع التقنيات والأساليب الإرشادية الأخرى.

أهمية المقابلة الإرشادية:

تبرز أهمية المقابلة الإرشادية بانها في جوهرها عملية إتاحة فرصة للتعبير الحر عن الآراء والأفكار والمعلومات. ويمكن تحقيق الاستفادة القصوى من المقابلة الإرشادية، وفقا لما يتميز به المرشد النفسي من مهارات وفنيات تدعم إجراءها وتعمل على دفعها إلى تحقيق أهدافها. فادارة المقابلة الإرشادية بالكفاءة المهنية المرجوة يحقق المعنى المقصود من أهمية استخدامها، ومن ثم يمكن تقويم ومساعدة المسترشدين.

وتتيح المقابلة الإرشادية الفرصة لجمع وتوفير المعلومات الضرورية التي تزود المرشد أو الأخصائي النفسي بفهم شامل لحالة المسترشد،لاسيما فيما يتعلق بالأحداث التي وقعت له والأزمنة التي مر عليها والأماكن التي عاش فيها، وذلك يساعدة على شرح وتفسير وتحليل حالة المسترشد وتسجيلها وتقييم امكانياته على اسس علمية مدروسة، وبالتالي تحقيق الهدف العام من المقابلة الإرشادية وهو إعادة بناء شخصية المسترشد وتنميتها، الأمر الذي يحدث تأثيراً في سلوكه و يتغير ويتوجه نحو الأفضل.

اتجاهات المقابلة الإرشادية:

تتم المقابلة الإرشادية بناءً على اتجاهين اساسيين هما:

١- **الاتجاه المباشر:** ويتميز بان المرشد النفسي هو الذي يحدد سير المقابلة الإرشادية وتوجيهها كيفما يشاء، ويسيطرة على الظروف المحيطة بها وعلى وسائل الاتصال بينه وبين مسترشده وتحديد اهدافه. ويعمل المرشد

النفسي الذي يتبنى هذا الاتجاه على مساعدة المسترشد لتحديد نقاط الضعف والعمل على تلافيها، ونقاط القوة والعمل على تشجيعها، وبناءً علية يصل المسترشد إلى مرحلة يتعلم فيها كيفية تحقيق الاهداف من المقابلة الإرشادية بسهولة ويسر وفي اقصر وقت ممكن، ويعتبر توفير الوقت والجهد المبذول في المقابلة الإرشادية من اهم ميزات الاتجاه المباشر.

٢- **الاتجاه غير المباشر:** ويتميز بان المسترشدين هم الذين يحددون الاهداف والغرض من المقابلة الإرشادية، وكذلك السيطرة على وسائل الاتصال بينهم وبين مرشدهم، حيث يعمل المرشد النفسي ضمن هذا الاتجاه على تنمية شخصية المسترشد و قدرته على اتخاذ قراراته بنفسه، وتوضيح خبراته وتقبلها ودمجها في مفهومه عن ذاته، الأمر الذي يساعد في تكامل شخصيته وعدم ادخالها في صراعات بين خبراته ومفهومه عن ذاته.

عناصر المقابلة الإرشادية

١- **المواجهة الانسانية:**

لا تتم المقابلة بدون مواجهة بين المرشد النفسي والمسترشد وجها لوجه.

والمواجهة وحدها لا تكفي لتكون عنصراً من عناصر المقابلة الإرشادية دون ان تتسم بالسمة الانسانية - والتي تعتبر من العناصر الأساسية في عملية الإرشاد النفسي. لذلك فالابتسامة التي يستقبل بها المرشد النفسي مسترشديه في بداية كل مقابلة وعند نهايتها، والمشاعر الودية المميزة بالصدق والأمانة، والتعاطف الوجداني التي يبديها في علاقته بهم يمكن ان تضفي على المقابلة روحاً انسانية وتدعمها وتسهم في تحقيق اهدافها.

٢- المكان المحدد:

من البديهي ان تتم المقابلة في مكان محدد ثابت لا يتغير بين حين وآخر، بحيث يكون معروفاً لكل من المرشد النفسي والمسترشد، فلا يجوز ان يقابل المرشد النفسي مسترشده كل مرة في مكان مختلف عن المرات السابقة.

ويؤكد بعض المرشدين على اهمية اجراء المقابلات في المكاتب الانيقة ذات الكراسي المريحة، حيث الزهور على المكتب. وبينما تكون اناقة المكاتب مهمة فانها ليست أساسية لانجاح المقابلة؛ إذ بإمكان المرشد الجيد التغلب على عيوب المكان من خلال تقبله للمسترشد، فإذا كان مهتما بمساعدته وكان مستعدا للاصغاء باهتمام محاولا الفهم فسينسى هو والمسترشد المكان، واذا تركزت المقابلة على المسترشد فستنجح حتى لو كانت الكراسي غير مريحة والنوافذ بلا ستائر. صحيح ام المحيط المادي مهم، الا ان اجواء الدفء والتفاهم والقبول وانعدام الضغط هي الأهم.

٣- الموعد المسبق:

لا يهتم بعض المرشدين بتحديد موعد مسبق لمقابلة مسترشديه حيث يقابلهم كلما أتى احدهم اليه في أي وقت خلال ساعات العمل المكلف بها، مما يؤثر على ممارساته اليومية وخططه الإرشادية وانتاجيته واضاعة الوقت. من جهة اخرى يصر الكثير من المرشدين النفسيين على تحديد موعد مسبق للمقابلة، مما يدعم الهدف العام منها ويتم تنظيم العمل خلالها.

ان تحديد الفترة الزمنية التي تستغرقها المقابلة الإرشادية أمر هام جداً، حيث انها تساعد المرشد النفسي على تخطيط استراتيجيته الإرشادية وفقا لها، كما انها تنظم المقابلات المتتالية فلا تطغى مقابلة مع مسترشد ما على مقابلة اخرى مع مسترشد آخر . لذا يجب على المرشد ان يحدد زمن المقابلة- يتراوح بين ٢٠ دقيقة و٦٠ دقيقة وفي المتوسط يكون ٤٥ دقيقة- ويوفر الوقت الكافي

لكل من يأتي للمقابلة عند اول جلسة ارشادية، آخذاً بعين الاعتبار ان يكون الوقت ملائماً له و للمسترشد في نفس الوقت. ويختلف الوقت اللازم للإرشاد من مسترشد لآخر باختلاف القضايا المعروضة خلال المقابلة فإذا انعقدت المقابلة مثلا لغرض تخطيط وتنظيم برنامج للدراسة فان الوقت المخصص يتراوح ما بين(٢٠-٣٠) دقيقة، أما اذا كان المسترشد عند مفترق طرق ولا يعرف أي اتجاه يسلك فقد تكفي ساعة لتحديد مشكلته وتقصي البدائل والتوصل إلى قرار. ولا شك ان التقيد بفترة زمنية معينة ينظم عمل المرشد حيث يمكنه التنبؤ بعدد المسترشدين الذين يمكن مقابلتهم خلال ساعات ممارسته اليومية فيعد نفسه لاستقبالهم.

٤- الاهداف الخاصة:

تتم المقابلة من أجل تحقيق أهداف خاصة وواضحة ومحددة مسبقا تتعلق بمساعدة المسترشدين في احداث تغير إيجابي في شخصياتهم. فالأغراض التي تؤديها المقابلة أساساً هي نفس الأغراض التي يؤديها الإرشاد، وهي مساعدة الاشخاص على اختيار الاهداف والغايات، واكتشاف الوسائل اللازمة لتحقيق هذه الاهداف. إلا ان الهدف من المقابلة قد يختلف من مسترشد لآخر ومن مقابلة لأخرى، فمنهم من يطلب المقابلة بهدف تعديل أو تغيير السلوك، ومنهم من يطلبها بهدف التخطيط لمستقبل تربوي أو مهني، ومنهم من يطلبها بهدف تحديد القدرات والاستعدادات والميول.

انواع المقابلة الإرشادية:

تقسم المقابلة الإرشادية إلى مجموعة من الانواع حسب المعاييرالتالية:-

١- **انواع المقابلة حسب طبيعة المشكلة:-**

– المقابلة المعلوماتية: وهي التي يطلب فيها المسترشد من المرشد معلومات حول الدراسة أو التخصص أو كيفية الدخول إلى الجامعات أو المعاهد، وتتميز بانها غير مخطط لها وغير مبرمجة، والتفاعل فيها يكون ضئيلا بين من يقوم بها وبين المسترشد. ولكنها قد تكون فاتحة للمقابلة الإرشادية المنظمة، وقد لا تحتاج هذه المقابلة إلى مران فقد يقوم بها المدرس او الوالدين.

– المقابلة المهنية: تهدف إلى تحليل الفرد ومعرفة الجوانب الشخصية لديه ومدى ملاءمتها مع المهن؛ بهدف وضعه في المكان المناسب لكي يستطيع ان يؤدي واجباته بصورة سليمة. ومن الأمور المهمة في هذه المقابلة جمع المعلومات عن النواحي الجسمية والعقلية والاجتماعية والانفعالية لدى المسترشد.

– المقابلة العلاجية (الاكلينيكية):- وهي المقابلة التي تتم بهدف تشخيص مرض أو وضع اجتماعي معين والبحث عن حلول، ويفيد هذا النوع من المقابلات في مجال الأمراض النفسية ومشكلات الأسرة والتكيف الاجتماعي. ويحاول المرشد ان يجمع أكبر قدر من المعلومات حول المواقف التي تحدث فيها الظاهرة المرضية، ويتطلب ذلك خبرة عالية ومران وتخصص في الإرشاد والعلاج النفسي؛ لانه يبحث في حالات إنفعالية عميقة قد يعجز عن التوصل إلى حلها بدون اللجوء إلى المقابلة العلاجية. ويندرج تحت هذا النوع من المقابلات المقابلة الإرشادية، التي تهدف إلى تمكين الفرد من فهم نفسه وقدراته واستبصار مشكلاته ونواحي

القوة والضعف عنده وتستخدم هذه المقابلة في حل المشكلات الإنفعالية التي لم تصل إلى حد الاضطراب النفسي بعد.

٢- انواع المقابلة حسب عدد المشتركين:

– المقابلة الفردية: وهي التي تجري بين شخصين احدهما المرشد والآخر المسترشد، الذي يجب ان تتاح له الفرصة في ان يعبر عن نفسه تعبيرا كاملا صادقا. وهنا تكون الحالة او المشكلة خاصة، بحيث تستدعي ان لا يكون أحد غيرهما في غرفة الإرشاد.

– المقابلة الجماعية: وتتم بين المرشد ومجموعة من المسترشدين، وتجرى عندما يكون هناك تشابه في مشكلات المسترشدين، بحيث يتم جمعهم وتحديد أهدافهم ويعمل المرشد على مساعدتهم في تحقيقها من خلال هذه المقابلة. وتهدف المقابلة الجماعية إلى توفير الجهد والوقت والتكاليف.

٣- انواع المقابلة حسب الطريقة المتبعة:

– **المقابلة الحرة (غير المقننة):** وهي نوع من المقابلات تستخدم في التعرف على الدوافع والاتجاهات وتقييم المسترشد للأمور، كما تلقي الكثير من الضوء على الاطار المرجعي والاجتماعي لمعتقداته ومشاعره. ولا يمكن تحقيق ذلك الا اذا كانت استجابات المسترشد تلقائية ومتعمقة وعفوية. وتتميز المقابلة الحرة بالمرونة المطلقة فلا تحدد فيها الاسئلة التي ستوجه للمسترشد ولا احتمالات الاجابة؛ إذ يترك فيها قدر كبير من الحرية للمسترشد ليفصح عن ارائه واتجاهاته وانفعالاته ومشاعره ورغباته.

- **المقابلة المقننة:** وهي التي تكون مقيدة بأسئلة معينة محددة سلفا يجيب عنها المسترشد وبمواصفات محددة مسبقا، وتقترب المقابلة المقننة إلى حد كبير من الاختبار السيكولوجي، وتتميز بانها علمية في طبيعتها مقارنة مع

المقابلات غير المقننة؛ لانها توفر الضوابط اللازمة التي تسمح بالتحكم فيها وفي سيرها وإجراء فنياتها.

- **المقابلة المتمركزة حول الموضوع**: وتهدف إلى تركيز اهتمام المسترشد على خبرة معينة وعلى آثار هذه الخبرة مثل فاجعة عائلية. والمرشد النفسي يعرف مقدما هذه الخبرة ويعد الاسئلة المرتبطة بكافة جوانبها وأبعادها. وتستخدم هذه المقابلة بصفة عامة في الاسلوب غير المباشر، لتشجيع المسترشد على تحديد الموقف الذي تعرض له، وذلك عن طريق الاشارة إلى اهم الجوانب في هذا الموقف ثم التدرج في استطلاع استجابة المسترشد.

مبادئ المقابلة الإرشادية:

١- العلاقة الانسانية: يجب ان تتميز المقابلة الإرشادية بعلاقة انسانية دافئة بين المرشد النفسي والمسترشد، بحيث تكون مبنية على الثقة والاحترام المتبادل. ويمكن للمرشد النفسي ان يخلق هذه العلاقة في اول مقابلة مع مسترشده، بحيث يجعله يشعر ان ما يهتم به المسترشد هو موضع اهتمام بالغ من قبله. وقد يظهر احترام المرشد للمسترشد من خلال بعض الاستجابات اللفظية الدافئة التي تعتبر انعكاسا لمشاعره الداخلية نحو مسترشده، بحيث تعبر عن تعاطفه الوجداني معه، الامر الذي يدعم هذه العلاقة الانسانية.

ومن المبادئ التي تعكس خصائص المرشد النفسي الجيد المحبة والدفء والتقبل، الفهم، التسامح، السرية، التعاطف الوجداني. ويعتمد النجاح في المقابلة بصورة رئيسية على نوعية التفاعل بين المرشد والمسترشد، وعلى نوعية العلاقة الموطدة بين الاثنين.

٢- المناقشة الموضوعية: يجب ان تدار المناقشة بين المرشد النفسي والمسترشد بموضوعية مطلقة، دون تحيز لفكرة أو تعصب لرأي أو دعوة لمبدأ وعلى

المرشد النفسي ان يقدم تغذية راجعة ايجابية للمسترشد، وان يواجه افكاره وعواطفه اذا كانت متناقضة ليصلح موقفه تجاهها والعمل على تعديلها.كما يجب ان تكون المناقشة واضحة وصريحة من جانب الطرفين في المقابلة الإرشادية، فلا يكتنفها أي غموض أو لبس لذلك على المرشد النفسي ان يطرح اسئلته مهما كانت حساسيتها بصراحة تامة ووضوح جلي وبلا تردد أوخجل، حتى يشجع مسترشديه على الاجابة عنها بنفس الصراحة والوضوح وبلا خجل.

٣- الاهتمام والقبول: لابد ان يشعر المرشد باهتمام حقيقي خاص بالشخص الذي تجري مقابلته. فالاهتمام هو اساس المحبة .وقد لا يشعر المرشد في بداية العلاقة الارشادية بالمحبة والاهتمام الخاص بالمسترشد، ولكن هذا الاحساس يتطور مع اهتمامه بحديث المسترشد وبمنحه التلميحات أو المعلومات التي تجعله يبرز كانسان مثير للاهتمام، ومع تنامي الاهتمام تكبر المحبة، وإذا اكتشف المرشد عدم إمكانية تنميته للشعور بالمحبة للمسترشد أو كان في الواقع يكرهه ينبغي ان يحيله لمرشد آخر للعمل معه، وإذا استحالت الإحالة لا بد من ان يحاول السيطرة على مشاعره والعمل مع المسترشد بأفضل ما يمكن.

٤- الفهم والاحترام: يوصل المرشد الفهم والاحترام من خلال الاصغاء والتقمص العاطفي و ردوده واستجاباته. ويتطلب الفهم وضع المرشد لنفسه في مكان المسترشد عاطفيا ونفسيا، ورؤية الأمور من مرجعه، وفهم اعتراضه ومعنى الأشياء له. ويجب ان يشعر المسترشد ان المرشد يحترمه ويريد ان تكون له ذاته ويكون مقبولا من الآخرين، وانه يؤمن بأهميته وكرامته وقدرته على اتخاذ قرارات صائبة ويرغبة للقيام بذلك.

٥- الخصوصية والخلو من المقاطعات: يجب ان يجري المرشد المقابلة بروية لا بتعجل. فغالبا ما تتعرض المقابلات للمقاطعة خاصة في المدارس من قبل

المكالمات الهاتفية، فإذا تم التعامل معها بلباقة فسيلاحظ المسترشد ان المرشد يحاول بأمانة تخفيفها وسيفهم ويتقبل مثل متطلبات الواقع هذه. ان المقاطعة تؤثر على طرفي المقابلة، ولا تمكنا من استغلال الوقت كما لو كنا سنستغله في غياب المقاطعة. ربما لا يكون الوسط والجو المريح اساسيا للمقابلة الناجحة، بل تكون الخصوصية هي الاهم.

اجراءات المقابلة

ما الذي يفعله المرشد عند مقابلة المسترشد ؟

١. الاعداد والإصغاء للمسترشد:

على المرشد ان يقف ويرحب بالمسترشد عند دخول الثاني إلى غرفة الإرشاد، ويعرفه بنفسه ويشير له لمكان الجلوس، ويهتم اهتماما كبيرا به، ويتجنب العبث بأي شيء في يده لأن ذلك سوف يعطي المسترشد شعورا بعدم الاهتمام ويدفعه لعدم اتمام المقابلة.

٢. الاهتمام:

ان الانتباه هو احد طرق الاتصال الهامة، وهو وسيلة لتقوية عملية التفاعل بين المرشد والمسترشد وتعزيز الاستمرار في نقل الاخير افكاره للمرشد. ويمر الانتباه في قنوات اهمها: تعابير الوجه وحركة الجسم، مستوى التقبل والاستحسان، الاستجابات اللفظية والإيماءات.

٣. استعمال وسائل الاتصال المختلفة:

ان الوجه يعتبر مرآة الجسم اذ انه يعبر عن الحالات العاطفية والانفعالية (الفرح والغضب والحزن والألم) والحالات الشخصية، وتعبير الوجه يقدم تغذية راجعة غير لفظية عن تعليقات الآخرين. كما ان الاتصال الجسدي يعكس نوعية العلاقة الموجودة بين المرشد والمسترشد، وربما يعبر عن القلق عند احدهما.

٤. **ان يكون المرشد حيوياً:**

تعطي الحيوية عند المرشد المسترشد شعورا بانه متيقظ، وانه يستجيب للاتصال الجاري بينهما، والابتسامة هي التعبير الاكثر ملاحظة وتاثيراً. مع الاخذ بالاعتبار ان المبالغة في الابتسام والضحك يكون من المؤثرات السلبية على المقابلة.

٥. **الانتباه لرسائل الجسم الصادرة عن المسترشد:**

ان استرخاء جسم المسترشد وعدم ظهور التوتر عليه يعطي احساسا بانه في وضع مريح يتسم بالرضى والتقبل وعدم الشعور بالملل، كما ان نبرات صوته اثناء الحديث تعبر عن رضاه أو عدمه، وعلى المرشد الانتباه لمثل هذه الرسائل وسؤال المسترشد عما يشعر به.

٦. **الصمت:**

ان مسؤولية المرشد في جعل المسترشد يستمر في الاجابة، تجعل الصمت بشكل عام أمراً مرعباً بالنسبة للمرشدين، لاسيما الجدد منهم ويظهر ضعفهم في التعامل معه. وهناك انواع للصمت لكلٍ منها اهداف خاصة اهمها:-

أ- صمت المرشد: لكي يجمع افكاره وينظمها ليواجه المسترشد أو يسأله.

ب-صمت المسترشد: لكي ينظم افكاره ويعد اجاباته على اسئلة المرشد، وقد يكون كوسيلة دفاعية وعدم رغبته في تحمل المسؤولية.

ج-الصمت العلاجي: يستعمل المرشدون الصمت كأسلوب مفضل يمكن ان يستعمل في مواقف محددة لنقل رسالة علاجية للمسترشد.

د-الصمت الحريص: يحدث في لحظات لا تكون هناك كلمات لاستجابة مناسبة للمشاعر الموجودة في الجلسة الإرشادية، كأن تكون فترة صمت اثناء بكاء المسترشد.

هـ - تركيز الصمت: حيث يركز المرشد انتباهه على اللحظة الحالية، وكانها حالة تشبه حالة انسان يتوقف للاستماع، وتتيح للمسترشد ان يستمع بنفسه.

٧- **تسجيل المقابلة:** لتسجيل المقابلة اهمية كبيرة في تحقيق اهدافها،فقد يكون التسجيل كتابي او فوري بعد المقابلة أو بإستخدام اجهزة التسجيل الصوتي والمرئي شريطة موافقة المسترشد على ذلك.

مزايا المقابلة الإرشادية

- تمكنا من الحصول على معلومات لا يمكن الحصول عليها عن طريق الوسائل الأخرى، كما انها تتبع افضل الطرق الملائمة لتقييم بعض الخصائص الشخصية مما يتيح فهم أفضل للمسترشد.
- إتاحة فرصة التنفيس الانفعالي وتبادل الآراء المشاعر في جو نفسي آمن.
- إتاحة الفرصة إمام المسترشد للتفكير في حضور مستمع جيد، مما يمكنه من التعبير عن نفسه ومشكلته.
- تنمية المسؤولية الشخصية للمسترشد.
- توجيه الأسئلة في المقابلة بالتدريج والتسلسل الذي يريده المرشد، فلا يطلع المسترشد على الأسئلة قبل الإجابة.
- يمكن للمرشد التعرف على شخصية المسترشد ككل، الأمر الذي تعجز عنه الطرق ألأخرى خاصة الاختبارات التي تقيس كل جزء بمعزل عن الآخر.
- تشمل المقابلة مجموعة من المواقف السلوكية التي يستشف منها المرشد الكثير من الحقائق، فيلاحظ الجوانب الإنفعالية والحركية وحدة التعبيرات وتفكير المسترشد.
- تمتاز المقابلة عن طريق الملاحظة في بحث الأمور التي ليس لها وجود محسوس كالتماسك الاجتماعي.

- تمتاز بإمكانية الوصول لمستويات أعمق من دوافع الفرد، وتخدم الأميين وأصحاب المستويات الضعيفة من التعليم.

<u>عيوب المقابلة الإرشادية</u>

١- التأثر بالعوامل الذاتية في تفسير نتائج المقابلة فقد يخطئ الباحث في تقدير السمات أو يبالغ بها حسب خبرته واتجاهاته وميوله، وقد يكون متحيزا عند تسجيل ملاحظاته حول المسترشد أو عند تحليلها .

٢- انخفاض معامل الصدق والتقدير لاختلاف الاستعدادات، والقدرات، والميول، المشاعر لدى المسترشد.

٣- انخفاض معامل الثبات؛ لاختلاف مشاعر المسترشد وخبراته ومشكلاته من يوم لآخر.

٥- عدم جدواها كثيرا في حالات الأطفال الصغار و الافراد محدودي الذكاء، الذين يصعب عليهم التعبير عن أفكارهم ومشاعرهم.

ثالثاً: الاستبيان (questionnaire)

يعتبر الاستبيان أداة ملائمة للحصول على المعلومات والبيانات والحقائق المرتبطة بواقع معين، او تلك المتعلقة بموضوع بحث محدد عن طريق استمارة يجري تعبئتها من قبل المستجيب. وله أهمية كبيرة في جمع البيانات اللازمة لاختبار الفرضيات في البحوث التربوية والاجتماعية والنفسية. فهو يستخدم في دراسة الكثير من المهن والاتجاهات وانواع النشاط المختلفة. فجمع المعلومات عن ادراك الإفراد واتجاهاتهم وعقائدهم وميولهم وقيمهم ومشاعرهم وخططهم للمستقبل وسلوكم الحاضر والماضي، كلها أمور تتطلب دراستها استخدام الاستبيان.

<u>شروط الاستبيان الجيد</u>

١- ان يعالج مشكلة هامة تهم نتائجها تقدم البحث.

٢- ان يبين أهمية المشكلة بوضوح في التعليمات التي تسبق الاسئلة.

٣- ان تكون تعليماته حول الإجابة عن الأسئلة سهلة وواضحة.

٤ - ان تكون طباعته سهلة ومقروء، وأسئلتة موضوعية ومرتبة ترتيبا سيكولوجيا يناسب مستوى المفحوصين.

<u>انواع الاستبيان:</u>

أولا: من حيث طبيعة الأسئلة والأجوبة التي تطرح على المستجيب.

١- الاستبيان المغلق:

حيث يطلب من المفحوص اختيار الإجابة الصحيحة من مجموعة من إجابات مثل: (نعم.لا.غالبا.أحيانا. نادرا). ويتميز هذا النوع بما يلي:-

- يساعد المرشد في الحصول على معلومات وبيانات، أكثر مما يساعد على معرفة العوامل والدوافع والأسباب.

- سهولة الإجابة عليه.

- لا يتطلب وقتا طويلا من المفحوص للإجابة على فقراته.

- قلة التكاليف.

- سهولة تفريغ المعلومات منه.

- لايحتاج المستجيب للاجتهاد، فما عليه إلا اختيار الجواب المناسب فقط.

عيوب الاستبيان المغلق

- قد يجد المستجيب صعوبة في إدراك معاني الأسئلة.

- لا يستطيع المستجيب أبدء رأيه في المشكلة المطروحة.

٢- الاستبيان المفتوح:

في هذا النوع من الاستبيانات يترك للمفحوص حرية التعبير عن آرائه بالتفصيل، مما يساعد الباحث على التعرف إلى الاستبيان والعوامل والدوافع التي توثر على الآراء والحقائق.

ومن ميزاته:-

- ملائم للمواضيع المعقدة.
- سهل التحضير.

عيوب الاستبيان المفتوح.

- تجنب المفحوصين عادة الكتابة عن أرائهم بشكل مفصل.
- مكلف ويحتاج إلى وقت كبير.
- صعوبة تحليل الإجابات وتصنيفها.

٣- الاستبيان المغلق المفتوح:

يتكون من أسئلة مغلقة يطلب من المفحوصين اختيار الإجابة المناسبة لها، وأسئلة أخرى مفتوحة تعطيهم الحرية في الإجابة. ويستخدم هذا النوع من الاستبيانات عندما يكون موضوع البحث صعبا ومعقد، مما يعني الحاجةالى أسئلة واسعة وعميقة. ومن ميزاته:-

- أكثر كفاءة في الحصول على المعلومات.
- يعطي الفرصة للمستجيب لإبداء رأيه.

٤- الاستبيان المصور:

تقدم فيه الأسئلة على شكل رسوم أو صور، بدلا من العبارات المكتوبة. ويقدم هذا النوع إلى الأطفال والاميين وتكون تعليماته شفهية.

ثانيا – من حيث طريقة التطبيق.

يمكن تقسيم الاستبيان حسب اجراءات التطبيق إلى نوعين رئيسين هما:-

١- الاستبيان المدار ذاتيا من قبل المبحوث ويرسل بالبريد أو يوزع عبر صفحات الصحف أو عبر الإذاعة والتلفاز، وفي هذه الحالة يتصرف المبحوث ويستجيب من تلقاء نفسه.

٢- الاستبيان المدار من قبل طرف الباحث.

<u>إجراءات تصميم الاستبيان.</u>

١- تحديد مشكلة البحث وموضوعه واستقصاء المشكلة من جميع جوانبها، وتحديد المعلومات المطلوبة في البحث، مع الحرص ان تكون كافية، وعدم جمع المعلومات التي ليس لها علاقة بالموضوع.

٢- تحديد الإفراد الذين يمثلون مشكلة الدراسة والذين سيطلب منهم تعبئة الاستبيان.

٣- تقسيم موضوع البحث إلى عناصره الرئيسية؛ ليتمكن الباحث من التعمق في فهمه، وبالتالي وضع أسئلة محددة تتناول جميع جوانب المشكلة وتغطي عناصرها الأولية.

٤- تحديد نوع الاستبيان.

٥- وضع الاسئلة حول العناصر المتعلقة بمشكلة الدراسة، وتعتبر صياغة كلمات الأسئلة احد إسرار نجاح الاستبيان. وتتميز الأسئلة الجيدة بعده مواصفات اهمها:-

ا- لا تحمل تحيز مع أو ضد بديل معين من بدائل الاستجابة فمثلا السؤال: الا تشعر بان الناس يجب ان يعبروا عن مشاعرهم بصدق وأمانة ؟ يوحي للمفحوص ان الناس يجب ان يكونوا صريحين.

ب- طريقة التعبير والصياغة تكون بسيطة ومحددة.

ج- تحاول الأسئلة الجيدة استبعاد الإجابة بإهمال.

٦- تفحص الأسئلة ومراجعها وإدخال التعديلات اللازمة، ولكي يتم ذلك فمن الافضل للمرشد عرض مسودة الاستبيان على زملائه أو محكمين والاستماع لارائهم ومراعاتها، لانها تكون أكثر موضوعية من أراء القائم بالدراسة. فهم قادرون على تلمس نقاط الضعف في الاستبيان.

٧- مرحلة طباعة الاستبيان.

يطبع الاستبيان بعد التنقيح ووضع اللمسات الأخيرة عليه وتفحصه من قبل ذوي الاختصاص، بقصد التأكد من ان جميع الأسئلة قد تضمنت الشروط الضرورية من حيث المحتوي والصيغة، والترتيب والتسلسل، وملائمة الفسحات بين كل سؤال وآخر.

٨- توزيع الاستبيان وادارته على الذين اعد من اجلهم.

٩- جمع الاستبيان وتفسير المعلومات.

<u>مزايا وعيوب الاستبيان</u>

مزايا الاستبيان:

١- السرعة في الحصول على المعلومات.

٢- قلة التكاليف من حيث الوقت والمال.

٣- الإجابات أكثر موضوعية ذلك ان الاستبيان لا يحمل اسم المسترشد.

٤- يوقع الاستبيان اقل ما يمكن من الضغط على المسترشد، مما يعطيه فرصة كافية للتفكير في استجاباته.

٥- تتوفر للاستبيان ظروف التقنين، فالألفاظ يمكن تقنينها والأسئلة يمكن ترتيبها والإجابات يمكن تسجيلها.

عيوب الاستبيان:

١- عادة ما يكون معقد التركيب أو يفتقر إلى المرونة، الأمر الذي يعني اقتصاره على البيانات الواردة فيها، والتي ليس من الضروري ان تعطي صورة صادقة لشخصية المسترشد.

٢-كثيراً ما تكون الإجابات ناقصة وتعوزها الدقة.

رابعاً: التقرير الذاتي

يستخدم التقرير الذاتي لتقييم المسترشد لنفسه وللخبرات التي مر بها، وهوعبارة عن استبيان أو أسئلة مفتوحة النهاية تستخدم للحصول على المعلومات من المسترشد مثل: المعلومات الشخصية (الاسم؛العمر؛العنوان؛الهاتف)، والاسرية مثل (مهنة الأبوين،ومعلومات عن الأخوة والأخوات، وأشخاص آخرون يعيشون في المنزل وعلاقة المسترشد بهم... الخ)، والمعلومات الاكاديمية و المهنية مثل (الخطط الدراسية والمهنية ؛موضوعاته المفضلة؛هواياته) وأي خبرات ذات أهمية معينة).ومن ميزاته انه قصير وسهل ومنظم ويوفر مساحة كافية للإجابة.

<u>استعمالات التقرير الذاتي.</u>

- يستخدم كوسيلة للحصول على كمية كبيرة من المعلومات في وقت قصير.
- يمثل وسيلة للحصول على معلومات دون الحاجة إلى المقابلة وجهاُ لوجه، سواء أكان ذلك تلافيا للسؤال المباشر والشخصي عن المواضيع الحساسة، أو لصعوبة إجراء المقابلات الشخصية عندما يكون عدد المسترشدين كبيرا.
- يستخدم للتأكد من دقة المعلومات المعطاة في فترة معينة من الزمن.

- يستخدم في الكليات والمعاهد للإرشاد، بهدف الحصول على معلومات عن خلفية الطالب ونشاطاته الحالية وخططه المستقبلية وموقفه نحو نفسه.
- بعض التقارير الذاتية تحتوي على قوائم شطب (list chekt) للتعرف على المشاكل التي تزعج الطلاب وتحدد حاجتاتهم للمساعدة الخاصة.

إدارة التقرير الذاتي وكيفية استخدامه:-

يطلب بعض المسترشدين من مسترشديهم تعبئته التقرير الذاتي قبل اللقاء الأول معهم عندما يكون استبيان المعلومات الشخصية مستخدم في إرشاد ذو طبيعة خاصة، ويكون جزء من عملية الإرشاد، وهناك حالة أخرى هي تعبئتة من قبل مجموعات.وبالعادة يفضل تعبئتة في مجموعات صغيرة لأن أخطاء التعبئة في المجموعات الكبيرة تميل إلى ان تعادل بعضها (الانحرافات لا تظهر)، ومع ذلك إذا أردنا ان نخرج بفكرة عامة حول قضية ما فاننا نقدمه لمجموعة كبيرة ؛ اما إذا أردنا فكرة خاصة عن أشخاص معنيين فاننا نقدمه لمجموعة صغيرة. وكون المرشدين يهتموا بالحصول على المعلومات الشخصية أكثر من العامة فهذا يعطي تفضيل تعبئته في مجموعات صغيرة.

ملاحظة:- يحاول المرشد استدراج اهتمام المسترشد بالتعبئة بان يشرح له هدف تعبئة النموذج وبانه سري ويستخدم من قبل المرشد ومنه فقط ؛ فكلما أحسن المسترشد بان هذه المعلومات أمينة وتستخدم بالشكل الصحيح كلما أعطى معلومات أكثر دقة.

خامساً: السيرة الذاتية(Autobiography)

وهي كل ما يكتبه المسترشد عن نفسه بنفسه وهي بذلك تتناول الأشياء الشعورية فقط؛ أي ما يحس به المسترشد من مشاعر ومشكلات وعلاقات اجتماعية، وما يلقاه من إحباط وفشل، و مدى توافقه الشخصي أو المهني وغيره.

ويتم جمع هذه المعلومات بواسطة السيرة الذاتية بناء على المبدأ القائل انه ليس هناك من هو اعرف من الفرد بنفسه.

ان الغرض من كتابة الفرد لسيرته لشخصية هو ان يبين كيف توثر الخبرات الحياتية في تطوره ونموه، فيذكر خبراته وكيف أثرت فيه وجعلته يكون على ما هو عليه. وقد لا يستطيع بعض المسترشدين عند كتابة سيرة حياتهم ان يعبرون عن تجاربهم بسبب الحرج وكثير منهم يكتبون سيرة حياتهم كما يتمنون ان يكونوا قد عاشوها حقيقيةً.ولا بد للمرشد ان يوضح ذلك عند اعطاء التعليمات فمناقشة ذلك سيعاونهم على كتابة سير حياتهم بدقة.

انواع السيرة الذاتية

١- السيرة الذاتية الشاملة: وتشمل مدى واسعاً من الخبرات في مدى زمني طويل من حياة المسترشد، مثل كتاب الأيام لطه حسين.

٢- السيرة الذاتية المحدده: وتشمل موضوع محدد أو خبرة معينة. تحدد فيها الموضوعات والمسائل الهامة المطلوب الكتابة عنها، وبعض الاسئلة لاستثارة المسترشد وتوجيهه إلى المعلومات الهامة وله ان يضيف ما يريد. ويفضل استخدام هذا النوع من السير الذاتية مع المسترشدين غير المنطلقين لغويا وفي الإرشاد الجمعي.

٣- السيرة الذاتية غير المحددة (الحرة): وهنا لا يحدد المرشد موضوعات ولا خطوط عرضية للكتابة، كأن يطلب من المسترشد كتابة أي موضوع يتعلق بذاته وله الحرية ان يكتب ما يشاء.

وينبغي الاشارة إلى انه هناك انواع من السيرة الذاتية تجمع بين اكثر من نوع من الانواع السابقة مثل السيرة الذاتية الشاملة المحددة.

مصادر السيرة الذاتية

١- الكتابة المباشرة: وهو ما يكتبه المسترشد كتقرير ذاتي عن سيرته بقلمه بناء على طلب المسترشد.

٢- المفكرات الشخصية: والتي تحتوي أوجه نشاط المسترشد ومواعيده وعلاقاته الاجتماعية وهواياته، فمثلا يكتب في يوم كذا فعلت كذا أو قابلت فلانا وكل ما فيها يعتبر خاص ولا يجب ان يطلع عليه احد.

٣- المذكرات اليومية (التقرير اليومي) وتشمل تسجيلا للبرنامج اليومي للمسترشد خلال ٢٤ ساعة متضمناً الأنشطة المختلفة واهتماماته الخاصة وفي فترة زمنية متفق عليها كأسبوع مثلا، ويتفق فيها المسترشد بكتابة تقرير موضحاً اليوم والساعة وملاحظاته على هذا السلوك.

٤- المذكرات الخاصة: وهي تضم المذكرات الخاصة بخبرات أو مشكلات معينة هامة في حياة المسترشد كمذكرات المراهقين الذين يعتبرونها وثائق سرية.

٥- المستندات الشخصية: وتتناول سلوك المسترشد وخبراته الهامة في حياته اليومية كالوثائق الرسمية والخطابات الرسمية.

٦- الانتاج الأدبي: كالشعر والنثر وأفكار المسترشد (خواطره) التي تعكس مشاعره وافكاره.

٧- الانتاج الفني: ومن خلاله يمكن فهم شخصية المسترشد مثل قدراته واتجاهاته وميوله الداخلية، بالإضافة إلى انه يتيح له فرصة التنفيس والإسقاط.

عوامل نجاح لسيرة الذاتية:

١- الاستعداد: أي استعداد ورغبة المسترشد للكتابة عن نفسه بصراحة.

٢- الصدق: ويقصد به التطابق بين ما يرد بالسيرة الذاتية وبين ما تكشف عنه الوسائل الموضوعية الأخرى.

٣- المسؤولية: أي شعور المسترشد بالمسؤولية في الكتابة.

٤- الترتيب الزمني: وذلك تجنبا للفجوات وتخطي فترات زمنية معينة قد يكون فيها إحداث مهمة.

٥- الاعتدال: بمعنى ان يكتب المسترشد دون تهويل للامور، فالمعلومات الزائدة تماماً كالمعلومات الناقصة

٦- السرية: أي ضمان السرية الكاملة للمعلومات التي تكشف عنها السيرة الذاتية من قبل المرشد.

إجراءات تطبيق السيرة الذاتية.

١- الاعداد: بمعنى تجهيز المسترشد لكتابة سيرته، وذلك بتعريفه ماهية السيرة الذاتية، واهدافها وكيفية كتابتها.

٢- دليل الكتابة: ويقدم للمسترشد حتى يحدد الخطوط الرئيسية ولا يستطرد في جانب واحد على حساب الجوانب الأخرى، ويختلف المرشدين في توجيه مسترشديهم لكتابة السيرة الذاتية من حيث مقدار التوجيه والزمن المتاح للكتابة وطول السيرة.

٣- تحديد المكان: ممكن ان يكتب المسترشد سيرته في المنزل أو في جلسات جمعية أو في مركز الإرشاد.

٤- تحديد الزمن: يختلف الزمن المحدد للكتابة، فقط يستغرق جلسة أو أكثر، أو وقت محدد. ومن المستحسن ان يكتب المسترشد سيرته الذاتية مرة في السنة الواحدة.

٥-الكتابة: يجب ان يكتب المسترشد بطلاقة وحرية مستخدم الأسلوب الذي يعجبه، وقد يحدد البعض طول السيرة ببضع صفحات اوعدد من الكلمات او خبرة معينة. ويتوقف ذلك على حجم المعلومات المطلوبة وطبيعية المشكلة.

٦- التفسير والتحليل: بعد الكتابة يقوم المرشد بتفسير المعلومات على ضوء المعلومات الأخرى التي جمعها عن المسترشد. ومن ثم تحليل محتواها فيما يتعلق بتاريخ الحياة و الدفاع عن الذات و تحليل الذات والاعترافات، ويعتمد المرشدون على اسلوبين في تفسير السيرة الذاتية:

ا) الأسلوب الكمي: يحاول فيه المرشد تحويل المعلومات التي جاءت في السيرة الذاتية إلى معلومات بحسب تكرارها، مما يدل على اهميتها ويسجل اقتران الخبرات بعضها البعض لمعرفة مستوى ارتباطها.

ب) الأسلوب الكيفي: ويعتمد على فهم حياة وسلوك وخبرات المسترشد من وجهة نظره هو، بناءً على طول الخبرات والموضوعات الرئيسية التي حددها المسترشد مرتبة حسب أهميتها.

٧-المناقشة: يناقش المرشد محتوى السيرة الذاتية مع المسترشد، الذي يجب ان يعرف بذلك مقدماً.

<u>مزايا السيرة الذاتية:</u>

١- وسيلة اقتصادية سهلة التطبيق ويمكن استخدامها كوسيلة جماعية.

٢- تيسر الحصول على معلومات إكلينيكية غنية عن الجانب الداخلي الخفي من حياة المسترشد.

٣- تتيح الفرصة لاظهار معلومات يحول الكلام اللفظي و المقابلة وجها لوجه دون إظهارها.

٤- تصلح أكثر من غيرها من الوسائل مع المسترشدين الذين يكتبون أحسن مما يتكلمون.

٥- تدعم المعلومات المستمده من وسائل الإرشاد الاخرى.

٦- تتيح الفرصة للمسترشد التعبير عن مشكلاته بأسلوبه وطريقته ومن وجهة نظره.

<u>عيوب السيرة الذاتية.</u>

١- تشبعها بالذاتية بدرجة عالية، و نقص معامل صدقها وثباتها، والحاجة إلى التأكد منها بوسائل أخرى.

٢- حذف بعض المعلومات التي يخشى المسترشد منها.

٣- يتخللها بعض الخيال والتأثر بما يشاهده المسترشد في التلفاز والسينما والمسرح.

٤- لاتصلح مع الأطفال الصغار.

٥- قد تعمل حيل الدفاع النفسي عملها في الكتابة فتشوه الحقائق.

٦- قد يصعب تحليلها إذا كان المسترشد مشتتاً لا ينظم أفكاره.

سادساً: مقياس العلاقات الاجتماعية (السوسيومتري Sociometry)

يواجه الطلبة الكثير من المشكلات الاكاديمية والاجتماعية والنفسية اثناء فترات نموهم. ومن الادوات التي يستخدمها المرشد في الإرشاد لفهم التفاعلات والعلاقات الاجتماعية بين الجماعات، مقياس العلاقات الاجتماعية اوالمقياس السوسيومتري (Sociometry). وهو منهج لتحليل البيانات التي يتم الحصول عليها عن طريق استخدام قائمة من الاسئلة، التي يطلب فيها من اعضاء جماعة

ما تحديد اسماء الاعضاء الآخرين حسب تفضيلهم الدخول معهم في علاقات او ممارسة بعض الأنشطة.

ويهدف هذا النوع من الاختبارات إلى قياس العلاقات الاجتماعية داخل جماعة محددة خلال فترة زمنية معينة، والكشف عما يحدث داخلها من جذب وتنافر وانحلال وتماسك، كما تكشف عن الشللية والتنظيمات غير الرسمية للجماعة، كذلك عن المكانات الاجتماعية للافراد. ويمكن تطبيق هذا النوع من الاختبارات في كثير من المواقف التربوية والاجتماعية، حيث يمكن عن طريق اعادة تطبيقها معرفة التغيرات التي تحدث في الجماعة. ويؤخذ على هذا النوع من الاختبارات بانها لا تكفي وحدها في اعطاء بيانات دقيقة عن العلاقات بين الاشخاص، لذا ينبغي الاعتماد إلى جانبها على وسائل وأدوات اخرى تفيد في دراسة العلاقات الاجتماعية.

يرجع الفضل في ابتكار هذا النوع من الاختبارات إلى العالم مورينو (Moreno) وشريكته هيليف جيننجز (H.Jennings)، وقد بدأ مورينو بتطبيق الأساليب السوسيومترية في المدارس واشار عدة مرات إلى صعوبة الاعتماد على تقديرات المدرسين للمكانات والتفاعلات السوسيومترية للطلبة. فبدأ بتطوير المقاييس السوسيومترية ووضع شروطا يجب توفرها في الاختبار السوسيومتري هي:-

- تعيين حدود الجماعة؛ بمعنى ان يفهم الاشخاص الذين سيقومون بالاختيار تكوين الجماعة. فيعرفوا من اين سيكون اختيارهم او رفضهم، من الصف ام من المدرسة ؟
- تحديد معيار الاختيار او الرفض؛ بمعنى النشاط الذي يود ان يشارك به او لايشارك فيه الاشخاص الاخرين مثل اللعب، العمل، الدراسة،الترفيه.
- ان يكون الموقف الاجتماعي حقيقي متصل بالحياة اليومية للافراد وليس افتراضي.

- كفالة السرية التامة في الاختيار.
- منح الافراد حرية الاختيار او الرفض.
- ادراك اهمية الاحتبارات السوسيومترية؛ أي اخبار الجماعة بان نتائج هذه الاختبارات سوف تستخدم في اعادة تنظيم وتكوين الجماعة.
- ملائمة الاسئلة لمستوى فهم الجماعة.
- توافر شروط التفاعل الاجتماعي بين افراد الجماعة.

رغم ان هذه الشروط تتفق مع تعريف مورينو للمقياس السوسيومتري، الا انه يندر في الواقع توافرها جميعا بصورة كاملة، لذا يستخدم احيانا اصطلاح (شبه سوسيومتري) للدلالة على الاختبارات التي لا تتطلب الاختيار على اساس محكات عملية معينة.

<u>اجراءات بناء الاختبار السوسيومتري</u>

اولا: اختيار المعايير والمحطات: يتم اختيار المعايير التي تتضمنها الاستمارة انطلاقا من النشاط الفعلي للجماعة وتسمى هذه النشاطات مقاييس المشاركة وهي متنوعة بسبب تنوع الجماعات، فالاطفال الذين يدرسون معا في الصف، والاطفال الذين يلعبون معا اثناء الاستراحة، والعمال الذين ينتجون في نفس العمل،كل هذه النشاطات قابلة لأن تستغل في بناء المقاييس السوسيومترية شريطة ان يكون لها طابع الاستمرار، وان يتاح فيها للافراد فرصة اللقاء المتواصل.

ثانيا: اختيار اسئلة الاختبار: وهي اسئلة تتضمنها الاستمارة وتدل على البنية الاجتماعية للجماعات وقد يكون لها طابعا ايجابيا او سلبيا او اختيار او نبذا، فعندما يطلب من الافراد ان يسموا الاشخاص الذين يفضلوا ان يقوموا معهم بنشاط محدد فان الاسئلة هنا لها طابعا ايجابيا، وعندما يطلب من المفحوص تحديد اسماء الاشخاص الذين يفضلعدم وجودهم معه عند القيام بنشاط محدد

تكون هنا الاسئلة ذات طابع سلبي، فهذه الاسئلة تسمح لنا بتمييز الافراد الذين لم يختارهم المفحوص (المعزولين) وبين الافراد الذين يرفضهم تماما (المنبوذين)؛ لانها تقدم معلومات قيمة على الصعيدين الفردي والاجتماعي فهي تفيد على صعيد التشخيص الفردي للتمييز بين المعزولين المستبعدين (المنبوذين) وبين المعزولين المجهولين، وهي تسمح على المستوى الجماعي بتحديد المسافات السوسيومترية بين الاعضاء.

ثالثا: اختيار اسئلة التوقعات والادراك السوسيومترية: وهي اسئلة تدل على البنية النفسية للافراد وتتضمن التنبؤ بالتوقعات بوجهيها الايجابي (الاختيار) او السلبي (الرفض)؛ أي الاسئلة التي يرد عليها المفحوص باعطاء اسماء الافراد الذين يتوقع ان يختاروه او ينبذوه. وتقوم اسئلة الادراك السوسيومترية على سؤال كل مفحوص بتحديد اسماء الافراد الذين تصور انهم سيختاروه ايجابا او سلبا في نشاط ما.

نموذج لاختبار سوسيومتري

املأ البيانات التالية:

الاسم: _____ تاريخ الميلاد: _____

الصف: _____ اسم الاسرة: _____

العنوان: _____ التاريخ واليوم: _____

جمعيات النشاط المنضم إليها الطالب:
_____

الانشطة والهوايات خارج المدرسة:

١. اكتب اسم زميلك (من الصف) الذي تحب ان تشترك معه في رحلة (اذا كان
العدد اكثر من واحد اكتب الاسماء مرتبة حسب الافضلية)

....
....

٢. اكتب اسم زميلك (من الصف) الذي تحب ان تستذكر دروسك معه (اذا كان
العدد اكثر من واحد اكتب الاسماء مرتبة حسب الافضلية)

....
....

٣. اكتب اسم زميلك (من الصف) الذي تحب ان تقضي معه اوقات فراغك (اذا
كان العدد اكثر من واحد اكتب الاسماء مرتبة حسب الافضلية)

....
....

٤. اكتب اسم زميلك (من الصف) الذي تحب ان تدعوه إلى منزلك لزيارتك (اذا
كان العدد اكثر من واحد اكتب الاسماء مرتبة حسب الافضلية)

....
....

٥. اكتب اسم زميلك (من الصف) الذي تحب ان تدخر معه بعض نقودك (اذا كان
العدد اكثر من واحد اكتب الاسماء مرتبة حسب الافضلية)

....
....

٦. اكتب اسم زميلك (من الصف) الذي تعتقد انه صديق مخلص لك (اذا كان
العدد اكثر من واحد اكتب الاسماء مرتبة حسب الافضلية)

....
....

نلاحظ في هذا النموذج:

١- ان البيانات الاولى تساعد في تحليل الاختبار السوسيومتري مثل اسم الاسرة، وجمعيات النشاط، والهوايات الاخرى.

٢- ان التعليمات كررت في كل سؤال، وهذا ضروري جدا لأن بعض الطلبة قد يكتبون اسماء اشخاص من خارج الصف مثلا.

<u>اجراءات تحليل نتائج الاخبار السوسيومتري</u>

لتحليل علاقات الاختيار والنبذ يتم اجراء خطوتين رئيسيتين هما:-

١- **بناء المصفوفة السوسيومترية (The Sociomtrix)**

وهي وسيلة من وسائل تحليل نتائج الاخبار السوسيومتري تعتمد على رصد الاختيارات عند تقاطع السطور الرأسية والأفقية. و تساعدنا على فهم تعقيدات علاقات الاختيار والنبذ. وتمتاز المصفوفة بانها لا تحتاج إلى جهد كبير، كما انها تصلح لرصد استجابات اعضاء الجماعات الكبيرة من حيث العدد. وفيما يلي نموذج وصف وتحليل لمصفوفة سوسيومترية.

الشكل رقم(١) تحليل المصفوفة السوسيومترية

الاسم	الرقم	١	٢	٣	٤	٥	٦	٧	٨	٩	١٠
احمد	١	×	٥				٢	١	٣		٤
محمد	٢		×	١			٥		٢	٤	٣
خديجة	٣	٥		×			١		٢	٤	٣
عائشة	٤	٣			×						
زينب	٥	١				×					
محمود	٦	١					×				
علي	٧	٢						×			
عبد الله	٨						٢		×		
مريم	٩			١						×	
فاطمة	١٠							٣			×

عند فحص الشكل (١) الذي يمثل مصفوفة سوسيومترية نلاحظ ضرورة كتابة اسماء اعضاء الجماعة المحدد سلفاً، وقياس مدى ونوعية العلاقات الاجتماعية بين اعضائها في عمود رأسي إلى الجانب الايمن من الجدول، على ان رقم هذه الاسماء حسب عددهم وليكن رقم (١) إلى (١٠) حيث يمثل هذا الجانب مجموع الاختيارات التفضيلية المرسلة التي يمنحها كل عضو منهم إلى غيره من بقية الاعضاء. ويعاد كتابة هذه الارقام بالترتيب في عمود افقي يحتل اعلى الجدول، بحيث يدل كل رقم منها على اسم العضو الذي يأخذ الاختيارات التفضيلية من زملائه اعضاء الجماعة. وبالتالي يمثل هذا الجانب مجموع الاختيارات التفضيلية المستقلة التي يحصل عليها كل عضو منهم.

ويتكون هذا الجدول من مربعات تمثل خلايا محصورة تبين علاقة كل عضو من اعضاء الجماعة مع غيره من بقية زملائه في نطاقها. وتكون المربعات التي تمثل الخلايا القطرية في الجدول مقفلة غير مستعملة لانها تمثل علاقة العضو مع نفسه. ويسجل في كل مربع من هذه المربعات مستوى الاختيار التفضيلي الممنوح من العضو المسجل اسمه في الجانب الايمن من الجدول إلى زميله العضو الذي يدل عليه رقمه المسجل في العمود الافقي اعلى الجدول، ويمثل رقم(١) مستوى الاختيار التفضيلي الاول، ويمثل رقم (٢) مستوى الاختيار التفضيلي الثاني، ويمثل الرقم(٣) مستوى الاختيار التفضيلي الثالث، والرقم(٤) مستوى الاختيار التفضيلي الرابع، والرقم(٥) مستوى الاختيار التفضيلي الخامس من جانب كل عضو مكتوب اسمة في العامود الرأسي في الجانب الايمن إلى بقية زملائه الدالة عليهم ارقامهم المسجلة في العمود الافقي على الجدول. ويوضع الرقم الدال على مستوى الاختيار داخل دائرة في المربع، اذا كان الاختيار التفضيلي متبادل بين العضوين مما يدل على قوة العلاقة الاجتماعية بينهما بصرف النظر عن مستوى تفضيل أي منهما للآخر.

التحليل الاحصائي للمصفوفة السوسيومترية.

تقاس مكانة الاختيار السوسيومتري بقسمة عدد الاختيارات التي يحصل عليها الفرد على عدد اعضاء الجماعة مطروح منها العدد واحد،كما في المعادلة التالية:

مكانة الاختيار السوسيومتري (معامل التأثير) = <u>عدد الاختيارات التي حصل عليها الفرد</u>

عدد افراد الجماعة -١

ويقاس تجانس الجماعة (تماسك الجماعة) بقسمة عدد الاختيارات المتبادلة على عدد الاخيارات التي من الممكن ان تكون متبادلة كما في المعادلةالتالية:

تجانس الجماعة = <u>عدد الاختيارات المتبادلة</u>

عدد الاختيارات المحتمل ان تكون متبادلة

٢- رسم التخطيط الاجتماعي / السوسيوغرام (Sociogram). والذي يعطينا شكلا بيانيا مبسطا عن الاختيارات و العلاقات ضمن المجموعة. ويعتبر السوسيوغرام بمثابة خريطة توضح وضع كل عضو داخل الجماعة بالنسبة لغيره بناء على استجابة كل الاعضاء لبنود اختبار اجتماعي محدد (Sociometric test). فالسوسيوغرام هو الصورة الفوتوغرافية لرسم بناء الجماعة الاجتماعي. وهناك نوعان اساسيان من السوسيوغرام هما: -

١- السوسيوغرام الجماعي: وهو سوسيوغرام موحد لكل اعضاء الجماعة.

٢- السوسيوغرام الفردي: يعتمد لدراسة الحالات الفردية بشكل خاص ويتم بناءه بان نضع المفحوص المراد دراسته في وسط الصورة ونضع حوله كل الذين بنى معهم علاقة ما، وهنا ايضا يمكن بناء:

– سوسيوغرام فردي لأجوبة الاختيار التي ارسلها واستقبلها المفحوص.

– سوسيوغرام فردي لأجوبة النبذ التي ارسلها واستقبلها المفحوص.

– سوسيوغرام لتوقعات الاختيار والنبذ.

<u>طرق اعداد السوسيوغرام:</u>

يتم اعداد السوسيوغرام باللجوء إلى المصفوفة السوسيومترية، بتحديد المرتبة السوسيومترية التي حصل عليها كل مفحوص، فالفرد الذي احتل المرتبة السوسيومترية الاولى أي الذي حصل على اكبر عدد من الاصوات يحتكر عادة المواقع الوسطى للمرمى، وكلما ابتعدنا عن وسط المرمى كان هذا دليلا على تدني المرتبة السوسيومترية للفرد، أي انخفاض عدد الاصوات التي حصل عليها، وبالتالي على انخفاض شعبيته.

ان اعداد السوسيوغرام ليس بهذه البساطة لا سيما اذا كان عدد افراد الجماعة كبيرا، واذا كانت الاستمارة معقدة بحيث تتضمن اسئلة اختيار ونبذ و تتعلق بأكثر من محك، فانه يمكننا الاعتماد على احد الاساليبالتاليةلاستخراج النتائج:

١- طريقة مكيلي Mucchielli:

اقترح مكيلي طريقة احصائية بسيطة يمكن على اساسها اعداد السوسيوغرام وهي تقوم على الخطوات التالية:

– احتساب المتوسط: أي احتساب متوسط اجوبة الاختبار التي قام بها كل مفحوص كالتالي:

$$\text{المتوسط (M)} = \frac{\text{مجموع عدد اجوبة الاختبار} = \Sigma p}{\text{العدد الاجمالي للافراد } N}$$

- استخراج نماذج العزلة والشعبية: ويتم الحصول على نماذج العزلة باستخراج الحد الادنى المعبر كالتالي:

$$\text{العزلة } M >$$

أي من يحصل على اقل من المتوسط (وهو الحد الادنى المعبر) يعتبر من نماذج العزلة.

اما نماذج الشعبية فتحسب باستخراج الحد الاقصى المعبر كالتالي:

الشعبية > M M + ١ +

أي من يحصل على اكبر نتيجة جمع المتوسط مع نصف المتوسط + ١ (وهو الحد الاقصى المعبر) يعتبر من نماذج الشعبية، فاذا كنا بصدد دراسة نماذج الشعبية والعزلة فاننا نعتمد النتائج التي يحصل عليها الفرد، ونقارنها مع الارقام التي نحصل عليها من المعادلات السابقة.

٢-لوحة برونفونبرينر(Bronfenbrenner)

حتى نتفادى كل العمليات الاحصائية المعقدة قدم برونفونبرينر لوحة يمكن الاعتماد عليها لاستخراج الحد الادنى والحد الاعلى، ولتحديد النتائج السوسيومترية المعبرة كما بالجدول التالي:

جدول رقم (٢) جدول لتحديد القيمة السوسيومترية المعبرة

عدد الاختيارات التي ارسلها كل مفحوص في كل معيار	**معيار واحد**		**معياران**		**ثلاث معايير**	
	الحد الادنى	**الحد الاعلى**	**الحد الادنى**	**الحد الاعلى**	**الحد الادنى**	**الحد الاعلى**
١	٠	٤	٠	٦	٠	٨
٢	٠	٦	٠	٩	١	١٢
٣	٠	٧	١	١١	٣	١٥
٤	٠	٨	٢	١٣	٥	١٨
٥	١	٩	٤	١٦	٩	٢٢

ويفترض هذا الجدول ان نحسب عدد الاختيارات التي ارسلها كل مفحوص ونحدد موقعه في الجدول وفق عدد المعايير المستعملة في الاستمارة، مما يتيح لنا الحصول على الحد الادنى والحد الاعلى المعبرين، ثم نقوم بعد ذلك

بمقارنة عدد الاختيارات الايجابية التي استقبلها المفحوص مع الحد الادنى والاعلى لتحديد موقعه السوسيومتري كمعزول او شعبي.

ولابد من الاشارة إلى ان هذه اللوحة التي تبسط استخراج النتائج، لا تستعمل الا لجماعة يتراوح عدد افرادها بين خمسة عشر وخمسة وثلاثين فردا، كما انها لا تستعمل الا لعدد محدود من الاختيارات والمحكات، ولا يمكن الاستفادة من هذه اللوحة لاستخراج النتائج المتعلقة بالمؤشرات السوسيومترية، هذا بالاضافة إلى ان القيمة التي تحددها هي تقريبية.

ويفترض بنا ان نركز على الامورالتالية بعد بناء السوسيوغرام:-

- تحديد مواقع الشعبية ونماذج العزلة في السوسيوغرام.
- تحديد الجو العام الذي يسود في الجماعة (انجذاب، عزلة، نبذ،.....).
- تحديد العلاقات المتبادلة الثنائية، الثلاثية والرباعية(مثلثات ومربعات وسلاسل الاختيار) وتحديد عددها.
- تحديد الجماعة المركزية (العصبة المركزية)؛ أي التي تتميز بغلبة الاختيارات المتبادلة فيها وتحديد عدد هذه الاختيارات المتبادلة.
- تحديد الجماعة الهامشية في المجموعة الام، أي التي تتميز بغلبة الاختيارات الغير متبادلة فيها وتحديد عدد هذه الاختيارات غير المتبادلة.
- تحديد نمط التفاعل بين الجماعات المركزية والجماعات الهامشية، أي تحديد عدد المرات التي وقع فيها اختيار الجماعات الهامشية على الجماعات المركزية في علاقات متبادلة وغير متبادلة.
- تحديد كثافة السوسيوغرام وذلك لمعرفة الموقع العام لأغلب افراد الجماعة، فإذا كان السوسيوغرام كثيفا في وسط المرمى وحول الوسط، فان افراد هذه الجماعة يتميزون بشعبية كبيرة او مقبولة على الاقل، اما اذا كان

السوسيوغرام كثيفا على الاطراف الخارجية للمرمى، فإنه يعني ان نماذج العزلة كبيرة في هذه الجماعة وان العلاقات فيها غير سليمة تماما.

● ويجدر الاشارة هنا إلى مقدار الدرجة التي تبتعد فيها الذرات (الافراد) عن بعضها البعض، فإذا حصل الفرد الاول على ثمانية اختيارات ووضعناه في وسط السوسيوغرام، وحصل الثاني على خمسة اختيارات فان موقعه على المرمى يكون بعيدا عن الاول باعتبار ان ثلاثة درجات تفصل بينهما.

<u>تفسير السوسيو غرام</u>
- سيكولوجية المعزول:
تتميز فئة المعزولين بانها غير متجانسة اطلاقا وتشمل نوعين من الافراد:

❖ النوع الاول: ويتضمن فئة الافراد الذين لم يحصلوا على أي اختيار،أوالذين حصلوا على عدد قليل جدا من الاختيارات وتنقسم هذه الفئة إلى قسمين:

— الافراد المتنحيين الذين يعانون من صعوبات كبيرة في التكيف مع الجماعة.

— الافراد غير المبالين بالروابط الاجتماعية، وانبساطيتهم محدودة، ولكنهم ينجحون في النشاطات التي تتم خارج حدود الجماعة ويتمتعون بقدر مناسب من التوازن النفسي.

❖ النوع الثاني: ويتضمن الافراد الذين حصلوا على عدد كبير جدا من اختيارات النبذ، وهم فئة مستبعدين وعدوانيين، ويتميزون بضعف الفاعلية الاجتماعية وبالقدرة على تعكير الجو العام للجماعة.

- سيكولوجية المنبوذ:
تتميز سيكولوجية المنبوذ بالمواصفات التالية:

— يغلب على سلوكه الطابع العدواني، وخصائص شخصيته تبرر نبذ الآخرين له.

- هناك ارتباط ايجابي بين النبذ وسوء التكيف العائلي وتدهور التحصيل الاكاديمي.
- يعكر المنبوذ الانسجام في الجماعة بسبب عجزه عن احترام المعايير السائدة.
- يكون ادراك المنبوذ لنفسه ولشخصيته وسلوكه سيء جدا.
- هناك علاقة بين النبذ من جهة والسلوك غير السوي من جهة اخرى، ويتجلى هذا السلوك بالاحساس بالغربة بين الناس وبعدم تقبل المعايير والقواعد الجماعية.
- يميل المنبوذ إلى تقليص تفاعلاته الاجتماعية لاحساسه بضعف مكانته الاجتماعية.

<u>تطبيقات السوسيوغرام في الميدان التربوي والإرشادي:</u>

- يمكن الاستفادة منه عند تكوين جماعات العمل المدرسي والإرشاد الجمعي وفق اسس علمية وليس اعتباطية، فالكثير من النشاطات المدرسية تتطلب تكوين جماعات عمل مشترك يراعي فيها التآلف والانسجام الذي ينعكس على الانتاجية والفعالية.
- التعرف على الطلبة المعزولين، والبحث في اسباب عزلتهم وفشلهم الاجتماعي، وتصميم برامج لمساعدتهم ودمجهم في المجتمع المدرسي.
- يساعدنا في اختيار القائد المناسب لأي نشاط مدرسي.
- يتيح لنا المقارنة بين سلوك الطالب وعلاقاته في الاسرة وسلوكه وعلاقاته في المدرسة واثر كل منهما على الآخر.
- يفيد في توزيع الطلبة على الصفوف وخاصة في المدارس الداخلية.
- دراسة التجاذب بين الجنسين في مختلف المستويات الدراسية.
- دراسة العلاقات في الصفوف المدرسية.

- يكشف السوسيوغرام عن العلة الموجودة في الجماعات وعن الاسلوب المناسب لمعالجتها.

- التعرف على الطلبة المنبوذين والمعزولين، لتوجيه عناية خاصة لهم باعتبار ان توافقهم الاجتماعي معطل.

- التعرف على العلاقات الثنائية وعلى مثلثات ومربعات الاختيار.

- التعرف على همزات الوصل بين الافراد والجماعات الفرعية، ويمكن عادة الاستفادة كثيرا من همزات الوصل هذه لتقريب وجهات النظر بين الجماعات الفرعية.

- التعرف على الازواج غير المتكافئة، أي على الافراد الذين قاموا باختيارات ولم يحظوا بأي صدى من قبل الآخرين عليها، وهذه الاختيارات غير المتبادلة تدل على عدم تطابق المشاعر؛ أي النقص في ادراك مشاعر واحاسيس الآخرين.

- التعرف على التقدير الذاتي، أي على توقعات الفرد عن نفسه وتوقعات الاعضاء عنه بمقارنة تقديراته الذاتية ومكانته بين الجماعة مع مكانته الواقعية.

- دراسة الاقليات والجماعات العرقية والطائفية، والتعرف على اسباب وصور التعصب ومعالجته، وصهر افراد الجماعة في بوتقة واحدة.

سابعاً: سلالم التقدير ووصف السلوك (Rating Scales)

هي احدى اقدم انواع ادوات التقدير و القياس، وهي اقل دقة وموضوعية واكثر عرضة للاخطاء ولا ينصح اللجؤ اليها الا إذا تعذر استخدام ادوات القياس الاخرى الاكثر ثباتا وموضوعية.

ويمكن تعريف سلالم التقدير بانها: اداة مؤلفة من عدة فقرات تعبر كلٍ منها عن سلوك بسيط يخضع لتدريج من عدة مستويات تحدد مسبقا- بما يتلائم مع السمة

المقاسة والمرحلة العمرية للملاحظ ومصادر الاخطاء المحتملة حيث توضح مقدار ماهو موجود من هذه السمة - وتكون درجات السلم في سلالم التقدير اما اعدادا متدرجة او اوصاف او خطوط بيانية، بما يكفل متابعة دقيقة للخاصية.وعندما نستخدم سلالم التقدير فاننا نفترض ان السمة لها اكثر من مستوى والذي قد يمتد من (١_٥) او من(١_١٠) حسب طبيعة الصفة وحسب مايراه الفاحص ضروريا. وعند وضع سلم تقدير لابد من الاخذ بعين الاعتبار الاموراالتالية:

أ- الصفة او السمة المراد تقديرها.

ب_ وضع سلم التقدير المناسب.

ج_ كيفية استعمال السلم.

<u>اغراض استعمال سلالم التقد ير:</u>

١- تحديد المدى الذي بلغه المسترشد بالنسبة لتحقيق الاهداف المحددة.
٢- تعيين مواطن القوة والضعف عند كل مسترشد.
٣- مساعدة المسترشد على تشخيص صعوباته بنفسه،لا سيما اذا اطلعه المرشد على النتيجة.
٤- بيان الاتجاه الذي يجب ان يسلكه المسترشد في سبيل تحسين ادائه، شريطة ان يدرس مع المرشد نتائجه على السلم.
٥- تزودنا بطريقة مناسبة لتسجيل تقديراتنا واحكامنا.

انو أع و اشكال سلالم التقدير

(١) **سلم التقدير العددي ((numerical rating scales**

وهو عبارة عن قائمة بالسلوكيات الدالة على السمة المراد قياسها، بحيث يوجد تدريج من (١_١٠) لكل سلوك بسيط ، ويقوم المقدر بوضع علامة على الدرجة التي يوجد بها السلوك.ويستخدم هذا السلم في حالة كون المقدر يريد ان يقيم تلاميذ صف معين ، ولا بد ان تتضمن قائمة تقدير السلوك اسماء الطلاب مرتبة عموديا على الهامش، وعلى السطر الاعلى توجد مستويات مختلفة من الصفة مدرجة من (١_٥) او من (١_١٠). وعند الاستخدام يبين المقدِر تقديره لمدى وجود الصفة عند الشخص،وذلك بوضع دائرة او مربع حول رقم من مجموعة الارقام الموجودة امام سلَمه.هذا يعني ان هذا السلم يستعمل لتقدير مدى وجود صفة ما لدى فرد او جماعة.وفيما يلي نموذج لسلم تقدير عددي لتقدير سلوك تلاميذ الصف الخامس الابتدائي.

تعليمات الاجابة على الاختبار

ضع مربعا حول الرقم الذي تعتقد انه يمثل سلوك التلاميذ علما بان مدى جودة السلوك تزداد بازدياد الرقم، بحيث يمثل الرقم (١) اسوأ سلوك والرقم (١٠) افضل سلوك ، بينما يمثل الرقم (٥) سلوكا متوسطا.

التلميذ										
أ	١	٢	٣	٤	٥	٦	٧	٨	٩	١٠	١١
ب	١	٢	٣	٤	٥	٦	٧	٨	٩	١٠	١١
ج	١	٢	٣	٤	٥	٦	٧	٨	٩	١٠	١١
د	١	٢	٣	٤	٥	٦	٧	٨	٩	١٠	١١

(٢) <u>سلم التقدير العددي الوصفي:</u>

يفضل هذا النوع عن النوع السابق نظرا لوجود اوصاف تحدد السلوك او السمة المقاسة، مما يؤدي إلى زيادة احتمال اتفاق المقدرين ، وبالتالي ثبات النتائج اضافة إلى وضع درجات مختلفة للسمة.

مثال الاستقامة	١	٢	٣	٤	٥	٦	٧	٨	٩	١٠

هل دق المسمار مستقيما؟ هل راس المسمار على مستوى الخشب؟

(٣) <u>السلم البياني اللفظي (Graphic Rating Scale)</u>

يعتبر هذا النوع أفضل من النوعين السابقين من السلالم، حيث ان السمة الواحدة تحدد بمجموعة من السلوكيات البسيطة الدالة عليها. حيث ترصد الصفات على شكل قائمة أو سلم.

مثال للتوضيح:

السلوك	أبدا	أحيانا	غالبا	دائما
١-يطلب الاشتراك في المناقشة برفع يده.				
٢- يحترم حق الآخرين في الكلام.				
٣- يستفيد من الوقت المخصص له في المناقشة.				
٤- لا يتأثر بوقت المناقشة.				

(٤) <u>سلم ليكارت</u>

يعتبر سلم ليكارت من اكثر السلالم شيوعا في الدراسات النفسية والتربوية، وهو أفضل المقاييس لقياس اتجاهات الفرد نحو موضوع معين أو

فرد أو مجموعات. ويتألف من مجموعة من الفقرات التي تمثل نشاط اجتماعي ويطلب من المفحوص ان يؤشر مقابل كل فقرة على كلمة (مع او ضد)، و يتدرج في مستوى السمة من (١-٥)، حيث يشكل الرقم (١) ادنى درجة لمستوى الفقرة بينما يشكل الرقم (٥) اعلى درجة، أي اننا نضع اعلى درجة لادنى صفة، ويستحسن في هذا السلم ان تكون الفقرات ايجابية افضل من ان تكون سلبية.

ويأخذ سلم ليكارت عدة صور لتدرج الصفة فهي اما ان تكون عددية او لفظية، ونظرا لخضوع تلك الفقرات للتحليل الاحصائي فان الصفة اللفظية تترجم في العادة إلى ارقام ، اما صور سلم ليكارات فهي تأخذ احد الاشكال التالية:

أ - ((عال جدا،عال ، متوسط ، منخفض ، منخفض جدا)).

ب - ((ممتاز ، جيد جدا ، جيد ، متوسط، ضعيف)).

ج- ((اوافق بشدة، اوافق ، لااستطيع ان اقرر ، لا اوافق ، لا اوافق بشدة)).

د- ((بدرجة كبيرة جدا ، بدرجة كبيرة ، بدرجة متوسطة ، بدرجة ضعيفة ، بدرجة نادرة)).

ان الصور السابقة لسلم ليكارت تستعمل حسب طبيعة السمة المقاسة ، ويمكن الاكتفاء باربعة مستويات بدلا من خمسة.

<u>اعتبارات بناء واستخدام سلالم التقدير</u>

١- لا تضع سلم تقدير لتقديره شيئ يوجد له مقياس الا اذا كنت تريد محكا ثابتا لاثبات صدق ذلك المقياس، فانه لا يوجد محكات اخرى اكثر صدقا وثباتا من ادوات التقدير.

٢- حدد بعدا واحدا من ابعاد السلوك المراد قياسه، فلا يجوز ان ننظر إلى سلوك الفرد على انه كتله واحدة.

٣- ضع او اكتب كل بعد من ابعاد السلوك على شكل سؤال، لزيادة التحديد والوضوح.

٤- حدد معاني الالفاظ او المصطلحات الدالة على درجة وجود السمة مثل (احيانا)، إذ لا بد من تحديد معناها على شكل نسبة مئوية.

٥- ناسب لغة المقياس مع لغة الشخص الذي سيستعمله.

٦- يفضل ان يقدر الصفة مقدرين لهم معرفة وخبرة بالسلوك.

أساليب جمع وتنظيم المعلومات

وهي وسائل يتم من خلالها جمع وتنظيم وتلخيص المعلومات المجمعة بكافة الوسائل على شكل تتبعي وتراكمي، بحيث ترتب لتغطي حياة الفرد في فترات حياتية مختلفة وفيما يلي اهم هذه الوسائل واكثرها شيوعاً:

اولا: دراسة الحالة (Case Study)

تعرف دراسة الحالة بانها وسيلة ارشادية شائعة الاستعمال يستخدمها المرشدون والأخصائيون النفسيون في تجميع وتخليص اكبر قدر ممكن من المعلومات الخاصة بشخص المسترشد، والتي تم جمعها عن طريق المقابلة والملاحظة والاختبارات النفسية، بحيث تقدم صورة مجملة وشاملة لشخصية المسترشد ككل بهدف الوصول إلى فهم افضل لحالته وتشخيص مشكلته وأسبابها، واتخاذ الاجراءات العلاجية المناسبة، والتوصيات الإرشادية والتخطيط للخدمات الإرشادية الأزمة. فهي بذك تحليل دقيق للموقف العام للحالة ككل. وقد تكون الحالة فردا أو أسرة أو جماعة. وهي كبحث شامل لأهم عناصر حياة

المسترشد تشمل دراسة مفصلة للفرد في حاضرة وماضية فيما يتعلق با
لجوانب التالية:-
- بيانات شخصية (كالاسم، ولعمر، والعنوان، و الجهة المحيلة).
- التاريخ التطوري الحالة (اجتماعيا و أكاديميا ومهنياً وصحياً، و السمات الشخصية).
- التاريخ الصحي والفحوصات والعلاجات التي أخذت .
- التشخيص ويتضمن تحديد مستوى المشكلة (شديد /ضعيف/متوسط)وتكرارها
  وزمن حدوثها.

و تعتبر **دراسة تاريخ الحالة** (case history) أو ما يطلق علية تاريخ الحياة(life
history) جزء من دراسة الحالة وهي موجز لتاريخ الحالة كما يكتبه المسترشد أو
عن طريق الوسائل الأخرى. ويتناول تاريخ الحياة دراسة مسحية طولية شاملة للفرد
منذ ولادته والعوامل المؤثرة به وأسلوب التنشئة الاجتماعية، والخبر آت الماضية،
والتاريخ التربوي والتعليمي والصحي، والخبرات المهنية والمواقف التي تتضمن
الصراعات النفسية، وتاريخ التوافق النفسي، وتاريخ الأسرة. ان الفرق بين دراسة
الحالة وتاريخ الحالة يكمن في ان دراسة الحالة تعتبر بمثابة قطاع يستعرض حياة
الفرد، أي انها دراسة استعراضية لحياة المسترشد تركز على حاضر الحالة ووضعها
الراهن ، وتعتبر تطلعات المسترشد إلى المستقبل ومطامحه والشخص المثالى الذي يود
ان يكون في المستقبل جزء هام من دراسة الحالة.اما تاريخ الحالة فهو بمثابة قطاع
طولي لحياة المسترشد يقتصر على الماضي ويختص فقط بالخبرات الماضية للحالة .

<u>خطوات إجراء دراسة الحالة</u>

١- قبول الحالة وتحديد المشكلة:- يحلل المرشد أسباب الحالة عن طريق الاستعانة بالسجلات المدرسية وملاحظات المعلمين، أو الأهل أو السيرة الذاتية أو غيرها من مصادر المعلومات، ثم يصنف هذه المعلومات ويحللها وينظمها. وتتضمن هذه الخطوة وصفا للعملية الإرشادية والهدف منها والأساليب التي سوف تستخدم في العلاج، وكذلك مناقشة المسؤوليات المترتبة على كلٍ من المرشد والمسترشد.

٢- تحديد اهتمامات المسترشد الحالية ويتضمن ذلك تحديد مشكلاته، وحاجاته وكيف يمكن الوصول إلى تلبية مثل تلك الاهتمامات والحاجات.

٣- تحديد الأهداف: يحدد المرشد والمسترشد الأهداف الإرشادية المراد تحقيقها ويتضمن ذلك تحديد السلوك و الظروف والمعيار المراد الوصول آلية. ويجب ان تكون الأهداف واقعية، وإذا وجد المرشد ان المسترشد قد تردد في تحقيق أهدافه فان علية ان يفحص مدى صعوبة هذه الأهداف ودافعية المسترشد والعلاقة الإرشادية.

٤- تحديد الاستراتجيات العلاجية: يحدد المرشد الأساليب العلاجية التي سوف يتبعها في معالجة مشكلات المسترشد، ويطلعه عليها ويحدد أفضل السياسات اللازمة لذلك.

٥- رسم خط قاعدي وعلاجي ليحدد السلوك المراد تغيره ومعرفة تكراراته، ومن ثم تسجيل مدى التقدم عن طريق ذلك.

٦- تنفيذ الخطة العلاجية.

٧- تقيم اداء المسترشد: يقيم المرشد مقدار التحسن الذي طرأ على سلوك المسترشد وملاحظة هل انة تحسن بشكل مناسب أو غير مناسب وذلك للحصول على تغذية راجعة ومعرفة مدى تحقيق الأهداف الإرشادية.

٨- تقييم انجازات المرشد: أي الجهود التي بذلها والسياسات التي اتخذها.

٩- انهاء الإرشاد: يشرح المرشد للمسترشد الأسباب التي دفعته لوقف الإرشاد مثل استعراض التحسن، والاتفاق معه على مراجعته إذا لزم الأمر.

عوامل نجاح دراسة الحالة

لكي تنجح دراسة الحالة ولكي تكون ذات قيمة علمية يجب ان تراعي الشروط الآتية:

١- التنظيم والتسلسل والوضوح: وذلك لكثرة المعلومات التي تشملها دراسة الحالة.

٢- الدقة والالتزام في تحري المعلومات وخاصة انها تجمع عن طريق وسائل متعددة، ومراعاة تكامل المعلومات بالنسبة للحالة ككل وبالنسبة للمشكلة.

٣- الاعتدال: ويقصد به الاعتدال بين التفصيل الممل والاختصار المخل ، إذ لا بد من تحديد طول دراسة الحالة حسب طبيعة المسترشد وحسب هدف الدراسة. وهنا يجب الاهتمام بالمعلومات الضرورية وعدم تجاهل بعضها، وفي نفس الوقت عدم التركيز على المعلومات الفرعية. وهذا ما يعرف بمبدأ الجهد، أي اتباع اقصر الطرق التي تؤدي إلى بلوغ الهدف.

٤- الاهتمام بالتسجيل:وهذا مهم بسبب كثرة المعلومات مع تجنب المصطلحات الفنية والمعقدة.

مزايا دراسة الحالة

تمتاز دراسة الحالة مقارنة بوسائل جمع وتنظيم المعلومات بما يلي:-

١- تعطي صورة ووصف شامل للشخصية باعتبارها اشمل وسائل جمع المعلومات.

٢- تيسر فهم وتشخيص وعلاج الحالة على أساس دقيق غير متسرع مبني على الدراسة والبحث.

٣- تساعد المسترشد على فهم نفسه بصورة أوضح، وتجعله يشعر بالرضى حين يلمس ان حالته تدرس دراسة مفصلة.

٤- تفيد بالتنبؤ وذلك عندما يتاح فهم الحاضر في ضوء الماضي، ومن ثم تمكن المرشد من إلقاء نظرة تنبؤية على المستقبل.

٥- تستخدم لإغراض البحث العلمي والإغراض التعليمة في إعداد وتدريب المرشدين النفسيين.

<u>عيوب دراسة الحالة</u>

يؤخذ على دراسة الحالة بعض المآخذ أهمها ما يلي:-

١- تستغرق وقتاً طويلاً مما قد يؤخر تقديم المساعدة في موعدها المناسب، وخاصة في تلك الحالات التي قد يكون فيها عنصر الوقت عاملا فعالا.

٢- إذا لم يتم جمع وتلخيص المعلومات بطريقة ماهرة، فانها تصبح عبارة عن حشد من المعلومات الغامضة عديمة المعنى تضلل أكثر مما تهدي.

السجل المجمع (Cumulative record)

يعرف السجل المجمع بانه وسيلة تجميع وتنظيم وتلخيص المعلومات المجمعة بكافة الوسائل على شكل تتبعي وتراكمي، بحيث ترتب لتغطي حياة الفرد في فترات دراسية مختلفة. وهو أما ان يكون صفحة واحدة تتضمن المعلومات الأساسية الخاصة بالمسترشد، أو كتيب متعدد الصفحات يتضمن جميع جوانب حياة المسترشد. وتقوم فكرة السجل المجتمع على أساس ان الطالب كائن ينمو وان عملية التربية مستمرة من المهد إلى اللحد.

مجالات استخدام السجل المجمع

يلجأ المرشد النفسي إلى استخدام السجل المجمع في الحالات التالية:-

١- في حالة التعرف على التلاميذ الجدد واحتياجاتهم.

٢- في حالة التعرف على التلاميذ الذين يعانون من تأخر دراسي وكثيري التغيب والمشاكل.

٣- تصنيف الطلبة في الفصل الدراسي إلى مجموعات صفية حسب قدراتهم واستعداداتهم.

٤- في حالة تقديم المساعدات المالية والعينية.

٥- قبل مقابلة أولياء الأمور وعمل التقارير التي ترسل للأسرة.

٦- الإرشاد المهني والأسري و إجراء المقابلات ودراسات الحالة.

خطوات إعداد السجل الجمعي

١- تدوين الخطوط العريضة لموضوعات السجل، وتصميم الجداول اللازمة بحيث تكون الكتابة أقل ما يمكن.

٢- وضع تعليمات لتعبئة السجل وهي ضرورية للمرشد كدليل للتعبئة.

٣- تدريب المرشد على كيفية تعبئة السجل وتفسير ما فيه من معلومات.

٤- تسجيل المعلومات بشكل مقروء وواضح، والتعاون مع المدرسين في تسجيل المعلومات حتى تكتمل الصورة عن المسترشد.

شروط وصفات السجل المجمع

١- شموليتة لجميع جوانب شخصية وحياة الطالب.

٢- السرية: بمعنى ان يكون السجل المجمع في أيدي أمينة لا يطلع عليه إلا المختصين وحفظه وتنظيمه في مكان خاص.

٣- ان تكون المعلومات جديدة ومستمرة خلال تاريخ التلميذ الدراسي.

٤- المعيارية: بمعنى ان تكون المعلومات المسجلة في السجل تستند إلى معيار أو متوسط أداء أو سلوك معين، بحيث يمكن مقارنة هذه المعلومات به ويتطلب ذلك تعريف السلوكيات والصفات إجرائيا.

٥- دقة و بساطة المعلومات واقتصارها على الخبرات والبيانات المهمة، وعدم اكتظاظ السجل بالمعلومات غير الضرورية.

ويلاحظ ان الكثير من المرشدين وطلبة الإرشاد يخلطون بين السجل المجمع والسجل القصصي. فالسجل المجمع هو وسيلة لتنضيم وجمع المعلومات وتلخيصها ضمن جداول ومستويات في حين ان السجل القصصي(Anecdotal record) يتضمن وصف وتسجيل موضوعي لحادثة سلوكية حدثت في الواقع في موقف معين، ومن ثم تفسير هذه الحادثة وتقديم توصيات بشانها وذلك بهدف تحديد المشكلات السلوكية للمسترشد والمواقف التي تحدث فيها، وتحديد التأثير الفعلي والمتوقع لهذه المشكلات على الآخرين.كما يتضمن السجل القصصي تحديد التغير السلوكي الذي يطرأ على المسترشد. وفنياً لابد ان يكون تفسير المرشد وتعليقه وتوصياته منفصلة عن السجل الذي يحتوي الواقعة. وكمثال على السجل القصصي لموقف سلوكي يسجل به المرشد الحادثه:

(بعد نصف ساعة من الجلسة وقف المسترشد وخرج من غرفة الإرشاد، فتبعته إلى الممر وسألته ان كان لديه مشكلة فأجاب: انا لا اريد ان اضيع وقتي فانا غير قادر على فهم ما تقول. سألته لماذا؟ قال: ان الاستراتيجيات التي تحدثت عنها لا يمكن تطبيقها في بيئتي المنزلية).

وبعد ان يسجل المرشد ملاحظاته هذه عليه ان يسجل تفسيرا مناسبا لما لاحظه، وفي الحالة السابقة يمكن ان يسجل المرشد ما يلي:

(يبدو ان المسترشد يعاني من ظروف اسرية صعبة ولديه خوفا من الفشل، وانه لم يكن قد اعتاد على تطبيق أي مهارات لحل المشكلة في الماضي.

ويبدو انه كان من الافضل لو قمت بتقييم قبلي لأتأكد من امتلاكه للمهارات اللازمة، اضافة إلى توفر بيئة اسرية مناسبة).

مؤتمرات الحالة (case conference)

مؤتمر الحالة هو اجتماع مناقشة خاص يضم فريق الإرشاد، كما يضم كل أو بعض من يهمهم أمر المسترشد ويتعاملون معه، وكل أو بعض من لديه معلومات خاصة به و مستعد للتطوع والحضور شخصيا، للإدلاء والمشاركة في تفسيرالحالة وإبداء بعض التوصيات شريطة مواقفه المسترشد. ويضم مؤتمر الحالة عادةً الأخصائي الاجتماعي والأخصائي النفسي والمدرس والمرشد والوالد، ويضم في بعض الحالات محيل الحالة والمدير. ويفضل ان تكون مجموعة الأعضاء المشاركين صغيرة تتكون من (٢٠) عضواُ أو عدة أعضاء، كما يجب ان يكون الحضور للمؤتمر ايجابيا وتطوعياً، كما يجب ان يتمتع الحضور بالحيوية والشاط والمشاركة.

<u>انواع مؤتمر الحالة</u>

هناك عدة انواع من مؤتمرات الحالة منها:-

١- مؤتمر الحالة الواحدة: وهو الذي يكون خاص بحالة مسترشد واحد.

٢- مؤتمر الحالات المتعدده: وهو الذي يكون خاصا بدراسة حالة مجموعة من المسترشدين، كما في حالات الطلبة المتفوقين أوالمتسربين أو ذوي المشكلات الشائعة وغيرهم.

٣- مؤتمر الأخصائيين: ويضم الاخصائيين في الإرشاد فقط لتبادل الاراء والتعاون في اعطاء الرأي والاستماع إلى التقارير واقتراح التوصيات.

٤- مؤتمر الاخصائين وغير الأخصائيين: ويضم الأخصائيين وكل من يهمه أمر المسترشد من غير الاخصائين، وهذا المؤتمر يكون خاصا بحالة واحدة فقط.

٥- مؤتمر المرشد والمسترشد والوالدين: ويضم المرشد والمسترشد واحد الوالدين أو كليهما، وهو بهذا يكون مؤتمرا محدودا ويمكن ان ينضم آلية أي من من أعضاء هيئة الإرشاد أو الآخرين بناء على طلب موافقة من المرشد والمسترشد.

<u>الاجراءات العامة في مؤتمر الحالة</u>

تتمثل الاجراءات في مناقشة الحالة من قبل جميع المشاركين ومناقشة أفضل الحلول لها. أي انهم يقومون بتشخيص المشكلة، ومن ثم يقدمون الاقتراحات والتوصيات بشانها. ويتطلب عقد مؤتمر الحالة اتخاذ خطوات هامة هي:

١- الإعداد المسبق قبل عقد مؤتمر الحالة: يجب على المرشد ان يحدد خطة عمل أو جدول اعمال المؤتمر مبدأياً، على ان يترك مجالاً حراًَ في نفس الوقت،كما يجب ان يتزود بكافة المعلومات التي تم الحصول عليها بالوسائل الأخرى لاستخدامها عند الحاجة اليها، كذلك عليه ان يتصل بالأعضاء المشتركين لإعلامهم مسبقا بطبيعة المؤتمر وهدفه وتحديد الزمان والمكان والوقت الذي سيستغرقه، بحيث يكون الجميع غير مشغولين بأعمال أخرى.

٢- الافتتاح: يفتتح المرشد مؤتمر الحالة بشرح هدفه،وتقديم ملخص عام عن الحالة بحرص، بحيث لا يؤثر على أفكار وآراء وتوجهات الآخرين، ويحدد بدقة زمن انعقاد المؤتمر، وعلى وجه التقريب الزمن الذي سيستغرقه. وهذا مهم جدا حتى لا يطول المؤتمر وتتشعب الموضوعات ويضيع الوقت ويخرج الحاضرون عن الموضوع.

٣- جلسة المؤتمر: تكون رئاسة جلسة المؤتمر بشكل عام للمرشد، ويرى البعض ان الرئاسة يجب ان تكون بالتناوب بين أعضاء فريق الإرشاد النفسي الذين يشتركون فيه. ويجب ان يعمل المرشد على إشعار كل فرد من أعضاء المؤتمر بأهمية وجوده وضرورته. كما ينبغي ألا يسيطر هو او غيرة من الأخصائيين على جلسة المؤتمر . واثناء الجلسة لابد ان يطلب المرشد من الحاضرين تقديم معلومات عن شخصية المسترشد، ومشكلته وبيئته، و تقييم حالته العامة، ويتضمن ذلك ما يتيسر من المعلومات عن المسترشد وظروفه الأسرية وتطوره ونموه....... الخ ، وتقديم التحليل والتفسير اللازم والتوصيات التي يراها مناسبة.

٤- الختام: في ختام المؤتمر يلخص المرشد كل ما قيل، ويحدد نقاط الاتفاق والاختلاف، ويجمع التوصيات الخاصة بالحالة (المسترشد). وفي بعض الحالات قد يحتاج الأمر إلى استيفاء بعض المعلومات من وسائل أخرى مثل الاختبارات والمقاييس، وفي هذه الحالة يعهد للأخصائيين باستيفاء هذه النواحي.

<u>عوامل نجاح مؤتمر الحالة.</u>
يساعد على نجاح مؤتمر الحالة وضمانه توافر شروط اهمها:-
١) قد مؤتمر الحالة في حالات الضرورة فقط: فهناك حالات لا تستدعي عقد مؤتمر بشانها. وهناك حالات يرفض المسترشدون إعلان حالاتهم في مؤتمر، أي ان هناك حالات يمكن اعتبارها حالة مؤتمر وحالات اخرى لايمكن تناولها من خلال هذه الوسيلة.

٢) موافقة المسترشد: يجب الحصول على موافقة المسترشد قبل عقد مؤتمر الحالة، فبعض المسترشدين يأتون للإرشاد بشروط خاصة منها ضرورة ألا

يعرف اهلهم أو ذويهم أو أقاربهم أو معارفهم أو رؤسائهم أو أزواجهم، ان مثل هؤلاء المسترشدين لا يجوز عقد مؤتمر حالة بخصوصهم.

٣) مرعاه المعايير الأخلاقية: يجب مراعاة أخلاقيات الإرشاد النفسي الخاصة باسرار المسترشد، أي ان المؤتمر يجب ان يقتصر على ما لا يعتبر سرا بالنسبة للمسترشد نفسه، فضلا عن تأكيد السرية التامة لكل ما يدور في المؤتمر.

٤) الحضور الاختياري: يجب ان يكون حضور المؤتمرين برضا واختيار ودون إجبار ؛ حتى لا يكون حضورهم مجرد حضور روتيني عديم الجدوى. وهذا يجعل حضور المؤتمر متاحا ومفتوحا إمام المهتمين والمتحمسين لحضوره فقط.

٥) اهتمام الحاضرين: يجب ان يكون الحاضرين مهتمين بحالة المسترشد، متفهمين لطبيعة المؤتمر وهدفه، والمطلوب من كل منهم، إضافة إلى التزامهم بالجدية والموضوعية في إحكامهم وتفسيراتهم، والنظر للأمور بتفهم وسعة أفق.

٦) الجو غير الرسمي: يجب ان يسود المؤتمر جو غير رسمي ولكن يجب في نفس الوقت ان يتوافر قدر من المسؤولية، إذ يجب ان يكون لدى المؤتمرون معلومات هامة وحديثة ولازمة فعلا يدلون بها بمسئولية.

مزايا مؤتمر الحالة

يمتاز مؤتمر الحالة بما يلي.

● يزود المرشد بمعلومات عن المسترشد وشخصيته ـ خاصة تلك التي لا يمكن الحصول عليها من الوسائل الإرشادية الأخرى ـ تفيده في مناقشة الفروض المختلفة التي توضع عن الحالة، وفي التشخيص، وفي عملية الإرشاد نفسها.

- يفيد في تجميع اكبر قدر ممكن من المعلومات من مصادر متعددة ومن وجهات نظر مختلفة في وقت قصير، ويعتبر بمثابة استشارة وتبادل آراء تفيد في الحكم على التقديرات الآتية لكل من المرشد والمسترشد.

- يمكن التعرف من خلاله على من يستطيع ان يسهم في عملية إرشاد الحالة من غير أعضاء هيئة الإرشاد.

- يشعر أعضاء المؤتمر بفائدتهم وإسهامهم التعاوني في مساعدة المسترشدين.

- يعتبر الوسيلة النموذجية للاتصال بالأسرة وغيرها من مصادر المجتمع الأخرى في الإرشاد النفسي.

<u>عيوب مؤتمر الحالة</u>

- قد يستغرق وقتا طويلا ويعطي معلومات قليلة وغير منسقة.

- قد لا يتوفر الوقت لدى الكثيرين من المشاركين لحضور المؤتمر مما يهدده بالفشل .

- قد ينظر بعض المسترشدين للمؤتمر على انه كشف لخصوصياتهم وانه لا يجوز تدخل أعضاء المؤتمر.

الفصل الخامس

القياس والتقييم في العملية الإرشادية

تمهيد

هناك عدد من الاختبارات والمقاييس النفسية والتربوية التي تستخدم في عملية الإرشاد النفسي والعلاج، وتأخذ هذه الاختبارات إشكال وصيغ مختلفة تختلف حسب نوع الظاهرة أو السمة المقيسة، ومن الإشكال الأساسية للاختبارات النفسية على اختلاف انواعها نذكر:

١- الاختبارات التحريرية: وهي لاختبارات التي تستخدم الورقة والقلم.

٢- الاختبارات اللفظية: وهي اختبارات يطلب بموجبها من المفحوص الاستجابة اللفظية على الاختبار دون كتابة، وتكون عادة جزءا من اختبار كلي يتضمن جانب أدائي وكتابي.

٣- الاختبارات الأدائية: وهي التي تتطلب من المفحوص ان يبني أو يتعامل أو يجيب على مواد الاختبار بطرق أخرى غير لفظية، مثل اختبارات السرعة والأداء العادي أو الأداء الأعلى او اختبار رسم الرجل. وهذا النوع من الاختبارات يتجنب استعمال اللغة والكتابة مع المجموعات ذات الثقافات والحضارات المختلفة، وكذلك مع المجموعات ذات الامكانيات المحدودة مثل فئات المعاقين عقليا.

٤- الاختبارات الفردية أو الجماعية.

٥- الاختبارات الاسقاطية (Projective Tests):اختبارات تتميز بان المثير فيها يكون غامض ويثير لدى مختلف الأفراد استجابات مختلفة، بحيث يدل تنظيم الشخص لهذا المثير الغامض او استجابته له على ادراكه للعالم، وطرق تعامله مع الناس،وذلك عن طريق المعنى الذي يضيفه اليه. ومن اكثر الاشكال الشائعة لمثل هذه الاختبارات اختبار تكملة الجملة، او تخيل قصة بقصد اختبار قدرة الفرد على التخيل مثلا، واختبار تفهم الموضوع، واختبار بقع الحبر لرورشاخ. ويؤخذ على هذه الاختبارات انها غير مقننة، ويصعب تفسيرها بسهولة؛ لذلك تصنف من الاختبارات الذاتية غير

المباشرة. ومن ميزات هذا النوع من الاختبارات ان امكانية تحريف الاستجابة اقل بكثير مما هو عليه في الاختبارات الموضوعية.

الاختبارات الموضوعية

تكمن أهمية الاختبارات والمقاييس الموضوعية في كونها وسائل ذات قيمة كبيرة في عمليات التشخيص والإرشاد النفسي والعلاج، وهي وسليه فعالة إذا تم استخدامها بالشكل الصحيح وعرفت معاير صدقها وثباتها. و تهدف الأساليب الموضوعية إلى تحديد القيم الكمية التي تقدر بها الصفات الخاصة بالمسترشد مثل الذكاء، القدرات، الاستعدادات التحصيل، والميول والقيم والاتجاهات والتكيف، وتُتخذ الاختبارات أساسا للحكم والمقارنة. ويحتوي كل اختبار على وحدات معيارية.وتقسم الاختبارات الموضوعية من حيث مقارنة نتائج أداء الفحوص على الاختبارات إلى قسمين هما:-

١- الاختبارات محكية المرجع (Criterion Basial Test)

وهي اختبارات تفسر درجة المفحوص بمقارنة ادائه بمحك اداء متوقع، ويصاغ هذا الاداء عادة على صورة نواتج أو اهداف سلوكية متوقعة أو قدرات محددة، بحيث تصف مختلف مستويات الاداء وتندرج الاختبارات التشخيصية تحت هذا النوع من الاختبارات؛ نظراً لانها تهدف إلى التحقق من امتلاك المفحوص لسمات معينة.

٢- الاختبارات معيارية المرجع (Normed Basial Test)

و يتم فيها مقارنة اداء المفحوص بمعيار يعتمد على مستوى أداء جماعة الاقران التي ينتمي اليها هذا المفحوص، ويتمثل هذا المستوى بمتوسط درجات هذه الجماعة. وتتمثل المقارنة بمدى انحراف درجات الفرد عن هذا المتوسط.

ولا شك ان هذا المعيار يتغير بتغير الجماعة، إذ لا بد من تفسيره في اطار خصائص الجماعة.

اغراض الاختبارات الموضوعية

١- الكشف عن الاستعداد:

حيث يستعمل المرشد اختبارات الاستعداد المدرسي مع الأطفال الذين سيقبلون في الصف الأول الابتدائي، وبناء على النتائج يصنفوا إلى فئات مثل أطفال يستطيعون بدء الدراسة، وأطفال ليس لديهم أستعداد لذلك، وبعد ذلك يقوم المرشد بعمل اجتماع يضم المعلمين واولياء الأمور حيث يقوم باطلاعهم على الأمور ويقوم بوضع خطة للتعامل مع فئات الأطفال المختلفة. وهناك اختبارات استعداد بالنسبة للمرحلة الإعدادية والثانوية، حيث يستعمل المرشد النتائج لتعديل طريقة التدريس بحيث تلاءم الطلبة.

٢- الكشف عن ضعاف العقول والموهوبين:

يقوم المرشد بإعطاء الاختبارات وذلك من اجل تصنيف الطلبة تصنيفا متجانسا من حيث القدرات العقلية، وبالتالي اتخاذ الإجراءات الملائمة لكل طالب بناء على نتائج الاختبار.

٣- التخطيط الدراسي:

حيث تعمل الاختبارات على مساعدة المعلم في اختيار الأهداف التدريسية وتعديلها باستمرار، بحيث تكون مناسبة لمستوى الطلبة.

٤- اختيار المهنة أو الدراسة (التنبؤ):

تعمل الاختبارات النفسية على مساعدة الطالب على فهم مستواه من حيث قدراته وإمكاناته وميوله، بحيث تجعله قادر على اتخاذ قرار بشان اختيار نوع الدراسة التي تناسبه، حيث يكون اتخاذ الطالب لهذا القرار مبني على مقدرته على تكوين صورة موضوعية عن نفسه تعتمد على معرفته بقدراته

واستعداداته وميوله، كما تساعده في تحديد المهنة التي تتناسب مع إمكاناته وقدراته.

٥- التشخيص:

وتساعد في تقديم بيانات للمسترشد تساعده على زيادة فهمه لنفسه وتقبله لذاته وتقييمه لها.

٦- التقويم:

يمكن استخدام نتائج الاختبارات كمحكات يستفيد منها المرشد في تمحيص عمله وتصوراته، سواء في التشخيص أو العلاج أوتقويم مدى تحقيق أهداف معينة.

٧- المتابعة:

حيث يمكن للمرشد ان يتابع تقدم وتطور المسترشد باستخدام بعض الاختبارات مثل الاختبارات التحصيلية

شروط الاختبار الجيد

عندما يقرر المرشد استخدام اختبار ما، لابد ان تتوفر في هذا الاختبار شروط ومعايير خاصة حتى يكون الاختبار موضوعيا وأداة صالحة للقياس والشروط هي:-

١-الموضوعية (Objectivity))

وهي سمة أساسية لابد من توفرها في الاختبارات التربوية والنفسية على مختلف انواعها، كذلك في عملية جمع المعلومات. ويشير مفهوم الموضوعية إلى اخراج رأي الباحث (الفاحص أو الاخصائي) وحكمه الشخصي من عملية التصحيح او التقييم؛ بمعنى ان يكون هناك معيار محدد سلفا يستند اليه الباحث في التقييم بحيث لا يختلف عليه اثنان. ويتم تحديد مدى موضوعية الاختبار بحساب ما يسمى معامل الموضوعية، وهو معامل ارتباط يحسب بين

علامات التصحيح الاول وعلامات التصحيح الثاني للاختبار من قبل مصحح ما، شريطة ان يكون هناك فاصل زمني بين التصحيحين،كما يمكن ان يحسب بين علامات عدة مصححين للاختبار.

٢-الثبات (Reliability)

صفة أساسية من صفات الاختبار الجيد، ويتصف الاختبار بالثبات عندما يعطي النتائج نفسها تقريبا في كل مرة يطبق فيها على الفرد او المجموعة نفسها. ويتم قياس هذه السمة بعدة طرق تجريبية وإحصائية اهمها اعادة تطبيق الاختبار، وطريقة الصور المتكافئة أي تصميم اختبارين مختلفين لكنهما متكافئان ومتوازنان من حيث المحتوى ومن حيث الشكل، ويتم حساب معامل الارتباط (معامل الثبات) بين نتائج كل من الصور المتكافئة للاختبارين بعد التطبيق.

وهناك طرق عملية وأكثر شيوعا من الطرق السابقة وهي طريقة الانصاف (Split-Halves). وفي هذه الطريقة يعطي الاختبار ككل، ثم عند التصحيح يقسمه الفاحص إلى قسمين متساويين بحيث يحتوي القسم الاول على الاسئلة ذات الارقام الفردية (١،٣،٥...الخ). والقسم الثاني يحتوي على الاسئلة ذات الارقام الزوجية (٢،٤،٦...الخ)، ثم تصحيح جميع الاسئلة وتجمع درجات كل قسم او فحص على حدة فيصبح للمفحوص درجتان احداهما درجته على الاسئلة الفردية، والأخرى على الاسئلة الزوجية، ثم يحسب معامل الارتباط ويسمى في هذه الحالة (معامل الاتساق او الثبات الداخلي). وأخيرا يمكن حساب الثبات بمعادلات احصائية مثل معادلة سبيرمان _ براون او معادلة رولون.

٣- الصدق(Validity)

سمة أساسية لابد من توفرها في المقاييس النفسية والتربوية والتحصيلية وكافة انواع الاختبارات. ولتحقيق سمة الصدق في الاختبار يسعى الفاحص إلى تصميم الاختبار بحيث يقيس فعلا ما وضع لقياسه وليس لقياس شيء آخر، أي

يحقق الاختبار الغرض والوظيفة التي استخدم من اجلها. ويتوقف صدق الاختبار على الهدف او الوظيفة التي ينبغي ان يقوم بها، وكذلك على الفئة او المجموعة التي سينطبق عليها. وصفة الصدق صفة نسبية متدرجة وليست مطلقة فلا يوجد فحص عديم الصدق او كامل الصدق، ولا شك ان صدق الاختبار يتوقف بدرجة كبيرة إضافة إلى ما سبق على ثباته، حيث ان العلاقة بين الصدق والثبات علاقة طردية. وهناك طرق مختلفة لحساب الصدق تأخذ كل طريقة نوع من انواع الصدق ومن اهم هذه الطرق:

أ- صدق المحتوى(المضمون): ويتصف الاختبار بموجب هذه الطريقة بصدق المحتوى، اذا كانت فقراته عينة ممثلة تمثيلا صادقا لمختلف جوانب السمة المراد قياسها.

ب- الصدق الظاهري(الشكلي): ويقصد به ان ظاهر الاختبار يشير إلى احتمال قياس ما وضع لقياسه، ويتم التأكد من ذلك عن طريق عرضه على مجموعة من المحكمين (ليس اقل من عشرة) من ذوي الخبرة والاختصاص لإبداء ارائهم فيما اذا كان الاختبار صادقا ام لا.

ج- صدق المحك: وفي هذا النوع من الصدق نقارن الاختبار الجديد مع اختبار قديم (محك) آخر ثبت صدقه وثباته.(ابولبده،ص ٣٥٢).

خطوات بناء الاختبار الموضوعي

ان الغرض من الحديث عن خطوات إعداد الاختبار هو تعريف المرشد النفسي بالإطار الذي يمكن ان يتحرك فيه عند تطويره لاختباراته، ضمن ما هو ممكن من حيث قدراته الخاصة والإمكانات المتوفرة، وضمن هو مطلوب أو ضروري.وفيما يلي الخطوات الأساسية التي يمكن إتباعها في تطوير الاختبار الموضوعية:-

١- تحديد الغرض من الاختبار.

٢- تعريف ما يقيسه الاختبار (أو تعريف السمة المقيسة) إجرائيا، أي بكلمات واضحة ومألوفة وقابلة للقياس.

٣- تحديد مجال السمة أو تحديد المحتوى وتحديد المكونات الفرعية للسمة أو المحتوى.

٤- صياغة الفقرات (بنود أو أسئلة الاختبار).

٥- إخراج الصورة الأولية لكراسة الاختبار (ورقة الأسئلة وورقة الإجابة والتعليمات والملاحق).

٦-التجريب الأولي للاختبار على عينة صغيرة نسبيا،بغرض التعرف إلى وضوح التعليمات ووضوح صيغة الأسئلة وتحديد زمن الإجابة.

٧- تحليل الفقرات ويتضمن التحليل إيجاد صعوبة الفقرة وقدرتها التمييزية وفعالة البدائل في الاختيار من متعدد .

٨- التعريف بالخصائص السيكومترية للاختبار (أي دلالات الصدق والثبات).

٩- اشتقاق المعاييرالخاصة بالصدق والثبات.

١٠- إعداد دليل الاختبار وتجهيزه للنشر.

خطوات تطبيق الاختبار

يرى البعض ان هناك تعارض بين قيام المرشد بدور الفاحص المطبق للاختبارات ومن ثم الإرشاد بموجب ما حصل عليه من درجات عن المسترشد، وبين دوره الإرشادي الذي يتعامل مع المشاعر بشكل أساسي، بالإضافة إلى الجوانب المعرفية والتصرفات.و بعيداً عن الجدل في هذا الموضوع لابد ان يكون لدى المرشد المعرفة الكاملة بما تحتاجه عملية تطبيق الاختبار من تجهيزات وظروف خاصة بكل من المفحوص والاختبار. وعلى كلٍ لابد ان يسير المرشد وفق الإجراءات التالية عند تطبيق أي اختبار:-

١- **تهيئة المفحوص وظروف التطبيق**: ويتضمن ذلك ما يلي:

أ- أعداد الظروف والمكان، فيجب ان تكون غرفة إجراء الاختبار جيدة التهوية مضاءة و بعيدة عن الضوضاء.

ب- تهيئة كل من الفاحص والمفحوص، ونعني بذلك الشخص الذي سيطبق عليه الاختبار (المسترشد) هل ينظر للفاحص كعنصر تهديد أو كشخص مريح.

جـ- تهيئة أدوات الاختبار مثل بطاقات الأجوبة بحيث يشمل الاختبار على كراسة وتعليمات مع ورقة إجابة منفصلة، ويقوم الفاحص بوضع ما يختار من إجابات بإتباع الترتيب الموجود في كراسة إلا سئلة.

د- ملاحظة المفحوص إثناء الاختبار من حيث المظهر الجسمي مثل النظافة والنشاط، أو السلوك الاجتماعي مثل اللامبالاة والعدوانية.فقد يميل المسترشد إلى التحريف والتزييف في لإجابات بسبب نظرته السلبية للاختبار على انه تهديد أو عقاب، وقد تظهر بعض علامات القلق والتوتر العالي عند التطبيق، كما ويؤثر مستوى الدافعية لدى المفحوص على النتائج التي سيحصل عليها في الاختبار.

٢- **تصحيح لاختبار:** وتأخذ عملية تصحيح الاختبار طريقتين هما:

- طريقة التصحيح اليدوي باستخدام مفتاح أو مجموعة مفاتيح الاختبار.
- طريقة التصحيح الآلي باستخدام الحاسوب أو آلات تصحيح خاصة؛ توفيرا للوقت والجهد.

٣- **المعالجة الاحصائية**

الخطوة الاولى لهذا الإجراء هي تحويل الدرجات الخام التي حصلها المفحوص إلى درجات معيارية؛ بمعنى إرجاع درجاته الخام إلى درجة مجموعة معيارية معينة ليقارن بها أدائه. وقد يستعين المرشد ببرامج

محسوبة للقيام بعمليه التحليل والمعالجة الإحصائية، لاسيما إذا كانت عملية تطبيق الاختبارات من الإعمال الروتينية في الفصول والسنوات الدراسية المتعاقبة، حيث توفر البرامج المحسوبة الوقت والجهد في استخراج المقاييس والمعادلات الإحصائية مثل المتوسط الوسيط والانحرافات المعيارية.

٤- تفسير نتائج الاختبار

لابد ان تعتمد عملية تفسير نتائج الاختبار على الطريقة الإحصائية التي تقوم أساسا على الموضوعية والأرقام والقوانين التي تحكم العلاقات مثل المتوسطات والانحرافات ومعادلات الانحدار و الارتباط. ويمكن أيجاز العناصر الأساسية في عملية التفسير التي تستند إلى الطريقة الاحصائية بما يلي:

- إجراء مقارنة مباشرة بين الدراجات الخام التي حصل عليها المفحوص مع جدول المعايير، وملاحظة موقعه من الأداء أو السمة لهذه المجموعه.
- مقارنة الدرجة الخام للمفحوص على اختبارين أو أكثر مع مجموعة من المعايير .
- مقارنة نتائج المفحوص مع نتائج مجموعتين أو أكثر في نفس الوقت.
- استخدام معادلة الانحدار وهي معادلة رياضية تربط بين متغيرين وتساعدنا في التنبؤ باحداهما في حالة معرفة قيمة أي منهما، ويقسم الانحدار إلى نوعين من حيث عدد المتغيرات الداخلية فيها: الانحدار الخطي الذي يرتبط فيه متغيران (س،ص) بعلاقة خطية تمثل الاتجاه العام للعلاقة بينهما، وقد تكون هذه العلاقة تامة بين المتغيرين (س،ص) وفي هذه الحالة يمكن معرفة احد المتغيرين بالضبط اذا ما عرفنا قيمة المتغير الآخر، كما في العلوم التطبيقية كالعلاقة التي تربط السنتيمتر بالمتر. وهناك نوع ثان من الانحدار يكون مبني على وجود علاقة غير تامة بين

متغيرين (س،ص)، كما في الذكاء والتحصيل الدراسي وهذه العلاقة يصعب تمثيلها بيانيا بخط مستقيم وانما تمثل بنقاط حول الخط المستقيم.

- يمكن استخدام الحاسب الآلي في عملية تفسير النتائج عن طريق بعض البرامج التي تساعد على استخراج المعايير وتخطيط الصفحات النفسية، فمثلا اختبارات التقويم المهني يعد بعضها على صورة عينات عمل تدخل الدرجات التي حصل عليها المفحوص إلى الحاسوب، ليخرج لنا كماً هائلاً من الصفحات المطبوعة التي تشتمل على المهن المقترحة لفرد واحد.

الاختبارات الموضوعيةالشائعة في العمل الارشادي

من أشهر الاختبارات المعتمدة من قبل العاملين في ميدان الإرشاد واالطب النفسي التي تتضمن معايير وشروط الاختبار الفعال نذكر ما يلي:

<u>اختبارات الذكاء (Intelligence Tests)</u>

وهي اختبارات تهدف إلى قياس الذكاء (القدرة العقلية العامة)، وتصمم بصورة تناسب مفهوم الذكاء الذي تقوم على اساسه. فمنها ما يتكون من فقرات تقيس القدرة على ادراك العلاقات والمتشابهات، ومنها ما يتكون من فقرات تقيس القدرة على حل المشكلات. ومن اشهر مقاييس الذكاء العالمية والتي تناسب كل الاعمار من سن عامين إلى سن الرشد مقياس (ستانفورد بنيه)، وكذلك مقياس (وكسلر) لذكاء الاطفال، وهناك مقياس المصفوفات المتتابعة من تأليف رافن(Raven) ويناسب الاطفال والشباب. ومن الجدير بالذكر ان هناك اختبارات ذكاء ادائية بحتة مثل اختبار الازاحة لاليكسندر يناسب العمر (٣-١٧)، ولوحة(سيجان) وتناسب العمر من(٤-١٣)، ومتاهات (بورتيوس) وتناسب الاعمار من (٣-١٤).

مفهوم الذكاء (Intelligence)

يعرف الذكاء بانه القدرة على التفكير والتعقل والسلوك المؤثر على البيئة بدرجة فعالة، وكذلك ادراك العلاقات بين الاشياء والأفكار وحل المشكلات. ويبدأ الذكاء بالإدراك الحسي وينتهي بالتفكير المجرد والحكم. ويعتبر الذكاء القدرة الأساسية للتعلم والتحصيل الدراسي والنجاح في الحياة.وتشير معظم الدراسات بان هناك سبع قدرات عقلية اولية تدخل في تكوين الذكاء هي: الفهم اللغوي، القدرة العددية، الادراك المكاني، السرعة الادراكية، الاستدلال، عامل

الذاكرة والطلاقة اللفظية، وتترابط هذه القدرات وتكون ما يسمى بالذكاء العام. وقد اشار ثورندايك (Thorndike) إلى ثلاثة اشكال من الذكاء هي: الذكاء العملي والذي يتعامل صاحبه مع الادوات والمواد والآلات بمهارة عالية، والذكاء النظري والذي يتميز يتناول الافكار والرموز والصيغ بفاعلية اكثر، والذكاء الاجتماعي والذي يتميز صاحبه بالاهتمام بالناس والمحافظة على سلوكيات مقبولة اجتماعيا والاحتفاظ بعلاقات اجتماعية حسنة مع الجميع.

وتبدأ نسبة الذكاء من اقل من ٢٥ وتمثل فئات متطرفة من التخلف العقلي، مرورا بنسبة (٩٠-١٠٠) وتمثل فئة عوام الناس، وتنتهي نسبة الذكاء بنسبة ١٤٠ فما فوق وتمثل نسبة الموهوبين والعباقرة. ويتخلل هذه النسب قيم اخرى تمثل فئات تأخذ اوصاف وسمات مختلفة.

واكد (جاردنر، ١٩٨٥) بان هناك مجموعة من الذكاءات يمتلكها كل فرد وتعمل بطريقة فردية أو تفاعلية اطلق عليها اسم الذكاءا ت المتعددة (Multiple Intelligence). وأكد ان بعض الاشخاص يمتلكون مستويات عالية في جميع هذه الذكاءات، وبعضهم يفتقر إلى معظمها، والبعض الآخر على منتصف المتصل يمتلك بعضاً منها. والذكاءات المتعدده ترتبط بالذكاء العام والاستعدادات والمواهب. ويرى (جاردنر) ان بإمكان كل فرد ان يطور هذه الذكاءات المتعدده إلى مستوى معقول إذا توفر له التعليم والتشجيع المناسبين. وقد ميز جاردنر بين ثمانية انواع من الذكاء هي:-

(١) الذكاء الجسمي الحركي: الذي يتضمن القدرة على استخدام الجسم في التعبير عن النفس وكذلك المهارات الجسدية مثل السرعة والتوازن والمرونة.

(٢) الذكاء الشخصي: ويتمثل في قدرة الفرد على فهم نفسه ومواطن ضعفه وقوته وكيفية تعامله مع مشاعره.

(٣) الذكاء الاجتماعي: ويتمثل في قدرة الفرد على فهم الآخرين وامتلاك المهارات الاجتماعية المتقدمة.

(٤) الذكاء المنطقي الرياضي: ويتمثل في القدرة على التحليل بشكل جيد وفهم واستخدام خصائص الأرقام، والقدرة على التنبؤ واستخدام بعض الآلات البسيطة.

(٥) الذكاء اللغوي: ويتمثل في القدرة على استخدام المفردات بفاعلية شفهيا وكتابيا، والقدرة على تذكر التراكيب اللغوية.

(٦) الذكاء الموسيقي: ويتمثل في القدرة على تذوق الايقاعات الموسيقية وتمييز طبقة الصوت واللحن.

(٧) الذكاء الفيزيائي: ويتمثل في القدرة على الاحساس باللون والشكل والمكان والخط والقدرة على التعبير عن الافكار التعبيرية والمكانية بالرموز والرسوم

(٨) الذكاء الطبيعي: ويتمثل بالقدرة على فهم الحياة النباتية والحيوانية والتعرف على انواع المنتجات الصناعية المستخرجة من خامات الطبيعة.

أشهر اختبارات الذكاء

من أشهر مقاييس الذكاء العالمي التي تم تطبيقها على البيئات العربية نذكر ما يلي:

١- مقياس ستا نفورد بينيه (STANFORD BENUT)

وهو أول مقياس صمم لقياس القدرة العقلية العامة (الذكاء) وهو يحتوي على سلسلة من الاختبارات تتضمن مهمات ومهارات مشابهة للمتطلبات الدراسية وقد طور(ستانفورد بنيه) وحدة قياس لهذا لاختبار أطلق عليها نسبة الذكاء (IQ) وهي الوحدة الأكثر شهرة واستعمالا في مجال قياس الذكاء، والتي تم استخدامها لاحقا في اختبارات ذكاء أخرى مثل اختبار وكسلر (Wechsler). وتشير نسبة

الذكاء (IQ) إلى النسبة المئوية للأداء العقلي، الذي يصل اليه الفرد اثناء اجراء الاختبار ويمكن الحصول عليها باتباع المعادلة التالية:

$$IQ = \frac{\text{العمر العقلي بالشهور}}{\text{العمر الزمني بالشهور}} \times 100 \%$$

* وصف المقياس:

يتضمن مقياس (ستانفورد بنيه) خمسة عشر اختباراً فرعياً مصنفة إلى أربع مجموعات، بحيث تقيس كل مجموعة قدرة عقلية محددة وهي:

١- الاستدلال اللفظي.

٢- الاستدلال الكمي.

٣- الاستدلال البصري /المجرد.

٤-الذاكرة قصيرة المدى.

٢- اختبار وكسلر لذكاء الراشدين (Wechsler)

يعرف وكسلر الذكاء بانه القدرة الكلية للفرد على القيام بالفعل الهادف والتفكير والتكيف مع البيئة. ويحتوي مقياس وكسلر لذكاء الراشدين على ثلاثة عشر اختبار، سبعة اختبارات فرعية لفظية تتضمن المعلومات العامة والمفردات والحساب و المتشابهات وسلاسل الإعداد، والسبعة الأخرى أدائية مثل ترتيب الصور وتكميل الصور وتصميم المكعبات وتجمع الأشياء والمتاهة. وقد أشار وكسلر إلى ثلاث انواع من نسبة الذكاء وهي:-

١- نسبة الذكاء اللفظيه .

٢- نسبة الذكاء الأدائية .

٣- نسبة الذكاء العام وهي مجموع نسب الذكاء اللفظي والادائي.

ملاحظة: صمم وكسلر أيضاً اختبار لذكاء الأطفال اللذين تتروح اعمارهم من ستة إلى ستة عشرة سنة.

٣- اختبار رافن (ravens porogressive matrreX)

وهو اختبار (فردي أو جماعي) يتطلب من الفرد ان يختار الشكل المناسب الذي ينتمي إلى مصفوفة، حيث يتم اختيار هذا الشكل من مجموعة تصاميم متشابهة. والمثال التالي يشكل احد فقراته في صورته الأصلية:

اختر من الاشكال ادناه الشكل الذي يشبه الشكل التالي ؟ (يقدم السؤال شفهيا).

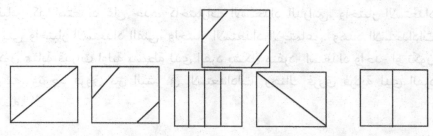

ويناسب هذا الاختبار الأطفال والشباب بغض النظر عن اللغة أو الثقافة التي ينتمون اليها، ويفضل عادة استخدامه مع أولئك الإفراد الذين يفتقرون إلى مخزون لغوي وقدرات لغوية كبيرة، كذالك مع فئات التربية الخاصة لاسيما ذوو صعوبات التعلم.

أضافة لاختبارات الذكاء السابقة هناك اختبارات ذكاء أدائية ولفظية عديدة إلا انها لا تتعدى أكثر من تطوير صور ونماذج مشتقة من الاختبارات الثلاث السابقة مثل:-

١-   اختبار (جود انف) لرسم الرجل أو المرأة.

٢-   اختبارات دينفر(denever) لتقيم أداء الطفل من عمر(٠_٦) سنوات في المجال الاجتماعي واللغة والمهارات البسيطة والمعقدة.

٣-   اختبار (Tony) لقياس تفكير حل المشكلة، من خلال تحديد العلاقة بين إشكال هندسية.

اختبارات الاستعدادات (Aptitude Tests)

وهي مجموعة اختبارات تستعمل للتنبؤ بالقدرة على التعلم او التأهل للمستقبل، وتهدف إلى التنبؤ بصلاحية الفرد ومدى نجاحه في عمل ما لم يتدرب عليه من قبل، وبالتالي اتخاذ القرارات في تحديد الاوضاع التعليمية الملائمة له.وتتكون هذه الاختبارات من تمارين او مشكلات يطلب من المفحوص حلها او اعمال يدوية يتطلب تأديتها. وهناك انواع مختلفة من الاختبارات يختص كل منها بقياس كل استعداد على حده، كاختبارات الاستعداد الدراسي، واختبار الاستعداد المهني واختبار الاستعداد الفني، واختبار الاستعداد الاجتماعي. وهذه الاستعدادات تكون بمثابة قدرات اولية بسيطة لدى الفرد بشكل منفرد- استعداد واحد- او تكون مركبة. وتوجد فروق بين البشر في الاستعدادات، وهناك فروق فردية لدى الفرد نفسه.

مفهوم الاستعداد

تناولت العديد من الادبيات مفهوم الاستعداد ومن هذه التعريفات التي تناولت ذلك المعنى للاستعداد نذكر ما يلي:

- قابلية الفرد او قدرته على تعلم شيء ما، والتي تتحدد في ضوء عاملين هما: نضجه (المستوى اللازم من النمو)، وخبراته السابقة.

- اكتساب المعرفة والمهارات العقلية الأساسية التي تجعل المتعلم قادرا على الاستفادة من التعليم إلى اقصى حد ممكن(انستازي).

- تلك الفترة الزمنية، التي يكون اثناءها الفرد قادر على تحصيل افضل النتائج بأقل جهد ممكن(لونيفيلد).

- امكانية الفرد لتعلم مهارة معينة عندما يزود بالتدريب المناسب، وفي هذا اشارة إلى القدرة المستقبلية للفرد على ان يكتسب بالتدريب نوعا خاصا من المعرفة او المهارة (أهمان راي).

- القدرة على التعلم، وتوفر الرغبة والمهارات الخلقية لذلك(هوركس وشنوفر)

من خلال المفاهيم السابقة للاستعداد يمكن التوصل إلى التعريف التالي:ـ

الاستعداد هو قدرة الفرد الكامنة على التعلم بسرعة وبسهولة والوصول إلى مستوى المهاره في مجال معين اذا توفر له التدريب اللازم، وقد تكون هذه القدرة مكتسبة من البيئة من خلال التدريب؛ او انها تكون فطرية موروثة.

يمكن من خلال التعريفات السابقة وغيرها من التعريفات التي لا يتسع المكان لذكرها استخلاص خصائص شتى تعتبر عوامل مميزة للاستعداد نورد منها:

١. تحدد الوراثة استعداد الفرد بدرجة اكبر واكثر من تأثيرا من البيئة. فالبيئة لا تستطيع ان تتجاوز الحدود التي ترسمها الوراثة ولكن ضمن هذه الحدود يمكن للبيئة ان تقدم الشيء الكثير، فالبيئة الغنية في مثيراتها وامكاناتها المادية من المتوقع ان تؤثر ايجابيا في استعداد الفرد لتعلم اللغة مثلا مقارنة بغيره ممن لم تتوفر له مثل هذه الامكانيات.

٢. قد يكون الاستعداد خاصا يؤهل الفرد لأن يكون عازفا على آلة موسيقية معينة او طبيب جراحة... الخ، وقد يكون الاستعداد عاما كالاستعداد العلمي او الادبي او الطبي. وهذا يعني ان الاستعداد قد يكون بسيطا من الناحية العملية؛ أي يتضمن قدرة بسيطة واحدة كسرعة تحريك الاصابع وقد يكون مركبا من عدة قدرات كالاستعداد اللغوي مثلا.

٣. تتميز الاستعدادات بانها مستقلة او منفصلة عن بعضها البعض؛ بمعنى ان مستوياتها وانواعها مختلفة لدى الفرد الواحد – وهذا ما يعرف بالفروق داخل الفرد – ؛ فقد يكون لدى الفرد الواحد استعدادا مرتفعا لتعلم الرياضيات وفي ذات الوقت الاستعداد منخفضا في الرياضة والموسيقى.

٤. يختلف كم الاستعداد الواحد لدى الافراد، ويتوزع بينهم من حيث قوته او ضعفه وفقا لمنحنى التوزيع السوي – خاصة فيما لو كان عدد الافراد ممثلا

لمجتمعه الاصلي - حيث تبدو هذه الفروق بين الافراد في مدى سهولة او صعوبة اكتساب القدرة على تعلم عمل معين.

5. تنمو الاستعدادات من العام إلى الخاص، وهذه الخاصية مشتركة مع مبادئ النمو؛ فمع ان الاستعدادات لا تكون واضحة المعالم في الطفولة الا انها تتجلى وتتمايز وتتبلور مع التقدم في العمر.
6. الاستعداد سابق للقدرة؛ بمعنى انه قد لا يكون للفرد حاليا قدرة على اداء عمل معين في حين يتوفر لديه الاستعداد لاكتساب هذه القدرة مستقبلا بالتدريب والممارسة.
7. لا تظهر الاستعدادات في مرحلة الطفولة وانما تبدأ بالظهور في بداية مرحلة المراهقة.

المظاهر الدالة على الاستعداد

- القدرة على الانتباه والمثابرة.
- القدرة على اللعب مع الاطفال الآخرين والاستمتاع بذلك.
- القدرة على التعاون مع الاطفال الآخرين في تأدية النشاطات المدرسية
- القدرة على اتباع التعليمات اللفظية والرغبة في ذلك.
- المرور بخبرات مناسبة فيما يتعلق بالاشياء الملموسة (غير التجريدية).
- القدرة عن التعبير لغويا عن الافكار.
- التعبير عن الاهتمام بالقصص والقدرة على فهم ما تعنيه.
- القدرة على استيعاب المفاهيم البسيطة والتعرف إلى العلاقات بين هذه المفاهيم.
- القدرة على العناية الجسدية الذاتية.
- الاتزان الانفعالي في العلاقة مع الاطفال الآخرين ومع الراشدين ايضا (كالقدرة على تحمل النقد البناء).

– القدرة على استخدام القدرات الحسية بفاعلية (اللمس، السمع، الشم،....).
– احترام حقوق الآخرين وممتلكاتهم.
– الثقة بالنفس وعدم الاعتماد على الآخرين.
– ابداء الرغبة في التعلم والاكتشاف.
– الاستمتاع بالنجاح في تأدية الاعمال المدرسية.

العوامل المؤثرة في الاستعداد

١. النضج الفسيولوجي: حيث ان الاختلاف في مستويات النضج تؤثر على استعدادات الافراد للتعلم، فمن يكون لديه مستوى اعلى من النضج يكون استعداده افضل للتعلم.

٢. الخبرة السابقة: وهو مقدار ما يحتفظ به الفرد من مهارة وقدرة لتعلم مهارة جديدة.

٣. ملاءمة ومناسبة المادة وطرق التدريس للفرد: فكلما زاد اتفاق المادة مع ميول ورغبات الفرد زاد استعداده للتعلم، وكلما تمت مراعاة المطالب النمائية للفرد زاد استعداده لتعلم المهارة.

٤. الوضع النفسي والاجتماعي للفرد: ان الاستعداد يتطلب توافقا وانسجاما في شخصية الفرد، فمن الطبيعي ان يقل استعداد الفرد للتعلم اذا كان يعاني من بعض المشكلات التكيفية في النواحي النفسية والاجتماعية.

٥. طبيعة الطفل نفسه: ونعني به الفروق الفردية بين الافراد.

اهمية معرفة استعدادات الطلبة في الإرشاد

١- دراسة الطالب ومعرفته معرفة موضوعية.
٢- تقديم خدمات التوجيه التربوي وتحديد مكان الطالب في المدرسة.
٣- تقديم خدمات التوجيه المهني (للطلبة في الصفوف الاعدادية والثانوية).

٤- استغلال الفترات الحرجة التي تكون فيها القابلية لتعلم مهارة معينة في ذروتها.
٥- التعامل مع الافراد مع مراعاة الفروق الفردية سواء كانت في معدلات النضج او القدرات العقلية العامة، او التحصيل الدراسي، او الفروق بين الجنسين وحتى الفروق داخل الفرد نفسه.
٦- اختصار للوقت من خلال معرفة الاستعداد الطبيعي للتعلم.

ادوات تقييم الاستعداد

١- ملف الطالب: ويشمل على معلومات شخصية اجتماعية وطبية تساعد في تكوين صورة عامة وتقريبية عن مدى استعداد الفرد للتعلم، والتي يمكن في ضوئها تصميم البرنامج الإرشادي الملائم.
٢- مقابلة الاهل: وتتضمن الاشخاص المهمين في حياة الفرد، لاسيما افراد اسرته. ويساعد ذلك في االتعرف على تاريخ وظروف العائلة، واتجاهاتها نحو الفرد وتوقعاتها منه، وخصائص الفرد واهتماماته وما إلى ذلك.
٣- الملاحظة المباشرة:وهي عملية منظمة تهدف إلى قياس سلوكيات تم تحديدها بكل دقة ووضوح، وعادة ما تتضمن جمع وتسجيل المعلومات عن اداء الفرد في ظروف محددة مسبقا.
٤- الاختبارات:وتعتبر من اهم الادوات التي يمكن للمعلم توظيفها لقياس وتقويم قدرات الفرد العامة أو الخاصة، وذلك بهدف التشخيص - أي وصف مظاهر العجز الموجود لدى الفرد وتحديد القدرات المتبقية لديه - او بهدف التنبؤ بالأداء المستقبلي.

اختبارات الاستعداد الشائعة

من اشهر اختبارات الاستعداد نذكر مايلي:-

١. **بطاريات القابليات العامة (GATB)**

وتفيد في ارشاد الشخص للعمل المناسب وغرضها التنبؤ بأداء المفحوص مستقبلا. واحدث صورة لهذه البطارية تتضمن (١٢) اختبار تعطي علامات لتسع عوامل مختلفة أحدها عامل ذكائي عام (G) وهذه العوامل هي:

- الذكاء العام: ويقاس بالدرجة المركبة من (٣) اختبارات هي (الادراك المكاني الثلاثي، والمفردات اللغوية، والاستدلال الحسابي)

- القدرة اللفظية: وتقاس من خلال اختبار المفردات.

- القدرة العددية: وتقاس من خلال اختبارين احدهما للعمليات الحسابية والآخر للاستدلال الحسابي والذي يشمل على مسائل عددية معبر عنها لفظيا.

- القدرة المكانية: وتقاس من خلال اختبار واحد يتعلق بإدراك المكان في ثلاثة ابعاد عند عرضها عرضا ثنائيا.

- إدراك الشكل: ويقيس القدرة على المزاوجة بين رسوم آلات معينة من ناحية، وأشكال هندسية من ناحية اخرى.

- الادراك الكتابي: ويقاس من خلال اختبار مقارنة الأسماء، وفيه يطلب من المفحوص ان يحدد فيما اذا كان كل زوج من ازواج الأسماء متطابقين او مختلفين في بعض التفاصيل.

- المهارة اليدوية: ويتضمن هذا العمل السرعة مع الدقة في حركات اليد، ويطلب من المفحوص استخدام كلتا يديه في نقل عدد من القطع الخشبية بناءً على تعليمات محددة، ثم استخدام اليد المفضلة.

- مهارة الإصبع: ويقيس مهارة المفحوص في تجميع الاشياء الصغيرة وفكها.

- التآزر الحركي: ويقيس من خلال الاختبار المتمثل برسم الخطوط بناءً على تعليمات الفحص.

٢. اختبار الاستعداد القرائي

بما ان دخول المدرسة قد عنى لقرون كثيرة بتعلم القراءة، فقد جرت العادة لأن ينظر إلى الاستعداد المدرسي على انه الاستعداد للقراءة. وهذه الحقيقة اكدتها (انستازي) بقولها: ان اختبارات الاستعداد للتعلم المدرسي عادة ما تركز على القدرات والشروط التي يعتقد بانها مهمة للقراءة. وعليه فان اكثر اختبارات الاستعداد تداولا هي تلك التي تعنى بالقراءة، باعتبارها- أي القراءة- من اكثر المهارات ضرورة للنجاح المدرسي. وعموما يتأثر الاستعداد القرائي بعدة عوامل تتداخل فيما بينها، وهي: النمو العاطفي والاجتماعي والجسمي، العمر العقلي، النمو اللغوي- بجانبيه الاستقبالي والتعبيري-، وخبرات ما قبل المدرسة، والمستوى الاجتماعي والاقتصادي.

٣. اختبارات الاستعداد الكتابي

تقيس هذه الاختبارات انماط مختلفة من الاستعداد الكتابي، كذلك القدرة على اكتشاف الاخطاء، والقدرة في الضرب على الآلة الكاتبة، والسرعة في اجراء العمليات الحسابية، و فهم التعليمات. وتفيد هذه الاختبارات العاملين بالاعمال الكتابية مثل: الضرب على الآلة الكاتبة، او استخدام الآلة الحاسبة، او العاملين في البنوك كالمحاسبين.

٤. اختبارات الاستعداد الميكانيكي

هي اختبارات تحاول التنبؤ بالنجاح والكفاءة للشخص في مجال الاعمال الميكانيكية المختلفة، وتتطلب من الفرد ان يكون لديه القدرة على تمييز العلاقات المكانية، وقدرة يدوية مع حدة في البصر، بالاضافة لأن يكون لديه تحكم عضلي. وتستخدم هذه الاختبارات في اختيار العمال الذين تتطلب اعمالهم قدرات ميكانيكية مثل: صيانة الماكينات واصلاح الاجهزة وترتيب الماكينات. ان هذه الاختبارات تبين درجة الموهبة عند الفرد، ولا يمكن

اعتبارها المحك النهائي للاستعداد الميكانيكي، إذ لا بد من الربط بين نتائجها وبين ما يتم ملاحظته خلال قيام الفرد الفعلي باعمال ميكانيكية تتطلب وجود هذه المهارات؛ حتى نستطيع الحكم على الفرد انه يتمتع بدرجة معينة من الاستعداد أم لا.

٥. اختبارات الاستعدادات الفنية

يوجد لدى البعض استعدادا فني ظاهر، وقدرة على تذوق الجمال والطبيعة، وادراك مظاهر الذوق السليم في النواحي المختلفة للفنون الجميلة. وهناك عدة اختبارات لقياس هذه الاستعدادات عند الافراد منها: اختبار (ماك ادوري)، والذي يحتوي على (٢٧) صورة فنية تتناول اشكال مختلفة مثل: اثاث المنزل، ورسوم الملابس والمنسوجات، وصورالمباني والفن المعماري،واخرى تمثل توزيع وتناسب الالوان، ويطلب من المفحوص ان يرتبها حسب قيمتها وبناءً على ذوقه.

٦. اختبارات استعدادات الموسيقى

أول من وضع مقياس اولي للاستعداد الموسيقي (سيشور) والتي تقوم فكرته على التحليل السيكولوجي للموهبة الموسيقية، حيث يطلب من المفحوص ان يبين درجة الصوت هل هي اقل ام اعلى لزوج من الاصوات التي يسمعها اياه الفاحص؟

٧. اختبارات الاستعداد اللغوي

ويتجلى هذا الاستعداد في القدرة على معالجة الافكار والمعاني، عن طريق استخدام الالفاظ. وله عدة مظاهر مثل سهولة فهم الالفاظ اللغوية والجمل والافكار المتصلة بها، وادراك العلاقة بين الالفاظ والجمل من حلقات مختلفة، وسهولة التعبير الكتابي والشفهي، واسترجاع اكبر عدد من الالفاظ بيسر وسهولة.

٨. اختبارات الاستعداد الاكاديمي

هذه الاختبارات شبيهة باختبارات الذكاء، الا انها تركز على المجال الذي يلتحق فيه الطالب. وعادة فان بعض الجامعات تقوم اليوم بإجراء اختبار للاستعداد الاكاديمي من أجل معرفة استعداد الطلبة الذين يلتحقون في كلياتها المختلفة، للكشف فيما اذا كانوا قادرين على مواصلة تعليمهم او غير قادرين، ومن هذه الاختبارات: اختبارات الاستعداد لدراسة الطب لـ(موس)، واختبار (فردسون وستودارد) لانتقاء الطلبة لكلية القانون.

٩. اختبارات الاستعداد للعلوم الطبيعية والهندسية:

يفيد هذا الاختبار في التنبؤ بنجاح المفحوص في مجال دراسة العلوم الطبيعية والهندسية، ويتضمن مهارات تتعلق بالرياضيات، المعادلات، فهم العلوم الطبيعية، التفكير الحسابي، الفهم اللغوي، الفهم الميكانيكي.

الانتقادات الموجهة إلى اختبارات الاستعداد.

بالرغم من ان نتائج اختبارات الاستعداد وما تحتويه من معايير – تساعد على تفسير النتائج – تزودنا بمعلومات مهمة سبقت الاشارة اليها، إلا ان هذه المعلومات تبقى محدودة حيث ان الاستعداد يتكون من طائفة من العوامل التي يصعب الاحاطة بها جميعا وقياسها، علاوة على انه يندر ان تعطي اختبارات الاستعداد المستخدمة مع الاطفال نتائج دقيقة عن اوضاعهم، لذا كان لابد من استخدام ما نحصل عليه من نتائج على مثل هذا النوع من الاختبارات جنبا إلى جنب مع بيانات اخرى عن العمر العقلي للفرد، وتكيفه العاطفي والاجتماعي، وحالته الصحية، وقدراته الحركية، خبراته السابقة وغيرها، لتسهم في تحقيق الفوائد المرجوة منها. لذلك لابد من مراعاة الامورالتالية لدى تقييم قدرات الطالب واستعداداته:

١- يجب ان يشترك فريق متعدد الاختصاصات في عملية الكشف عن استعداد الطالب.
٢- عدم الاعتماد على اختبار واحد لتحديد مستوى الفرد، مهما كان ذلك الاختبار.
٣- يجب ان لا تقتصر عملية التقويم على الجانب الذي يعاني فيه الطالب من عجز، وانما ينبغي تحديد أداء الطالب في النواحي المختلفة.
٤- يجب ان يعكس الاختبار المستخدم صورة صادقة عن قدرات الطالب وعجزه.

اختبارات التحصيل الاكاديمي (Achievement Tests)

يشيرمفهوم التحصيل ألاكاديمي (Collection curriculum) إلى كمية المعرفة او المعلومات التي يحصلها الطالب، نتيجة تلقيه للتعليم والتدريب في المدرسة او الجامعة او أي مؤسسة تعليمية. وهو معيار يحدد إلى حد بعيد المستقبل الاكاديمي والمهني للطالب، وينبئ بمستقبل حياته ونمطها إلى حد بعيد. ويرتبط التحصيل الدراسي بالذكاء ارتباطا وثيقا لدرجة ان بعض المؤسسات التعليمية تعتبره المعيار الوحيد في تقرير الطلبه الموهوبين.

وتجري اختبارات التحصيل الاكاديمي للطلبة في المؤسسات التعليمية المختلفة، وتعد وسيلة مهمة لقياس مدى ما حصّل التلاميذ من المادة الدراسية ومقدار استيعابهم لها والمهارات التي تتعلق بمناهج الدراسية، وتصنيف الطلبة إلى راسب وناجح. وتختلف اشكال هذه الاختبارات فمنها المقالية ومنها الموضوعية ومنها التحريرية والعملية. وتعتبر اختبارات التحصيل من الناحية التربوية مقاييس لنتائج التعليم، ومعامل الارتباط بينها وبين اختبارات الذكاء عالي نسبياً ،والاختبارات المقننة منها تتيح متابعة تطور تحصيل الطالب، ويمكن على اساس نتائجها معرفة نسبة التحصيل مما يفيد في ارشاده تربوياً ومهنياً.

اختبارات التحصيل الاكاديمي من وضع المعلم

غالبا ما يصمم المعلمون اختبارات التحصيل بانفسهم لغايات قياس كمية المعرفة التي حصلها الطلبة، أو تصنيف الطلبة إلى ناجح- راسب- ضعيف -متوسط. ويأخذ هذا النوع من الاختبارات أربعة إشكال رئيسية هي:-

١- الاختبارات المقالية التي يُسأل الطالب خلالها بان يناقش أو يقارن أو يحلل أو يلخص.

٢- الاختبارات الموضوعية التي تتضمن تحديد الإجابات سلفا، وما على الطالب إلا ان يختار الجواب الصحيح.

٣- الاختبارات الشفهية والتي توجه الأسئلة بموجبها شفهيا إلى الطالب من قبل المعلم.

٤- الاختبارات الأدائية وتتضمن تقيم أداء الطالب في مجال أو عمل معين مثل الطباعة.

اختبارات التحصيل المقننة الشائعة

وهي اختبارات أعدت لها معايير تمكن الفاحص من مقارنة المفحوص برفاق سنة وجنسه وثقافته، حيث تعتمد هذه المعايير على المتوسط الحسابي والوسيط والمنوال والانحراف المعياري، حتى تسهل عملية تحويل الدرجات الخام إلى درجات معيارية. ويستفيد المرشد النفسي من هذه الاختبارات في توجيه الطالب نحو الدراسة التي تنفق مع قدراته واستعداداته، لانها تقيس مستويات ومهارات لا يمكن لأسئلة المعلم ان تقيسها والذي قد يعتبرها المعلم غير قابلة للقياس مثل الاستيعاب. والاختبار المقنن لابد ان يكون واضحا ومحددا واسئلته مصاغة جيدا. ومن أشهر اختبارات التحصيل الدراسي نذكر:-

<u>اختبار كاليفورنيا للتحصيل</u>

وهو عبارة عن خمسة اختبارات فرعية للمستويات الابتدائية والثانوية تقيس بصورأساسية المهارات اللفظية والحسابية.وفيما يلي أمثلة على فقرات هذا الاختبارات للمرحلة الابتدائية والأساسية .

**هذه الصورة تشير إلى:-

١- كلب

٢- أسد

٣- بطة

٤- حصان

** حاصل جمع (٨+٧) =

• ١٩

• ١٥

• ١٤

• ١٢

وهناك اختبارات تحصيل مصممة على أساس قياس مهارات دراسية أو قدرات محددة مثل:-

١ -اختبار تشخيص القراء.(Gillmor oral reading test)

٢ -اختبار (stem ford mathematics test) لتحصيل المهارات الحسابية

٣ -اختبار (boehan) لتحصيل المفاهيم العلمية الأساسية لطلبة الصف الأول ابتدائي، و يقيس مفاهيم الزمن و الكمية والفراغ والفضاء.

وأخيرا يهتم المرشد النفسي بهذه الاختبارات وبنتائجها لغايات وضع برامج علاجية، وليس لمجرد معرفة المعلومات والمهارات المتوفرة لدى الطالب فحسب.

<u>اختبارات القدرات .</u>

يشير مفهوم القدرات(Abilities) إلى كل ما يستطيع الفرد اداؤه في اللحظة الحالية من مهارات ومهمات عقلية او حركية، سواء كان ذلك نتيجة تدريب او دون تدريب. والقدرات اما ان اتكون موروثة كقدرة الحركة والمشي والإبصار، وهذه القدرات يمكن تنميتها بالتدريب والممارسة. وقد تكون قدرات مكتسبة مثل القدرة على السباحة او الرقص او الطباعة، وهي تحتاج إلى تدريب متكرر وممارسة. وتقسم القدرات الانسانية إلى خمسة انواع رئيسية هي:-

١- قدرات خاصة   (Special Abilities)

نوع محدد من القدرات يحتاجها الفرد للقيام بمهارات محددة دون غيرها، مثل القدرة اللغوية التي يحتاج اليها الفرد للقيام بمهارات القراءة والكتابة والنطق السليم، والتي لها صلة بالتحصيل الدراسي، كما تتضمن ايضاً القدرة العددية التي يحتاجها الفرد للقيام بالمهارات الحسابية والهندسية والقدرات الفنية.

٢-   قدرات رياضية   (Physical Ability)

وهي قدرات خاصة بالنشاطات الرياضية كافة مثل الركض، والقفز، والقذف...الخ.

٣- قدرات فنية   (Article Ability)

وهي قدرات خاصة برسم وتذوق اوجه الجمال في الرسومات الفنية المختلفة، كما تشمل القدرة على التمييز والإدراك للأشياء المرئية، ورسم مواضيع (بيت او عصفور او كوخ) من ذاكرة المفحوص.

٤- قدرات موسيقية (Music Ability)

وهي قدرات ترتبط بالأعمال الموسيقية مثل القدرة على تمييز درجة الحساسية لكل طبقة من طبقات الصوت وشدته وزمنه ومداه، والقدرة على تذوق الانغام الموسيقية وانسجامها، وتعتبر المهارة اليدوية عنصرا هاما لضبط طبقة الصوت وشدته ومداه وحجمه في حالة الموسيقى الوترية والصوتية معا. كما تتضمن القدرات الموسيقية الخيال الابداعي وردود الفعل العاطفية للموسيقى، ويتم تدريب هاتين القدرتين بشكل ذاتي.

٥- قدرات ميكانيكية (نفس-حركية) (Psycho - Motor)

قدرات خاصة تتعلق بالنشاطات والأعمال التي تحتاج إلى القوة والتآزر والبراعة اليدوية ونعومة الاداء. ويحتاج الفرد هذه القدرات في مجالات تطبيقية واسعة تمتد من قيادة الطائرة إلى الخياطة. وترتبط القدرات الميكانيكية ارتباطاً موجباً ولكنه ضعيف مع الذكاء العام. ولا بد للمرشد النفسي ان يستخدم اختبار الذكاء إلى جانب استخدامه لاختبارات القدرات. وفيما يلي عرض الأهم اختبارات القدرات المستعلمة على نطاق واسع لغايات القبول في التخصصات الدراسية والمهن المختلفة:-

١- اختبار القدرات الفارقة (D.A.T)

وهو اختبار يهدف إلى التنبؤ بالتحصل الدراسي الطلبة المرحلة الإعدادية والثانوية. وهو من اشهر اختبارات القدرات والاستعداد في المدارس، ويتألف من مجموعة من الاختبارات التي تقيس:

- القدرة اللفظية: الاسئلة هنا من نوع المتشابهات المزدوجة، أي: (؟) بالنسبة إلى (أ) مثل (ب) بالنسبة إلى (؟). ويعطى الفرد خمسة ازواج من الكلمات لإكمال المتشابهة. والفقرة التالية توضح اسئلة القدرة اللفظية:-

- .... بالنسبة لليل مثل الافطار بالنسبة لـ.........
  أ- العشاء – زاوية
  ب- لطيف – الصباح
  ج- باب – زاوية
  د- ينساب – يستمع
  هـ- العشاء – الصباح
- القدرة العددية: تتألف اسئلتها من مسائل حسابية تؤكد على الفهم اكثر مما تؤكد على الطلاقة في إجراء العمليات الحسابية
- القدرة على التجريد (الاستيعاب): عبارة عن سلسلة من الاشكال التي تكوِّن تتابع معين او علاقة، وما على المفحوص إلا ان يحدد الاختيار الذي يكمل السلسلة.
- السرعة والدقة الكتابية: الاسئلة تتكون من تشكيلات من الرموز تحت واحد مها خط، وعلى المفحوص ان يحدد الرموز المشابهة (المناظرة) في ورقة الأجابة.
- القدرة الميكانيكية: يعطى فيها المفحوص شكل يحتوي على موقف او مسألة ميكانيكية، وعلى المفحوص ان يحدد أي الاختيارات تنطبق على الموقف.
- العلاقات المكانية: يعطى فيها المفحوص شكل منبسط، وعلى المفحوص ان يحدد أي الاشكال المجسمة يمكن الحصول عليها من طي الشكل المنبسط.
- اللفظ والتهجئة: يعطى المفحوص جملة مجزأة بعلامات فاصلة إلى أربعة أجزاء، وعلى المفحوص ان يحدد أي جزء منها(أ، ب، ج، د) يحتوي خطأ، وان لم يوجد خطأ فانه يعلم هـ.
- الاستعمال اللغوي (المحادثة): يعطى المفحوص قائمة من الكلمات بعضها مكتوب بإملاء خطأ، وعلى المفحوص ان يحدد في حالة كل كلمة منها فيما إذا كانت مكتوبة بشكل صحيح ام لا.

تتراوح الحدوده الزمنية المخصصة لاختبار القدرات الفارقة (D.A.T) في الاغلب من (٣٠) دقيقة إلى ساعة، ويحتاج على الاقل إلى جلستين منفصلتين. ويتوفر له معايير مئينية لكل صف إبتدءًا من الصف الثامن وانتهاءً بالصف الثاني عشر، وتوجد معايير لكل اختبار فرعي بالإضافة إلى معايير لمجموع اختباري الاستدلال اللفظي والقدرة العددية معا واللذان يمكن استخدامهما كمقياس عام للاستعداد المدرسي.

٢- اختبار التقويم المدرسي (.S.A.T)

وهو اختبار يتالف من قسمين:-

- اختبارات استدلالية تقيس القدرة على الاستدلال اللفظي والحسابي.
- اختبارات متخصصة في موضوع التخصص أو المهنة.

٣- اختبارات القبول بالجامعات (C.R.E)

وهو يستخدم كثير لغايات التسجيل في الجامعات وللالتحاق ببرامج الدراسات العليا وهي تحتوي على قسمين:

- قسم عام يتضمن قياس القدرة اللفظية والحسابية والتحليلية.
- قسم خاص يتضمن قياس المعرفة في موضوع التخصص.

٤- اختبار تور انس لقياس القدرة الإبداعية.

يعرف تور انس الإبداع بانه عملية عقلية تضمن التفكير والعمل المبدع الجديد غير المألوف الذي تقبله الجماعة وتقدره الفائدة منه. ويتصف المبدع بصفات متعددة منها:الذكاء ((حيث تزيد نسبة ذكائهم عن ١٣٠))، و الخيال وحب الاستطلاع والدافعية العالية، ومن ناحية صحية وشخصية يميل المبدعون إلى ان يكونوا اطول قامة واصح جسميا وامهر في استخدام اللغة والقراءة.

لقد صمم تورانس اختبار لقياس القدرة الابداعية، يعتمد أساسا على قدرات فرعية يتكون منها الإبداع مثل التخيل والطلاقة والتفاصيل... الخ. وما يميز هذا الاختبار عن غيره من اختبارات القدرات انه يتضمن معايير خاصة؛ وذلك لأن الأداء عملية ليس محكوما بمقاييس أو شروط محددة ومن الامثلة على الأسئلة الابداعية لاختبارات تورانس.

- رسم شيء باستخدام خيط موجود على ورقة.
- ذكر اكبر عدد من الاستعمالات للأشياء مثل علب السرف الفارغة أو عبوات الحليب المعدنية....... إلخ.

اختبارات الميول

يعرف علماء النفس الميل (Interest) على انه شعور بحب شيء أو موضوع أو نشاط أو موقف ما. وتمتد الميول على متصل يتدرج من الحب مروراً بالحياد وحتى الكره، ولابد من معرفة الميول الأصلية لدى المسترشد وليس العارضة (التي لا تتناسب مع قدراته). وتفيد معرفة الميول المهنية في عملية الإرشاد التربوي والمهني كثيراً. وجدير بالذكر انه إذا تطابقت الميول مع القدرات، وتوفرت الدافعية فان الانسان يحقق أقصى طاقاته وسعادته، والعكس صحيح. وتتأثر ميول الفرد بعدد من العوامل أهمها:-

١- البيئة:

تؤثر البيئة الأسرية - المتمثلة بالدخل الفردي للأب ومستواه التعليمي والمهني والخبرات المبكرة للطفل، ووسائل الاتصال والتفاعل والمثيرات التربوية كالكتب والمجلات- في ميول الطفل وتجعله يصوغ نفسه على غرار والديه.كما تلعب البيئة الخارجية دورا مهما في تحديد الميول حيث وجد ان الميول العلمية لدى أطفال المدينة تنمو بمدى أوسع من الميول العلمية لدى أطفال القرية وفي أعمار مبكرة. وتلعب المدرسة والتحصيل

الدراسي أيضا دورا مهما في اتجاه الميول، فالكثير من الطلبة يميلون إلى المواد الدراسية التي يستطيعون الانجاز بها أكثر من غيرها.

٢- الوراثة:

ينحصر تأثير الوراثة في تحديد الميول داخل الأسرة الواحدة، حيث قد تجد ان احد الأولاد لديه ميل لدراسة الطب لانه يلاحظ الوضع الاجتماعي والاقتصادي الجيد لوالده الطبيب وهكذا بقية إخوته.

٣- ثقافة المجتمع وصناع القرار التربوي:

ويتمثل ذلك بتأثير المجتمع وتركيزه على بعض التخصصات والمهن المرغوب بها دون غيرها.

٤-الجنس:

ويتمثل ذلك بالفرق بين الذكور والاناث من حيث الاتجاهات والميول، فالذكور يميلون بصفة عامة إلى النشاط الجسمي والعمل الميكانيكي والأمور العلمية والسياسية، بينما تميل الاناث بصفة عامة إلى النشاط الفني والأدبي والاجتماعي ومهن التعليم والمساندة.

ومن أشهر مقاييس الميول المقننة التي تستخدم في الإرشاد التربوي والمهني تحديداً نذكر ما يلي:-

١- اختبار سترونج (strong interest inventory)

تحتوي احدث طبعة لهذا المقياس (١٩٩٤) على (٣١٧) فقرة مصنفة ضمن ثمانية مجموعات هي:-

-- المهن. يقوم الفرد بالاستجابة ل (١٣٥)حرفه بإحدى الإجابات الثلاث: أحب، لا اهتم، لا أحب.

-- مواضيع مدرسية:٣٩ موضوع مدرسي.

-- نشاطات:٤٦ نشاط مهني عام.

-- نشاطات أوقات الفراغ:٢٩ هواية.

-- انواع الناس:٢٠ نوع.

-- تفضيل بين نشاطين:يقوم الفرد بالتفضيل بين ٣٠ زوج من النشاطات بتأشيره (يمين) للنشاطات على اليمين، و(يسار) على اليسار ، و (=) لعدم التفضيل.

-- صفاتك: يقوم الفرد بالرد بنعم ، ؟ أو لا ل(١٢) صفة شخصية حسب وصفهم للذات.

-- تفضيل بيئة العمل: يتم التفضيل بين (٦)ازواج من المعلومات ، ولأفكار ، والأمور التي تخص بيئة العمل.

٢- اختبار كودر (kudder general interest survey).

يتضمن اختبار كودر (١٦٨) جملة بحيث تصف كل جملة نشاط حياتي. وقد صمم الاحتبار بحيث تتجمع كل ثلاث جمل في ثلاثية معينة ضمن مستطيل، ويطلب من المفحوص في هذه الاختبار ان يؤشر على نشاط واحد بكل ثلاثية وفي الخانة المقابلة من المستطيل يؤشر على كلمة غالباً أو نادرا، ويتم تحليل النتائج التي حصل عليها في كل من انواع الميول التالية:

- الميل الخلوي (الخارجي): العمل في الخلاء والهواء الطلق (الفلاح ، المهندس الزراعي).

- الميل الميكانيكي: العمل على الآلات الميكانيكية ، واستعمال الأدوات والأجهزة.

- الميل الحسابي أو العددي:(مدرس رياضيات، كاتب حسابات، وإحصائي، محاسب بنك).

- الميل العلمي: القيام بتجارب وبحوث وحل المشاكل واكتشاف حقائق جديدة.

- الميل الاقناعي: التعامل مع الناس بجميع إشكاله (محاماة، سياسية، تجارة).
- الميل الفني: الابتكار والإبداع (كالرسم والنحت وتصميم الأزياء).
- الميل الأدبي: الاطلاع والكتابة التعامل باللغة وتذكر الأقوال المثيرة.
- الميل الموسيقي: الاستماع للموسيقى وحضور حفلات موسيقية.
- الميل للخدمة الاجتماعية: خدمة الآخرين لتحسين أحوالهم.
- الميل السكرتاري: طباعة تنسيق اوراق، كتابة، مكاتب.

وفيما يلي مثال توضيحي للجمل الثلاثية.
- أحب زيارة الأقارب والأصحاب. غالبا نادرا
- المكوث في مكتبة البلدية . غالبا نادرا
- العمل في الحديقة . غالبا نادرا

٣- Field Interst Inventory ١٩

وهو اختبار يقيس الميول المهنية للطلبة والراشدين ويحتوي على تسعة عشر مجال عام من الميول هي: الفن التطبيقي (كالرسم والنحت)، والفن الأدائي (كالرقص والعزف)، اللغة، التاريخ، العمل الاجتماعي، القانون، الإبداع، العلوم، العددي، الإدارة، إعمال السكرتارية، السفر، الطبيعة، الخطابة، ميول انثوية، ميول ذكرية، ورياضية، اجتماعية (الاختلاطية). ويطلب من المفحوص ان يشير على كل ميل بكلمة أحب أو لا حب. ومن الأمثلة على المجالات العامة التي يقيسها هذا الاختبار نذكر ما يلي.

- السفر الدائم.
- دراسة العلاقات الأسرية في الأسر الفقيرة.
- نظم الشعر.
- تحضير وجبة طعام.

اختبارات الشخصية والتكيف

يشير مفهوم الشخصية (Personality) إلى نظام يتكون من كل ما لدى الفرد من سمات جسدية واجتماعية ومعرفية وانفعالية، سواء أكانت فطرية أو مكتسبة وتميزه عن غيره من الأفراد. وتعبر الشخصية عن ثبات نسبي في السلوك والأفكار والمشاعر (والتوافق بينها). ويكمن فهم ووصف شخصية أي انسان في ضوء سماتها التي تعبر عن سلوكه. كما يأخذ بعين الاعتبار مظهره العام وطبيعة قدراته وردود أفعاله وخبراته السابقة التي مر بها، ومجموعة الاتجاهات والميول التي توجه سلوكه. ويعتبر البعض ان عملية تقدير سمات الشخصية وفهم ديناميتها تحتل قلب العملية الإرشادية.

وتعتبر اختبارات الشخصية مهمة لقياس الميول والاتجاهات والقيم والدوافع والسمات الشخصية (انطواء – انبساط) والمزاجية ومستوى الطموح، ومعرفة اثر هذه السمات في السلوك والتكيف. ويتم مقارنة اداء الفرد في كل من هذه الجوانب بمتوسطات اداء الافراد الذين يماثلونه، والذين اعدت الاختبارات من اجلهم. وتقسم اختبارات الشخصية تبعا للهدف منها إلى قسمين هما: اختبارات مقننة (تجريبياً) تهدف إلى التصنيف والتفسير للسلوك الظاهر، واختبارات اكلينيكية تهدف إلى فهم الشخصية بعمق مثل: قائمة (ايزنك) للشخصية، واختبار (مينسوتا) متعدد الاوجه، واختبار (ساكس) لتكملة الجمل، واختبار (كاتل)، واختبار رسم الرجل والمنزل. ومعظم اختبارات الشخصية تؤدي إلى صفحة نفسية، تصور موقع المسترشد بالنسبة لأبعاد الشخصية وسماتها تسمى بروفيل. وفيما يلي عرض لأهم اختبارات ومقاييس الشخصية التي تم تعريبها وتطبيقها على البيئة العربية:-

١- قائمة مينسوتا متعددة الأوجه للشخصية (MMPI).

ألف هذه القائمة عالم النفس (ستارك هاثوي)، والطبيب النفسي (تشارلي ماكثلي) سنة ١٩٤٣، وقد استخدمت في مجالات علم النفس الاكلينكي والطب النفسي والمجالات التربوية. وتشتمل القائمة على ٥٥٠ بندا على شكل عبارات تقريرية ولها صورتان: بطاقات فردية، وكتيب يطبق فرديا أو جماعيا. ولأسباب فنية يحتوي على (٥٦٦) بند حيث ان هناك (١٦) بندا تم تكرارها في أكثر من مقياس فرعي. وتتضمن الإجابة على هذه البنود في النسخة الأصلية ثلاثة احتمالات هي (خطاء- صواب - لاعرف)وقد تم حذف الاحتمال الخير (لا اعرف) في النسخة المعربة، ولهذا التغيير مزايا وعيوب فاهم مزياه انه يغلق الباب امام المفحوص من التهرب من الإجابة عن طريق استخدام الاختيار(لا اعرف)، اما العيوب فهي تكمن في صعوبة المقارنة بين النسخة العربية والأجنبية.

وفيما يتعلق بتطبيق قائمة (M.M.P.I) فانها تتطبق على الفئات العمرية من ١٦ سنة فما فوق، ومع ذلك فقد استخدم بنجاح من صغار المراهقين، ويمكن تطبيقها فرديا أو جماعيا. وتتضمن كراسة الاختبار تعليمات يقرأها الفاحص للمفحوصين، ويحثهم على الإجابة حتى ولو لم يكونوا متأكدين من ان الفقرات تنطبق عليهم. وتتراوح مدة تطبيق لقائمة بين ساعة و ساعة ونصف.

الإبعاد التي تقيسها قائمة منيسوتا.
أولا: مقاييس الصدق:-

وتتكون من أربعة مقاييس تتضمن مقياس الكذب الذي يقيس درجة صدق المفحوص في الإجابة، ويتكون من فقرات تحتوي امور اجتماعية لاتنطبق على الناس في الواقع، والدرجة المرتفعة عليه تعكس ان الشخص يريد ان يظهر نفسه بصورة مقبولة اجتماعياً بين الناس. ومقياس التكرار والذي يتكون من

الفقرات التي تقيس الافكار الغريبة ونقص الاهتمام الاجتماعي والتبلد.ومقياس الصدق ويعكس اتجاه المفحوص نحو الاختبار، والدرجة المرتفعة عليه تعكس نفس المؤشر الذي تعكسه الدرجة المرتفعة على مقياس الكذب. ومقياس الاستفهام (؟)، وتستمد الدرجة على هذا المقياس من عدد العبارات التي لا يستطيع المفحوص الاجابة عليها بنعم او لا، وتكون الدرجة عالية على هذا المقياس في حالات الاكتئاب وحالة السايكثينا. مما سبق يتضح لنا ان الدرجة العالية على المقاييس الاربعة السابقة تدل على وجود خلل في شخصية المفحوص.

ثانيا: المقاييس الاكلينيكة:-
وهي تسعة مقاييس فرعية تقيس تسعة حالات مرضية عصابية وذهانية هي:-

- مقياس توهم المرض.
- مقياس الهستيريا.
- مقياس الانحراف السيكوباثي.
- مقياس الاكتئاب(تم استخراج فقراتة من استجابات مرضى الاكتئاب).
- مقياس (الذكورة –الانوثة) ويقيس ملامح شخصية ترتبط بالاضطرابات الجنسية.
- مقياس البارانويا ويقيس التشكك والحساسية الزائدة والعظمة.
- مقياس السايكثينيا (الوسواس القهري).
- مقياس الفصام.
- مقياس الهوس الخفيف.

ثالثا: مقياس الانطواء الاجتماعي:-

ويقيس النزعة للانطواء الاجتماعي، ويمكن تطبيق هذا المقياس بشكل مستقل على الأسوياء. وقد تم تحديد الابعاد الأساسية في قائمة (M.M.P.I) وحصرها في عاملين رئيسين هما:-

أ- العصابية: ويندرج تحت هذا العامل عوامل مثل القلق والوسواس والاكتئاب.

ب-الانبساط: ويندرج تحته الهستيريا والسيكوباثية والهوس الخفيف (عبد الخالق،ص٣٠٢).

وفيما يلي بعض الفقرات التي تستخدم في هذا الاختبار، والتي تتطلب وضع دائرة حول الوضع المناسب:

- هل تجد دائما صعوبة في الاعتراف بخطأ ترتكبه ؟ (نعم.لا.لا ادري)
- هل تتردد في اتخاذ القرارات في حياتك اليومية ؟(نعم.لا. لا ادري)
- هل تتردد في اتخاذ القرارات بالحب دائما نحو والديك؟(. نعم.لا. لا ادري)

تفسر النتائج على قائمة (M.M.P.I)

تفسر النتائج على هذه القائمة بناءً على الدرجات الفرعية للمقاييس، وتحول هذه الدرجات الخام إلى درجات معيارية تائية (بواسطة جداول معدة سلفاً)توازن بجدول معايير خاص بالمقياس، ثم ترسم الصفحة النفسية للمفحوص ويتم توزيع الدرجات المعيارية على الصفحة النفسية لتحديد نوع الاضطراب ومداه.

٢- مقياس الجمعية الأمريكية للسلوك التكيفي (A.A.M.D)

ألف هذا الاختبار لامبرت وآخرون سنة (١٩٦٩) وتم مراجعته سنة (١٩٧٤و١٩٨١) بهدف قياس السلوك التكيفي عند الأشخاص من سن ٧ إلى ١٦. وقد قنن الاختبار على عينة مكونة من(٢٦٠٠)طالب وطالبة واستخدم اسلوب المئينات لاستخراج معايير المقياس للبيئة الامريكية. وتبرز أهمية قياس السلوك التكيفي والنضج الاجتماعي في ان السلوك التكيفي يعتبر واحداً من المؤشرات الأساسية لتشخيص الإعاقة العقلية لدى الفرد. فالجمعية الأمريكية لعلم النفس اشترطت لتصنيف الفرد كمعاق عقلياً ان يكون لديه عجز في القدرة العقلية يصاحبه عجز في السلوك التكيفي والنضج الاجتماعي، وان يظهر هذا العجزكذلك خلال الفترة النمائية المبكرة للفرد. وتعتبر عملية قياس السلوك التكيفي والنضج الاجتماعي مهمة لغرض تخطيط البرامج الخاصة بالمعاقين عقلياً.

صورة الاختبار:-

يحتوي هذا الاختبار على جزأين هما:-

الجزء الأول

١- المهارات الاستقلالية.

٢- النمو الشخصي. ٦- النشاطات المهنية.

٣- النشاط الاقتصادي. ٧- توجيه الذات.

٤- النمو اللغوي. ٨- تحمل المسؤولية.

٥- التعامل مع الاعداد والزمن. ٩- التطبيع الاجتماعي.

الجزء الثاني

١- سلوك العنف والتخريب. ٧- السلوك تجاه الآخرين.

٢- السلوك غير الاجتماعي . ٨- عادات الافاظ غير المقبولة

٣- السلوك المتمرد. ٩- تقبل العادات الصحية.

٤- السلوك غير الجدير بالثقة. ١٠- الميل نحو النشاط الزائد.
٥- الانسحاب . ١١- الاضطراب النفسي.
٦- السلوك النمطي والسلوك الشاذ. ١٢- المعالجة الطبية .

تطبيق الاختبار:-

يطبق الاختبار عن طريق المرشد بمساعدة شخص يعرف الطفل جيدا كالاب مثلاً حيث يسأل عن تدرج كل بند، ولا بد ان يكون المرشد مدربا جيدا وذو خبره . وتفسر النتائج بناء على المعلومات التي يوفرها جدول المعاير الخاص بالمقياس حسب الجنس والفئة العمرية.

اختبارات الإرشاد والصحة النفسية

وهي اختبارات يستخدمها المرشدون ولاخصائيون النفسيون للحصول على المعلومات عن مشكلات الشخصية، بهدف التعرف على الطلبه الذين يحتاجون الخدمات الإرشاديه وتصميم الخطط العلاجية. ومن الامثله على هذه لاختبارات نذكر ما يلي:-

١- قائمة الحاجات والمشكلات الإرشاديه:-

وهي عبارة عن استبانه تتكون من مجموعه من الفقرات تتراوح بين (٥٠-٩٠) فقرة، تتطلب الإجابة عليها وضع دائرة حول رقم المشكلة التي يعاني منها الطالب فقط، وترك رقم المشكلة التي لا يعاني منها. وفيما يلي أمثله من الفقرات التي تحتويها القائمة:-

- يزعجني ضعف بنيتي الجسمية.
- يزعجني استعمال المختبر / لإجراء تجارب علمية.
- أعاني من مشكله في السمع.
- يزعجني تدني تحصيلي الأكاديمي.

- يزعجني الامتحانات الفجائية.

٣- <u>اختبارات الاتجاهات والقيم</u>

لقد صمم نفر من علماء النفس والاجتماع مجموعة من المقاييس التي تقيس الاتجاهات من أشهرها:-

أ- مقياس التباعد الاجتماعي.

تم تصميم هذا الاختبار على يد (بوجاردوس) وهو يحتوي على سبعة بنود تعبر عن مواقف حياته حقيقة، وتقيس مدى الاغتراب الذي يحس به المفحوص تجاه الأجناس والثقافات الأخرى.

ب - مقياس يثر ستون

ويقيس اتجاهات الإفراد نحو مواضيع ثلاثة هي:

-الحرب - تنظيم النسل - العقوبات

ويمكن للمرشد توظيف اختبار الاتجاهات والقيم في الإرشاد المدرسي، حيث تساعده على تحقيق الأهداف التالية:-

- معرفة الاتجاهات السلبية التي تعيق تكيف الطالب في المدرسة.

- تصنيف الطلبة إلى مجموعات علاجية أو جماعات عمل من حيث ذوي الاتجاهات السلبية والاتجاهات الايجابية.

- تعديل الاتجاهات السلبية.

- استخدامها في الإرشاد المهني والجمعي.

الفصل السادس

العملية الإرشادية

- مفهوم العملية الإرشادية
- مراحل العملية الإرشادية
- الإعداد للعملية الإرشادية
- بناء العلاقة
- تحديد المشكلة
- تحديد الأهداف الإرشادية
- تحديد مستقبل الحالة
- اختيار الإستراتيجية المناسبة
- تنفيذ الإستراتيجية
- تقييم العملية الإرشادية
- انهاء العملية الإرشادية
- المتابعة
- المقاومة في العملية الإرشادية
- اسباب المقاومة
- اعراض المقاومة
- استراتيجيات ادارة المقاومة

مفهوم العملية الإرشادية

يشير مفهوم العملية الإرشادية(Counseling Operation) إلى العملية الفنية التي تقوم على الأسس والمسلمات العلمية والنظرية للإرشاد النفسي، وهي تتبع إجراءات أساسية تسير وفق خطوات محددة تتضمن: الإعداد للعملية الإرشادية وتكوين العلاقة الإرشادية، وتحديد الأهداف الإرشادية، وتحديد المشكلة، ووضع خطة علاجية تقوم على تعديل وتغيير السلوك، وتحقيق النمو وتغير الشخصية، واتخاذ القرارات وحل المشكلات، والتقييم النهائي للعملية، وأخيرا الانهاء والمتابعة. ومما يجدر ذكره ان هذه الخطوات قد تتداخل مع بعضها البعض في بعض حالات الإرشاد.

مراحل العملية الإرشادية

يسلك المرشد مجموعة من الخطوات تمثل كل منها مرحلة ارشادية تتطلب من المرشد مجموعة من الخطوات المهنية و القيام بمهارات محددة. وفيما يلي اهم مراحل العملية الإرشادية التي تشكل الملامح الرئيسية للإرشاد النفسي:

اولاً: مرحلة الاعداد للعملية الإرشادية.

تعد مرحلة الاعداد للعملية الإرشادية خطوة ضرورية للبدء بعملية الإرشاد، فبعد استقبال المسترشد يقوم المرشد بالخطوات الرئيسية التالية:-

١- الاستعداد للعمل والتخطيط الدقيق والتحضير المدروس للعملية الإرشادية وتهيئة ظروفها ومتطلباتها، مثل المكان المناسب والوقت الكافي، وتوفير وسائل جمع المعلومات والتشخيص والتقييم.

٢- اعداد المسترشد لتقبل الخدمة الإرشادية وضمان تعاونه، ويتطلب ذلك تحقيق الالفة والثقة مع المسترشد في بداية العملية؛ لانه من الصعب على المسترشد تقبل خدمة من مرشد لا يثق به او يألفه، كذلك لا بد ان يتعرف المرشد

توقعات المسترشد ومشاعره حول مستقبل العلاج وأهدافه ، وقد تكون هذه التوقعات قليلة او كثيرة.

٣- من جوانب الاعداد المهمة في عملية الإرشاد تنمية مسؤولية المسترشد من حيث قبول الخدمة الإرشادية وتحملها، وان يكون ايجابيا في التعامل مع البرنامج العلاجي، ولابد ان يعلم ان عصب عملية الإرشاد هو مسؤوليته في التعلم من خبرة الإرشاد.

٤- تحديد عدد الجلسات الإرشادية ومدتها مبدئيا، والاتفاق على الوقت والجهد والتكاليف المترتبة على عملية الإرشاد خصوصا مبدأ السرية.

ثانياً: مرحلة بناء العلاقة الإرشادية:

ان بناء العلاقة الإرشادية (Counseling relationship) خطوة ضرورية لبناء ثقة المسترشد، حيث يأتي المسترشدون للارشاد ولديهم خوف من ثلاثة اشياء عادةً هي:

– الحاجة إلى فهم تفسه اكثر.

– الحاجة إلى التخلص من الانفعالات السلبية.

– التشجيع.

وفي هذه المرحلة يتم بناء علاقة مهنية هادفة بين المرشد والمسترشد تقوم على الثقة المتبادلة بينهما، ضمن معايير تحدد دور كل منهما ومسؤوليته. وتهدف هذه العلاقة إلى تحقيق الأهداف الخاصة والعامة للمسترشد، ومساعدته على التعبير عن مشاعره وأفكاره وكيفية مواجهتها، وتعلم مهارات حياتية جديدة يطبقها خارج العلاقة الإرشادية لتغيير سلوكه، كما تهدف إلى تنمية التوجه الذاتي لدى المسترشد. وهناك ميزات تميز العلاقة الإرشادية عن غيرها من العلاقات الانسانية أهمها: انها علاقة مهنية لا يجوز ان تتطور إلى علاقة صادقة أو علاقة عاطفية، كما ان التواصل اللفظي وغير اللفظي من قبل المرشد يكون

مرتب ومؤقت، حيث يستجيب لأفكار ومشاعر المسترشد بطريقة واعية وفي الوقت المناسب، بعيداً عن التدخل في أمور المسترشد الخاصة وفيما لا يعنيه ما لم يطلب منه ذلك. وهناك حد زمني لابد ان تقف عنده العلاقة الإرشادية يقدره المرشد حسب مشكلة المسترشد وشخصيته. فقد حدد برامر وشوستورم (Brammer & Shostorm،١٩٨٢) الابعاد الرئيسية التالية للعلاقة الإرشادية:

١- تميز العلاقة الإرشادية وعموميتها

تتميز العلاقة الإرشادية عن غيرها من العلاقات الانسانية في التقبل غير المشروط للمسترشد من قبل المرشد. ومن جهة اخرى تعتبر العلاقة الإرشادية علاقة عامة تشبه باقي العلاقات الانسانية من حيث انها تهدف إلى اشباع حاجات انسانية أساسية.

٢- المحتوى الانفعالي والفكري للعلاقة الإرشادية.

تتميز العلاقة الإرشادية على متصل يتكون من الجانب الانفعالي الذي يتضمن اهتمام المرشد بحياة المسترشد، والدخول في عالمه الخاص، وتقديم الدفء والتقبل له، وعلى الجانب الآخر من المتصل يأتي التغيير الذي يتضمن تقدير ما يجب ان يفعله كل من المرشد والمسترشد بشكل موضوعي.

٣- الوضوح والغموض في العلاقة الإرشادية

تكون العلاقة الإرشادية واضحة عندما يكون المرشد اكثر رسمية وتحديدا للاهداف ويضع حدود للعلاقة الإرشادية. في حين تكون العلاقة الإرشادية غامضة عندما يترك المرشد المسترشد ليطرح ما يريد من مواضيع ويسقط حاجاته واهتمامه ومشاعره، عندئذ تفقد العلاقة الإرشادية حدودها وتأخذ المناقشة الاجتماعية التي تؤدي إلى شعور المسترشد بالقلق. ويفضل ان تكون العلاقة الإرشادية، كذلك اقل وضوحا وأقل رسمية عندما يكون الهدف من الإرشاد استكشاف المشاعر.

٤- **الثقة وعدم الثقة**

تتوفر الثقة في العلاقة الإرشادية عندما يكون المرشد كفؤا وفعالا ويتمتع بالصدق والأصالة والتطابق ويتقبل المسترشد. كذلك عندما تكون الاهداف الإرشادية محددة وواضحة وجذابة بالنسبة للمسترشد عندئذ يثق المسترشد بالمرشد ويقبل منه المساعدة. وعدم توفر الثقة يؤدي بالمسترشد إلى رفض المساعدة سيما اذا شعر ان المرشد يرغب في تغيير حياته كلياً.

ان سهولة بناء العلاقة الإرشادية يتوقف على عدة متغيرات اهمها: شخصية المرشد واسلوبة واهدافه ومواصفات البيئة الإرشادية، ولا شك ان ما يجري في المقابلة الاولى من حديث يعكس هذه المتغيرات. وهناك مهارات أساسية خاصة بمرحلة بناء العلاقة الإرشادية سيأتي ذكرها لاحقا (انظر الفصل الثامن). ولا بد في هذه المرحلة ان يعرف المرشد النفسي شيئا عن مشكلة المسترشد، ومدى ادراكه ووعيه بها ولمن تعود ملكية المشكلة.

ثالثاً: مرحلة تحديد المشكلة:

ان القاعدة الرئيسية في هذه المرحلة هي: ان وعي المرشد والمسترشد بطبيعة المشكلة يعد خطوة هامة في عملية حلها، وبدون توفر هذا الوعي فان الحل المقترح لا ياتي بالنتائج المرغوبة. فمن الضروري ابتداءا ان يفهم المرشد ويحدد مشكلة المسترشد قبل الشروع باقتراح الخطة العلاجية، ويقوم هذا الفهم على تحديد طبيعة المشكلة بتحديدها ثم تصنيفها على اساس من التجربة والخبرة.

قد يطرح المسترشد في هذه المرحلة اكثر من مشكلة أو قضية فبأي مشكلة نبدأ؟

لا بد في هذه الحالة من سؤال المسترشد وحثه على التركيز على المشكلة التي جاء من اجلها إلى الإرشاد، والتي يراها اكثر تأثيرا عليه. ومن المفضل ان يستخدم المرشد في هذه المرحلة مهارة السؤال العلاجي التالي في حالة تعدد المشكلات:

- ما هي المشكلة التي تسبب لك اكثر الانزعاج والألم ؟

وقد يستخدم اضافة إلى ذلك مهارة الدقة والتحديد. وبناءً على استجابة المرشد يبدأ بالتعامل مع المشكلة المركزية. ومن الضروري معرفة الاهتمامات والقضايا الموجودة في حياة المسترشد لأن المسترشد قد يتكلم عن مشكلة واحدة محدودة ولكن مع التقدم في مراحل الإرشاد قد يظهر الكثير من المشكلات الخطرة، لذلك علينا الحصول على الصورة الواضحة للمشكلة وطبيعتها في بداية الإرشاد بدلا من ان يفجرها المسترشد لاحقا أو لا يذكرها اصلا.

خطوات تحديد المشكلة

يتبع المرشد الخطوات التالية لتحديد المشكلة بدقة:

أ. تحديد السياق الذي تحدث فيه المشكلة: و يتضمن ذلك تحديد الافكار والانفعالات والمظاهر السلوكية التي تحدث اثناء المشكلة، عن طريق طرح اسئلة كالآتي:

— هل يمكنك وصف الافكار التي تدور في ذهنك عند حدوث المشكلة ؟(تحديد الافكار).

— اين ومتى يحدث لك هذا ؟ هل تعي أي حوادث تظهر وقت حدوث المشكلة؟ صف بعض المواقف الجديدة التي ظهرت في هذه المشكلة ؟ (تحديد السياق)

— ماذا تشعر عندما تحدث هذه المشكلة؟ (تحديد الانفعالات).

ب. تحديد السوابق واللواحق: يقصد بالسوابق واللواحق الحوادث الداخلية (الافكار والمشاعر)، والاحداث الخارجية التي تعمل على زيادة أو تخفيف المشكلة أو

الابقاء عليها مؤقتا؛ فالسوابق هي تلك الحوادث الداخلية والخارجية التي تظهر قبل المشكلة مباشرة وتساعد على استعجالها، في حين ان اللواحق هي الحوادث التي تحدث بعد السلوك المشكل وتؤثر على زيادته أو نقصانه. ويمكن تحديد السوابق واللواحق للمشكلة بطرح اسئلة كلآتي:-

- بماذا تشعر قبل حصول المشكلة ؟ (تحديد سوابق إنفعالية).
- ما هي الامور التي تحصل ويبدو انها تؤدي إلى حصول ذلك ؟(تحديد سوابق خارجية).
- بماذا تفكر قبل حصول المشكلة ؟ (تحديد سوابق معرفية).
- ماذا تفعل عادة قبل حدوث ذلك ؟ (تحديد سوابق سلوكية).

ج. تحديد المكاسب الثانوية للسلوك والمشكلة:- لا بد من معرفة المكاسب الثانوية التي يحصلها المسترشد من استمرار المشكلة؛ لأن الخطة العلاجية تهدد عادة هذه المكاسب وتجعل المسترشد يقاوم الإرشاد. وتتمثل المكاسب الثانوية عادة بكسب اهتمام الآخرين أو الاشباع الفوري للحاجات، أو تجنب المسؤولية أو كسب المال في بعض المشكلات. ويمكن استخدام الاسئلة التالية من اجل تحديد المكاسب الثانوية للمسترشد:

- ما الذي يحدث بعد المشكلة وتريد اطالته أو بقاءه ؟
- ما هي ردود فعل الآخرين عندما تفعل ذلك؟

د. تحديد الحلول والاستراتيجيات السابقة المستخدمة:- وهي خطوة ضرورية تجنب المرشد تقديم حلول أو استراتيجيات مجربة اثبتت فشلها وعدم فاعليتها، والتي قد تخلق مشاكل جديدة ويمكن تحديد الحلول السابقة عن طريق طرح اسئلة كالآتي:

- كيف تعاملت مع هذه المشكلة من قبل ؟
- ماذا كانت النتيجة ؟

ما الذي جعلها تنجح ؟ أو لا تنجح؟

هـ تحديد وعي المسترشد بالمشكلة:- يعني ذلك تحديد أو ادراك المسترشد لمشكلته ووقوفه نحو طبيعتها واسبابها، ويساعد معرفة ذلك المرشد على تجنب استخدام استراتيجية قد يقاومها المسترشد، ويمكن تحديد ادراك المسترشد عن طريق طرح واحد أو اكثر من الاسئلة التالية:

– صف لي المشكلة بكلمة واحدة ؟

– ماذا تعني لك هذه المشكلة ؟

– كيف تفسر هذه المشكلة ؟

و. تحديد شدة وزمن ودرجة تكرار المشكلة:- يمكن تحديد هذه المعايير من خلال طرح اسئلة مثل:

- هل القلق الذي تعاني منه كثير ام قليل ؟ (تحديد الشدة).

- هل يحدث لك ذلك كل الوقت ام في جزء من الوقت ؟ (تحديد المدة).

- كم مرة يحدث ذلك ؟ (تحديد درجة التكرار).

رابعاً: مرحلة تحديد الاهداف الإرشادية

يلي مرحلة بناء العلاقة الإرشادية تحديد الاهداف الإرشادية: (Goal) Limitation) وهي خطوة رئيسية في العملية الإرشادية تتضمن تحديد الاهداف العامة للعملية الإرشادية، مثل تحقيق الذات وفهمها وذلك بتحقيق قدرات واستعدادات المسترشد، وتحقيق عملية الاستبصار، ومساعدته على إخراج المكبوتات، وكذلك تحديد الاهداف المبدئية (القابلة للتعديل) مثل ضمان تعاون المسترشد في العلاج، والالتزام بتقديم المعلومات الضرورية. وتشتمل هذه الخطوة علاوة على ذلك تحديد الاهداف الخاصة والتي تتحدد عن طريق الاجابة عن السؤال (لماذا جاء المسترشد؟ وماذا يريد؟). ومن أهم الاهداف الخاصة التي يسعى المرشد إلى تحقيقها هو حل مشكلة المسترشد الراهنة، وذلك من خلال علاقة ارشادية ناجحة. ولابد للمرشد ان يعرف الهدف بدقة ووضوح ويتعرف

كل من المرشد والمسترشد على مسؤوليته ازاءه. وقد يكون للمسترشد اهداف خاصة اخرى يجب تحديدها ومعرفتها منذ البداية. ولا بد ان يتجنب المرشد الخلط بين اهداف الإرشاد النفسي العامة، وبين اهداف عملية الإرشاد الخاصة بكل مسترشد على حدة. وهناك خطوات رئيسية يتبعها المرشد في عملية تحديد الاهداف الإرشادية أهمها:

– تحديد السلوكيات والاجراءات التي على المسترشد ان يفهمها بالتفصيل كنتيجة للعملية الإرشادية.

– تحديد الظروف التي سيحدث بها السلوك المرغوب (اين ومتى ومع من سيظهر هذا السلوك؟).

– تحديد مستوى الهدف النهائي بناءً على مستوى المشكلة الحالي.

– جدولة اهداف فرعية صغيرة تقود إلى الهدف النهائي.

– تحديد العوائق التي يمكن ان تعيق تحقيق الهدف، سواء اكان سلوكاً ظاهراً أو داخلي (افكار ومشاعر).

– تحديد المصادر الشخصية لدى المسترشد والمهارات التكيفية المتوفرة لديه، مثل مهارة حل المشكلات أو مهارة الحديث الذاتي أو مهارة الضبط الذات، وكذلك تحديد نقاط القوة لديه والتأكيد عليها حيث يفيد ذلك في تخطيط الاستراتيجية المناسبة.

– تحديد مدى استعدادالمسترشد لتحقيق الهدف أو الاهداف الإرشادية.

خامسا: تحديد مستقبل المشكلة (Prognosis)

وهوجزء رئيسي من العملية الإرشادية يتناول فيه المرشد تحديد مستقبل المشكلة او الاضطراب الذي يشكو منه المسترشد، وذلك في ضوء الفحص الذي يتناول ماضي وحاضر المسترشد والمشكلة؛ أي التنبؤ بمستقبل حالة المسترشد ومدى النجاح المحتمل.

وتهدف هذه الخطوة إلى توجيه عملية الإرشاد في ضوء المستقبل المتوقع، وتحديد انسب الطرق الإرشادية، وتحديد حد مرن للنجاح. ويكون مستقبل الحالة مبشر اذا كانت المشكلة حادة ومفاجئة وحديثة، وعرفت الاسباب المهيئة بدقة وعرف سبب مرسب محدد، وكذلك اذا كانت المكاسب الاولية والثانوية للمشكلة قليلة، وكان تشخيص المشكلة دقيقاً. وهناك عوامل تساعد على التنبؤ الايجابي بمستقبل الحالة لها علاقة بشخصية المسترشد مثل: الذكاء والبصيرة ووجود تاريخ من التوافق العام في مجالات الحياة، واذا كانت بيئته الاجتماعية والأسرية بعد العملية الإرشادية افضل.

سادسا: اختيار الاستراتيجية المناسبة

تختلف الاستراتيجيات الإرشادية من حيث مبادئها وإجراءاتها والمشكلات التي تتناولها، وعلى المرشد ان يلم بجميع الاستراتيجيات ويختار الاستراتيجية المناسبة لكل حالة ارشادية. وينبغي عليه ان يتقيد باستخدام استراتيجية محدودة دون غيرها. وقد حدد (Cormmer) مجموعة من المعايير التي يختار المرشد بموجبها الاستراتيجية الإرشادية المناسبة وهي:

١- طبيعة المشكلة: وهو اهم معيار فتحديد طبيعة المشكلة يحدد حلها والاستراتيجية الملائمة، ولا بد ان يعرف المرشد طبيعة نظم الاستجابات المعرفية والانفعالية والسلوكية الظاهرة المرتبطة بالمشكلة، فمثلا الطالب الذي يعاني من تدني تحصيل طاريء في جميع المواد الدراسية وعند تحديد المشكلة تبين انه لا يدرس، فانه في هذه الحالة يحتاج إلى تدريب على المهارات الأساسية، ولكن اذا تبين انه يدرس باستمرار ولكن عند الامتحان يصاب بالقلق فعندئذ نختار استراتيجية تقليل الحساسية التدريجي أو اعادة البناء المعرفي...إلخ. وهكذا يجب ان تناسب الاستراتيجية نظم الاستجابات المختلفة لدى المسترشد.

٢- طبيعة وتفضيلات المسترشد وتفضيلاته: تفضيل استخدام الاستراتيجيات الملائمة لتفضيلات واهتمامات وسمات المسترشد الشخصية. فمثلاً قد لا ينجح استخدام استراتيجية تقليل الحساسية التدريجي التي تقوم على مهارة التخيل مع مسترشد لديه قدرة محدودة على التخيل، في حين قد تناسبه استراتيجية النمذجة بالمشاركة.

٣- العوامل البيئية: تتضمن العوامل البيئية تلك الخاصة ببيئة الإرشاد مثل الوقت والتكلفة وتوفر الاجهزة والأدوات الإرشادية، فمثلا لا يمكن اختيار استراتيجية الاسترخاء العضلي في غرفة ارشاد لا يتوفر فيها اريكة. وكذلك العوامل الخاصة ببيئة المسترشد مثل مدى توفر شبكة الدعم الاجتماعي (الاهل، الاقارب،الاصدقاء)، ومدى توفر معززات البيئة.

٤- طبيعة الاهداف الإرشادية: ان الاهداف الإرشادية سواء كانت عامة كتحقيق الصحة النفسية والتكيف لدى المسترشد، او خاصة بمسترشد معين فانها تتفرع إلى نوعين: فإما ان يكون الهدف يتعلق باختيار من بين عدة بدائل او تغير سلوك زيادة او تقصان. فعندما يكون الهدف من العملية الإرشادية يتعلق بالاختيار، كان يرغب المسترشد باختيار تخصص دراسي مناسب لعدة تخصصات، فانه يفضل استخدام استراتيجيات تعتمد على التعليم وتقديم المعلومات وحل الصراعات ولعب الدور والحوار الجشطاتي، اما اذا كان الهدف الإرشادي يرتبط بالتغير فالافضل استخدام استراتيجيات مثل: تقليل الحساسية التدريجي واعادة البناء المعرفي والنمذجة وتشكيل السلوك ومراقبة الذات. وعند اختيار الاستراتيجية لا بد ان يزود المرشد المسترشد بمعلومات حول الاستراتيجية التي ينوي استخدامها معه. ومن هذه المعلومات نذكر ما يلي:

أ- وصف مختصر للاستراتيجيات المفيدة في التعامل مع المسترشد، ومع مشكلته الخاصة بالذات.

ب- تقديم تبرير لكل اجراء من اجراءات الاستراتيجية المختارة وبماذا يفيد.
ج- وصف الدور لكل من المرشد والمسترشد في كل اجراء.
د- المخاطر والمكاسب التي يتوقع ان تظهر تنيجة لكل اجراء.
هـ-المكاسب المتوقعة لكل اجراء.
و- الوقت والتكلفة المقدرة لكل اجراء.

ويفضل اخد موافقة المسترشد باستخدام الاستراتيجية، او موافقة ولي امره اذا كان قاصراً.

سابعاً: تنفيذ الاستراتيجية الإرشادية

قبل تطبيق الاستراتيجية العلاجية على المرشد ان يقوم بتحديد الخط القاعدي للسلوك والافكار والمشاعر الحالية والمرتبطة بالمشكلة، ويتضمن ذلك تحديد كميتها وعدد مرات حدوثها في اليوم والمدة الزمنية التي تستغرقها هذه الاستجابات وشدتها إلى غير ذلك من المعايير؛ حتى يتمكن من قياس نسبة التحسن لدى لمسترشد عن طريق المعلومات المتوفرة (الخط القاعدي). واي كانت الاستراتيجية الإرشادية التي يستخدمها المرشد فانه ينبغي ان تحقق الاهداف الإرشادية التالية:

- تعديل وتغيير سلوك المسترشد اللاتكيفي وتعليمه عادات صحيحة.
- تحقيق الوعي والاستبصار لدى المسترشد.
- النمو وتغيير الشخصية نحو التكامل والاستقلال والضبط ويشمل ذلك تغيير البناء الوظيفي والبناء الدينامي للشخصية.
- اتخاذ القرارات اذ لا بد في نهاية هذه المرحلة ان يتخذها المسترشد والتي تساعده على حل مشكلاته.

وفيما يتعلق بتوقيت البدء بتطبيق وتنفيذ الاستراتيجية فانه يتوقف على توافرها اربعة شروط أساسية هي:

أ. توثيق العلاقة الإرشادية بين المرشد والمسترشد، ويدل على ذلك استجابات المرشد نحو المسترشد وتفهمه للعملية الإرشادية.

ب.عندما يتم تحديد المشكلة بدقة من قبل المرشد والمسترشد و تحديد الظروف التي تساهم في استمرارها.

ج. عندما تكون الاهداف الإرشادية محددة وواضحة.

د. عندما يكون المسترشد مستعدا للعمل الارشادي وملتزماً بالخطة العلاجية.

هـ عندما يظهرالمسترشد بعض الاستبصار بالنتائج الايجابية للتغيير، ويدلي بعبارات تؤكد استعداده لتغيير تفكيره للافضل.

ثامناً: تقييم العملية الإرشادية

لا يمكن تجاوز مرحلة التقييم في العملية الإرشادية، وذلك لأهميتها في الكشف عن مدى فاعلية الخطة العلاجية المطبقة من جهة، وفاعلية المرشد ومدى التحسن والتغير لدى المسترشد من جهة اخرى. وفيما يتعلق بالعنصر الأول فان تقييم فاعلية الخطة العلاجية يهدف إلى الكشف عن مدى فاعليتها في تحقيق الاهداف الإرشادية المرجوة، والتعرف على افضل الاستراتيجيات الإرشادية للتعامل مع المشكلات المختلفة. ويتم تقييم الاستراتيجية العلاجية عن طريق الدراسات التجريبية لمقارنة نتائج الاستراتيجيات المختلفة،ويتم ذلك باستخدام مجموعتين متجانستين في الخصائص والسمات من المسترشدين احدهما تجريبية طبقت عليها الاستراتيجية والأخرى مجموعة ضابطة لم تطبق عليها الاستراتيجية، ونقارن بين نتائج التطبيق في كلا المجموعتين.

اما تقييم فاعلية المرشد فيتضمن وضع المرشد لرأيه وحكمه على العمل ومستوى الخدمة الإرشادية التي قدمها. ويتم ذلك في ضوء القيمة الكمية والكيفية للتغير الشخصي لدى المسترشد جراء عملية الإرشاد. ويستفيد المرشدين من عملية التقييم الذاتي في التحقق من مدى توفر المهارات الإرشادية اللازمة للعمل

الإرشادي، ومساعدته في اتخاذ القرار حول تحسين وتكييف هذه المهارات والاستراتيجيات او تغيرها في حالة تعثر العملية الإرشادية. وقد يطلب المرشد من المسترشد تقييمه على اربعة ابعاد معينة مثل:-

القوة (قوي - ضعيف).

النشاط (نشيط - خامل).

المظهر (حسن - رديء).

المهارة (كفؤ - مبتدئ).

وقد يقوم المرشد بتطبيق اختبار خاص على نفسه يقيس درجة الاحتراق الوظيفي لديه، ومن اشهر الاختبارات في هذا المجال اختبار (جلدر) للاحتراق النفسي.اما العنصر الأخير في عملية التقييم فيشمل تقييم مدى تحسن المسترشد وتحقيقه لأهدافه وحل مشكلاته. ويستخدم المرشد من اجل تقييم هذه الجوانب وسائل عدة منها:

- التقرير الذاتي: حيث يطلب المرشد من المسترشد كتابة تقرير عن مدى تقدم حالته نتيجة للإرشاد بشكل دوري، أو في نهاية عملية الإرشاد

- مقاييس التقدير: وهي مقاييس تحتوي على بيانات ومعلومات شخصية ومشكلات تأخذ درجات وأوزان مختلفة ويطلب من المسترشد تقدير مدى التغيير على درجات هذه المقاييس.

- استخدام الاختبارات البعدية والقبلية واحتساب معامل الارتباط بينهما، والذي يفترض ان يكون قليلا في حالة نجاح العملية الإرشادية.

- الرجوع إلى الخط القاعدي الذي رسمه المرشد في المراحل الأولى للعملية الإرشادية.

تاسعاً: انهاء العملية الإرشادية

عندما تنتهي مرحلة تقييم العملية الإرشادية بنجاح فان المرحلة النهائية للعملية الإرشادية تكون انهاء الإرشاد. ويتم تحديد هذه المرحلة بتحقيق اهداف العملية الإرشادية وشعور المسترشد بقدرته على الاستقلال والثقة بالنفس والقدرة على حل مشكلاته وتحقيق الصحة النفسية. ومن البديهي ان زمن عملية الإرشاد غير محدد فقد تنتهى العملية في جلسة واحدة، وقد تستغرق اسبوعا وقد تستغرق شهراً، وقد تمتد إلى سنة او اكثر. ويتوقف زمن عملية الإرشاد على عدة متغيرات اهمها: نوع المشكلة وحدتها وشخصية وتجاوب المسترشد، والمرشد وطريقته في الإرشاد. وتحتاج عملية انهاء الإرشاد إلى تطمين المسترشد على انه سيكون هناك عملية متابعة للتأكد من الشفاء وتحقيق الصحة النفسية، وانه يستطيع ان يعود في اي وقت يشعر فيه للحاجة إلى الاستشارة النفسية. وهذا ما يعرف بسياسة الباب المفتوح (Opendoor). ومن الطرق الفعالة لانهاء العملية الإرشادية تلخيص نتائج العملية الإرشادية وأهدافها والانجازات التي حققها المسترشد، وقد يطلب المرشد من المسترشد كتابة هذه الأمور بيده، وقد يستخدم المرشد طريقة الاحالة كوسيلة لانهاء العملية الإرشادية، خاصة عندما يكون هناك اهداف مستحيلة التحقيق اما لنقص الامكانات الفنية أو المعرفية لدى المرشد، أو لأن المسترشد غير راغب في العمل مع المرشد.

عاشراً: المتابعة (Follow-up)

وهي المرحلة الاخيرة من مراحل العملية الإرشادية وتتضمن تتبع مدى تحسن حالة المسترشد وما تم انجازه من حلول وقرارات. وتهدف عملية المتابعة إلى معرفة مدى استفادة المسترشد من خبرة الإرشاد. وتعتبر المتابعة ضرورية حيث ان المسترشد يحتاج إلى المزيد من المساعدة والتشجيع بين الحين والأخر، وذلك لمنع احتمال الانتكاس بسبب البيئة الاجتماعية.

ولابد من لفت نظر المسترشد إلى عملية المتابعة منذ بداية عملية الإرشاد،وهناك مجموعة من الوسائل يستخدمها المرشد في متابعة المسترشد مثل: الاتصال هاتفياً، أو بالبريد العادي أو الالكتروني، أو المقابلة الشخصية، وقد يتم استخدام التقارير الذاتية التي يكتبها المسترشد عن تطور حالته. وقد تتم عملية المتابعة عن طريق الأهل أو المؤسسة التي يلتحق بها المسترشد، وذلك بعد اخذ موافقته.

المقاومة في العملية الإرشادية
يشير مفهوم المقاومة في العملية الإرشادية إلى قوى لا شعورية تدفع المسترشد إلى تأجيل الانخراط في العملية الإرشادية، أو تعطيل اهدافها لاسيما الاستبصار بالصراعات واخراج المكبوتات التي يخرجها الإرشاد أو العلاج النفسي على السطح.

اسباب المقاومة
هناك عدة اسباب تقود المسترشد إلى مقاومة العملية الإرشادية اهمها واكثرها شيوعا ما يلي:
- كراهية بعض المسترشدين لأن يكونوا مسترشدين، وذلك بسبب معادلتهم الإرشاد النفسي بالطب النفسي، حيث يعتقدون ان خدمات الإرشاد تقتصر على الشواذ والفاشلين وان المشاكل النفسية لا بد ان تحل في اطار اسري أو شخصي.
- وجود مجموعة من السلوكيات والافكار والمشاعر المخيفة أو المخجلة التي يخشى المسترشد من مواجهتها.
- وجود مكاسب ثانوية ورغبة المسترشد في البقاء مريضاً، لتدمير ذاته لا شعوريا.

اعراض المقاومة

تختلف اعراض المقاومة من مسترشد لآخر وتأخذ اشكالا كثيرة الا انه يمكن تصنيفها إلى اربعة انواع من الاعراض هي:

١) اعراض لفظية: وتتمثل في استرسال المسترشد في حديث حول موضوع محدد دون غيره بهدف البعد عن الحديث حول المشكلة الأساسية، أو طرح المسترشد اسئلة في غير السياق لتجنب الحديث عن المشكلة، وقد يعاني من اللجلجة أو البطء أو التوقف أو الصمت.

٢) اعراض إنفعالية: وتتضمن استجابات إنفعالية تتمثل في الانكار أو التبرير أو ادعاء الشفاء والتحسن أو النسيان أو الملل. ويدل على الملل اللعب بازرار القميص أو الالبسة أو اللعب باجزاء الجسم أو الرسم او الكتابة العفوية.

٣) اعراض معرفية: وتشمل معارضة المسترشد للمرشد في ميدان عمله، وادعاء المعرفة بالإرشاد، وقد يبدي المسترشد القبول التام لكل ما يقوله المرشد أو العكس وربما يعبر عن افكار سلبية وتشاؤمية حول نجاح العملية الإرشادية في حل مشكلته.

٤) اعراض سلوكية: وتتمثل في مقاطعة الجلسات الإرشادية والتوقف عن متابعة الإرشاد كليا، أو تأجيل الجلسات الإرشادية أو الاعتذار عنها أو التأخير عنها، كما يمثل نقص المعرفة والمهارات اللازمة لنجاح الاستراتيجيات الإرشادية عرض سلوكي هام من اعراض المقاومة.

استراتيجيات ادارة المقاومة

عند ظهور أي من اعراض المقاومة السابقة لا بد ان يتبع المرشد النفسي الاجراءات التالية:

- التعامل مع المقاومة على انها شيء طبيعي لاسيما المقاومة المعتدلة، وتشجيع المسترشد على النظر إلى الجانب الايجابي من المقاومة، على افتراض انها

وسيلة لاثبات ذات المسترشد وحمايته، حيث ان المسترشدين لا يكشفون ذواتهم دفعة واحدة في بداية الإرشاد.

- مساعدة المسترشد في الحصول على المكافئات البيئية والذاتية المناسبة عند قيامه بتنفيذ الواجبات والتدرب على المهارات المطلوبة منه، ولا بد من تحديد المكافئات بناء على رغبات واهتمامات المسترشد.

- لابد ان يطور المرشد وعيه بمقاومته كمرشد للنمو والتطور، و بطرق تعامله مع هذه المقاومة ومناقشة هذه الطرق مع المسترشد على المستوى الفكري.

- توضيح المفاهيم المرتبطة بالاستراتيجيات الارشادية للمسترشد وتدريبه على المهارات اللازمة خلال الجلسة، قبل اعطاؤه الواجبات المنزلية ونقل اثر التعليم.

- التقبل لمقاومة المسترشد البسيطة.

- حث المسترشد على المشاركة في جميع مراحل الإرشاد.

- استخدام مهارات التواصل الفعالة.

الفصل السابع

الميادين الكبرى للارشاد النفسي

- تمهيد
- الإرشاد التربوي
- الإرشاد المهني
- إرشاد الفئات الخاصة
- الإرشاد الأسري والزوجي.

تمهيد

تطور ميدان الإرشاد النفسي في الخمسين سنة الأخيرة تطورا مذهلا وتوسعت آفاقة، حيث يعد من ابرز معالم التقليد الأمريكي في إطار علوم وفنون علم النفس والخدمات النفسية والطب النفسي، كما ازداد عدد العاملين في ميادين الإرشاد النفسي ازديادا كبيرا والعدد الأكبر ممن يحملون شهادات عليا في ميادين الإرشاد النفسي يعملون في حقل التدريس الجامعي، بينما يعمل الباقون في مؤسسات حكومية او خاصة في مجالات التربية والصحة والعيادات ومراكز التوجيه والإرشاد، فقد قدرت النسبة المئوية للعاملين في مجال الإرشاد النفسي والخدمة الاكلينيكية ب ٩٢% من محموع العاملين في ميادين علم النفس الأخرى. ويلمح هذه التطور في الميدان من خلال ظهور الجمعيات المختلفة التي ازدادت وتوسعت في السنوات الأخيرة، ان جمعية علم النفس الامريكية (A.P.A) مثلا تشتمل علم (٦٣) فرعاً متخصصاً في علم النفس من ضمنها الفرع رقم (١٧)، و يسمى فرع علم النفس الإرشادي والذي يقوم بتنسيق برامجه وإدارته هيئة خاصة تسمى الرابطة الأمريكية للإرشاد والانماء (A.A.C.D)، والتي تقوم بإصدار الدوريات العلمية المتخصصة في الإرشاد النفسي بشكل لم يسبق له مثيل، مثل مجله (counseling - clinical psychology).

ولعل استعراض بعض الميادين الكبرى في مجال الإرشاد النفسي يعطينا فكرة عن عمل المرشد النفسي، وبالتالي يعطينا فكرة أفضل عن عملية الإرشاد النفسي في كل ميدان. وفيما يلي عرض مفصل لاهم ميادين الإرشاد النفسي:-

الإرشاد التربوي
(Educational counseling)

ذكرنا سابقا ان أحد أهم أهداف الإرشاد النفسي هو تحسين العملية التربوية والتعليمية، ومساعدة الطلبة على فهم انفسهم وبئيتهم المحيطة،وبالتالي حل مشكلاتهم واتخاذ القرارات بفاعلية بما يحقق لهم الصحة النفسية والتكيف، وفي الواقع يحتل برنامج الإرشاد التربوي اكبر اهتمام في برنامج الإرشاد النفسي في المدارس، ويأخذ جهد ووقت كبيرين من المرشد وأطراف العملية التربوية. وفي هذا الفصل سيتم التركيز على ميدان الإرشاد التربوي في المدارس فقط دون الجامعات؛ كونها البيئة المهنية الأساسية التي يعمل بها أغلبية المختصين بالإرشاد النفسي.

اهداف الإرشاد التربوي

ان الهدف الرئيسي للارشاد التربوي هو تحقيق النجاح تربويا، ويتطلب تحقيق هذا الهدف معرفة وفهم سلوك الطلاب، ومساعدتهم في الاختيار السليم لنوع الدراسة والمناهج المستقبلية، وتنمية شخصية الطالب من جميع جوانبها. ويمكن تحديد الأهداف التي يسعى برنامج الإرشاد التربوي في المدرسة إلى تحقيقها بما يلي:

١- مساعدة الطلبة في رسم الخطط التربوية التي تتلاءم مع قدراتهم وميولهم وأهدافهم، و اختيار نوع الدراسة والمناهج المناسبة والمواد الدراسية التي تمكنهم من اكتشاف هذه الامكانيات التربوية التي تلبي المستوى التعليمي الحاضر. والنجاح في برامجهم التربوية.

٢- إثارة الدافعية والحافز للتحصيل الدراسي عن طريق برامج التعزيز، وتوجيههم إلى أساليب وعادات الدراسة الصحية؛ لمساعدتهم على المرور بخبرات النجاح ذات الأثر التعزيزي في زيادة الدافعية.

٣- تزويد الطلبة بالمعلومات المتنوعة في المجالات العلمية والاجتماعية و المهنية والصحية، في سبيل وقايتهم من الوقوع في المشكلات.

٤- علاج المشكلات السلوكية والانفعالية التي قد تظهر عند بعض الطلاب،عن طريق تخفيف أو إزالة أسبابها وتدريب الطلبة على مهارات شخصية واجتماعية تساعدهم على التعامل مع المشكلات.

٥_ تشخيص وعلاج المشكلات التربوية التي تأتي في مقدمتها مشكلة تدني التحصيل الدراسي، ومشكلات نقص المعلومات عن التخصصات والمهن، والتسرب وكثرة الغياب والهروب، وسوء العلاقة مع المعلمين والطلبة في المؤسسة التربوية، ومشكلة الاختيار المهني والأكاديمي، ومشكلات الاعاقة العقلية البسيطة.

ويعتبر الإرشاد الأكاديمي(Academic counseling) من المجالات الأساسية في برنامج الإرشاد التربوي، والذي يختص بتقديم المساعدة للطلبة من خلال العلاقة الإرشادية بين المرشد أو المعلم أو كليهما معا وبين الطالب، بهدف تنمية إمكانياته ومهاراته الدراسية ومواهبه ا الكامنة وحسن توظيفها في عملية التعلم والأداء المدرسي، كما يتوجه الإرشاد الاكاديمي إلى مساعدة التلاميذ في التعامل بإيجابية مع ما يواجههم من مشكلات او صعوبات دراسية، والارتقاء بمهاراتهم المعرفية وأساليب الاستذكار ومعالجة المعلومات وحل المشكلات ومهارات التعلم الذاتي.

الحاجة إلى برنامج الإرشاد التربوي

يحتاج الطلبة إلى خدمات الإرشاد التربوي، تماماً كحاجتهم إلى توفر المناهج والطرق الدراسية المناسبة والمعلمين الأكفاء والوسائل التعليمية الحديثة والمرافق المدرسية المريحة. فقد تنبه صناع القرار التربوي في مختلف الانظمة التربوية إلى مشكلة تربوية مفادها: (ان هناك حاجات إرشادية (Counseling needs) قد لا يستطيع الطالب إشباعها في إحدى مراحل النمو، سواء لانه لم يكتشفها بنفسه أو لانه اكتشفها ولكنه لم يستطع إشباعها بالاعتماد على نفسه فحسب، وعلى المرشد مساعدة المسترشد على إشباع تلك الحاجات، والتي تسهل عملية تحقيق مطالب النمو في مرحلة نمائية معينة والانتقال إلى المرحلة التالية بسهولة وأمان. وفيما يلي عرض لأهم حاجات لطلبة في المدارس، والتي يجب ان يتنبه لها المرشد التربوي عند التخطيط لبرنامج الإرشاد:-

١- الحاجة إلى امتلاك المهارات الحياتية والمعرفية: مثل مهارة معالجة المعلومات ومهارة تفكير حل المشكلة ومهارة تكوين العلاقات الايجابية مع الآخرين والمهارات الدراسية..... الخ، والتي تمكنهم من التكيف المدرسي السوي.

٢- الحاجة إلى التقبل والاستحسان من قبل الآخرين: ويعطي تحقيق هذه الحاجة الطالب الإحساس بالمكانة الاجتماعية، ويساعده على تطوير المعايير الأخلاقية، وعدم إشباع هذه الحاجة يقود الطالب إلى العزلة والنبذ والكراهية للمدرسة. (يلاحظ ان الحاجتين السابقتين تختصان بطلبة المراحل الدراسية الأساسية، ولا يعني ذلك انهما غير ضروريتين للمراحل الدراسية المتقدمة).

٣- الحاجة إلى تقدير الذات: يحتاج الطلبة إلى التقدير من قبل المحيطين بهم، ويتأثر إشباع هذه الحاجة بمستوى الأداء الأكاديمي والكفاءة الاجتماعية وتوفر المهارات التي تتعامل مع الضغوط النفسية.

٤- الحاجة إلى التكيف مع التغيرات الجسمية والفسيولوجية التي قد تسبب حرجا إزائها وتؤثر على مفهوم الذات.

٥- الحاجة إلى الاستقلال الانفعالي عن الوالدين وتكوين الهوية الشخصية (Self-identity؛ حيث يمر الطالب بمراحل وسلسلة من الخطوات تؤثر في تكوين هويته الشخصية، إبتداءً بتقمص شخصيات الافراد المحيطين به في مرحلة الطفولة وبطريقة عشوائية تجعل شخصيته متشعبة الأدوار - وقد يؤدي ذلك إلى اضطراب الشخصية إذا لم يتم التخلص من هذا التشعب، ويتم التخلص من هذا التشعب عادةً في بداية مرحلة المراهقة والتي يتخطاها المراهق إذا نجح في تكوين هويته الشخصية المستقلة والثابتة السمات والأدوار، مع الأخذ بعين الاعتبار الاحتفاظ بجسور الود والاحترام والثقة والتفاهم مع الوالدين والمعلمين والكبار في المجتمع.

٦- الحاجة إلى المعلومات والبيانات عن الحياة الاجتماعية والمهنية والاقتصادية، والتي تفيد الطلبة في تقييم الأحداث بالمنظور العلمي الواقعي، وتطوير القدرة على التفكير التجريبي وصياغة الفروض والتنبؤ حول المستقبل.

المشكلات التربوية الشائعة في المدارس

لا بد للمرشد التربوي من التعرف على المراحل العمرية المختلفة للطلبة وخصائص المظاهر النمائية في كل مرحلة وما يرتبط بها من مشكلات قد يواجهها الطلبة، حيث يفيد من هذه المعرفة كثيرا عند تصميم برنامج الإرشاد وتقديم خدماته الإرشادية. ويعد التعرف على هذه المشكلات والتعامل معها وأسس فحصها ودراستها من الأدوار والمهمات الرئيسية للمرشد التربوي في المدرسة. ويمكن التمييز بين ثلاثة انواع رئيسية من المشكلات المدرسية التي قد يعاني منها طلبة المدارس خلال المراحل الدراسية المختلفة كما يلي:

أولا: المشكلات الإنفعالية

وهي مشكلات ترتبط بعدم الشعور بالأمن وتؤثر سلبا على الجانب الانفعالي النفسي من شخصية الطالب. وأكثر هذه المشكلات شيوعا نذكر ما يلي:

١) المخاوف المرضية: (Phobia)

تشير هذه المشكلة إلى الخوف غير المنطقي والغير مبرر من شيء أو نشاط أو موقف، وهو خوف لا يتناسب عادة مع موضوع الخوف، ينتج عنه تجنب لهذا لشيء أو النشاط أو الموقف، ومن أهم المخاوف التي يعاني منها طلبة المدارس والتي أكدتها الدراسات والأبحاث:الخوف من الالتحاق بالدراسة لا سيما في المرحلة الأساسية؛ وذلك بسب الانفصال المفاجئ عن الوالدين، كما يعاني أطفال هذه المرحلة من الخوف الاجتماعي الذي يتمثل في عدم القدرة على التفاعل في النشاطات، وتكوين اتجاهات سلبية نحو المدرسة والمعلمين والطلبة. وتحتاج مشكلة الخوف المرضي إلى التعاطف والتفهم من قبل المعلمين والعاملين في المدرسة بعيدا عن أساليب الكف (النهي) والعقاب العشوائي.

٢) القلق: (Anxiety)

يعتبر القلق حجر الزاوية في حدوث المشكلات المدرسية التي ترتبط بضعف القدرة على التركيز الذهني وتدني التحصيل، ويشير القلق كمشكلة تربوية إلى حالة من التوتر الداخلي _ تكون أسبابها غير ظاهرة أحيانا - تؤدي إلى أعراض جسدية ونفسية اهمها: التوتر العضلي وتسارع ضربات القلب والتعرق وقلة التركيز. ويتعامل المرشد التربوي مع حالات القلق بتشجيع التلاميذ على التعبير الحر عن مشاعرهم، من خلال المقابلة الإرشادية للطلبة المراهقين، وبأسلوب الإرشاد باللعب بالنسبة للأطفال، كما يتم مقابلة ولي أمر الطالب والطلب منه ان يتواصل مع ابنه أكثر في

المنزل، ومشاركته اهتمامه ونشاطاته عندما لا يكون قلقا وذلك لتعزيز استجابة الاسترخاء.

٣) الخجل (Shame)

يعتبر الخجل من أكثر الاضطرابات الشخصية والاجتماعية التي يعاني منها الطلبة في المرحلة الابتدائية والثانوية، ويطور الطالب الخجول حالة من تجنب التفاعل الاجتماعي والانطواء وعدم امتلاك القدرة على التعبير عن الأفكار والمشاعر، وتتسبب في هذه المشكلة عدة عوامل أهمها: نقص الثقة بالنفس، وعدم الشعور بالأمن، كذلك أسلوب الحماية الزائدة، والنقد المستمر للشخص، والسخرية وعدم الاهتمام. ويلعب النموذج الوالدي الخجول دوراً مهماً في حدوث المشكلة، ولا شك ان الإعاقة الجسمية تعتبر عاملاً حيوياً في تطور هذه المشكلة.

٤) الإضطرابات المزاجية (Mood Disorders)

وهي اضطرابات تصيب الجانب الانفعالي من شخصية الطالب، وتؤثر في الجانب المعرفي والاجتماعي، وتتميز اما بهبوط حاد او ارتفاع في المزاج، و في حالات نادرة يتأرجح المزاج بين الهبوط والارتفاع ويسمى عندئذ هوس اكتئابي (اضطراب ثنائي القطب). وتؤثر هذه الاضطرابات على التكيف المدرسي والتحصيل الدراسي، ويشخص اضطراب المزاج اذا استمرت الاعراض الهوسية او الاكتئابية لأكثر من اسبوعين، ويصيب هذا النوع من الاضطراب الطالب عادة في مقتبل العمر. ويقسم اكلينيكيا إلى نوعين هما:ـ

- اضطراب مزاج عصابي: يبقى المريض في هذا النوع على اتصال بالواقع.

- اضطراب مزاج ذهاني: ينفصل فيه المريض عن الواقع ويعاني من الهلاوس والأوهام.

٣١١

وتؤدي هذه الاضطرابات عادةً إلى تعبيرات صريحة او ضمنية على مستوى الانفعال (المزاج). وعادةً ما يحث مثل هذه الحالات الإنفعالية _ وبغض النظر عن اتجاهها _ مثيرات خارجية يدركها الفرد، وقد تتسبب في بعض الاحيان بفعل مثيرات داخلية تتمثل بتفكير الفرد حول بعض الاحداث والمواقف او الاشخاص ومعتقداته حول ذلك. ويمكن ان نميز بين ثلاث حالات إنفعالية يمكن ان يعاني منها الطلبة في اي مرحلة تعليمية وهي:

١) الاكتئاب (Depression)

وهي حالة إنفعالية تتضمن انخفاض وتكدر في المزاج يؤدي إلى الحزن واليأس والقنوط والتشاؤم لاسيما في فترة الصباح، وتتميز بمجموعة من الأعراض أهمها صعوبة النوم في بداية الليل أو عند الفجر وفقدان الشهية، وتؤدي قلة النوم وفقدان الشهية إلى نقصان الوزن وانخفاض القدرات الذهنية والجنسية بطبيعة الحال، كما تظهر مجموعة من الاعراض ذات الطبيعة النفسية مثل العزلة والتشتت والتوقف عن ممارسة الهوايات والخمول. وتتسبب حالة الاكتئاب أما نتيجة أحداث حياتية قاسية كالتعرض للإساءة بمختلف أشكالها، أو فقدان شخص عزيز أو مبلغ كبير من المال، كما ان نظام معتقدات الفرد قد يساهم- إلى حد كبير- في التمهيد لحدوث حالة الاكتئاب، فالطبيب النفسي (بيك) أشار إلى ان هناك ثلاث معتقدات لا عقلانية تقود الفرد إلى حالة الاكتئاب وهي:

- (انا سيء).
- (الناس سيئون).
- (المستقبل سيء).

وقد سمى بيك هذه المعتقدات الثلاثة بمثلث الاكتئاب المعرفي، وبناءً على ذلك وضع منهجاً للعلاج يستند على تحديد هذه الافكار، ومن ثم تفنيدها لدى المريض باستخدام استراتيجيات العلاج السلوكي المعرفي، وقد لاقت

طريقته هذه- إضافة إلى استخدام العلاجات الدوائية (Tricycles ntidepressant -إستحساناً لدى الاطباء والمعالجين النفسيين في القرن الحادي والعشرين.

٢) **الحساسية الإنفعالية (Emotional sensitivity)**

وهي حالة تشير إلى عدم قدرةالطالب- ولاسيما في مرحلة المراهقة – على التحكم بانفعالاته وذلك بسبب عدم تحقيق التكيف مع البيئة المحيطة به مثل الأسرة أو المدرسة أو المجتمع، والطالب الذي يعاني من الحساسية الإنفعالية يدرك ان طريقة معاملة الآخرين له لا تتناسب مع ما وصل اليه من نضج، وقد ترجع الحساسية الإنفعالية إلى عجز الطالب المراهق المالي الذي يقف دون تحقيق رغباته وحاجاته، كما تلعب التوقعات المبالغ بها من قبل الكبار بخصوص الانجاز الاكاديمي سبباً هاماً في تكوين الحساسية الإنفعالية.

٣) **الهوس الاكتئابي (Manic Depressive Psychosis)**

اضطراب ذهاني يتأرجح فيه المزاج بين الارتفاع والهبوط ويأخذ صورة النشوة أو التوتر، حيث يعاني الفرد من كثرة الحركة والتنقل والتمرد على السلطة والثرثرة المتواصلة، ويقترن ذلك عادة ببعض الهلاوس والأوهام التي يدور محتواها حول العظمة أو الجنس، ويتشتت التفكير، وقد يقوم الفرد نتيجة لذلك بارتكاب بعض الأخطاء والمخالفات القانونية او ممارسة سلوكيات عدوانية.

وهنالك زمرة من الاعراض النفسية الأساسية التي تميز هذا الاضطراب مثل: ارتفاع الشبق الجنسي وقلة النوم،وتكون هذه الاعراض بمثابة اشارات أولية تسبق حدوث الحالة بأيام قليلة، وقد يتخلل هذه الحالة من الهوس فترة- قد تكون قصيرة أو طويلة- من الاكتئاب والحزن أو قد

تتساوى فترة الاكتئاب مع فترة الهوس، و تعالج هذه الحالة بإعطاء المريض علاجات دوائية(عقار الليثيوم، ومضادات الاكتئاب).

وجدير بالذكر ان الطالب الذي يعاني من الحالات الثلاث السابقة يحال إلى الطبيب النفسي المختص في علاجها، أما الحالات البسيطة مثل الاكتئاب والتي تدخل ضمن النوع الأول فانه يمكن ان يتعامل معها المرشد التربوي من خلال الاستراتيجيات السلوكية المعرفية.

ثانيا: المشكلات التعليمية:

يهدف التعليم في المرحلة الأساسية إلى اكساب التلميذ المهارات المعرفية الأساسية (القراءة، الكتابة، المحادثة، الحساب)، إضافة إلى المهارات والاتجاهات الحياتية الضرورية لتكوين علاقات سوية مع الآخرين، أما في المراحل المتوسطة والعليا فترتكز الأهداف التعليمية على تطوير القدرة على التفكير التجريدي وتفكير حل المشكلات وزيادة رصيد الطالب من المعلومات والاتجاهات الإيجابية نحو نفسه والعالم من حوله. ولاشك ان بعض التلاميذ يتعرضون لمشكلات تعليمية تؤثر على أدائهم الأكاديمي سلبا وتخفض من دافعيتهم للتعلم والإبداع. ومن اهم هذه المشكلات نذكر ما يلي:

١- تدني التحصيل الدراسي: (low collection)

يعاني نسبة من الطلبة في المراحل الدراسية المختلفة من مشكلة تدني التحصيل الدراسي تقدر بـ(٢٥ %) في المدارس وتزيد هذه النسبة تدريجيا كلما ارتقى الطالب في سلم التعليم، ويعرف تدني التحصيل اجرائيا بانه انخفاض نسبة التحصيل الدراسي (مقاسة باختبارات التحصيل) دون المتوسط في حدود انحرافين معياريين سالبين. وقد يكون تدني تحصيل عاماً في كل المواد الدراسية، او تدني تحصيل خاص في مادة بعينها كالعلوم او

الحساب او الانجليزي، ويرتبط تدني التحصيل الخاص بنقص القدرة او القدرات الخاصة بتلك المادة الدراسية.

ويعتبر الطالب متدني التحصيل إذا كان أداؤه ومعرفته أدنى بسنتين من مستوى أداء ومعرفة الطلبة في صفه، وغالبا يكون تدني التحصيل في جميع المواد الدراسية ونادرا ما يكون الطالب متدني التحصيل في مادة دراسية بعينها.

وهناك اسباب كثيرة ومتشعبة لمشكلة تدني التحصيل الدراسي يمكن ذكر أهمها وأكثرها شيوعا على النحو التالي:

- نقص الاستعدادات القرائية والكتابية والحسابية.

- نقص القدرات الخاصة والذكاء والتفكير التجريدي.

- الهروب والغياب المتكرر للطالب.

- اتجاهات الوالدين السلبية نحو المدرسة، والتي تتمثل في قلة الاهتمام بالدراسة والتشجيع عليها، وغالبا ما تكون هذه الاتجاهات لدى الآباء الذي ينتمون إلى طبقات اجتماعية واقتصادية وثقافية متدنية.

- نقص المهارات الدراسية الصحيحة.

- وجود مشكلات صحية لدى الطالب مثل ضعف السمع والبصر غير المشخص، ونقص التغذية والأمراض المزمنة.

- أسباب تتعلق بالمدرسة مثل عدم كفاءة المعلمين في التدريس، وغياب طرق ووسائل التعلم الفعالة، ونقص الإمكانيات المادية في المدرسة.

- النشاط الزائد وما ينجم عنه من أعراض مثل نقص التركيز والتشتت.

- سوء تنظيم الوقت فبعض الطلبة يدرسون بشكل أفضل خلال أوقات معينة من اليوم ولا يعون هذه الأوقات ويحاولون الدراسة في غير وقتها.

وهناك مجموعة من الحقائق لا بد ان يأخذها المعلم والمرشد التربوي وصناع القرار التربوي بعين الاعتبار عند التعامل مع مشكلة التحصيل الدراسي وهي:

- ان المراحل الدراسية الدنيا مهمة جدا في تشكيل الدافعية للتحصيل والنجاح، فغالبا ما يكون تلاميذ هذه المرحلة متعطشين للتعلم والتحصيل ولديهم فكرة ان النجاح والتحصيل المرتفع يأتي من العمل الجاد، وفي هذه المرحلة يميل الدافع للتحصيل إلى الثبات سواء كان مرتفعا أو متدنيا، لهذا لابد من تصميم برامج التعزيز المتواصلة والمتقطعة للمحافظة على مستوى التحصيل المرتفع في هذه المرحلة كأفضل وقاية من الاتجاهات السلبية نحو التحصيل.

- يميل الطلبة الذكور إلى عزو سبب تدني التحصيل لديهم للحظ وللمعلمين، في حين تعزوا الطالبات سبب تدني التحصيل إلى ذواتهن وقدراتهن والجهد المبذول.

- أطفال الطبقات الاجتماعية الفقيرة لا يتأثرون بالتعزيز الرمزي والمعنوي على التحصيل الدراسي، ويمكن ان تشحذ هممهم عن طريق التعزيز المادي الملموس.

ويتعامل المرشد التربوي مع مشكلة تدني التحصيل عادة من خلال تزويد الطلبة بمهارات الدراسة الصحيحة، واستخدام استراتيجية ضبط المثيرات مقرونة ببرنامج تعزيز خارجي وذاتي. ومن المناسب ان يلجأ الطالب إلى الطرق المتخصصة في حالة تدني التحصيل الخاص بمادة دراسية واحدة مثل دروس التقوية داخل أو خارج المدرسة.

٢- نقص المهارات الدراسية .

يشير مفهوم المهارات الدراسية (Study skills) إلى الاستراتيجيات والوظائف العقلية التي يستخدمها الطالب في اكتساب المعرفة، واستيعاب المواد الدراسية المختلفة بهدف تحسين التحصيل الأكاديمي لدى الطلبة، وتتضمن العمليات العقلية الأساسية الخاصة بالدراسة (المسح ألقرائي المتاني، والتحليل، والمراجعة المركزة، وحل الواجبات)، ولابد من تزويد الطالب بظروف وطرق دراسية مناسبة لتحسين وزيادة دافعيته لاستخدام مهارات الدراسة، إضافة إلى وضع جدول تعزيز يتناسب والمرحلة العمرية التي يمر به.

وهناك فرق بين المهارات الدراسية والمهارات الأكاديمية، فالقدرة على مسك القلم واستخدام القاموس ومعرفة الأحرف والأرقام ومعرفة أساليب الدراسة تعتبر مهارات دراسية، في حين ان القراءة والكتابة والحساب تدخل في إطار المهارات الأكاديمية.ويكتسب الطالب المهارات الدراسية الأساسية خلال سنوات الدراسة الابتدائية، ويمكن التمييز بين اربعة انواع من المهارات الدراسية الفعالة التي يستخدمها الطالب هي:

أ- مهارات القراءة: وتسير وفق الترتيب التالي:

- مهارة (القراءة المسحية) والتي تتضمن أخذ فكرة سريعة عن الموضوع الذي يدرسه الطالب دون ان يقرأ كل شيء بالتفصيل.
- مهارة (القراءة المتكاملة) بمعنى قراءة عبارات متكاملة بدلا من قراءة مفردات.
- مهارة (تعديل سرعة القراءة) تبعا لسهولة أو صعوبة المادة المقروءة.

ب- مهارة الاستيعاب وتتضمن:

- مهارة القراءة الصامتة.
- مهارة التركيز أثناء القراءة وفهم معظم المادة المقروءة،كذلك ربطها بأحداث معينة في البيئة.

- مهارة استنتاج معاني الكلمات غير المألوفة من خلال السياق، وتكوين فكرة واضحة عن محور الفقرة المقروءة.
- مهارة التذكر والاسترجاع والقدرة على التعبير عن مادة التعلم بلغة سليمة للتأكد من مدى الاستيعاب.

ج- مهارات الكتابة وتتضمن:

- تلخيص الحصص الصفية وأخذ ملاحظات حول النقاط البارزة.
- اختيار الكتب والمصادر التي تناسب الموضوع الذي يرغب الطالب في الكتابة حوله.
- مهارة استخدام الوسائل التعليمية المساعدة، مثل المسطرة والقاموس وعلبه الهندسة أو رسم خارطة أو جدول بياني..... الخ.

د- مهارات خاصة بالامتحانات وتتضمن:

- انجاز الواجبات المدرسية أول بأول وفي الوقت المحدد وعدم تأجيلها، والاستفادة من أوقات الفراغ في المدرسة.
- تنظيم المادة قبل البدء بدراستها وذلك لتحديد مقدار الدراسة التي سينجزها الطالب في الوقت المطلوب.
- تحضير المادة الدراسية لِمَا لذلك من أهمية في مشاركة الطالب، وتعتبر هذه المهارة إضافة إلى مهارة انجاز الواجبات المهارتان الأكثر تكراراً من بين مهارات الدراسة.
- الدراسة لوقت متأخر عندما يكون لدى الطالب امتحان في اليوم التالي.
- مهارة فهم مضمون السؤال قبل الإجابة عليه.
- مهارة التركيز على الموضوعات المهمة عند التحضير للامتحان.
- مهارة توقع أسئلة الامتحان.
- مهارة تمثيل دور الامتحان بالرجوع إلى امتحانات سابقة، أو اقتراح أسئلة والإجابة عليها.

ويستدل على توفر مهارات الدراسة الفعالة السابقة لدى الطالب إذا استخدم ما قرأه وتعلمه في حل مشكلات حقيقية، وليس مجرد استرجاع مادة التعلم فحسب.

في واقع الأمر نجد الكثير من الطلبة يفتقرون إلى المهارات الدراسية السابقة؛ إما لانهم لم يتعلموها في المدرسة أو لانها علمت لهم لكنهم لم يفهموها أو فهموها لكنهم لم يطبقوها أو استقوها من مصادر غير متخصصة بطريقة عشوائية وغير علمية، ولا شك ان هناك عوامل مثل (التفكك الأسري، وأحلام اليقظة) تعيق تطور هذه المهارات الدراسية.

ان انسب المراحل العمرية لاكتساب الطلبة عادات الدراسة الصحيحة ووقايتهم من الوقوع في مشكلة نقص العادات الدراسية، يتمثل في المرحلة الدراسية الأساسية الدنيا والوسطى (الصف الأول - الصف السابع)، وذلك للوقاية من هذه المشكلة في السنوات اللاحقة، ومن الطرق المباشرة التي تبين للطلبة كيف يدرسون بدلا من شرح محتوى المادة لهم، هي طريقة تدريبهم على استراتيجية (SQ٣R) والتي تتضمن مهارات الدراسة الأساسية التالية:-

- التخطيط: ويشير إلى جدولة أوقات ومكان وكمية الدراسة وتحديد الاستراحات والمكافآت الذاتية التي يعطيها الطالب لنفسه عندما ينجز ما هو مطلوب منه بنجاح.
- مهارة مسح المادة الدراسية: وتتضمن أخذ فكرة عامة عن الدرس عن طريق تصفح العناوين الرئيسية والخلاصات، وغالبا ما تكون الفكرة العامة والرئيسية في أواخر الفقرات أو الخلاصات.
- التساؤل: ويشير إلى تحويل العناوين والمواضيع الرئيسية إلى أسئلة.
- القراءة الاستكشافية: حيث يبدأ الطالب في هذه الخطوة بالقراءة ليستكشف إجابات الأسئلة التي صاغها.
- المراجعة والتسميع: وتتضمن مراجعة الطالب للموضوعات الأساسية في الدرس وتسميعها بصوت مرتفع.

- مهارة تلخيص الحصص الصفية وكتابة ملاحظات - غير حرفية - بالنقاط والمواضيع المهمة، ومراجعتها وإعادة تنظيمها في نفس اليوم الذي يسجلها به.

٣- الغياب المتكرر والهروب من المدرسة:

تشير هذه المشكلة إلى تكرار الغياب غير المشروع- بدون عذر قانوني-وبدون موافقة أو علم الأهل أو المسؤولين في المدرسة، حيث يتغيب الطالب أو يهرب من المدرسة ولا يعود إلى بيته، وانما يتسكع في الشوارع أو النوادي أو يذهب إلى مكان عمل حتى يحين موعد انتهاء الدوام المدرسي، وبذلك لا يلاحظ الوالدين أو يشعران بوجود هذه المشكلة.

وغالبا ما يهرب الطلبة من أمر ما أكثر من كونهم باحثين عن المغامرة و المتعة، لذلك لا بد ان يدرس المربّون والآباء الأسباب التي تؤدي إلى حدوث هذه المشكلة والعمل على تخفيفها، فعادة ما ينتمي هؤلاء الطلبة إلى أسر محطّمة ولا مبالية بالتعليم.

وكم من طالب يتغيب أو يهرب عن المدرسة باستمرار، لانه يتعرض للتهديد بالضرب أو الضرب فعلاً من قبل مجموعة من الطلبة دون علم أحد من العاملين في المدرسة بذلك، أو ربما يتغيب ويهرب لمجرد رؤيته إجراءات العقاب البدني للطلبة المتأخرين عن الطابور الصباحي. ويخطئ الآباء كطرف في علاج هذه المشكلة كثيرا عندما يستخدمون تشكيلة من أساليب العقاب العشوائي كالضرب المبرح، أو الحرمان من المصروف أو الوجبات الغذائية وسحب بعض الامتيازات من الطالب، فقد أثبتت الدراسات العلمية والخبرة العملية فشل هذه الأساليب في التعامل مع مشكلة الهروب المتكرر، فبدلاً من الاستحدام الخاطىء لمثل هذه الأساليب لا بد من التوجه لتحديد السبب الحقيقي للغياب وعلاجه، إضافة إلى وضع برنامج تعزيز إيجابي لحضور الطالب وانتظامه في الدوام.

٤- التسرب المدرسي (Truancy)

يعتبر التسرب مشكلة تربوية شائعة تتضمن ترك الطالب التعليم قبل إكمال المرحلة التعليمية الأساسية العليا، نتيجة لظروف اجتماعية طارئة كوفاة احد الوالدين، واضطرار الطالب لرعاية وإعالة الأسرة، أو الاضطرار للعيش مع زوج أم أو زوجة أب غير متقبلة أو متفهمة، أو كما في حالة زواج بعض الطالبات في عمر مبكر مما يضطرهن إلى ترك المدرسة، وعادةً يمهّد تدني التحصيل الدراسي لحدوث مشكلة التسرب المدرسي، كما يلعب الاختلاط برفاق السوء سببا رئيسيا في حدوث المشكلة، إضافة إلى تدني المستوى الاقتصادي للأسرة، مما يدفع الطالب إلى الهروب من المدرسة وانخراطه في عمل او حرفة معينة بعلم او بدون علم أهله.

ولا بد ان تتظافر الجهود من قبل المرشد والعاملين في المدرسة والأهل في الحد من هذه المشكلة، ويتم ذلك عن طريق اجراء دراسة حالة مستفيضة للطلبة المتسربين، ومحاولة إقناعهم وأهلهم بالعودة إلى المدرسة وأهمية التعليم، والتنسيق مع الجهات المعينة في تحسين الاوضاع المعيشية، وتخفيض الظروف التي أدت إلى التسرب.

٥- النسيان (Forgetting)

تشير هذه المشكلة إلى عدم القدرة على تذكر المعلومات التي اختزنت في الذاكرة، وهو الفرق بين ما تعلمه واكتسبه الطالب وبين ما يتم تذكره. ويحدث النسيان بسبب ترك المعلومات والخبرات، أو عدم الاستعمال للخبرات والمعلومات المنسية، كذلك نتيجة لتداخل المعلومات السابقة أو اللاحقة في ما يتم اكتسابه وتعلمه الان.

<u>ثالثا:المشكلات السلوكية</u>

١- النشاط الزائد (Hyperactive)

يعاني نسبة لا بأس بها من طلبة المدارس لا سيما في المراحل الأساسية من قيامهم بنشاطات حركية غير موجهة وغير ملائمة، تفوق الحد المقبول بالنسبة لنشاطات الطلبة في عمرهم. والمعلم المؤهل تربويا يستطيع تحديد هذه المشكلة عندما يلاحظ قيام احد الطلبة بحركات غير منتجة أو غير ملائمة.

وتؤثر مشكلة النشاط الحركي الزائد على مقدرة التلميذ على التركيز وانجاز المهمات المطلوبة منه بنجاح، وتنتج هذه المشكلة عادةً عن التوتر والقلق النفسي، وفي حالات نادرة تعود الحالة إلى عوامل عصبية تتمثل في اضطراب كهربائية الدماغ واضطراب افراز الغدد الصماء. ويتعامل المرشد التربوي مع هذه المشكلة عن طريق استخدام برنامج تعزيز للسلوكيات الهادفة والمنتجة، وتجاهل السلوكيات غير المناسبة، ويتطلب ذلك اجتماع المرشد مع المعلمين والوالدين.

٢- العنف المدرسي (Schoolar Violent)

لقد لقي موضوع العنف المدرسي والسلوك العدواني اهتماما متزايدا من قبل الإدارات التربوية والباحثين التربويين، خصوصا في العقود الثلاثة الماضية وذلك بسبب زيادة حوادث العنف التي يرتكبها بعض التلاميذ بحق تلاميذ آخرين، او الحوادث التي قد يكون الطلبة انفسهم هم ضحايا لعنف المعلمين، كذلك بسبب تنامي الاهتمام برعاية وحقوق الطفل، واقرار هذه الحقوق في المحافل الدولية والتشريعات القانونية. ويأخذ العنف في المدارس على مختلف أشكاله نوعين رئيسيين هما:

أ - السلوك العدواني:(Aggression)

وهو مشكلة سلوكية تتضمن إلحاق الأذى بالآخرين أو بممتلكاتهم، أو إلحاق الأذى بالنفس. وهي مشكلة شائعة في المدارس الأساسية تعود إلى أسباب متعددة ومتشابكة أهمها: تقليد الطالب للنماذج العدوانية التي يتعرض لها داخل الأسرة أو المدرسة، أو من خلال وسائل الأعلام. وينظر إلى السلوك العدواني كردّة فعل ديناميكية للإحباط التي يعاني منه الطالب،وان لم يثبت صحة هذا الافتراض تجريبيا. ويأخذ السلوك العدواني ألوان وأشكال كثيرة منها: العدوان الجسدي ، والعدوان اللفظي، وقد يكون العدوان رمزي موجه إلى مصدر أخر غير مصدر الإحباط المباشر، وقد يكون ردة فعل لعدوان مقابل، وهذه الحالة لا تدخل ضمن ما يسمى بالسلوك العدواني. وعلى كلٍ فان التقليل من السلوك العدواني يتم باتخاذ إجراءات تعديل السلوك التي تركز على اجراءات عقابية تناسب كل حالة عدوانية، إضافة إلى استخدام التعزيز التفاضلي.

ب- الاساءة للطلبة (Abase)

تُعرَّف الإساءة بانها إيذاء جسدي أو نفسي أو جنسي أو إهمال لصحة الطالب، وغالباً ما يقع هذا الايذاء من شخص اكبر عمراً. وتاخذ الاساءة بهذا المفهوم ثلاثة اشكال يمكن ايجازها بما يلي:

* الإساءة الجسدية: (Physical abuse)

في هذا النوع من الإساءة يتعرض الطلبة للإيذاء الجسدي من قبل الأقران أو المعلمين أو الأسرة، او بواسطة شخص يكون مسؤولاً عن رعاية الطالب. ويحدث ذلك تحت ظروف تعرض فيها صحة الطفل للأذى او التهديد، وقد تأخذ الاساءة الجسدية اشكال وألوان مختلفة مثل: الكدمات على الوجه والضرب بالعصا او بالحزام او الخدوش او الكسور في العظام او الحروق او الاصابات الداخلية الخطيرة.

وينتج عن الاساءة الجسدية غالباً - كما في باقي انواع الإساءات - مشكلات نفسية وسلوكية مثل انخفاض مفهوم الذات، والكوابيس، والخوف المرضي، والتبول اللاإرادي، والتشويهات المعرفية، والسلوكيات العدوانية كنماذج يعيشها الطالب في حياته. وغالبا تتصف الاسرة التي تمارس الاساءة الجسدية على ابنائها بانها تعاني من مشكلات زوجية او مالية او مهنية، ويلعب الفقر والبطالة والعنف الاسري دورا هاما في تطور بذور الاساءة الجسدية وممارستها.

* الاساءة الإنفعالية (Emotional abuse)

وهي حالة يتم فيها قمع الطفل باستمرار، وعدم السماح له بالتعبير عن حاجاته النفسية، كذلك إطلاق الالقاب السلبية عليه ونعته والحط من قدره، والاستهزاء والسخرية منه، وتوجيه الانتقادات المستمرة التي تفقده الثقة بنفسه. ومن المعروف ان جميع اشكال سوء المعاملة والإهمال المتعمد للطفل تسبب ايذاءً انفعالياً له.

وهناك مجموعة من الاستراتيجيات الإرشادية تقدمها الجمعيات والهيئات المعنية بحماية الطفل من الاساءة والإهمال، نذكر منها على سبيل المثال لا الحصر استراتيجية توكيد الذات.

* الاساءة الجنسية (Sexual abuse)

وهي من اخطر انواع الاساءات التي يتعرض لها الطلاب والاطفال منهم خصوصا، وأكثرها اثاراً على شخصية الطالب. وتحدث الاساءة الجنسية عندما يتعمد شخص اكبر إلى استخدام الطالب،لأجل اغراض جنسية (متضمنة السلوك الجنسي غير المتناسب مع العمر). وتأخذ اشكالاً كثيرة مثل التحرش الجنسي، او العملية الجنسية ذاتها، واستخدام الطفل في اعمال البغاء، ولا تقتصر ممارسة هذه الاساءة على الاطفال فقط، اذ قد يتعرض لها الانسان في أي مرحلة من مراحل العمر.

٣- مشكلة الانضباط الصفي: (Classroom Control)

يعرّف (harrmer،١٩٨٣) الانضباط االصفي بانه نظام للسلوك يربط بين المعلم والطلبة، ويهدف إلى جعل عملية التعلم اكثر فاعلية. وهذا النظام لا يقتصر على لوائح التعليمات والإجراءات والعقوبات التي قد يتخذها المعلم أو الإدارة المدرسية بحق الطلبة المخالفين، إذ لا بد ان يتضمن تشجيع الطالب المتميز وتعزيزه على السلوكيات الايجابية والانجازات الاكاديمية.

ومن اكثر المشكلات السلوكية التي تؤثر في الانضباط الصفي: وصول الطالب متأخرا على الحصة، وعدم احضار الكتاب، وعدم حل الواجب البيتي، وإصدار الطالب للاصوات المزعجة أثناء الحصة. ولا شك ان ادارة المعلم لوقت الحصة بطريقة منظمة ومدروسة ومشوقة تحد كثيرا من مشكلات الانضباط الصفي، اضافة إلى تمتعه ببعض الخصائص الشخصية الفعالة.

اضافة إلى ما سبق من مشكلات إنفعالية وتعليمية وسلوكية يعاني الطلبة ويتعرضون لمشكلات اخرى ومتنوعة لا يتسع الكتاب لذكرها مثل: مشكلات النطق واللغة ، والرسوب المتكرر، والاعاقات العقلية البسيطة، وبعض حالات الذهان والعصاب. والسرقة. والمشكلات الصحية والعصبية. ولحسن الحظ فان نسبة حدوث هذه المشكلات قليلة لا تتجاوز(١%) مقارنة من المشكلات الشائعة المذكورة آنفاً.

خدمات برنامج الإرشاد التربوي

تتنوع خدمات برنامج الإرشاد التربوي في المدرسة، فقد تكون خدمات مباشرة يلمسها الطلبة والمستفيدين من برنامج الإرشاد، وقد تكون خدمات غير مباشرة ترتبط بالجانب الفني والتنظيمي للعمل الإرشادي. وفي ما يلي توضيح لكلا النوعين من الخدمات:

اولا:-خدمات الإرشاد التربوي غير المباشرة

هي الخدمات التي ترتبط بالجانب التنظيمي للعملية الإرشادية والتي تساعد على انجاز اهداف الإرشاد قي اسرع وقت واقل تكلفة، ويبدأ المرشد التربوي عمله بالتعرف على البيئة المدرسية مثل عناصر البناء المدرسي، والانظمة والتعليمات الخاصة بالمدرسة، كما يتعرف على البيئة المحلية وامكاناتها المتوفرة، والخدمات التي يمكن ان يقدمها للمدرسة، ولا بد ان يقوم بالإجراءات التحضيرية التالية قبل البدء بتخطيط البرنامج الإرشادي:

١- التعرف على الطلبة من حيث عددهم وشعبهم وحاجاتهم النمائية.

٢- التعرف على اعضاء الهيئة التدريسية والادارية من حيث ميزاتهم ومستوياتهم التعليمية.

٣- توضيح دوره للادارة المدرسية والمعلمين والطلبة واولياء الأمور، من خلال اللقاءات الجماعية والفردية والزيارات الصفية.

وفيما يلي أهم الخدمات غير المباشرة التي يقدمها المرشد:

١. تخطيط البرنامج الإرشادي.

يقوم المرشد التربوي بتخطيط البرنامج الإرشادي بناءً على التقييم الاولي لحاجات الطلبة، وكذلك تقييم مشكلاتهم عن طريق تطبيق قوائم مسح الحاجات الإرشادية، وبعض اختبارات الاستعداد للطلبة الجدد في بداية العام الدراسي.

ويصمم البرنامج الإرشادي في ضوء اسس علمية لتقديم الخدمات الإرشادية المباشرة وغير المباشرة (فرديا وجماعيا) لجميع الأفراد الذين تضمهم المؤسسة (تربوية كانت ام علاجية)، وذلك بهدف مساعدتهم على تحقيق النمو السليم السوي عن طريق استخدام استراتيجيات إرشادية محددة، وبالتالي تحقيق الصحة النفسية داخل المؤسسة وخارجها، ويقوم بتخطيط البرنامج الإرشادي وتنفيذه وتقيمه لجنة وفريق من المختصين، يلعب المرشد

الدور الاهم من بينهم. ومن الجدير بالذكر ان برنامج الإرشاد النفسي الفعال يحدد الاجابة على ست اسئلة هي: (ماذا؟ ولماذا؟ وكيف؟ ومن؟ وأين؟ ومتى؟) وهذه الاسئلة خاصة بعملية الإرشاد (راجع عملية الإرشاد).

٢. وضع خطة العمل الإرشادي الفصلية أو السنوية، التي يوضّح فيها المرشد قطاعات الخدمة الإرشادية التي سيقدمها للطلبة، وأهداف كل خدمة وإجراءات تطبيقها والفترة الزمنية اللازمة للتطبيق.

٣. تجهيز السجلات الإرشادية والاختبارات والقرطاسية اللازمة للعمل الإرشادي.

٤. تنسيق وتوثيق المعلومات الخاصة بالإرشاد ضمن سجلات ارشادية خاصة.

٥. توفير مصادر المعلومات المساندة في العمل الإرشادي مثل تلك الخاصة بالقوانين والتعليمات والاجراءات الخاصة بالطلبة كتعليمات النجاح والرسوب والاكمال، ومعلومات حول البرامج الدراسة المتوفرة والجامعات والكليات ومراكز التدريب والتأهيل المهني، كما تتضمن معلومات حول فرص العمل (الداخلية والخارجية) المتوفرة لكل تخصص دراسي، اضافة إلى نشرات ارشادية مختلفة.

٦. اعداد جدول عمل يتضمن:

أ. اوقات وآلية زيارة الطلبة وأولياء الأمور للمرشد، والاستفادة من خدمات البرنامج الإرشادي.

ب. اعداد جدول الزيارات الاكاديمية والمهنية للجامعات والمؤسسات المهنية.

ج. اعداد جدول اجتماعات وحلقات نقاش بين الطلبة وأولياء الأمور من جهة، وبين الطلبة ومحاضرين متخصصين من جهة اخرى.

ثانياً: الخدمات المباشرة.

١- الإرشاد الفردي ودراسة الحالات:

تقدّم هذه الخدمة للطلبة الذين يعانون من مشكلات محدّدة بطريقة فردية وخاصة بكل طالب عن طريق الجلسة الإرشادية (المقابلة) ، وبناءً على رغبة الطالب بهدف زيادة وعيه بنقاط القوة لديه، والعمل على تنميتها وتنمية مهارات الحياة لاسيما مهارة حل المشكلات والمهارات الاجتماعية.

وقد يضطر المرشد في بعض حالات الإرشاد الفردي إلى عقد عدة جلسات ارشادية متتالية في فترات زمنية متقاربة،عندئذٍ يلجأ إلى اجراء دراسة حاله بهدف مساعدة الطالب على فهم ذاته والعالم بصورة افضل، وتخليصه من انفعالاته السلبية وبالتالي اتخاذ القرارات المناسبة وتعميم ذلك على المواقف الحياتية المشابهة خارج الجلسة الإرشادية. ويلجأ المرشد التربوي إلى اجراء دراسة الحالة في حالة المشكلات اللّاتكيفية ذات الطابع الانفعالي البسيط، اما في الحالات الإنفعالية الشديدة ذات الطابع المرضي، فانه يحيلها إلى ذوي الاختصاص (انظر اسلوب الإرشاد الفردي ودراسة الحالة)، ويصرف المرشد التربوي وقتاً لا بأس به من اجمالي وقت العمل الإرشادي في تقديم خدمة الإرشاد الفردي ودراسة الحالات يقدر بحوالي (٤٠%) من نسبة وقت العمل الكلي، حيث تتراوح جلسة الإرشاد الفردي بين نصف ساعة إلى ساعة في المتوسط.

٢- الإرشاد الجمعي:

تقدم خدمات الإرشاد الجمعي إلى مجموعة صغيرة من الطلبة يتراوح عددها نموذجيا ما بين (٥-١٠) من الطلبة الذين يواجهون مشكلات متشابهه، مثل مشكلة تدني التحصيل والمشكلات العلاقاتية مع الاخرين ومشكلات الانضباط الصفي وقضايا الغياب والتأخر عن الدوام... الخ.

ويساعد المرشد افراد المجموعة على مناقشة هذه المشكلات وتبادل الخبرات في حلها وتعديل اتجاهاتهم نحوها، ويستخدم مجموعة من الطرق لتحقيق اهداف برنامج الإرشاد الجمعي (انظر اسلوب الإرشاد الجمعي الفصل الاول)

٣- التوجية الجمعي في الصفوف:

تعتبر هذه الخدمة من اهم خدمات الإرشاد التربوي، لانها توفر للمرشد فرصة الاتصال المباشر بأكبر عدد من الطلاب في المدرسة، والتعرف على حاجاتهم عن قرب، كما انها توفر الوقت والجهد بشكل افضل مما توفره قطاعات العمل الإرشادي الاخرى.

ويختار المرشد التربوي الموضوعات المناسبه للطلبة من حيث المرحلة العمرية التي يمرون بها، بحيث تغذي حاجاتهم النفسية والاجتماعية وتساعدهم على التعامل مع المشكلات والظروف التي يمرون بها سواء داخل المدرسة او خارجها.

ويشترط في هذه الموضوعات ان تكون حديثةً وغير متوفرة في المنهاج المدرسي، وتساعد في حل المشكلات او الوقايه من الوقوع بها، ومن الامثلة على الموضوعات الإرشادية التي من الممكن ان يقدمها المرشد من خلال حصص التوجيه الجمعي: المشكلات الخاصة بالمراهقين والاطفال واساليب الدراسة الصحيحة وقلق الامتحان والتوعية الصحيه والمرورية....الخ، ويلتقي المرشد عادة مع الطلبة في جميع الصفوف بموجب برنامج اسبوعي يضع فيه الصفوف المستهدفة، مع ذكر الموضوعات التي سيطرحها للمناقشة، وقد يطرح المرشد التربوي الموضوع الواحد على اكثر من شعبةٍ او صفٍ، مع الاخذ بعين الاعتبار اختلاف طرق العرض من صف إلى آخر او حتى من شعبة إلى اخرى.

ولا بد ان يبتعد المرشد التربوي عن تناول موضوعات التوجيه الجمعي بطريقة المحاضرة الاكاديمية الاستعراضية واستخدام المصطلحات الفنية، بل يحول الحصة بدلاً من ذلك إلى ممارسات عملية لها صلة بحياة الطالب.

ونظراً لأهمية هذا القطاع من الخدمة الإرشادية نورد نموذج لحصة توجيه جمعي حول أساليب الدراسة الصحيحة يوضح العناصر الرئيسية في تحضير وتقديم الحصة.

نموذج حصة توجيه جمعي

- الموضوع: أساليب الدراسة الصحيحة
- اليوم والتاريخ:- ٢٠٠٧/٩/٥.
- الصف والشعبة:- الخامس الاساسي.
- ### الاهداف الأساسية
* ان يقيم المرشد المستوى التحصيلي للطلبة.
* ان يزيد المرشد دافعية الطلبة للتحصيل.
* ان يتعرف المرشد على العادات الدراسية المتوفرة لدى الطلبة.
- ### الأساليب والانشطة:
* عرض افلام حول أساليب الدراسة الصحيحة.
* طرح اسئلة على الطلبة مثل: كيف تدرس ؟ مدة الدراسة ؟ واين ؟
* توزيع نشرة على الطلبة حول أساليب الدراسة الصحيحة.
* مناقشة النشرة.
- ### التقييم
- تقييم مستوى فهم الطلبة للموضوع بطرح اسئلة.
- تقييم مدى الفائدة من الموضوع واستمتاع الطلبة بالموضوع ومشاركتهم في النقاش.

وكما هو الحال في المعلمين الاقوياء المتمكّنين من مادّتهم وتخصّصهم، ينبغي ان يكون المرشد واسع الاطّلاع والمعرفة بالموضوع الذي ينوي تعليمه للطلبة. فهو غير معصوم من ان يتم احراجه بسؤالٍ ربّما يكون سهلاً نسبيّاً، وبالتالي يقلل من ثقة الطلبة في كفاءته.

يخْتص ما سبق من فعاليات التوجيه الجمعي للطلبة بالحصص الصفية داخل الصفوف، اما التوجيه الجمعي خارج الصفوف فانه يتم عن طريق عقد لقاءاتٍ جماعيةٍ مع مجموعةٍ محدودةٍ من الطلبة في غرفة الإرشاد لمناقشة مشكلةٍ طارئةٍ ومشتركة بينهم. وقد يقدم المرشد التربوي خدمة التوجيه الجمعي بطرقٍ غير مباشرة مثل: مجلاَت الحائط التي تحتوي النشرات الإرشادية، والكلمات الصباحية في الاذاعة المدرسية.

٤- الإرشاد والتوجيه المهني:

تتضمن خدمة الإرشاد والتوجيه المهني مجموعةً من الاجراءات والاساليب يقوم بها المرشد التربوي، لمساعدة الطلبة في الحصول على معلومات دقيقة وصحيحة وكافية عن ذواتهم وعن عالم المهن والفرص المهنية المتاحة واتخاذ القرار المناسب بشان مهنة المستقبل بناء على هذه المعلومات والمعرفه (انظر ميدان الإرشاد المهني).

٥- مقابلات اولياء الامور

ان التعاون والتنسيق بين البيت والمدرسة ومساعدة الاباء على فهم حاجات ابنائهم وتعرف مشكلاتهم واساليب التعامل معها، يلعب دوراً كبيراً في تحقيق الصحة النفسية للطلبة. ومن اجل ذلك يضع المرشد جدولا لمقابلات اولياء الامور بهدف توعيتهم حول المراحل التي يمر بها الطلبة، ومتطلبات كل مرحلة وحاجاتها وكيفية التعامل معها، والخدمات التي يقدمها برنامج الإرشاد في المدرسة بشكل موضوعي، كذلك يؤكد المرشد على مساعدة الاباء في متابعة البرامج العلاجية الاسرية، وتزويدهم بالمهارات التي تحقق التفاهم في الاسرة،

وتشجيعهم على التردد على المدرسة. ويمكن ان يتعاون اولياء الامور مع المرشد في تنفيذ الادوار التالية:

- التردد المتكرر على المدرسة لمتابعة تقدم ابنائهم بشكل سليم.
- تقديم المعلومات والبيانات الصحيحة اللازمة للارشاد.
- المشاركة في النشاطات المدرسية المنبثقة من برنامج الإرشاد التربوي.
- توفير البيئة الاسرية الآمنة للطالب.
- توفير الحاجات النمائية والحاجات المادية الأساسية لابنائهم، مثل التقبل والاحترام والحاجات المرتبطة بالطعام والشراب والملبس والمسكن الملائم.

٦- مقابلات اعضاء الهيئة التدرسية والعاملين في المدرسة

تهدف هذه الخدمة الإرشادية إلى تزويد المعلمين والعاملين في المدرسة بالمعلومات الكافية عن طلابهم ومشكلاتهم منذ بداية السنة، كذلك تزويدهم بمعلومات واضحة حول البرنامج الإرشادي في المدرسة، من حيث دور المرشد التربوي وخطة العمل الإرشادي. وتوضيح أساليب التواصل بين المعلمين والمرشد لمناقشة مشاكل الطلبة وتوثيق هذه الفعاليات ضمن سجلٍ خاص.

٧- الإرشاد العلاجي

يدور محور هذه الخدمة حول الاتصال بين المرشد وبين الطالب الذي يعاني من احد اشكال العصاب(Neurosis) K وما يترتب عليه من صراع نفسي- قد يتراوح بين البسيط والمركب- يقود الطالب إلى محاولة غير ناضجة للتكيف مع الواقع وليس الانفصال عن هذا الواقع، حيث يكون قادر على التعامل مع المرشد ويطلب العلاج ، ويعتبر العصاب من أكثر الأمراض النفسية التي يعاني منها الانسان في القرن الحادي والعشرين. واكثر اشكال العصاب لدى طلبة المدارس والتي تعيق تكيفهم المدرسي: قضم الأظافر والخوف المرضي بكافة اشكاله والاكتئاب واللازمات العصبية والتبول اللاإرادي. وعموماً

يعتبرالعصاب من اكثر الامراض النفسية قابلية للعلاج النفسي التحليلي والعلاجات السلوكية المعرفية.

ويشجع المرشد في هذا القطاع من الخدمات الطالب على التصريح عما بداخله من مخاوف ومشاعر دون خوف من النقد او اللوم، ويساعده بعد ذلك على تحدي افكاره المسؤلة عن حالته او تعديلها، حتى تتعدل مشاعره السلبية وتتحول إلى مشاعر ايجابية، ويتكيف مع بيئته بشكل معقول.ويعتمد نجاح الإرشاد العلاجي على فهم المرشد لدوافع الطالب الشعورية واللاشعورية وصراعاته، كما يعتمد ايضا على تمكين الطالب من تعلم كيفية استبصار مشكلاته والسيطرة عليها. وعند محاولة التعرف على مشاكل الطالب ينبغي ان يحذر المرشد من التورط في التعاطف والتأثر بها؛ حتى يشخصها ويعيها (المرشد) بطريقةٍ موضوعيةٍ. ويتطلب تقديم خدمة الإرشاد العلاجي في المدارس توفر مجموعة من الاختبارات النفسية التشخيصية، اضافة إلى امتلاك المرشد التربوي مهاراتٍ متقدمةٍ في الإرشاد النفسي وقدرته على اتخاذ القرار المناسب بشان الاستراتيجية العلاجية المناسبة.

٨- اجراء البحوث والدراسات العلمية

ان احد اهم قطاعات العمل الإرشادي هو قيام المرشد التربوي بأجراء الدراسات الميدانية والبحوث العلمية للظواهر والمشكلات المدرسية التي يلاحظها، وذلك بهدف توظيف نتائجها في خدمة وتحسين العملية التربوية بشكلٍ عام والعملية الإرشادية خاصةً.ويتطلب ذلك من المرشد التربوي ان يكون ملما بمناهج البحث العلمي في مجال الإرشاد النفسي، والمجالات التربوية والنفسية ذات العلاقة (انظر مناهج البحث في الإرشاد).

٩- ارشاد الطلبة المتفوقين

بدأ الاهتمام بالمتفوقين سنة (١٩٥٠)عندما وضع (لويس تيرمان) اول اختبار لقياس المهارات الابداعية الثلاث (الاصالة، والاطلاقة، والمرونة). وقد اكد (تيرمان) ان العملية الابداعية تمر باربع مراحل رئيسية وهي:

- مرحلة التحضير: وتشمل معرفة المهارات والحقائق اللازمة لتحضير موضوع الابداع.
- مرحلة التفريخ: وهي المرحلة التي يقترب بها المبدع من الحل او الالهام ويعاني المبدع في هذه المرحلة من الحيرة والكسل.
- مرحلة الايحاء: وهي المرحلة التي تولد بها الفكرة الابداعية فجأةً.
- مرحلة التحقق: ويتم بها التحقق من الفكرة عن طريق التمرين والتجربة.

وقال بان هناك اربع شروط لا بد ان تتوفر حتى تسير العملية الابداعية على افضل وجه وتحقق نتائجها وهي:

- توفر مهارات الابداع الثلاثة (الاصالة، والطلاقة، والمرونة).
- توفر بيئه داعمة ومشجعة للابداع، تتمثل في ارتفاع المستوى الاقتصادي والثقافي والاجتماعي للاسرة.
- توفر درجة عالية من الذكاء لا سيما في الابداع العلمي- في حين يحتاج الذكاء الفني إلى قدر بسيط من الذكاء - ويقدم المرشد التربوي مجموعة من الخدمات الخاصة بالطلبة الموهبين اهمها:

١- الكشف المبكر عن المتفوقين والتعرف على مجالات التفوق لديهم وتعزيزها، من خلال ملاحظة سماتهم الابداعية مثل: استخدام القدرات اللغوية بدرجة عالية، وتوفر مهارة ادراك العلاقات والمشاعر فيما يتعلق بالاشياء والناس، وسرعة التعلم والتذكر، وارتفاع مستوى التحصيل، كما يمكن التأكد من توفر القدرة الابتكارية من خلال تطبيق مقاييس الذكاء والاستعدادات، اضافة إلى

مقياس (تورانس) للابداع،كذلك تحويلات الاهل والمعلمين والرفاق وتزكياتهم للطلبة المتفوقين.

٢- التعرف على مشكلاتهم المختلفة ومساعدتهم في حلها، لا سيما مشكلة الروتين والملل في المدرسة.

٣- الإرشاد المهني ومساعدتهم في اتخاذ القرارات المهنية والتعليمية المناسبة، لا سيما انهم يواجهون مشكلة في عملية اتخاذ القرار المهني تحديداً، كونهم يمتلكون قدرات ومهارات وميول ابداعية متعددة.

٤- تقديم خدمات التربية الخاصة بالتعاون مع اخصائيّي الموهبة والتي تتلخص في الخدمات التالية:

ا- برامج الاثراء: وهي البرامج التي تقدم من خلالها النشاطات والخبرات والمواد الدراسية الاضافية التي تتحدى قدرات الطلبه المتفوقين وتشبع اهتمامهم. وتقدم هذه المحتويات في الصف العادي، ويتم استخدام طرق تعليمية متقدمة مثل طريقة العصف الذهني (Mental Squeezing)؛ التي تقوم اساساً على تجميع اكبر قدر ممكن من الافكار وتوليدها في وقت قصير، وذلك بهدف تسهيل عملية اتخاذ قرار أوحل مشكلة، وذلك بعد استعراض جميع الخيارات الاخرى التي تم طرحها ومناقشتها،ويساعد هذا الاسلوب على تبادل الافكار والخبرات والمشاعر ويوسع الافاق حول الموضوع المطروح بالإضافة إلى تأكيد اهمية روح الفريق، وتتراوح مدة تنفيذ اسلوب العصف الذهني من (١٠ دقائق إلى ساعتين) حسب نوعية الموضوع المطروح.

ب - برامج الاسراع: تتيح هذه البرامج للطلبة المتفوقين التقدم في المراحل التعليمية، بهدف اختصار الزمن الذي يحتاجونه لاستكمال المنهاج،فمثلا قد ينهي الطالب مناهج ثلاث سنوات بسنه واحدة على شكل مساقات معتمدة بساعات، كما تتضمن برامج الاسراع قبول الطلبة المتفوقين في اعمار تقل

عن اعمار الطلبة العاديين، سواء في سنوات الروضة او مستوى الصف الاول الاساسي. وهناك بعض الانظمة التربوية (كما في اليابان واستراليا) تقبل الطلبة المتفوقون في الكليات والجامعات، في نفس الوقت الذي ما يزالون يدرسون في المدرسة الثانوية حيث يتم اعطاؤهم مساقات جامعية في المدرسة قبل ان يتخرجوا منها. ان تطبيق هذه البرامج بموضوعية يفجر الطاقات الابداعية، وينميها ويسخرها في خدمة البشرية وحل المشكلات العضال التي ما زال العلم واقفا مكتوف الايدي حيالها.

دور المدير والمعلمين والطلبة في برنامج الإرشاد التربوي

أ- دور المدير

يتحمل المدير مسؤلية الجوانب الادارية والتنظيمية للخدمة الإرشادية، ويتلخص دوره في تسهيل وتيسير الامكانات الماديه والقانونية لانجاز العمل الإرشادي، كتوفير بيئة الإرشاد المناسبة وما يحتاج إليه المرشد من نماذج وسجلات عمل وقرطاسية، كما يقوم المدير بمهمة الاشراف والرقابه على الخطة الإرشاديه ومتابعة تحقيق اهدافها اسبوعيا او شهريا، اضافة إلى قيامه بالتنسيق بين المرشد والمعلمين فيما يتعلق بتقديم الخدمات الإرشاديه لا سيما حصص التوجيه الجمعي والية تحويل الطلبة.

ب- دور المعلمين

يقوم المعلمون في المدرسة بالمهمات التالية لتحقيق نجاح العمل الإرشادي:

١- ملاحظة الفروق الفردية بين الطلبة وادراك حاجاتهم.

٢- الاهتمام بالطلبة وتقبلهم وتعزيز الجوانب الايجابية لديهم .

٣- احالة الطلبة المشكلين إلى المرشد التربوي، والتعاون معه ومع اولياء الاموري في متابعة وتنفيذ البرامج الخاصة لبعض الحالات الفردية في الصفوف التي يدرسونها.

ج- دور الطلبة في البرامج الإرشادي

يقوم الطلبة بدور تنفيذي في البرامج الإرشادي وتقع على عاتقهم المسؤليات التالية:-

- تزويد المرشد بالمعلومات الإرشادية اللازمة وكشف الذات.
- تنفيذ الاستراتيجيات الإرشادية خارج اطارالجلسة الإرشادية، وتنفيذ الواجبات المنزلية التي يكلفهم بها المرشد.
- مساعدة المرشد التربوي في تنظيم قطاعات العمل الإرشادي من خلال اللجان الإرشاديه، والتي يكونها المرشد من جميع المستويات التعليميةبحيث تكون عوناً له في تحسين العلاقات الاجتماعية بين الطلبة، من خلال تشجيعهم على ممارسة الأنشطة والاعمال التطوعية وخدمة البيئة المدرسية، بما يسهم في تنمية هواياتهم وامكانياتهم وروح التعاون لديهم وممارسة الادوار القيادية.

المرشد التربوي وسرية المعلومات (Information secret)

قد يحتاج المرشد خلال عمله إلى اجراء اتصالات مختلفة بهدف الحصول على معلومات عن المسترشد، كالاتصال مع الادارة المدرسية او السلطة القضائية او اولياء الامور، فما هي الحدود والمسؤولية حيال سرية المعلومات المتعلقة بالمسترشد؟؟؟

ان مبدأ سرية المعلومات من أهم الأخلاقيات التي لابد ان يلتزم بها المرشد عند تقديمه للخدمات الإرشادية، وتتضمن هذه الاخلاقية المحافظة على أمور المسترشد الشخصية والخاصة التي يتوصل لها المرشد عن طريق المقابلة الإرشادية أو أي وسيلة إرشادية أخرى، وهو مسؤول عن المحافظة على أسرار

المسترشد، وليس له الحق في تسجيلها أو التصريح بها إلا بموافقة المسترشد.

وفي حالة تسجيل التقرير النفسي يقتصر التسجيل على التشخيص والإجراءات الإرشادية المتخذة فقط دون ذكر أي معلومات سرية، حيث يؤاخذ القانون المرشد إذا أساء استخدام الأسرار أو أباح بسر يضر بالمسترشد مادياً أو معنوياً،ولا بد ان يراعي المرشد التربوي الاعتبارات التالية في التعامل مع اسرار الطلبة:

١. المحافظة على اسرار الطلبة وعدم اعطائها لأي جهة بمجرد طلبها لهذه المعلومات، حتى ولو انقطع الطالب عن التعليم.

٢. يحق للمرشد ان يفضي ببعض المعلومات عن المسترشد في الحالات التي يمكن ان يتعرض لها المسترشد او المجتمع للخطر، وليس لمجرد ايقاع الضرر بالمسترشد.

٣. في حالة اشراك جهة ما في تقديم العون للمسترشد كأحد المعلمين أو زملاء الدراسة، على المرشد ان يتأكد بانه يتمتع بالثقة والأخلاق الحميدة.

الإرشاد المهني
(Vocational Counsling)

الاطار النظري للإرشاد المهني

يتلخص الإرشاد و التوجيه المهني في عملية المواءمة بين السمات الشخصية للفرد (القدرات و الاتجاهات و الميول)والمتطلبات المهنية لمهنة او حرفة او وظيفة ما، ومن هنا فان خدمات الإرشاد والتوجيه المهني لا بد ان تشمل تقييم هذين الجانبين (السمات الشخصية، والمتطلبات المهنية).

وتاريخياً يعد فرانك باترسون (Patresson) الاب الروحي للإرشاد المهني وقد ألف كتاب (اختيار المهنة) سنة ١٩٠٩، اعتبر فيما بعد دستورا للإرشاد المهني وتضمن في ثناياه المبادئ التي يقوم عليها الإرشاد والتوجيه المهني ومن اهمها:

١) دراسة شخصية الفرد بكافة جوانبها.

٢) تزويد الفرد بالمعلومات الكافية عن المهن المختلفة وما تتطلبه من إمكانيات شخصيه، حتى يتمكن من اختيار المهنة أو الحرفة التي تلائمه.

وقد أكد (باترسون) انه لا بد من المواءمة بين المبدأين السابقين، وانه لا يمكن ان تحدث هذه المواءمة إلا إذا امتلك الفرد مهارة اتخاذ القرار من خلال استراتيجيات صحيحة يتم تدريبه عليها جيدا.

و تناول بعض المنظرين و العلماء بعد (باترسون) موضوع الإرشاد المهني كل من زاوية معينة، فالعالم هولاند(Holland) يرى ان هدف الإرشاد المهني هو المواءمة بين الفرد والمهنة. كذالك اكد سوبر(Super) على عمليات اتخاذ القرار المهني ضمن إطار النمو الشخصي العام، متفقا في ذالك مع (جينزبيرغ) الذي أكد على ان عملية الاختيار المهني عملية اتخاذ قرار تستمر

مدى الحياة. أما (جيلات) فقد أكد على ان احد الأهداف الأساسية للإرشاد المهني يجب ان يكون زيادة المسؤولية الشخصية، وزيادة النضج في عملية اتخاذ القرارات، و ركزت(An Roe)على الخبرات المبكرة في عملية الاختيار المهني مثل أسلوب الرعاية الوالديه، و طريقة الوالدين في إشباع الحاجات الشعورية واللاشعورية للطفل، وقد أكدت (Roe)على ان هذه العوامل تؤثر على تصريف الطاقة النفسية لدى الفرد، وبالتالي على الميول المهنية، وتقرر درجة الدافعية التي يعبر عنها بالانجاز.

مفهوم الإرشاد المهني (Vocational counseling)

يشير مفهوم الإرشاد المهني إلى عملية تقديم المساعدة للمسترشد من خلال العلاقة الإرشادية بين المرشد او المعلم او كليهما معاً وبين المتعلم، بهدف تحقيق التنمية المهنية، ومساعدة الفرد على تكوين صورة لذاته المهنية من حيث تنمية وعيه لذاته وبإمكاناته واهتماماته وبالبيئة المهنية وسوق العمل ومتطلباته من الكفايات والمهارات، كذلك مساعدته على حسن الاختيار المهني الذي يستند على اساس الملائمة بين صورة الذات المهنية ومتطلبات العمل، وذلك تحقيقا للتكيف المهني والنمو المهني. وترتبط عملية الإرشاد المهني ارتباطا وثيقا بالتربية المهنية، وكثيرا ما يستخدم مصطلح التربية المهنية بديلا للارشاد المهني.

ان الكثير من الطلبة سواء في المستوى المدرسي أو الجامعي لا يعرفون عن الموضوعات الدراسية ولا عن مجالات العمل في المجتمع، هذا فضلا عن فشل الكثيرين في عملية الاختيار المناسبة للتخصص الدراسي، وذلك نتيجةً لجهلهم بأمكانياتهم ومتطلبات التخصص والمعلومات المهنية المرتبطة به، أو بسبب مسايرة الرفاق والأصدقاء، او حتى الاجبار من قبل الاهل على مهنة كان يأمل بها احد الوالدين، وفي حالات نادرة يسوء اختيارهم نتيجة لكثرة الخيارات

المهنية والحيرة في الاختيار، وينتج عن هاتين المشكلتين مشكلات ثانوية تضر بالكفاية الانتاجية للفرد والمجتمع، على سبيل المثال لا الحصر زيادة اعداد الشباب والفتيات العاطلين عن العمل بسبب عدم التوافق بين برامج التعليم ومتطلبات سوق العمل، ومشكلة سوء التكيف المهني وما يترتب عليها من دوران وظيفي وترك للعمل او عدم الاستقرار به.

ان ظهور هذه المشكلات المهنية وتوقع ارتفاع نسبة حدوثها، يستدعي وجود برامج توجيه مهني فعالة تؤدي إلى التكامل والانسجام بين حاجات الفرد ومتطلبات المجتمع، اذا ما علمنا ان اهم القرارات التي يتخذها الفرد في حياته هو قرار اختيار المهنة اولا ثم قرار اختيار شريك الحياة ثانيا، ولا شك ان القرار الاول يحتاج إلى الحكمة والتخطيط الدقيق؛ لأن مهن المستقبل ستكون كثيرةً ومختلفةً.

خدمات الإرشاد و التوجيه المهني

تعتبر برامج الإرشاد المهني وما تتضمنه من خدمات جزءا أساسيا من الأنشطة التربوية الأساسية في المؤسسات التعليمية المعاصرة. وقد باتت الحاجة ملحة و ضرورية لمثل هذه البرامج، حيث لاقت الاهتمام المتزايد في ظل التغيرات السريعة في نظم المجتمع الاقتصادية و الاجتماعية والتربوية، و التي أدت إلى ضغوط نفسية تتطلب من الفرد القدرة على التكيف السريع في علاقاته الشخصية و الاجتماعية واختيار مهنة المستقبل. وتهدف خدمات الإرشاد المهني بشكل أساسي إلى:

١- مساعدة الفرد على معرفة إمكانياته الذاتية والمهن المختلفة، لاختيار المهنة الملائمة لامكانياتة.

٢- إكساب الفرد المرونة والخبرات والمهارات اللازمة التي تجعله قادرا على مواكبة التطورات في المهنة، وبالتالي تحقيق التكيف المهني والرضا الوظيفي.
٣- وضع الشخص المناسب في المكان المناسب، وبالتالي تحقيق أقصى درجات الانتاجية على المستوى الفردي والقومي.

وفيما يلي عرض لأهم الخدمات التي يقدمها برنامج الإرشاد المهني:-

اولاً: خدمة تسهيل عملية الاختيار المهني

يشير مفهوم الاختيار المهني إلى العملية التي يتم بموجبها اتخاذ القرارات الخاصة باختيار مهنة المستقبل، والإعداد الاكاديمي اللازم للفرد لتخطيط مستقبلة المهني، ويكون ذلك بعد دراسة وتقييم دقيق وشامل لقدراته وميوله واتجاهاته من جهة، والمهنة التي يرغب بها من جهة اخرى، ليدرك بعد ذلك مدى الملائمة بينهما ومناسبتهما لبعضهما البعض،ويحتاج ذلك إلى جمع معلومات كافية عن هذه المهنة وظروفها ومتطلباتها.

ولا بد ان يقوم الطالب نفسه باتخاذ القرار، بعد ان يقوم المرشد بشحذ اهتمامه نحو اختيار مهنته في المستقبل. وهناك مؤسسات متخصصة في مجال الاختيار المهني تصدر كتباً خاصة للاختيار المهني وكتيبات خاصة بالمهن التي يؤدي اليها كل مؤهل علمي، ونشرات بتعيين الخريجين، وطرق الحصول على العمل والدخول فيه.

ويهتم الإرشاد المهني بتسهيل عملية الاختيار المهني لدى الفرد، من خلال تزويده بالمعلومات المهنية التي تساعده على التفكير والتخطيط السليم لاختيار مهنة المستقبل، وبذلك تكون الفرصة مهيأة امامه للنجاح والتكيف مع متطلبات العمل من جهة، والظروف الاجتماعية والاقتصادية من جهة اخرى.

خطوات الاختيار المهني

تسير عملية الاختيار المهني وفق ثلاث خطوات رئيسية هي:

أ. تحليل الفرد (Employer Analyses)

يتم في هذه الخطوة تقييم الجوانب الشخصية للفرد، بمعنى تحليل شخصية العامل او الموظف الذي سيدخل مهنة معينة، ويستخدم المرشد المهني بغية تحقيق ذلك ادوات الاختبار الموضوعية (مثل اختبار سترونج أو كودر للميول المهنية). والوسائل الذاتية (مقابلات وتقارير ذاتية)، واختبارات الاستعدادات المهنية والاتجاهات، ودراسة الحالة، اضافة إلى تقييم اداء الفرد على نماذج مهن وحرف مصغرة معدة خصيصا لهذا الغرض، او من خلال الحاقه بورش عمل ومراقبة ذاته على مختلف الاعمال والمهن الموجودة، وقدرته على التكيف مع متطلباتها.

وتشمل عملية تحليل الفرد تقييم الجوانب الأساسية التالية في شخصية الفرد:

- اتجاهاته (نحو العمل والمهن).

- امكانياته (المتوافرة).

- الحالة الصحية له.

- ميوله واهتماماته.

- مستوى التحصيل الدراسي والثقافي.

- الظروف الاسرية والاقتصادية حيث تؤثر على القدرات والميول.

- عادات ومهارات العمل والخبرات المهنية السابقة.

- نواحي الضعف والقوة لديه.

وفي نهاية هذه الخطوة لابد ان يقدم المرشد المهني للمسترشد صورة واضحة عن امكانياته المتوفرة لديه كما كشفتها الاختبارات التحريرية والادائية، وذلك بهدف تحقيق الوعي بالذات كخطوة اولى من خطوات الاختيار المهني.

ب _تحليل العمل (Job Analysis)

وهي خطوة رئيسية من خطوات الاختيار المهني، وهي من الخدمات الرئيسية للإرشاد المهني يتم فيها تحديد الجوانب المهنية التالية:_

- المهارات والمعارف والمسؤوليات المطلوبة.
- الامتيازات والمستوى الاقتصادي والاجتماعي للمهنة.
- الصعوبات التي ينطوي عليها العمل واحتمالات الخطر.
- الوصف الوظيفي والحقوق والواجبات وما شابه من المعلومات المهنية.
- ظروف العمل (الاضاءة،التهوية، مستوى الضوضاء...الخ)، وتحديد ميادين العمل وطبيعته.
- متطلبات العمل الجسدية والعقلية.
- عوامل النجاح والتقدم في العمل ومستقبله.
- تحديد و بيان الادوات والأجهزة والإجراءات المستخدمة في ذلك العمل.

وحتى تكون عملية التحليل للعمل فعالة لا بد ان تقدم المعلومات المهنية حول المهن المختلفة للمسترشد في اكثر من مرحلة نمائية، ومن قبل اكثر من اخصائي كاخصائي التأهيل المهني وأخصائي القياس النفسي، والمرشد المهني، واصحاب المهن والاختصاصات، ولا بد ان يكون لدى كل منهم تحليل شامل وموضوعي للمهن والحرف، وان يحدد وبدقة ماذا يؤدي المسترشد من عمل جسديا او عقليا ؟ وكيف يؤدي عمله وما هي الادوات المستخدمة ؟ ولماذا يؤدي العمل (الهدف منه)؟ والمهارات والمعارف والمسؤوليات المطلوبة، ويساعد في عملية تحليل العمل وسائل متعددة اهمها (قاموس اسماء المهن) الذي يضم (٢٢٠٠٠) مهنة، وأكثر من (٤٠٠٠٠) مسمى وظيفي لها، ويعتبر هذا القاموس هام جداً في عملية الإرشاد المهني.

ج اتخاذ القرار المهني (Vocational Decision Making)

كما ذكرنا سابقاً تعكس عملية اتخاذ القرار المهني عملية النمو المهني لدى الفرد وتساعده في اختيار مهنة المستقبل، وجوهر هذه الخطوة هو مساعدة الفرد المسترشد في تسيير الخطوات التالية التي تمكنه من الوصول إلى قرار مهني مناسب:

١. ان يدرك المسترشد الحاجة إلى اتخاذ قرار مهني، وان هذه الحاجة يجب ان تلبي، وان عليه تحديد الهدف. ولا بد للمرشد ان يشجعه ويشعره بأهمية القرا بعد ان يتأكد من وجود الأسباب او الحاجة لاتخاذ القرار لديه، وأنه واعٍ لهذه العملية.

٢. ان يمتلك المسترشد المعلومات الكافية والمناسبة عن ذاته وعن المهن، حتى يتمكن من اتخاذ قرار مهني سليم يؤدي إلى نجاحه في المهنة، ويؤكد (Bandura) ان هناك فروق فردية بين الناس في إدراكهم للمعلومات ومعالجتها.

٣. ان يحدد المسترشد القرارات المحتملة (البدائل) والسلوكيات المهنية في المهن التي يهتم بها.

٤. ان يعمل مفاضلة بين القرارات المحتملة استناداً إلى المعلومات المرتبطة بشخصيته و المهنة التي يرغب بها.

٥. ان يحدد النتائج الممكنة لكل بديل، وتعتمد هذه الخطوة على القدرة على التنبؤ، وتخمين امكانية النجاح والانجاز في المهنة المختارة، وكذلك على نظام القيم السائد لدى المسترشد.

٦. ان يتخذ قراراً مهنياً اما نهائياً او قراراً قابلاً للبحث، وفي هذه الخطوة يحقق المسترشد الفعالية الذاتية، حيث يعتقد بانه يستطيع ان يؤدي السلوك المطلوب منه، وقد يرى ضرورة نغيير السلوك، وبالتالي تعديل القرار المهني.

٧. متابعة وتقييم القرار المهني المتخذة، وقد تتطلب هذه المرحلة توفر معلومات جديدة او صناعة قرار جديد.

العوامل التي تؤثر على عملية الاختيار المهني

أ- السمات والاستعدادات الوراثية المكتسبة كالجنس والذكاء والميول.

ب- الخبرات المتعلمة الأدائية التي يكتسبها الفرد من خلال الملاحظات المباشرة لأفعال الآخرين، وردود فعل الفرد والآخرين حيالها، ومقدار التعزيز الذي يتلقاه.

ج- الخبرات المتعلمة الترابطية التي يكتسبها الفرد من مواقف يكون فيها حيادياً، من خلال الملاحظة والمواد الدعائية التي قد تتضمن ردود فعل ايجابية او سلبية.

د- المهارات الفردية التي يمتلكها الفرد مثل (مهارة حل المشكلات، والمهارات الإنفعالية،وعادات العمل).

هـ- العوامل الاجتماعية التي تتمثل في القيم، والاتجاهات الاجتماعية نحو المهن، وضغوط الرفاق، ودخل العائلة وأهدافها، والعرق والطبقة الاجتماعية. وبذلك يتضح لنا ان اختيار المهنة لا ينحصر بالشخص وتوقعاته الذاتية بل يرتبط ايضا بتوقعات المجتمع.

ثانياً:- خدمات التربية المهنية

تعرف التربيه المهنية بانها الاستراتيجية الأساسية البناءة التي تهدف إلى تطوير مخرجات التعليم، من خلال ربط نشاطات وفعاليات التدريس والتعليم في مفهوم التطوير المهني، وبالتالي الربط بين العالم الاكاديمي بعالم العمل والوعي بهذا العالم (p.٤٦،Zunker).

وتقدم التربية المهنية بهذا المفهوم ضمن برنامج تعليمي مهني يركز على توفير المعلومات المهنية المتعلقة بمتطلبات المهنة الشخصية، من قدرات جسدية وعقلية من جهة، وبيئة العمل وسوق العمل من جهة اخرى.وتستند التربية المهنية على عدة حقائق خاصة بالنمو المهني اهمها:

- ان اختيار مهنة المستقبل والحاجة إلى التدريب المهني من أهم متطلبات النمو، وأهم القرارات التي يتخذها الفرد في حياته.
- ان الاهتمام بعالم المهن يبدأ من الطفولة، فالنمو المهني كجزء من النمو البشري يبدأ من مرحلة سنوات ما قبل المدرسة ويستمر حتى سنوات التقاعد.
- ان هناك تأثيراً متبادلاً بين نمو الذات وبين النمو المهني.
- ان الكشف عن الاستعدادات والميول المهنية في مرحلة الطفولة، يساعد على تقديم الخبرات التي تنميها خلال مراحل النمو اللاحقة.

ويمكن القول ان جميع برامج التربية المهنية تهدف إلى العمل على تعديل افكار الطلبة ومعتقداتهم، وممارسة بعض الحرف البسيطة، والتأكيد على القيم المهنية وذلك من خلال الزيارات والمشاغل المهنية (زهران، ص. ٣٨٦) .

عناصر التربية المهنية

على الرغم من عدم وجود اتفاق فيما يتعلق بالعناصر الأساسية والخبرات التعليمية التي يجب ان يتضمنها برنامج التربية المهنية، إلا انه يمكن توضيح الخبرات والعناصر الأساسية التي تهم الطلبة ضمن الجدول في الصفحة التالية والذي وضع من قبل (Klements،١٩٧٧).

المميزات	المستوى الصفي	المرحلة	
ادراك الذات،الادوار المهنية،دور العمل في المجتمع السلوك الاجتماعي،العمل المسؤول.	الولادة-الصف السادس	ادراك المهنة	١
تطوير المفاهيم والمهارات الأساسية المرتبطة بالذات وعالم العمل: المعرفة بالمهنة،مهارات اتخاذ القرار،العوامل الاخرى المرتبطة بأختيار المهنة.	السادس-التاسع	اكتشاف المهنة	٢
تطوير معرفة مهنية ابعد،،تطوير المعرفة والمظهر الاجتماعي والنفسي للمسترشد، توضيح مفهوم وشرح مظهر السلوك الاجتماعي، فهم التخطيط المهني.	التاسع-العاشر	التوجيه المهني	٣
شرح المعارف للدخول في المهنة(عادات اخلاقيات العمل / فهم العوامل الاجتماعية والنفسية المرتبطة بالعمل وانجاز التخطيط للتعليم الثانوي، توضيح الميول والاستعدادات) مع الاخذ بعين الاعتبار المهن النموذجية واكتشاف احتمالات التفضيلات المهنية.	العاشر-الثاني عشر	الاعداد المهني	٤
اعادة اقرار الاختيار المهني عن طريق اكتشاف ابعد مدى للميول والاستعدادات،تطوير المهارات المهنية الشخصية لأبعد مدى للدخول إلى التعليم الاختياري والطريق المهني.	ما بعد الثانوية	التدريب على المهنة.	٥

المبادئ التي تقوم عليها التربية المهنية

- تمتد التربية المهنية خلال مراحل العمر المختلفة ولجميع الفئات.
- الغاية الأساسية للتربية المهنية هي جعل العمل ذا معنى وفائدة للفرد والمجتمع، عن طريق مساعدة الافراد على اكتساب المهارات الضرورية لانجاز العمل.
- تقديم المساعدة في اتخاذ القرار المهني المناسب هو الاهتمام الاساسي للتربية المهنية.

- تستفيد التربية المهنية من توظيف خبرات الكثير من شرائح المجتمع لتحقيق غايتها، اضافة إلى الخدمات التي يقدمها المرشدون والعاملون في التعليم (Hoyt، P.٣٢).
- العمل بالمهنة يتم بشكل تدريجي، حيث يبدأ بوعي المهنة ثم اكتشافها ثم التحضير لها واخيرا المباشرة بها (Zuncker، p.٥١).

أساليب التربية المهنية

يوضح الجدول رقم(٢) في الصفحة التالية الأساليب التي يستخدمها معلم التربية المهنية او المرشد المهني حسب المستوى العمري والصفي.

جدول(٢)أساليب التربية المهنية حسب المراحل النمائية

المرحلة النمائية الاسلوب والنشاطات

العام السادس(مرحلة رياض الاطفال)	**اللعب ضمن جماعات لفترة قصيرة ويشمل اللعب الحر والعاب التركيب والبناء. تقديم خبرا ت تعليمية(لغوية اجتماعية حركية).**
من عمر ٦ سنوات - ١٢ سنة (المرحلة الأساسية)	**الزيارات المهنية لمصانع مختلفة. الواجبات البيتيه التي تتضمن تقارير حول مهنة الوالد او احد ذويه. الكتب والمجلات التي تحتوي على قصص مصورة حول المهنة.**
من عمر ١٢ سنة - ١٥ سنة (المرحلة المتوسطة)	**نفس الأساليب السابقة.**
من عمر ١٥ سنة - ١٨ سنة (المرحلة الثانوية)	**مناقشة المعلومات المهنية المرتبطة بالمهنة. دعوة زائرين متخصصين في مجالات مهنية معينة. عقد مؤتمرات تناقش المهنة. النشرات المهنية التي توضح المهام والواجبات لمهنة معينة. زيارة المؤسسات المهنية والتعليمية. الافلام التي تعرض المهن. العمل لبعض الوقت.**

دور المرشد في تقديم خدمات التربية المهنية

يقدم المرشد خدمات التربية المهنية بالتعاون مع معلمي التربية المهنية في المدارس وباقي المعلمين والمجتمع المحلي، ويمثل دوره حلقة الوصل بين المجتمع والمدرسة، وتقدم خدمات التربية المهنية عادةً من خلال التوجيه المهني في الصفوف، وقضاء وقت محدد مع المعلمين في غرف الصف، وأولياء الأمور وأصحاب المهن والأعمال في مكتب الإرشاد.وفيما يلي اهم هذه الخدمات:

١) تقديم المعلومات المهنية:

وذلك بهدف زيادة معرفة الطلبة بعالم المهن المختلفة لا سيما تلك المرتبطة بالمنطقة الجغرافية، والمهن التي التحق بها الطلبة السابقون ويهتم بها الطلبة الحاليون (P.١٥٥،Hoppk).ويجب ان تتضمن المعلومات عن المهن- التي يتشارك في تقديمها كل من المرشد والمعلم وأصحاب المهن والأعمال وأعضاء الأسرة - النقاط التالية:-

١. مقدمة تتضمن نشأة المهنة وتاريخها وأهميتها ومدى ازدهارها أو اضمحلالها.
٢. المؤهلات العلمية والخصائص الشخصية اللازمة للدخول في هذه المهنة، وكيفية الدخول اليها هل يتم عن طريق شهادة أم امتحان قبول؟ وما نوع الامتحان؟... الخ.
٣. فرص العمل والشواغر المتوفرة، وعدد المشتغلين بالمهنة، وتوزيعهم حسب العمر والجنس، والأماكن والأقاليم التي تتركز بها.
٤. المهن المشابهة للمهنة التي يمكن التحول اليها، وشروط التحول إلى هذه المهن، وهل يحتاج التحول إلى تدريب أم إلى شهادة؟.
٥. طبيعة العمل والوصف الوظيفي والذي يشمل وصف الواجبات والمهمات الرئيسية في المهنة.

٦- مزايا وعيوب المهنة؛ بمعنى آخر الأخطار التي يتعرض اليها الفرد والامتيازات التي يتمتع بها.

٧- ساعات العمل، أيام العطلات، الإجازات السنوية، العلاوات، الترقيات. (سعد جلال، ص.١٣٣).

وهناك مجموعة من الوسائل والمصادر المعلوماتية التي تحتوي على المعلومات المهنية السابقة أهمها:-

١- النشرات والكتيبات المهنية الصادرة عن مراكز التدريب المهني أو المؤسسات المهنية أو النقابات المهنية.

٢- الندوات والمحاضرات التي يقدمها المرشدون أو الخبراء العاملون، والتي تستخدم المعينات السمعية والبصرية التي تعرض صورا للعمل في مهن مختلفة.

٣- الزيارات الميدانية للمؤسسات المهنية في مواقع عملها والطلب من الطلبة كتابة تقارير عن المهنة، بحيث يتضمن التقرير المعلومات المهنية الأساسية (التي تم ذكرها سابقا). وقد يطلب المرشد من الطلبة تمثيل ادوار مهنية معينة بناء على ما شاهدوه مثل دور ممرض، صحفي، ميكانيكي...الخ.

٤- المناهج المدرسية المختلفة سواء المناهج الخاصة بمادة التربية المهنية، أو المناهج التي تتضمن في ثناياها بعض المهن، ويقوم المرشد بالتعاون مع المعلم المعني بالطلب من الطلبة بكتابة تقارير حول هذة المهن وعرضها ومناقشتها في الغرفة الصفية، والعمل على مشاهدتها وتطبيقها في المشاغل المهنية الملحقة بالمدارس أو المؤسسات المهنية المحيطة بالمدارس ان أمكن ذلك.

٢) تزويد الطلبة بعادات وخبرات وقيم العمل الجيدة والايجابية:
ويتم ذلك من خلال تطبيق الاستراتيجيات التالية:

- استخدام الوسائل والأدوات التي تزيد فهم الطلاب واحترامهم للمهن التي يتعلمونها داخل الصف.

- تشجيع روح المشاركة والتنافس بين الطلبة نحو المهن، بعد زيادة دافعيتهم للعمل في عالم المهن.

- غرس قيمة احترام الوقت كقيمة مهنية ضرورية، عن طريق التأكيد على الحضور للمدرسة في الوقت المحدد أو العمل في الوقت المحدد.

- استثمار مصادر المجتمع ـ من مؤسسات مهنية ومصانع اضافة إلى مراكز التدريب والمشاغل المهنية الملحقة بالمدارس ـ في تدريب الطلبة على بعض المهارات الأساسية البسيطة والتي ترتبط بالمهن الشائعة في الاقليم اوالمنطقة الجغرافية المحيطة (Hoyt،P.٢٤).

٣) تزويد الطلبة بالمهارات التكيفية التي تجعل للعمل معنى وفائدة:
ان تحسين استعداد الطلبة للعمل وزيادة دافعيتهم له تتم من خلال اكساب مهارات تكيفية تساعدهم على التكيف مع التغيرات السريعة والطارئة في المجتمع، ومن اهم المهارات اللازمة للتكيف المهني نذكر ما يلي:

١. المهارات الاكاديمية الأساسية من قراءة وكتابة و حساب، وفهم اساسيات الاقتصاد.

٢. مهارات اتخاذ القرار المهني.

٣. مهارات البحث عن عمل والحصول عليه والاحتفاظ به.

٤. مهارات تحليل الاستراتيجيات، وفهم الفرص التعليمية والمهنية، وتوظيفها فيما بعد في ايجاد عمل معين لاستغلال وقت الفراغ وتحسين بيئة العمل في المستقبل.

٥. مهارات مهنية محددة تقود إلى الانتاجية، وتكوين قيم عمل شخصية ذات معنى عالٍ يحفز الفرد على العمل.

٦- مهارات التواصل. (Hoyt،p.٦٤).

ثالثا: خدمات التدريب والتشغيل المهني

وهي احد خدمات الإرشاد المهني التي تهدف إلى اكساب الفرد المهارة المطلوبة للقيام بالعمل والوصول إلى الكفاءة اللازمة للنجاح فيه، ويتم التدريب المهني في مراكز التدريب المهني الاهلية او الحكومية، التي تقدم نماذج من الحياة العملية في شكل عمل ميداني، حيث يرى الطلبة المتدربون ويسمعون ويمارسون الخبرة العملية (كماً وكيفاً) بدرجة كافية. ويمكن التمييز بين نوعين من التدريب المهني هما:

أ- التدريب المهني المبدأي: وهو التدريب الذي يساعد المتدرب على اكتساب المهارات والمعارف الأساسية اللازمة لإحدى المهن، واستكمال النقص الأكاديمي الذي ييسر هذه المعرفة والمهارات.

ب- التدريب المهني الفعلي: ويعني تزويد المتدرب بالمهارات المتطورة التفصيلية اللازمة لانجاز العمل، ويتم ذلك في مراكز التدريب المهني تحت اشراف متخصصين مهنيين.

هذا ويجب ان يكون الأساس في انتقاء نوع التدريب المناسب قائما على الإمكانات المتوفرة لدى الفرد وسماته الشخصية، وليس فقط على مدى توفر فرص التدريب المتوفرة في مراكز التدريب.

مبادئ التدريب المهني

يقوم التدريب المهني على مجموعة من المبادئ أهمها:

- ليس هناك انسان يتمتع بكل القدرات والطاقات، وبناءً على ذلك لا يوجد من يستطيع اتقان جميع الأعمال والمهن.
- يتمتع الفرد بقدرات وخصائص شخصية متعددة يمكن الإفادة منها في بعض المهن، إذا ما تم الكشف عنها والتدرب على المهن المناسبة لها.
- ليس هناك مهنة أو وظيفة تتطلب جميع القدرات عند الفرد.
- لا يستطيع الفرد ان يعمل بكل المهن وبنفس المستويات من الكفاءة.

أساليب التدريب المهني

يستخدم المرشد المهني مجموعة من الأساليب الفعالة في عملية التدريب المهني أهمها:

ا- تزويد الطلبة المتدربين بوصف عام للعمل.

ب- توضيح اجراءات العمل كما يحدث في بيئة العمل.

ج- اتاحة الفرصة للمتدربين القيام بالعمل بانفسهم تحت اشراف اخصائي التدريب المهني الذي يراقبهم بدقة، لاسيما في المجالات الاولى لمنع تكون عادات عمل خاطئة.

د-تقديم التغذية الراجعة التصحيحية وتقديم الاقتراحات والتوضيح.

هـ- التدرج في طلب القيام بأعمال ومهارات مهنية اكثر تعقيدا وجودة، بعد ان يكون المتدربون قد اتقنوا المهارات الأساسية التي تسبقها.

ويتبع عملية التدريب المهني الفعلي عملية التشغيل المهني (Vocational working) وهي عملية مساعدة الفرد في البحث عن عمل، ومن ثم الدخول فيه وتتم عملية مساعدة الفرد في البحث الموفق في تدرج مناسب، ولا شك ان القدرة على العمل يعتمد على عوامل كثيرة تأتي في مقدمتها القدرات والاستعدادات

العقلية والجسدية، ثم المؤهلات العلمية والخبرات ومستوى التدريب. ويخصص للقيام بهذه العملية ما يسمى في بعض الدول (مكتب التوظيف)، وهناك جدل حول دور المرشد في هذه الخدمة فالبعض يرى انها مسؤولية ارشادية تلقى على عاتق المرشد في المؤسسة التي يعمل بها، والبعض الآخر يرى انها خدمة تقدمها مؤسسات ذات علاقة بتنظيم القوى العاملة.

ولا بد ان يكون المرشد المهني على علم ودراية تامة بمتطلبات سوق العمل والمهن، والفرص المتاحة التي يكون الطلب عليها كثيراً، ويستفيد المرشد لتحقيق ذلك من النشرات المهنية والإعلانات الوظيفية الصادرة في الصحف المحلية، كما لا بد ان يستفيد من مؤسسات التوظيف والنقابات المهنية والمؤسسات الصناعية والتجارية، واخيراً لابد ان يتابع المرشد المهني الخريجين من حين لآخر، بعد الانتهاء من وقت برنامج التدريب المهني والانخراط في الحياة المهنية، وذلك بهدف التأكد من استقرارهم وتكيفهم في العمل وكذلك مستوى أدائهم، وتتم المتابعة إما عن طريق الاتصال المباشر مع الخريج ومقابلته في موقع العمل أو عن طريق الاتصال غير المباشر مثل (الهاتف، البريد، الانترنت،... الخ).

و تعتبر المتابعة- كخدمة أخيرة من خدمات التأهيل والتشغيل المهني- ضرورية كمعيار لقياس نجاح برنامج التأهيل المهني والإرشاد المهني بشكل عام.

إرشاد الفئات الخاصة (Exceptional counseling)

يشير مفهوم ذوي الاحتياجات الخاصة (Persons with Special Needs) إلى الأفراد الذين يختلفون عن الناس العاديين في السمات والأداء (سلبا او ايجابا)، حيث ينحرف أداؤهم وسماتهم عن متوسط أداء وسمات الأفراد العاديين.

و يختص هذا الميدان من الإرشاد النفسي بتقديم المساعدة والرعاية لذوي الاحتياجات الخاصة، وتوجيه نموهم نفسياً وتربوياً ومهنياً وزواجياً واسرياً، وبالتالي حل مشكلاتهم المرتبطة بمجالات اعاقتهم او تفوقهم، والناتجة عن الاتجاهات النفسية والاجتماعية تجاههم وتجاه حالاتهم، وذلك بهدف تحقيق التوافق والصحة النفسية لديهم.

وتتلخص أهداف إرشاد الفئات الخاصة بما يلي: -

١. التغلب على الآثار النفسية المترتبة على الحالة الخاصة لهم مثل الانطواء او العزلة او العدوانية والنقص.

٢. العمل على تعديل ردود فعل الآخرين للحالة كما في الاتجاهات السلبية نحو الاعاقة والمعوقين.

٣. دمجهم تربوياً ومهنياً واجتماعياً مع بقية افراد المجتمع، وتقديم خدمات الإرشاد الزواجي. ويتعاون فريق متكامل يضم المعلم وأخصائي التربية الخاصة والوالدين وأخصائي العلاج الطبيعي مع المرشد في عملية تقديم الخدمات الإرشادية التي تحقق الاهداف السابقة،وبذلك تتحقق اهداف الإرشاد لاسيما في المشكلات التي يحتاج علاجها إلى معدات وأجهزة .

الفئات الرئيسية لذ و ي الاحتياجات الخاصة

يصنف الأفراد غير العاديين في فئات حسب تشابههم في هذه السمات ومستوى الأداء لغايات تقديم خدمات التربية الخاصة، وتشمل هذه الفئات الإعاقة العقلية، والإعاقة السمعية، والإعاقة البصرية، والإعاقة الجسدية، وصعوبات التعلم واضطرابات النطق واللغة، وأخيراً الموهبة والتفوق على اعتبار ان هذه الفئة تنحرف ايجابيا عن متوسط أداء وسمات الأفراد العاديين.وفي حالات نادرة قد يجمع الفرد بين أكثر من إعاقة. ومما يجدر ذكره بان كل فئة من الفئات

الخاصة السابقة تتصف بسمات وخصائص تميزها عن غيرها من الفئات.. وفيما يلي تصنيف للفئات الرئيسية لذوي الاحتياجات الخاصة، والسمات النموذجية المميزة لكل منها:

أ) الإعاقة العقلية (الضعف العقلي)(Mental Deficiency)
يشير مفهوم الإعاقة العقلية إلى مشكلة تربوية نفسية اجتماعية يعاني بسببها الفرد من تدني مستوى الأداء الوظيفي العقلي، حيث يقل عن مستوى الذكاء الطبيعي بانحرافين معياريين، ويصاحب ذلك خلل واضح في السلوك التكيفي. وتظهر هذه المشكلة عادة في مراحل العمر النمائية الممتدة منذ الولادة وحتى سن الثامنة عشرة.ويعتبر الفرد مصاب بالإعاقة العقلية إذا كانت درجة ذكائه تنخفض عن (٧٠ درجة) على كل من اختبار (ستانفورد – بنيه) واختبار (وكلسر) على التوالي.
وفي اطار البحث عن الاسباب البيولوجيه للاعاقه العقليه قامت منظمة الصحة العالمية باجراء دراسات حول الاطفال ذوي الاعاقات العقلية اثبتت نتائجها ان فقر الدم يسبب انخفاضا واضحا في نسب الذكاء عند الاطفال (انظر الذكاء)،كما ان تعرض المولود إلى التهاب السحايا عقب الولادة او تعرضه لنقص الاوكسجين اثناء الولادة يؤدي تخلف الطفل وضمور نموه الدماغي.
ويتسم افراد هذه الفئة بسمات معرفية وانفعالية، تميزهم عن غيرهم من فئات التربية الخاصة الاخرى اهمها: محدودية قدراتهم على تعميم السلوك ونقل أثر التعلم واقتصار تعليمهم على المهارات الملموسة، كما يعانون من اضطرابات لغوية عديدة، ويفشلون في بناء علاقات اجتماعية، وتنقصهم المبادرة والدافعية والانجاز.
وهناك تصنيفات متعدده للإعاقة العقلية، والتصنيف الأكثر قبولاً هو ذلك الذي يعتمد على شدة الإعاقة أو نسبة الذكاء، حيث تصنف الإعاقة إلى ثلاث فئات

هي: الإعاقة العقلية (البسيطة والمتوسطة والشديدة)، يلي ذلك التصنيف الذي يعتمد على الانماط الاكلينيكية ومصدر الاعاقة وتصنف الاعاقة حسب هذا المعيار إلى ثلاث انواع:

١-المنغولية: (Mongolism)

وهي إعاقة تتميز بخصائص جسدية واضحة تشبه ملامح الجنس المنغولي ومن هنا جاءت التسمية. ويقع أفراد هذا النوع من الإعاقة في فئة الإعاقة العقلية المتوسطة والبسيطة، وتلعب العوامل الوراثية دوراً كبيراًُ في حدوث هذا النوع من الإعاقة،حيث وجد ان الطفل المنغولي يوجد لديه ٤٧ كروموسوماً مقارنة مع الطفل العادي وهذا الكروموسوم الزائد هو كروموسوم جنسي من نوع (Y)ينتج عن اضطراب تكويني في البويضة، كما ان عمر ألام المتقدم (فوق الأربعين) يعتبر عاملاً آخر مرجح لحدوث مثل هذه الحالة.

٢-استسقاء الدماغ: (Hydrocephaly)

وهي اعاقة عقلية ترتبط بتضخم الرأس وبروز الجبهة، نتيجة لزيادة السائل المخي الشوكي بشكل غير سوي على بطينات الدماغ، مما يؤدي إلى تلف المخ نتيجة الضغط المستمر. ويتراوح مدى الاعاقة العقلية حسب مقدار التلف في انسجة المخ، وتتراوح نسبة ذكاء الفرد في هذه الحالة بين (٥٠-٧٠)، وفي حالات تلف المخ الشديد تكون نسبة الذكاء اقل من ٢٠ درجة. ويتم تشخيص هذه الحالة مبكراً عن طريق قياس محيط الرأس، وملاحظة اليافوخ (بقعة رخوة في الرأس). اما علاج هذه الحالة فيكون عن طريق الجراحة التي تهدف إلى تصحيح دورة السائل المخي الشوكي وتخفيف ضغطه على المخ.

٣-التوحّد (Autism)

وهو اضطراب نمائي يصيب الأطفال في مرحلة مبكرة من الحياة (غالباً في سن الثالثة من العمر). ويتميز بثلاث صفات رئيسة هي:-

- توقف أو تأخير أو تراجع النمو بمختلف جوانبه.

- ظهور استجابات غريبة للمثيرات الحسية بما في ذلك تجنب النظر في عيون الآخرين، واستجابة مفرطة أو قليلة للصوت والملمس.

- تأخر واضطراب في اللغة والكلام، وما ينتج عن ذلك من صعوبة في التواصل مع الناس و الأشياء والحوادث.

وتتسبب هذه الحالة بفعل عوامل سيكولوجية مثل أسلوب الرعاية الوالدي المتلبد انفعالياً والقاسي، أو نقص الأبوة المناسبة، وبذلك يكون التوحد وسيلة دفاعية يتخذها الطفل ضد عالم عدواني ونابذ له، وتتمثل هذه الوسيلة بالانسحاب إلى عالم خاص ينسجه الطفل من وحي خيالاته، ويحاول تنظيمه بأفعاله القهرية الرتيبة. ويعزو بعض العلماء حالة التوحد إلى فشل الام بتزويد طفلها بالحب والعطف.

أما العوامل التكوينية فيتم التأكيد عليها في المراحل المبكرة من العمر، وتعود إلى خلل في الجهاز العصبي، خصوصاً الخلل الذي يحدث في مراكز الحس واللغة والحركة. وقد تنتج حالة التوحد عن ولادة الطفل مزوداً بصفات جسدية معينة مثل نعومة الشعر الشديد، وكبر محيط الرأس، في حين يرجع بعض العلماء الحالة إلى العمر المتقدم للأب والأم عند مرحلة الحمل. وخلاصة القول ان التوحد محصلة لعوامل متنوعة (نمائية ووراثية وتكوينية وبيئية) تجعل من هذه الحالة موضوعاً محاطاً بالإبهام والغموض.

ب) صعوبات التعلم (Learning Disalality)

وهي مشكلة تعليمية يُعتقد انها تعود إلى خلل وظيفي في الجهاز العصبي المركزي، وتسبب صعوبات في اكتساب الفرد وتوظيفه للمهارات اللغوية –اللفظية والكتابية – والمهارات الحسابية. وهذه الصعوبات غير ناتجة عن إعاقات عقلية أو بصرية أو سمعية أو إنفعالية أو متغيرات البيئة الخارجية، كطرق التدريس أو الحرمان البيئي أو الاقتصادي أو الثقافي. وتظهر صعوبات التعلم على شكل اضطرابات تصيب القدرة على الاستماع أو التفكير أو الكلام أو القراءة أو الكتابة أو الحساب، ويرافق هذه الاضطرابات خصائص معرفية سلوكية إنفعالية تميز هذه الفئة الخاصة من الأفراد، تتمثل في صعوبة التركيز والاستيعاب، وضعف الذاكرة، والنشاط الزائد وتشتت الانتباه (الاندفاعية)، والشعور بالإحباط والاكتئاب نتيجة الفشل الاكاديمي، وضعف العلاقات الاجتماعية والاعتمادية الزائدة.

وتتراوح نسبة الافراد الذين يعانون من هذه المشكلة بين (١٥-٢٠ %) في المجتمع، ويتم مساعدة مثل هذه الفئة من خلال غرفة المصادر التي يتولى التدريس بها اخصائي التربية الخاصة، والذي يعتمد في تدريسه على خطة تعليمية فردية لكل طالب، وكذلك على التقييم الفردي لكل حالة على حدة، ويركز على استعمال الوسائل التعليمية المحسوسة أكثر من الشرح وأسلوب المحاضرة أو التدريس التقليدي.

ج) بطء التعلم: (Learning)

وهي فئة الطلبة الذين يعانون تأخراً واضحاً في التحصيل الدراسي والتعليم، ويجمعون بين خصائص صعوبات التعلم والطلبة متدني التحصيل (انظر مشكلة تدني التحصيل). وتعود اسباب هذه الحالة إما إلى الظروف البيئية و المدرسية والأسرية، أو لأسباب تتعلق بالطالب نفسه كنقص القدرة اللازمة للتحصيل.

د) الاعاقة السمعية: (Odium handicap)

يميز المختصون في العادة بين نوعين من الاعاقة السمعية هما:

- ضعف السمع: وهي الفئة الأكثر انتشارا أو التي قد يتأخر اكتشافها، وتنتج من خلل قد يصيب جزءا أو اكثر من أجزاء الأذن الثلاثة (الخارجية والوسطى والداخلية)، بحيث يصعب توصيل الاصوات إلى الأذن الداخلية (جهاز التفسير والتحليل)، أو عدم القدرة على تحليل الاصوات حتى لو وصلت إلى الأذن الداخلية. وفي الحقيقة كلما حدث ضعف السمع في سن مبكرة اكثر، كان الضرر اكبر على اكتساب اللغة والكلام. ولكن هذا لا يمنع بطبيعة الحال تدريب الطفل على استخدام اللغة بطريقة أو بأخرى مثل (السماعة الطبية، والتدريب النطقي واللغوي).
- الصمم التام: وهي الفئة التي تعاني من فقدان السمع التام، وتحتاج إلى طرق تربوية متخصصة في التعليم والتدريب. وتعود هذه الحالة إلى تلف أو ضمور في العصب السمعي، ويتم اكتشاف هذه الحالة عادة في سن مبكرة. ويتميز افراد هذه الفئة بالاندفاعية وضعف التعبير اللغوي، وكذلك ضعف المهارات التعليمية الأساسية.

هـ) الإعاقة البصرية: (Visional handicap)

تتراوح مشكلة الاعاقة البصرية - كما في السمعية - بين ضعف البصر والعمى التام، ولحسن الحظ ان القدرات العقلية واللغوية لأفراد هذه الفئة لا تختلف عن تلك الموجودة عند الافراد العاديين، ولكن الاختلاف يظهر في القدرات الادائية فقط.

و) الاعاقة الجسدية: (Visical handicap)

تتنوع حالات الاعاقة الجسدية حسب العضو المتضرر في الجسم وسبب الاعاقة، وأكثر حالات الاعاقة الجسدية شيوعا حالات الشلل الدماغي والصرع وشلل الاطفال. ونظرا لتنوع حالات الاعاقة الجسدية فان سمات الافراد تختلف حسب نوع الاعاقة، فمثلا يصعب على ذوي الشلل الدماغي اتقان مهارة الكتابة، في حين يكون ذلك ممكنا لدى المصابين بشلل الاطفال. ومع ذلك يشترك افراد هذه الفئة بغض النظر عن طبيعة ومكان الاعاقة بمجموعة من السمات المشتركة اهمها: تدني مفهوم الذات والشعور بعدم الكفاءة.

مشكلات ذوي الاحتياجات الخاصة

يسبب اختلاف ذوي الاحتياجات الخاصة عن الافراد العاديين في نواح عدة صعوبات تجعلهم غير قادرين على القيام بالمهمات المطلوبة منهم، مما يؤثر بشكل سلبي على صحتهم النفسية وقدرتهم على التكيف. واهم هذه الصعوبات نذكر ما يلي:

١- المشكلات النفسية:

قد يعاني ذوو الاحتياجات الخاصة من تدني مفهوم الذات أو من وجود مفهوم ذات سالب لديهم، نتيجة الشعور بالنقص الحقيقي أو المتخيل،وبالمحصلة النهائية يؤدي ما سبق إلى تدني في مستوى المزاج لديهم والشعور بالاحباط. كما قد يعانون من صعوبات في التذكر لاسيما الذاكرة قصيرة المدى ؛ بسبب ضعف الانتباه لديهم، اضافة إلى معاناتهم من اضطراب العادات كقضم الاظافر والتبول اللاارادي... الخ.

٢- المشكلات الاجتماعية:

يعكس هذا النوع من المشكلات اتجاهات المجتمع الخاطئة والسلبية نحو ذوي الاحتياجات الخاصة ونحو اعاقتهم، وما ينتج عنها من ممارسات مؤذية لهذه

الفئة من الناس مثل: السخرية والاهمال أو الشعور بالشفقة الزائدة وتعرضهم للاستغلال والاساءة الجنسية، لا سيما حالات الاعاقة العقلية.ان هذه المشكلات تؤثر في الفرد المعاق اكثر من تأثير الاعاقة نفسها.

المشكلات التربوية والمهنية:

تتمثل هذه المشكلات في نقص الوسائل التعليمية والمعدات والاجهزة التي يحتاجها ذوي الاحتياجات الخاصة، كما تتضمن نقص الأخصائيين والاعداد الضعيف للمرشدين فيما يتعلق باستراتيجيات التعامل مع هذه الفئة.

الخدمات الإرشادية لذوي الاحتياجات الخاصة:

لا ريب ان تلبية حاجات الافراد ذوي الاحتياجات الخاصة التي تنجم عن العبء الثقيل عليهم وعلى اسرهم امر غير سهل. لذلك يوصى بتقديم هذه الخدمات منذ اللحظة الاولى التي يتم فيها اكتشاف الاعاقة ايا كان نوعها، وذلك بهدف الحد من تطور الانماط السلوكية الخاطئة والاتجاهات غير الواقعية لدى كل من ذوي الحاجات الخاصة واسرهم، وحتى يتسنى للمرشد النفسي التعامل مع ذوي الحاجات الخاصة واسرهم لا بد له ان يتعرف على الأساليب والاستراتيجيات الخاصة بهذه الفئة من الافراد حتى تتحقق الاهداف المرجوة، ومن هذه الاستراتيجيات نذكر ما يلي:

١- الإرشاد الفردي:

يهدف الإرشاد الفردي لذوي الاحتياجات الخاصة إلى تزويدهم بالوعي الواقعي والمناسب لمشكلاتهم، وتدريبهم على مواجهة المواقف الصعبة والتعبير عن حاجاتهم بطريقة مناسبة، كذلك تنمية اتجاهات سليمة نحو انفسهم ونحو الصعوبات التي يعانوها، عن طريق السماح لهم بالمشاركة في النشاطات اللامنهجية متى سمحت حالتهم بذلك. وحتى يشعر الطلاب ذوي الاحتياجات الخاصة بالاهتمام والتقبل فعلى المرشد النفسي ان يستخدم مهارات بناء العلاقة

الإرشادية بدقة، وبذلك يساعدهم على كشف مشاعرهم وتصريف انفعالاتهم الحبيسة.

٢- الإرشاد الجمعي:

اكثر ما يفيد الإرشاد الجمعي في تدريب الطلبة ذوي الاحتياجات الخاصة على مهارات توكيد الذات الخاصة بالتعبير عن الرؤية والاحتجاج والتعبير عن المشاعر الايجابية أو السلبية. وفيما يلي مثال يوضح بعض المهارات التي تنمذج خلال الجلسة الإرشادية:

− (اشعر بالألم عندما يشار إلى اعاقتي) (تعبير عن مشاعر سلبية).

− (اشعر بالسعادة عندما تشاركني شرب الشاي في المطعم)(تعبير عن مشاعر ايجابية).

− (لو كنت تعاني ما اعاني ما سخرت مني وما قبلت ان اسخر منك)(مهارة الاحتجاج).

٣- الإرشاد الاسري:

ان ولادة طفل معاق في الاسرة أو اصابته بالاعاقة فيما بعد يعني ولادة حزن ولد ليبقى طول العمر. وهذا الحزن لا يؤثر على الطفل فحسب بل يترك آثارا بالغة على جميع افراد الاسرة لا سيما الوالدين، وكما ان للطفل المعاق حاجات خاصة فان لاسرته حاجات خاصة ايضا، والتي غالباً ما يتم تجاهلها من قبل المختصين العاملين مع افراد هذه الفئة، ولذلك لا بد للمرشد ان يتفهم الحاجات الاسرية التالية ويحاول تلبيتها على اكمل وجه:

− الحاجة إلى معرفة طبيعة الاعاقة التي يعاني منها الطفل من حيث تصنيفها واسبابها.

− معرفة السبل المتاحة لمساعدة الطفل، والبرامج والخدمات التربوية والعلاجية اللازمة والمتوفرة في المجتمع المحلي.

− معرفة النتائج المتوقعة لاعاقة الطفل (مستقبل الحالة).

وتسير العملية الإرشادية مع اسر ذوي الاحتياجات الخاصة وفق الخطوات التالية:

١- تفهم ردود الفعل النفسية التي تظهر لدى الوالدين، والتي تبدأ بالصدمة النفسية ونكران الاعاقة، ثم الحداد والحزن، وبعد ذلك الخجل والرفض أو الحماية الزائدة، ومع التقدم في العمر (عمر المعاق) تكتنف الوالدين مشاعر اليأس والخوف والغضب والشعور بالذنب والآمال غير الواقعية، ويسعى المرشد إلى تفهم المرحلة التي يعيشها الوالدين ويساعدهم على التكيف وتقبل الامر الواقع.

٢- تدريب الوالدين على مهارات الاسترخاء العضلي والعقلي كاستجابتين مضادتين للتوتر والقلق.

٣- حث الاسرة على التعاون والتجاوب مع المختصين، لأن ذلك من النقاط الأساسية في نجاح البرامج العلاجية والإرشادية.

٤- العلاج السلوكي المعرفي لكل من الوالدين والطفل، الذي يقوم على طريقة (اليس) المسماة بـ (ABC) (انظر النظرية السلوكية المعرفية).

٤- خدمات غرفة المصادر (Recourses Room)

وهي عبارة عن غرفة صفية ملحقة بالمدرسة العادية، تتراوح مساحتها بين (٣٠-٤٨م) مجهزة بالأثاث المناسب، والوسائل التعليمية والألعاب التربوية المناسبة، ويلتحق بهذه الغرفة عدد من الطلبة ذوي الصعوبات التعليميه وبطيئي التعلم يتراوح عددهم ما بين (٢٠-٢٥) طالباً وطالبة، من الصفوف (الثاني، والثالث، والرابع) الأساسية، ويشرف على تدريبهم معلمون ومعلمات يحملون مؤهلات في التربية الخاصة، عقدت لهم دورات تدريبية، ويتم تقسيم هؤلاء الطلبة إلى مجموعات دراسية حسب مستوى ادائهم التحصيلي، في القراءة، والكتابة، والانماط اللغوية والحساب، بحيث تخدم الغرفة (٣-٤)مجموعات،

ويتلقون من (٢٠-٢٥) حصة في مادتي اللغة العربية، والحساب أُسبوعيا. وتتميز البرامج التعليمية في غرفة المصادر بالتقييم الفردي لكل طالب على حدة بأساليب معينة يصممها ويشرف عليها معلمو التربية الخاصة وبالتنسيق مع المعلمين العاديين والمرشد التربوي.

٥- التوجيه الجمعي في الصفوف

من الضروري جدا ان يعمل المرشد التربوي في المدرسة على اعطاء مفهوم واضح عن كل فئة من فئات التربية الخاصة لبقية الطلبة العاديين في الصف. والتركيز على فكرة ان هولاء الافراد لديهم مشكلة في الاتصال مع الآخرين وان لديهم مشاعر واحاسيس كغيرهم من الطلبة يجب احترامها وعدم السخرية بها، ولا بد من اعطاء طلبة المدارس بعض الإرشادات العملية في كيفية التعامل معهم وذلك بهدف تحقيق مبدأ الدمج الاجتماعي وتعديل اتجاهات الطلبة نحو الاعاقة والمعوقين، ويمكن ذلك من خلال حث الطلبة على عمل مبادرات ايجابية تجاه الطالب المعاق لتشجيعه على التفاعل الايجابي.

٦- التقييم والتأهيل المهني

يعتبر التقييم المهني حجر الأساس والخطوة الاولى في عملية التأهيل المهني، وتتضمن عملية التقييم المهني لذوي الاحتياجات الخاصة تحديد ما يتوفر لدى افراد هذه الفئة من قدرات وامكانات جسدية وعقلية واستعدادات وميول مهنية، بهدف تحديد نوع الخدمات المهنية المناسبة لكل حالة سواء كانت خدمات تدريبية أو تشغيلية، كذلك تحديد المهنة المناسبة التي تمكنهم من الاندماج الفعال في المجتمع (انظر خدمات الإرشاد المهني).

٧- خدمة الاحالة

في الواقع قد يعمل المرشد النفسي في مدارس عامة، وهي البيئة المهنية المحتملة لغالبية المختصين في الإرشاد والصحة النفسية كما ذكرنا سابقا. وقد

تفتقر المدارس العامة إلى برامج التربية الخاصة التي تقوم على مبدأ التعليم الفردي واساليب التعليم والتعلم المكثف.

ان افتقار غالبية المدارس العامة لخدمات وبرامج التربية الخاصة الآنفة، وما ينجم عن ذلك من اعاقة لتطور قدرات ذوي الاحتياجات الخاصة وإعاقة تفاعلهم مع البيئة المحيطة، يقود المرشد النفسي إلى التفكير بعملية الاحالة إلى مدارس أو مراكز اخرى تتوفر فيها هذه البرامج. وتتم عملية الاحالة بموجب نموذج تحويل خاص يوقع عليه المرشد التربوي ومدير المدرسة وولي امر الطالب، ويوضح فيه موجز عن مشكلة الطالب وسبب الاحالة والجهة المحول لها الطالب.

٨- خدمة ارشاد الموهوبين:

صنف الافراد الموهوبين في العقود الثلاث الاخيرة كفئة من فئات ذوي الاحتياجات الخاصة، على اعتبار انهم يختلفون عن الافراد العاديين في الكثير من السمات، كما ان لديهم حاجات وطرق تدخل خاصة فيهم (انظر ارشاد الطلبة الموهوبين).

الإرشاد الاسري والزواجي
(Marital & Family counseling)

تمهيد

يشير مفهوم الإرشاد الاسري إلى عملية مساعدة افراد الاسرة(الوالدين والأولاد والأقارب) بطريقة فردية او جماعية في فهم الحياة الاسرية ومسؤوليتها، وذلك لتحقيق الاستقرار والتكيف الأسري وحل المشكلات الاسرية، كما تهتم بالعلاقات والتفاعل بين الوالدين بعضهم ببعض وبينها وبين الأولاد، والعلاقات بين الأولاد بعضهم ببعض، والعلاقات بين افراد الاسرة والاقارب.

ويحتاج الإرشاد الاسري بصفة خاصة إلى تظافر جهود المرشد التربوي والأخصائي الاجتماعي والاعضاء النشطين والايجابيين في الاسرة. ولكي ينجح الإرشاد الاسري لا بد ان يضمن المرشد تعاون الوالدين ومساعدتهما، حيث يلعبا دور مزدوجاً في وقت واحد، فهما يتلقيان الخدمات الإرشادية من المرشد ويقدمان هذه الخدمات إلى باقي اعضاء الاسرة.

ويختلف الإرشاد الاسري عن الإرشاد الزواجي في ان الاول يهتم بجميع اعضاء الاسرة حينما تؤثر مشكلة احدهم على الجميع،في حين يهتم الثاني بالزوجين فقط عندما تكون المشكلة لأحدهم وتأثيرها ينحصر في الزوجين، وهو الفرع الرئيسي من الإرشاد الاسري، ويشترك كل من الإرشاد الاسري والزواجي في تحقيق الاهداف المشتركة التالية:-

– تعليم اصول الحياة الزوجية والأسرية السليمة.

– تعليم اصول التنشئة الاجتماعية للابناء، ووسائل تربيتهم ورعايتهم.

– تشجيع اعضاء الاسرة على تقديم الحب والدعم لبعضهم البعض، والذي يقدمه المرشد كنموذج ويتعلمه الافراد.

– حل وعلاج المشكلات والاضطرابات الاسرية والزواجية، وتحقيق التوافق والصحة النفسية في الاسرة.

مفهوم الاسرة ووظيفتها: (Family)

تعرف الاسرة بانها الجماعة المرجعية الاولى التي ينشأ بها الفرد وتؤدي إلى اكبر تأثير في تنشئته اجتماعيا، حيث تنمو البذور الاولى لسماته الشخصية، وفيها يقضي الفرد معظم وقته، ويتحدد توافقه الاسري في ضوء ظروفها ومدى قيامها بمسؤولياتها في رعاية النمو وتحديد مطالبه. وتتكون الاسرة من جماعة من الافراد، وتتخذ اشكالاً مختلفة منها الاسرة الممتدة و الاسرة النووية و الاسرة البديلة.

ويرى علماء الاجتماع ان الاسرة هي المرآة التي تنعكس عليها الثقافة، ففيها يتعلم الفرد ويستقي ما يرى ويسمع من قيم وعادات واتجاهات اجتماعية وسلوكيات، ويتعلم اسلوب الخطأ والصواب والحقوق والواجبات. وكقاعدة عامة تعتبر الاسرة المستقرة التي تشبع حاجات الفرد وتقدم له الرعاية والاهتمام والحنان وتكون التفاعلات بين اعضائها إيجابية، عاملاً هاماً في تحقيق السعادة والصحة النفسية والوقاية من الاضطرابات النفسية والسلوكية، والعكس صحيح فالأسرة المضطربة تكون بلا شك مرتع خصب للانحرافات السلوكية والنفسية.

ولكي يحدد المرشد اثر الاسرة في شخصية المسترشد يجب ان يحلل العلاقات داخل الاسرة بين الوالدين والعلاقات بين الاخوة والأخوات، ويتعرف على مدى الانسجام بين جميع اعضاء الاسرة من جهة، والجيران والأقارب من جهة اخرى.

المشكلات الاسرية

تتعرض كل اسرة في وقت من الاوقات إلى مشكلات تختلف في صعوبتها وتعقدها، فمن مشكلات يستطيع افراد الاسرة حلها فيما بينهم، إلى مشكلات تستدعي تدخل الاهل والاقارب والاصدقاء (شبكة الدعم الاجتماعي)،ولكن هناك مشكلات مركبة قد تؤدي إلى اضطرابات نفسية وربما إلى تحطم وتفكك الاسرة بأكملها، ومثل هذه المشكلات تحتاج إلى مساعدة ارشادية متخصصة.ويرى علماء الإرشاد الاسري ان هناك مجموعة من العوامل تؤدي إلى حدوث المشكلات الاسرية على اختلاف انواعها. واهم هذه العوامل نذكر ما يلي:

١- الازمات والصراعات المفتوحة بين الاب والام،وعلى مرأى ومسمع من الابناء.

٢- انحراف الاتصالات والتفاعل الزائف بين اعضاء الاسرة، والذي يشوه الواقع ويؤدي إلى اضطراب التفكير والعاطفة وضيق الافق لدى اعضاء الاسرة. ويتمثل انحراف الاتصالات والتفاعل الزائف باستخدام اسلوب التهديد (اذ لم تفعل كذا ساعاقبك)، والتناقض في التعليمات والاوامر الموجهة لاعضاء الاسرة من قبل الاب والام، مما يقود الاولاد إلى ظاهرة الالتزام المزدوج.

٣- التسلط الوالدي لاحدى الوالدين الذي يقود إلى عدم استقلالية اعضاء الاسرة، حيث ينشأ اعضاء متجانسين يحملون نفس المعتقدات واليات الدفاع والآمال، الا انهم ليسوا حساسين تجاه بعضهم البعض، وغير متقبلين لبعضهم البعض.

٤- الرفض الوالدي الغير متوازن للابناء، فعلماء الإرشاد الاسري يؤكدون في هذا الصدد ان رفض الاب اكثر تأثيرا في النفس من رفض الام.

٥- جمود الادوار الاسرية في الحياة، فمثلا تركيز الزوجة على دور الام والمربية لابنائها فقط وتجاهل دورها كزوجة أو عاشقة لزوجها، يؤدي إلى

هشاشة العائلة.وفيما يلي عرض موجز لأكثر المشكلات الاسرية والزواجية التي قد تعاني منها الاسر والازواج مع ملاحظة ان بعضها يختص بالزوجين فقط دون اعضاء الاسرة:

١- مشكلة الاسر البديلة (Step – Family)

وهي اسر يكون لأحد الزوجين او كليهما اولاد من زواج سابق انتهى بالطلاق او بالوفاة أو بالهجران. وهؤلاء الأولاد اما يعيشون مع الأب او الأم الجديدة (البديلة)، أو مع الزوج السابق او اهله من بعده. واحدى المشكلات التي تواجه هذا النوع من الاسر هي عدم رغبة احد الزوجين انضمام طفل الزوج او الزوجة السابقة، والذي يعتبر تذكاراً دائما للرفيق الغائب الذي سبق حبه والزواج منه، ومشكلة اخرى تتعرض لها الاسر البديلة هي مشكلة المشاحنات بين الاخوة غير الاشقاء ومشاحنات الطفل مع الاب او الام البديلة. ومما يجدر ذكره في هذا السياق ان اساءة الزوج للوالد السابق (الغائب) يسيء انفعاليا إلى ولده الذي هو من صلب الزوج السابق.

٢- التفكك الاسري (Family Incoherence)

وهي مشكلة اسرية تشير إلى حدوث تصدع بالأسرة، وعدم تكاملها وتماسكها وعدم قدراتها على إشباع حاجات أفرادها الأولية والثانوية. وينتج عن هذا التصدع- إذا لم يتم تداركه- الشقاق والعداء بين أفراد الأسرة، وقد يؤدي إلى الطلاق الفعلي بين الزوجين الذي يسبقه الطلاق الانفعالي، وإذا ما حدث الطلاق الفعلي فان شمل الأسرة يتبعثر وتنهار الأسرة وينفصل أعضاؤها عن بعض.

وقد يحدث التفكك الأسري نتيجة لنشوز احد الزوجين، أو نتيجة عقوق الأولاد للوالدين، والعصيان والمناواه من قبل الأبناء أو الزوجين. ولا شك ان هناك علاقة قوية بين التفكك الأسري وبين جناح الإحداث.

٣- أساليب الرعاية الوالدية الخاطئة

وهي أساليب تقود إلى تنشئة اطفال مضطربين يفتقرون إلى ادنى مهارات التكيف والتفاعل مع العالم الخارجي في المستقبل، واكثر هذه الأساليب تأثيراً في شخصية الطفل مستقبلا هي:-

- **الاسلوب التسلطي (Sheds)**

وهو اسلوب رعاية يتعمد فيه الوالدين السيطرة على الطفل او المراهق، حيث يعيش في ظروف تنشئة اجتماعية خاطئة تؤثر على صحته النفسية، وتؤدي إلى ظهور خصائص وسمات شخصية سلبية اهمها: الاستسلام والخضوع او التمرد ونقص المبادأة والاعتماد السلبي على الآخرين.

- **اسلوب الحماية الزائدة أو الدلال (Overprotection)**

أحد أساليب الرعاية الوالدية الخاطئة التي تجعل الطفل يشعر بعدم الكفاءة وعدم قبوله من الأشخاص المحيطين به. ويترتب على ذلك حرمان الطفل من فرصة الاستقلالية وتحمل المسؤولية. ويتميز الطفل الذي يخضع لمثل هذا الأسلوب من الرعاية بسمات شخصية أهمها: عدم الاتزان والنضج الانفعالي، والخضوع للآخرين، وكثرة المطالب وعدم الأمن، والانانية.

٤- جناح الأحداث (Events Pavilion))

اضطراب نفسي اجتماعي تشمل أعراضه السلوكيات التي تتصف بالتمرد والتخريب ضد المجتمع وضد السلطة الاجتماعية، وعدم الاستعداد للسلوك الملتزم بالمعايير والقيم الاجتماعية. واهم ما يميز الأفراد المصابين بهذا الاضطراب هو عدم قدرتهم على التعلم من أخطائهم، وبالتالي تكرار السلوك

اللااجتماعي مرة ثانية وثالثة...الخ. ويصيب هذا الاضطراب الانسان عادة في بداية مرحلة المراهقة(سن ١٢ تقريباً)، ويستمر إلى سن ٣٥ سنة في المتوسط، وقد يكون هذا الاضطراب مزمناً في حالات نادرة. ويأخذ جناح الاحداث أشكالا عديدة مثل السرقة وإدمان السلوك الجنسي المنحرف، وغير ذلك من ألوان السلوك الإجرامي المضاد للمجتمع.

٥- الادمان (Drug Abuse)

مشكلة اجتماعية اسرية تتمثل في تكرار تعاطي المواد الإدمانية باختلاف انواعها، والذي ينتج عنها رغبة قهرية للحصول على هذه المواد، مع الميل باستمرار إلى زيادة حجم الجرعة، بحيث يؤدي استعمالها إلى الاعتماد البدني والنفسي على المادة المستعملة، فضلاً عن ظهور الاعراض الانسحابية التي تتضمن آلام وأعراض في مختلف اجهزة الجسم في حال انقطاع المدمن المفاجئ عن التعاطي. ولا يستطيع المدمن العيش بدون استعمال هذه المواد الا بصعوبة بالغة او بمساعدة متخصصة. ويأخذ الادمان على المواد اشكال مختلفة منها الكحولية والمخدرات والأدوية النفسية المهدئة او المنشطة او المستنشقات الطيارة كالتنر (والآجو) والبنزين، ويضع بعض المختصين التدخين في قائمة المواد الادمانية.

ويسبق عملية الادمان عملية الاعتياد ثم يليها عملية الاعتماد. ان الغالبية العظمى من المدمنين ينكرون حالة الادمان لديهم، ولذلك فهم لا يقدمون على العلاج بإرادتهم الا عندما يقعون تحت وطأة الآثار الجسدية الشديدة او عندما يتعرضون لمشكلات قانونية.

٦- الخلافات الزوجية (Marital Disagreement)

مشكلة أسرية تشير إلى اضطراب العلاقات الزوجية وعدم الاتفاق على أمور معينة أو أمر بعينه. وتأخذ الخلافات الزوجية أشكالاً معينة مثل القسوة

الزائدة من قبل احد الزوجين التي قد تصل إلى حد الهجران، وقد تأخذ شكل الغيرة الجامحة على الشريك. ومن المواضيع التي تثير الخلافات بين الزوجين عادةً أسلوب رعاية الأطفال، أو الإهمال المتعمد من قبل احد الزوجين للآخر، أو السلوك الفوضوي لأي منهما، ويعتبر موضوع الخروج من المنزل وزيارة الاماكن والأشخاص من المواضيع التي تثير الكثير من الخلافات الزوجية، كما ان عدم احترام احد الزوجين لأهل وأقارب الزوج الأخر تثير المزيد من الخلافات.

٧- الخيانة زوجية (Marital Disloyalty)

الخيانة الزوجية من أخطر المشاكل الأسرية التي تصيب الحياة الزوجية، وهي اكبر مبررات الطلاق. وتعود أسباب هذه المشكلة بالدرجة الأولى إلى نقص القيم الأخلاقية والوازع الديني لدى أحد الزوجين، وهناك عوامل أخرى تساهم في حدوث الخيانة الزوجية مثل عدم كفاءة احد الزوجين وبروده الجنسي، أو التعرض لأسباب الأغراء أو حب المغامرة والتجريب. وقد تحدث الخيانة الزوجية خارج نطاق العائلة أو داخلها مع المحارم.

٨- مشكلة سن اليأس (hopelessness age)

وهي مشكلة تمر بها المرأة في منتصف العمر (٤٥-٥٥ سنة) تتميز بتغيرات نفسية وفسيولوجية، يصاحبها توترات وانفعالات القلق والاكتئاب، إضافة إلى ضعف الرغبة الجنسية لدى بعض النساء. ومن الأعراض الشائعة التي تدل على بداية سن اليأس لدى المرأة انخفاض حصول الدورة الشهرية َتدريجا حتى تنقطع تماما، والشعور بالإجهاد دون القيام بأي عمل، والشكوى الصريحة من التوتر، وعدم النوم، وتساقط الدموع بدون سبب، اضافة إلى زيادة التعرق والسخونة، ومشكلات المسالك البولية، وهشاشة العظام.

٩- مشكلة الاب السلبي (Negativ Father)

يلعب الاب دورا تنفيذيا مهما في الاسرة، فهو النموذج والقدوة الحسنة لباقي اعضاء الاسرة، وهو الذي يمتلك القدرة والآلية لتصويب اوضاع الاسرة وتحقيق حاجاتهم، وعليه تعتمد سعادة او شقاء الاسرة وطبيعة التفاعل بها. وقد صدق الشاعر عندما قال:

اذا كان رب البيت للدف ضاربا   فشيمة اهل البيت كله الرقص

ولكن هذه الصورة المثالية والنموذجية لا تتوفر دائما عند جميع الآباء، فقد ميز علماء الإرشاد الأسري (ليدز Lydz وزملائه) بين خمسة انماط سلبية من الآباء يؤثرون سلبا على جميع افراد الاسرة، ويعيقون اهداف وآمال الاسرة. وهي مرتبة على النحو التالي:

١. نمط الاب العصابي:

يظهر الآباء في هذا النمط سلوكيات جنونية واضحة وكبيرة امام اعضاء الاسرة، ويمتازون بالعزلة الاجتماعية، كما يمتاز ابناء هؤلاء الرجال بانهم ضعفاء جدا من حيث التشبه بنماذج اخرى غير ابائهم ونمذجة تصرفاتهم، فهم يستمرون بشكل يائس في تقليد الخصائص والسلوكيات الغريبة عند آبائهم.

٢. نمط الأب المتسلط:

يتميز هذا الاب بفرض سيطرته على جميع افراد الاسرة، ويتعمد اخضاعهم لقراراته وتعليماته، وعادة ما تنشب ازمات خطيرة بينه وبين زوجته، ونتيجة لذلك يفشل مثل هؤلاء الاباء في بناء علاقات منظمة مع زوجاتهم ويلتفتون إلى كسب بناتهم وابنائهم الموالين لهم.

٣. نمط الأب العدواني:

يتميز هذا النمط من الاباء بالعدوانية الموجهة نحو اطفالهم عندما تنشأ خلافات مع الزوجة، بدلا من توجيه عدوانيتهم نحوها. وهؤلاء الاباء

يتركون الابناء لعناية واهتمام الأم، ويشعرون ويتصرفون بنوع من التنافس مع اولادهم بدلا من التصرف كأباء، حيث يقللون من شان تطلعات وانجازات ابنائهم واعاقة تقدمهم وثقتهم بنفسهم.

٤. نمط الأب المدمن:

وهذه المجموعة من الآباء يدمنون على واحدة أو اكثر من المواد الادمانية، وهو نمط من الاباء كان قد واجه الفشل في حياته والشقاء في البيت. ويكبر اطفال هؤلاء الآباء في الاسرة وكانهم بدون آباء، فهم قلما يستطيعون النظر أو العناية بهذه الرموز المرضية واشكالها، والتي تتعامل معها الزوجة باحتقار عادةً.

٥. نمط الأب الخنوع

يتميز هذا النمط من الآباء بانهم خاضعون ومستجيبون لسيطرة الزوجات، وهم يتصرفون كانهم اطفال بدلا من كونهم آباء، ويتميزون بالمرح والدعابة، وغالبا ما يمارسون دور الامهات في الاسرة بدون مبرر.ان مثل هذا النمط من الاباء يقدم نموذجا والديا ضعيفا من حيث اثبات وجود الشخصية وهويتها.

خدمات الإرشاد الاسري والزواجي.

لمن تقدم خدمات الإرشاد الاسري والزواجي ؟

ان القاعدة الأساسية في الإرشاد الاسري والزواجي هي تقديم خدمات الإرشاد الاسري إلى اولياء الامور (الاباء والامهات عادة)، لاسيما عندما تعود ملكية المشكلة لأحد اعضاء الاسرة القاصرين، فبدون مساعدة اولياء الامور لا يمكن ان تقوم عملية الإرشاد بنجاح.ولكن هناك استثناءات لهذه القاعدة يمكن توضيحها على النحو التالي:

- تقدم خدمات الارساد الاسري إلى الوالدين مع وجود الفرد صاحب المشكلة اذا كان بالغا ويتمتع بدرجة من الوعي بالواقع، اضافة إلى بعض اعضاء الاسرة الناضجين المؤثرين ايجابيا في الاسرة (مثل الاخوة والاقارب).
- تقدم الخدمات إلى الزوجة وبعض الناضجين المؤثرين ايجابيا في الاسرة عندما تكون ملكية المشكلة تعود للاب، والعكس صحيح حيث تقدم الخدمات إلى الزوج وبعض الناضجين المؤثرين ايجابيا في الاسرة عندما تعود ملكية المشكلة للزوجة.
- فيما يتعلق بخدمات الإرشاد الزواجي التي تقدم للازواج بدون اطفال (المتزوجين حديثا أو المقبلين على الزواج)، فانه يتم مقابلة الطرفين مجتمعين في بداية الإرشاد، بهدف معرفة طبيعة استجابتهما وطريقة معاملتهما ودفاعات كل منهما، ثم يتم مقابلة كل طرف على حدة بعد موافقة الطرف الآخر، على ان تكون المقابلة النهائية لكلا الطرفين والتي يكون هدفها تحقيق الاستبصار وتقريب وجهات النظر واتخاذ القرارات. ويفضل عدم اللجوء إلى العلاج المشترك الذي يجمع بين الزوجين، اذا كان لاحدهما الرغبة في الانفصال وعدم الاستمرار في الحياة الزوجية.

- قد تقدم خدمات الإرشاد الاسري لاكثر من اسرة وفي ان واحد، وذلك عند تقديم خدمات الثقافة الاسرية.

وسواء قابل المرشد الاسري الوالدين مع الاولاد أو بدونهم أو قابل الزوج أو الزوجة بمفردها، فإنه ينبغي عليه ان يراعي المبادئ الاخلاقية والفنية التالية:

أ- ان لا يثير الاسرار والموضوعات الخاصة المتعلقة بالفرد صاحب المشكلة في حضور اعضاء الاسرة.

ب- البعد عن أساليب الرجاء او التهديد بالانفصال والوعظ.

ج- ان يكون محايدا ويؤجل التأكيد على اتجاهات الازواج أو اعضاء الاسرة إلى حين توثيق العلاقة الإرشادية. فدوره يقتصر على تدعيم العلاقات الاسرية، وتغيير ما يجب تغييره، وتقريب وجهات النظر، والفهم والفصل بين الاعضاء.

ويميز علماء الإرشاد الاسري بين نوعين من الخدمات الإرشادية التي تقدم للاسر والازواج هما:

- خدمات ارشادية خاصة لجميع اعضاء الاسرة.
- خدمات ارشادية خاصة بالزوجين فقط أو المقبلين على الزواج.

وفيما يلي توضيح لكلا النوعين من الخدمات:

اولا: خدمات الإرشاد لاعضاء الاسرة:

يستفيد من هذه الخدمات جميع افراد الاسرة، اضافة إلى الوالدين والعضو صاحب المشكلة واهمها ما يلي:

١) الثقافة الاسرية:

يحتاج افراد المجتمع في جميع المواقع العملية والاسرية والتعليمية إلى اكتساب الثقافة الاسرية، وهي خدمة تعليمية وقائية بالدرجة الاولى. فوقاية الاسر والافراد من المشكلات المختلفة يوفر الكثير من الوقت والجهد والمال اللازم

للعلاج واهم العناصر الثقافية التي يحتاجها الافراد في المجتمع - سواء اكانوا اطفالا أم مراهقين، متزوجين أم مقبلين على الزواج - تتضمن موضوع التربية الجنسية، حيث يقدم هذا الموضوع بطريقة متوازية من قبل الاسرة والمدرسة ودور العبادة ووسائل الاعلام ومراكز الإرشاد الاسري التطوعية.

لا شك ان التربية الجنسية السليمة(Sexual Education) تعتبر حجر الزاوية في الزواج السعيد والسلوك الجنسي المتوافق فيما بعد. وفي هذا النوع من التربية يمد المرشد الآباء أو الازواج المقبلين على الزواج بالمعلومات العلمية والخبرات الصالحة والاتجاهات الايجابية السليمة تجاه الموضوعات الجنسية المختلفة، وبقدر ما يسمح به نمو الفرد الجسمي والمعرفي والانفعالي الاجتماعي، وفي اطار التعاليم الدينية والمعايير الاجتماعية والقيم الاخلاقية السائدة في المجتمع، وذلك بهدف تحقيق التكيّف النفسي لدى الفرد في المواقف الجنسية ومواجهة مشكلاته الجنسية في الحاضر والمستقبل، بطريقة واقعية تؤدي إلى الصحة النفسية.

وتبدأ التربية الجنسية في مرحلة الطفولة المتأخرة ضمن برامج علمية مدروسة بهدف تحقيق اهداف التربية الجنسية، وتصحيح ما قد يتمثله الفرد من افكار لاعقلانية واتجاهات خاطئة ومشوهة نحو بعض انماط الجنس الشائعة، ووقاية الاطفال والمراهقين من اخطاء التجارب الجنسية غير المسؤولة. واضافة إلى موضوع التربية الجنسية، تركز الثقافة الاسرية على موضوعات اسرية وزواجية اخرى مثل:

- معرفة حقائق الحياة الزوجية وفلسفتها، وتصحيح المفاهيم اللاعقلانية والخاطئة نحو الزواج والازواج وتكوين الاسرة.

- معرفة الحقوق والواجبات المترتبة على كل من الزوج والزوجة والاولاد تجاه بعضهم البعض.

- اصول ومعايير اختيار شريك الحياة والتأكيد على معيار التكافؤ في المستوى الثقافي والديني** والعمري والصحي، وعدم التركيز على المعايير المادية فحسب.

- اصول المعاملة الزوجية مثل الاحترام المتبادل بين الزوجين واساليبه، والمحافظة على الاسرار الزوجية، واحترام خصوصية شريك الحياة ومساحته الشخصية، واهمية الصدق والاخلاص في القول والعمل، واحترام اهل شريك الحياة ومشاركتهم افراحهم واحزانهم، فان ترسيخ مثل هذه الاصول يزيد من الارتباط العاطفي بين الزوجين ويحقق السعادة الزوجية بدون ادنى شك.

- تقديم معلومات وحقائق طبية وقانونية خاصة بالعلاقات الجنسية والعاطفية والاحوال الشخصية، وتقدم هذه المعلومات حسب الطلب وحسب المرحلة العمرية للافراد المتلقين لها.

٢) العلاج الاسري:

يهدف العلاج الاسري إلى الحد من المشكلات القائمة حاليا أو تخفيفها، وخفض حالات القلق والصراع والاحباط ومشاعر الاكتئاب التي يعاني منها افراد الاسرة جراء هذه المشكلات. وهناك نماذج علاجية متعددة تستخدم العلاج الاسري اهمها واكثرها شيوعا، تلك المنبثقة عن العلاج الانساني والعلاج السلوكي المعرفي. وفيما يلي توضيح لطبيعة كل منهما:

---

* قال صلى الله عليه وسلم: " تنكح المرأة لاربع: لمالها ولجمالها ولحسبها ونسبها ولدينها فاظفر بذات الدين تربت يداك "

* وقال صلى الله عليه وسلم ايضا: " اذا اتاكم من ترضون دينه وخلقه فزوجوه..."

– العلاج الروجري:

يعتقد (روجرز) بان المشاكل الاسرية تنبثق عن التفاعلات الاسرية الزائفة في مرحلة الطفولة المبكرة، حيث يتصرف الاطفال تصرفا مثالياً لارضاء ابائهم فحسب، ويقود هذا الزيف إلى تشويه الذات الداخلية وانكار المشاعر الطفولية. وعندما تستمر هذه الطريقة من التفاعلات وبدون وعي الاباء بمطالبهم المثالية والزائدة للاطفال، وانهم (الاطفال) يكتمون مجموعة من المشاعر والافكار غير المعبر عنها - وهي ما يسمى بالعلاج الجشطالتي (الاعمال غير المنتهية)- فإن المشاكل الاسرية تأخذ بالتصاعد.

ويرى روجرز ان جوهر العلاج الانساني هو اعادة اكتشاف هذه المشاعر والافكار الطفولية، وفهم الاطفال وحاجاتهم وميولهم الأساسية، وذلك عن طريق دمج عضو الاسرة المريض في علاقة علاجية دافئة تتيح له التعبير عما يجول في خاطره، بعيدا عن التقييم والنقد كما يقول أو يفعل. وبعد ذلك يوضح المرشد المعالج هذه الافكار والمشاعر والميول للوالدين والاعضاء المهمين في الاسرة، ويقترح عليهم طريق التعامل معها، وبهذا يكون قد حدث التحسن ونجح العلاج.

– العلاج السلوكي المعرفي:

يعتبر العلاج السلوكي المعرفي افضل النماذج العلاجية التي ابتكرت أساليب مميزة في الإرشاد الاسري، فقد ركز هذا النموذج العلاجي على المشاعر والافكار المشتركة بين افراد الاسرة، واثرها على اشكال التفاعل والعلاقات الاسرية. لقد اكد (بيك) على ان جوهر العلاج الاسري يكمن في ازالة التشويهات المعرفية المرتبطة بالمعتقدات الأساسية، والتي تشكلت عبر سنوات التفاعل بين اعضائها، واهم هذه التشويهات والمعتقدات التي ركز عليها العلاج الاسري:

١- معتقدات عائلية مشوهة ترتبط بأصل الابوين (العرق، الدين، البلد الأصلي) وقد اكد علماء الإرشاد الاسري على ان هذه المعتقدات اخذت بالزيادة بين الاسر في اعقاب الحرب العالمية الثانية، وما زالت آخذة بالزيادة نتيجة الحروب والهجرات القسرية حيث تختلط الاعراق والاديان والقوميات.

٢- معتقدات مشوهة حول العائلة الكبيرة، من حيث الطبقة الاجتماعية والحسب والنسب والتاريخ البعيد.

٣- التعميمات المبالغ بها والغير قائمة على اساس صحيح، فمثلا قد يصف احد الاقارب من خارج الاسرة احد اطفالها بانه شقي بمجرد سوء تصرف طارئ، ويقتنع الوالدين بهذه الملاحظة ويسِمون الطفل بذلك، وتعمم الملاحظة على جميع افراد الاسرة ومن ثم على الاقارب، وهكذا إلى ان يتكون مفهوم ذات سلبي لدى الطفل يقوده إلى التصرفات الشقية بشكل مستمر فيما بعد (الذات الاجتماعية).

ان المعتقدات والتشويهات المعرفية السابقة تؤثر تأثيرا جوهريا بطريقة تفكير الفرد وشعوره وسلوكه داخل وخارج النظام الاسري، وتقرر ايضا طبيعة التفاعل والعلاقات بين افراد الاسرة ونوعية المشاكل. ويكمن جوهر العلاج السلوكي المعرفي في اكتشاف هذه التشويهات المعرفية والمواضيع الرئيسية التي تدور حولها وتفنيدها لدى اعضاء الاسرة والعضو المعني، وتقديم المعتقدات الصحيحة بدلا منها (لمعرفة خطوات العلاج راجع أساليب الإرشاد السلوكي المعرفي).

٣) العلاج الجمعي:

تقدم خدمات الارساد الجمعي لاكثر من اسرة (زوجات وازواج)، بحيث يتم مناقشة مشكلة معينة وتقديم الحلول، وتشجيع المشارك الصامت على التحدث عن المشكلة، ويفسر المعالج ويحلل آليات الدفاع، ثم بعد ذلك يطلب ما تم

مناقشته بين الازواج وزوجاتهم وجها لوجه، ويمكن في حالة الإرشاد الجمعي للأسر المكتملة (الزوجين والابناء) ان يستخدم المرشد المجموعات العلاجية التدريبية (T.group) كنماذج للاسرة، وقد يفيد ارشاد الاسر المكتملة استراتيجية التمثيلية النفسية (السيكودراما)، والتي يطلب فيها من اعضاء الاسرة تمثيل أي دور اسري يرغب به، شريطة ان يكون دور معاناة يوضح فيه كيف يعاني من ازمات دون تحديدها، وهذه الاستراتيجية افضل من مناقشة المشاكل نظريا.

٤) الخدمات الطبية والصحية:

تشتمل الخدمات الطبية على وقاية جميع اعضاء الاسرة من الامراض السارية والمعدية والحوادث، ويتحقق ذلك بأخذ الاحتياطات الرئيسية ومنذ مرحلة الحمل بالطفل، واهم هذه الاحتياطات توفير التغذية الموازنة للام الحامل والبيئة النفسية الآمنة، واعطاء المواليد الجدد في الاسرة اللقاحات والمطاعيم الضرورية لجميع جوانب نموهم، كذلك خدمات تنظيم الاسرة وعدم اهمال شكوى الاطفال سواء كانت جسدية أو نفسية.

ثانيا: خدمات الإرشاد الزواجي للمتزوجين او المقبلين على الزواج:

تقدم هذه الخدمة إلى الزوجين سواء المتزوجين الجدد، أو المقبلين على الزواج وتشمل الخدمات التالية:-

١) الفحص الطبي:

قبل البدء بارشاد الزوجين لابد من الوقوف على حالتهما الصحية؛ ولا يعني ذلك قيام المرشد باجراء هذه الفحوص انما الاكتفاء بأخذ صورة واضحة ودقيقة عن النواحي الطبية لكل من الزوجين، حتى تكون خدمات متكاملة. وتختلف الفحوص الطبية التي ينبغي توافرها حسب سبب الزيارة او الإحالة للإرشاد.

فمثلا عندما يرغب احد الزوجين في علاج صعوبات جنسية تعترضه، فإنه من الضروري ان يطلب المرشد فحوصات خاصة بالهرمونات وبعض الامراض المؤثرة على الجنس، في حين عندما يأتي شاب وفتاة يرغبون بالزواج فان معرفة نتائج فحوصات مثل فحص العامل الرئيسي(RH-factor)، وفحص الخصوبة لكليهما تعد خطوة اولية قبل البدء بعملية الإرشاد الزواجي.

٢) **الفحص والتقييم النفسي:**

تختص هذه الخدمة بالازواج المقبلين على الزواج واحيانا للمتنزوجين افرادا أو مجتمعين، وتهدف إلى قياس مدى التكافؤ بين المقبلين على الزواج، ونجاح الحياة الزوجية. ومن الاختبارات المشهورة في مجال الإرشاد الزواجي (اختبار كارل شولتز المعروف باسم(Marrige (personality inventory والذي يقيس جوانب التكافؤ التالية بين الزوجين:-

- اسلوب الحياة.
- السمات الشخصية مثل المرونة والاعتمادية.
- الكفاءة الجسدية والجنسية.
- الاتجاه نحو الطلاق.
- مفهوم الذات.
- الدافعية والاستعداد للزواج.

ولا بد ان يوضح المرشد النفسي نتائج التقييم الخاصة بكل زوج للطرفين معا بامانة وصدق.

كما تشمل خدمات التقييم لكلا المقبلين على الزواج تقييم الخلفية الثقافية والاجتماعية والاقتصادية والدينية، وايصال نتائج هذا التقييم لكل منهما. وبعد ذلك يناقش معهما موضوع الزواج والهدف منه وطبيعة مرحلة الخطبة وفوائدها ومدتها النموذجية ومحظوراتها، لاسيما في الحالات التي تعاني من نقص في

المعلومات الزواجية، وينقصها الثقة في النفس، ولديها الشكوك في النجاح كشريك للحياة. اما في حالة ارشاد المتزوجين الجدد بدون اطفال فانه ينبغي على المرشد ان يركز على تقييم الجوانب التالية:

- خبرات الطفولة واساليب الرعاية الوالديه التي تعرض لها كل من الزوجين.
- تقييم مدى العلاقة بين الزوجين من خلال ردود الفعل العاطفية، ويطلب المرشد بغية تحقيق ذلك من الزوجين اظهار الخلافات باتخاذ موقف الانا والحفاظ على عدم تحويل اللوم على الآخر.

مما سبق يتضح لنا ان الإرشاد الاسري والإرشاد الزواجي وجهان لعملة واحدة، وهي الاسرة القائمة أو المرتقبة، لذلك قد يحتاج المقبلين على الزواج أو الازواج الجدد إلى خدمات الإرشاد الاسري الخاصة بالاسرة المكتملة، على اعتبار انهم اعضاء في اسر اصلا، لاسيما في تلك المشكلات التي قد تظهر في فترة الخطوبة أو فترة العزوبية، وفي المقابل قد يحتاج اعضاء الاسرة أو الزوجين الذين يعيشون مع ابناء إلى خدمات الإرشاد الزواجي مثل التقييم النفسي والطبي. وهكذا نلاحظ ان خدمات الإرشاد الاسري والزواجي متداخلة نوعا ما، وما التقسيم السابق لها الا تقسيم اصطناعي لغايات التوضيح والفهم.

٣) برامج تدريب الوالدين على تنشئة الاطفال

ان الهدف الاساسي من البرامج التدريبية للوالدين هو تقوية العلاقة بين الوالدين والاطفال من خلال تدريبهم على مهارات التنشئة الاجتماعية للأطفال(مثل مهارة الاتصال والاستماع والتمييز بين السلوك الخاطيء والصحيح واساليب العقاب والثواب)، ويتم التدريب على تنشئة الاطفال من خلال اجتماعات مجالس اولياء الامو، ونشرات تتضمن مبادئ تنشئة الاطفال باسلوب واضح وبسيط، وقد يكون عرض افلام تتضمن المفارقة بين أساليب الرعاية الوالدية الصحيحة اسلوبا عمليا اكثر من مجرد اسلوب المحاضرة والتنظير.

وفيما يلي مثال على احدى المهارات التي يسعى برنامج التدريب الوالدي إلى تحقيقه:

* المهارة: - مهارة بناء علاقة فعالة مع الابناء.

* الاجراءات الواجب اتباعها مع الابناء:

- احترام الاطفال وتوفير الجو الودي عند الحوار معهم.

- تقبلهم كما هم بايجابيتهم وسلبياتهم.

- الاحتجاج على السلوك الخاطيء لا على الشخصية ككل (انا احبك ولكني اكره فيك اعتداءك على لعبة اختك).

- تشجيع الجوانب الايجابية لديهم، بدلا من التركيز على جوانب الضعف.

- الاعتراف بمحاولاتهم الصغيرة وانجازاتهم، وتعزيزها حتى يثقوا بانفسهم.

- قضاء وقت للعب مع الاطفال مجتمعين، كما يجب تخصيص وقت لكل طفل على انفراد، ويخصص يوم لجميع افراد الاسرة وما يهم هو نوعية الوقت وليس كميته، فقضاء وقت ساعة مع الاولاد في التنزه إلى حديقة الحيوانات أو المدن الترويحية أو ركوب القوارب أو أي نشاطات ترفيهية اجتماعية، افضل بكثير من قضاء اربع ساعات في المنزل والقيام بنشاط روتيني ملزم مثل التدريس أو القيام باعمال المنزل.

- ايصال الحب عن طريق السلوكيات غير اللفظية، خاصة عندما يتوقعون الاطفال انك تحبهم.

- تكوين اتجاهات ايجابية والبعد عن الاتجاهات الوالدية السلبية مثل التوقعات المرتفعة أو السلبية من الطفل، وتشجيع المنافسة بين الاخوة، والمعايير المزدوجة والتناقض.

الفصل الثامن
المهارات الأساسية في الإرشاد

- تمهيد
- مهارات الإصغاء
- الاستيضاح
- عكس المحتوى
- عكس المشاعر
- التلخيص(إعادة الصياغة)
- مهارات السلوك الحضوري
- السلوك الحضوري الجسدي
- السلوك الحضوري اللفظي
- مهارات كشف الذات
- المهارات الفنية
- مهارة القياس والتقييم
- مهارة التشخيص
- مهارات العمل المتقدمة
- مهارة السؤال
- مهارة تقديم المعلومات
- مهارة التفسير
- مهارة المواجهة
- مهارة التغذية الراجعة.

تمهيد

لم يساء فهم موضوع في الإرشاد النفسي مثلما اسيء فهم موضوع المهارات الإرشادية ، فالكثير من المؤلفين والباحثين في ميدان الإرشاد النفسي يخلطون بين المهارات الإرشادية وبين مواضع اخرى في الإرشاد مثل وسائل جمع المعلومات الإرشادية او الاستراتيجيات الارشاية ، فنجد بعضهم يصف الملاحظة، او دراسة الحالة،أو المقابلة كمهارات ارشادية ، وهي في واقع الامر وسائل ارشادية تمثل الوعاء الذي تمارس بداخله هذه المهارات، فالمرشد يستخدم مهارات الاصغاء والمواجهة العلاجية مثلاً اثناء المقابلة، ويستحدم مهارة التشخيص والقياس عند اجراء دراسة الحالة... وهكذا. لا شك ان مثل هذا الخلط في المواضيع يسبب الارتباك للمرشد النفسي والطلبة الدارسين للارشاد، ويعيق فهمم لطبيعة العملية الإرشادية واهدافها.

وهناك اعتقاد خاطيء لدى بعض العاملين في الإرشاد النفسي وهو ان الجلسة الإرشادية تتطلب قدراً كبيراً من المهارات المتقدمة والمعقدة. والواقع ان استخدام مهارة او مهارتين مناسبتين في الجلسة قد يفي بغرضها، ويجدي نفعاً اكثر من الاستخدام العشوائي لمهارات متعددة وغير مناسبة.

هرم المهارات

تاخذ المهارات الإرشادية بناءاً وترتيباً هرمياً معيناً يبدأ بمهارات الاتصال وبناء العلاقة الإرشادية ويتدرج إلى المهارات الفنية حتى ينتهي إلى مهارات العمل المتقدمة، ويندرج تحت هذه المهارات الأساسية مهارات فرعية (Micro-skills) يعتمد اختيار المرشد واستعماله لأي منها على قدراته وفرضياته من جهة، وعلى استجابات المسترشد ورسائله من جهة اخرى.والشكل التالي يوضح تدرج هذه المهارات حسب مراحل العملية الإرشادية.

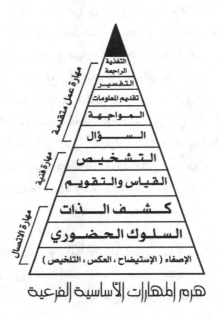

شكل رقم(١)

هرم المهارات الأساسية الفرعية

ويتطلب العمل في مجال الإرشاد النفسي تعلم واتقان المرشد للمهارات المبينة اعلاه، حتى تكون بمثابة موجهات يهتدي بها في عمله. ويحتاج المرشد - المبتدىء خاصةً - إلى التعرف على العديد من المهارات الإرشادية والتدرب عليها وتطبيقها، فضلاً عن الاعداد الاكاديمي، ويتم اكتساب هذه المهارات باتباع طريقتين:

١- إما بطريقة فردية على نفسه او المحيطين به من افراد الاسرة او الاقارب او الاصدقاء وذلك باستخدام مشاكل افتراضية. وفي هذه الطريقة يكون من الصعب تفهم الافكار والمشاعر واستخدام المهارات بشكل ملائم ومتقن.

٢- طريقة التدريب: يمكن اكتساب المهارات عن طريق التدريب عليها تحت اشراف متخصصين ممارسين في الإرشاد النفسي، حيث يطبق المرشد المهارات على مشكلات واقعية وهو الافضل. وفيما يلي اهم المهارات الأساسية الشائعة الإستخدام في الإرشاد:

<u>أولاً: مهارات الاصغاء</u>

لا تقل مهارات الاصغاء الفعال اهمية عن الكلام والتحدث، فهي مهارات قد تكون اصعب من مهارات الكلام لما تتطلبه من تركيز لما يقول ويفعل المسترشد. وهي مطلب اساسي لاتقان مهارات الإرشاد المتقدمة ونجاح الاستراتيجيات العلاجية. فالاصغاء الفعال ينظم العملية الإرشادية بكاملها، ويعتبر الاساس في كل مقابلة ارشادية.

ويفيد اتقان مهارات الاصغاء الفعال من قبل المرشد كلاً من المسترشد والمرشد نفسه، فبالنسبة للمرشد فان اتقانه لمهارات الاصغاء الفعال يعطي فرصة اكبرلنجاح العلاقة الإرشادية، وتطبيق الخطة العلاجية وبدون ذلك فانه سيتجاهل المشكلة الرئيسة التي يعاني منها المسترشد، ويبدو وكانه محقق في محكمة بدلاً من كونه مساعداً متعاوناً وداعماً. وفيما يتعلق بالمسترشد فان الاصغاء يعزز وعيه بقوة للحديث عن نفسه وخواطره، والمشاركة بالمعلومات المهمة، كما يشجعه على الاختيار الصحيح للمواضيع، وتحمل المسؤولية، والتركيز في الجلسة الإرشادية.

مكونات عملية الاصغاء

قبل الحديث عن مهارات الاصغاء، سنلقي الضوء على عملية الاصغاء من حيث مكوناتها والقنوات الحسية التي يستخدمها المرشد في عملية الاصغاء الفعال. فعملية الاصغاء الفعال لرسائل المرشد (اللفظية وغير اللفظية) تتكون من ثلاث عمليات رئيسية هي:

١- استقبال الرسالة (Receiving Message):

وهي عملية غير ظاهرة تضمن الانتباه السمعي والبصري الدقيق لما يقول المسترشد (الاصغاء).

٢- معالجة الرسالة (Processing Message):

وهي عملية غير ظاهرة ايضاً تحدث في ذهن المرشد، تتضمن التفكير وحديث الذات وتحليل الرسائل اللفظية للمسترشد.

٣- ارسال الرسالة (Sending Message):

وهي عملية ظاهرة وملموسة تتضمن استجابة لفظية أوغير لفظية بناءاً على عملية معالجة الرسالة.

وفي التطبيق الفعلي لمهارات الاصغاء قد يجد المرشد صعوبة او يخطىء في العملية الثالثة (عملية ارسال الرسالة) أوالعملية الاولى (استقبال الرسالة)، ويترتب على الخطأ والفشل في استخدام أي من العمليتين ما يلي:

- احباط المسترشد.

- المناقشة الخاطئة لمشكلة المسترشد.

- اتخاذ قرار خاطيء لنوع الاستراتيجية المستخدمة في العملية الإرشادية.

ويسهل معالجة الاخطاء في ارسال الرسائل اكثر من معالجة الاخطاء في استقبال الرسائل. وهناك قنوات حسية لعملية الاصغاء الفعال ينبغي ان يستخدمها المرشد حتى يشعر المسترشد بانه يصغي اليه، وان مشكلاته تشاهد من منظوره الخاص. واهم هذه القنوات الحسية نذكر ما يلي:

١- القنوات السمعية:- وهي الكلمات التي يستخدمها المسترشد من حديث مثل: (اسمع ، اقول ، اتحدث).

٢- القنوات البصرية:- مثل: (واضح ، انظر، يبدو ، ارى ان..)

٣- القنوات اللمسية:- (اشعر ، احس ، المس).

وفيما يلي توضيح مفصل لمهارات الاصغاء الاربع (الاستيضاح، عكس المشاعر، اعادة الصياغة، التلخيص).

اولا: مهارة الاستيضاح (Clarification)

تشير مهارة الاستيضاح إلى السؤال الذي يتلو رسالة المسترشد الغامضة، وتبدأ عادة بعبارة: هل تقصد بانة..........؟، أو هل تقول بانة..............؟، مع إعادة صياغة جانب من رسالة المسترشد أو كل رسالته ؛ بمعنى أخر يطلب المرشد من المسترشد ان يوضح بعض الكلمات او العبارات بشكل اكبر وعليه التحقق من مثل هذه الرسائل قبل البدء بالإرشاد وبالتالي إعطاء القرارات (المتسرعة).

قد يلجأ المسترشد للتعبير عن معظم رسائله من الإطار المرجعي الخاص بة، ولذلك قد تكون هذه الرسائل غامضة أو مشوشة ، بسبب ما يستخدمه من صياغات، كصياغة الجمع (نحن)، أو الضمائر (هم)، أو كلمات مبهمة (انت تعرف)، أو كلمات مزدوجة المعنى، وفي هذه الحالات يكون المرشد غير متأكد من معنى الرسالة وعلية ان يعمل على استيضاحها.

اهداف الاستيضاح

يمكن تلخيص أهداف الاستيضاح بإيجاز بما يلي:

١. جعل الرسالة التي صدرت من المسترشد واضحة وصريحة وخالية من الغموض.

٢. تثبيت دقة إدراكات المرشد حول الرسالة.

٣. التحقق مما تم سماعة من المسترشد.

خطوات الاستيضاح:

١. التعرف على المحتوى اللفظي لرسائل المسترشد(عن ماذا أخبر المسترشد؟ ماذا قال المسترشد؟).

٢. التعرف على ما إذا كانت هناك أجزاء غامضة أو مبهمة أو مشوشة، وتحتاج للتعرف على دقتها(كيف يمكن ان أسمع/أرى/أشعر لأبدأ الاستجابة؟!).

٣. تقرير بداية مناسبة للعبارة التي سيستوضح بها السؤال.(هل يمكن وصف.........هل يمكن توضيح......هل تقصد ان تقول.......؟).

٤. التعرف على مدى فعالية أسلوب الاستيضاح بمراقبة استجابات المسترشد، فمن خلال استجابة المسترشد يمكن للمرشد تحديد ان كان الاستيضاح مجديا أو لا ؟ لأن المسترشد يضيف أو يوضح أجزاء الرسالة.

مثال توضيحي لمهارة الاستيضاح.

المسترشد:جميع الطلبة ذئاب.

المرشد: انت تقول جميع الطلبة ذئاب، ماذا تعني بكلمة ذئاب؟

ثانياً: مهارة اعادة الصياغة (Paraphrase)

تشيرهذه المهارة إلى إعادة صياغة كلمات المسترشد وأفكاره، كما تشمل الانتباه الانتقائي الموجه نحو الجانب المعرفي من رسالة المسترشد، مع ترجمة أفكاره في كلمات من عند المرشد، فهي ليست ترديد لما يذكر المسترشد، وانما هي إعادة صياغة تقود إلى المزيد من النقاش أو حث المسترشد على التوسع في الحديث.

عند استخدام مهارة إعادة الصياغة لما تحمله رسالة المسترشد يراعي ان لا تكون بمثابة سخرية من المسترشد، فعندئذٍ لا تؤدي الهدف المطلوب وهو الاتساع في النقاش.

مثال:

* المسترشد: انا اعرف انة لن يفيد حالة الاكتئاب التي لدي، ان أجلس في المنزل،وانام في السرير طوال اليوم.

* المرشد: معنى ذالك انك تعرف انك تحتاج إلى ان تتجنب البقاء في السرير، أو الجلوس في البيت طوال اليوم حتى تتخلص من حالة الاكتئاب.

ان هذه الاستجابة تحمل تكرار لما يقوله المسترشد، مما يقوده إلى استجابة مقتضبة تدل على الموافقة دون توسع، أو قد يشعر المسترشد بسخرية منة أو بحساسية لتقليد المرشد لما قاله.

* المرشد (باستجابة أخرى أفضل من الأولى): انت على وعي بانك بحاجة إلى ان تخرج من عزلتك، وتبتعد عن البقاء في السرير حتى تقلل من حالة الاكتئاب.

أهداف إعادة الصياغة:

١. إخبار المسترشد بان رسالته فهمت، مما يساعده على زيادة توضيح أفكاره.
٢. تشجيع المسترشد على المضي نحو فكرة رئيسية وبشكل أعمق.
٣. مساعدة المسترشد على التركيز على موقف، أو واقع، أو فكرة، أو سلوك معين.
٤. مساعدة المسترشد على التوقف عن تكرار حديثة.
٥. مساعدة المسترشد على حث أفكاره واتخاذ قراراته.
٦. مساعدة المرشد في التركيز على المحتوى المعرفي في رسالة المسترشد.

خطوات إعادة الصياغة:

١. استرجاع رسالة المسترشد(بإعادة قولها في ذهن المرشد).

٢. التعرف على محتوى الرسالة، ماهوالموقف، الشخص، الموضوع، الفكرة....الذي تناقشه هذه الرسالة؟

٣. اختيار بداية مناسبة تعاد من خلالها صياغة رسالة المسترشد، مع مراعاة اختيار القناة الحسية التي يستخدمها المسترشد(سمعية،او بصرية، اوحسية).

٤. ترجمة المحتوى الرئيسي أو التراكيب الأساسية إلى كلمات خاصة بالمرشد، وتوجهها للمسترشد.

٥. الحكم على فاعلية الصياغة الجديدة، من خلال الإصغاء وملاحظة استجابة المسترشد لما تم إعادة صياغته.

ثالثاً: مهارة عكس المشاعر.(Reflection)

في مهارة إعادة الصياغة يتم التركيز على المحتوى المعرفي، إلا انه في مهارة عكس المشاعر نركز على المحتوى الوجداني.وفيما يلي مثال لتوضيح الفرق بين عكس المشاعر وإعادة الصياغة:-

- المسترشد: ان كل شيء قد اختلف معي، الحياة تضيق أمامي، لقد انفض عني الأصدقاء، حتى المال لم يعد عندي منه شيء.

- المرشد)إعادة صياغة): مع ذهاب الأصدقاء، وضياع المال، ليس أمامك شيء يمكنك القيام به الان.

- المرشد (عكس المشاعر): انك تشعر بالضجر بسبب الظروف التي تمر بها الان.

أهداف عكس المشاعر:

١. في حالة استخدامها بدقة وفاعلية تجعل المسترشد يشعر بان المرشد متفهم لمشكلته.

٢. تشجيع المسترشد على المزيد من التعبير عن مشاعره، حول مواقف أو أشخاص معينين.

٣. مساعدة المسترشد على التعامل مع مشاعره، وهي مهارة مهمة في التعامل مع الانفعالات والمشاعر الشديدة مثل الخوف والغضب.

٤. تقليل المشاعر السلبية لدى المسترشد تجاه العملية الإرشادية،وتقليل الصراع الذي يحصل بينه وبين المرشد فيما يتعلق بالكلام والإصغاء لكلا الطرفين ، كما تساعد في تقليل حدة الغضب لدى المسترشد عندما يعرف ان مشاعره مفهومه، وبالتالي يصبح أكثر استقبالا ويهيئ الفرصة للمرشد لاستخدام الأساليب الإرشادية.

٥. تساعد المسترشد على التمييز بدقه بين مشاعره المختلفة، كما تساعده على تحسين فهمه للحالات المختلفة للمزاج.

خطوات مهارة عكس المشاعر:

١. الإصغاء لكلمات المشاعر، والتي تقع في سبع مجالات (الغضب، الخوف، عدم التأكد،الحزن، السعادة،القوة، الضعف).

٢. مراقبة السلوك غير اللفظي (التصرفات).

٣. عكس المشاعر مرة أخرى، باستخدام كلمات اخرى.

٤. بدء عبارة عكس المشاعر ببداية مناسبة، مع مراعاة اتساقها مع أسلوب المسترشد في التعبير عن نفسه، مثال: يظهر انك غاضب الآن.

٥. إعادة الموقف الذي تحدث فيه المشاعر، ويتم ذلك بإعادة صياغة مختصرة.

مثال:

- المسترشد: انا لا أستطيع ان آخذ اختبارات، انني أكون قلقاً جداً، ولا يكون أدائي مناسباً مع ما بذلت من جهود.

في هذه الرسالة: الوجدان: هو القلق، والموقف هو: أداء الامتحان.

- المرشد (في عكس المشاعر): انت تشعر انك مشدود كلما أخذت اختباراً.

٦. التعرف على مدى فاعلية عكس المشاعر للمسترشد، من خلال ملاحظة استجابته وردود فعله وتصرفاته.

مثال:

- طالب تخلف عن رفاقه، يقترب موعد اختباره، يشعر بالخوف من الامتحان، ويخشى ان تتكرر تجربة الرسوب.

- المرشد: أفهم انك حزين لرسوبك العام الماضي، وانك تشعر بالقلق لاقتراب موعد الاختبارات.

رابعاً: مهارة التلخيص (Summarization)

تعرف مهارة التلخيص بانها مجموعة من التعبيرات والانعكاسات تكشف ما يريد المسترشد ان يوصله للمرشد، وهي تجمع بين اثنتين او أكثر من مهارت إعادة الصياغة وعكس المشاعر وتتطلب هذه المهارة انتباه شديد، وتركيز على رسائل المسترشد الشفوية وغير الشفوية.

أهداف التلخيص:
١- الربط بين مجموعة من العناصر في رسائل المسترشد.
٢- التعرف على موضوع مشترك يبدو واضحاً من عدة رسائل.

٣- مساعدة المسترشد على إيقاف استرساله بما يشبه الحكايات، فهو أداة جيدة، لمقاطعة المرشد.

٤- أداة جيدة لتوجيه سير المقابلة والتقليل من سرعتها إذا كانت سريعة.

٥- تهدئة الجلسة وإعطاء فرصة لالتقاط الانفاس.

٦- مراجعة التقدم الذي تم إحرازه في جلسة أو أكثر.

٧- وسيلة هامة لانهاء الجلسات وافتتاحها، وكذلك عند انهاء عملية الإرشاد كلها.

خطوات التلخيص:

١- استرجاع رسائل المسترشد في داخل (سر) المرشد.

٢- التعرف على الموضوعات المتكررة في الرسالة.

٣- تخير بدايات عبارات التلخيص، واختيار الكلمات التي ستستخدم في التلخيص من قبل المرشد، مع مراعاة استخدام الضمير (انت) أو أداة النداء (يا فلان).

٤- تقديم استجابة التلخيص من خلال الإصغاء للمسترشد، وملاحظة موافقته أو عدمها لما تم قوله.

مثال:

- المرشد: إذا أردنا ان نلخص ما قمنا به خلال هذه الجلسة فبوسعنا ان نقول: اننا قد تعرفنا بشكل عام على مشاكلك في الوقت الحاضر، ومن أهمها ميلك للعزلة، وصعوبة النوم.

وتلخيصاً لما سبق عن مهارة الاستماع وعملياته يمكن ان نضيف الآتي:

١. يعتبرالاستماع للمسترشد تعزيز قوي لزيادة وعيه للحديث عن نفسه وخواطره، وعدم الاستماع يؤدي إلى عدم مشاركة المسترشد ببعض المعلومات المهمة.

٢. الاستماع الفعال يعطي فرصة أكبر للنجاح في العلاج، وعدم الاستماع يؤدي إلى تجاهل المشكلة الرئيسية.

٣. الاستماع الفعال يشجع المسترشد على اختيار المواضيع الصحيحة ، وتحمل المسؤلية، والتركيز في الجلسة.

٤. عدم الاستماع الفعال يظهر المرشد كمحقق بدلاً من كونه مرشد متعاون.

مهارات السلوك الحضوري

وهي المهارات التي يستخدم فيها المرشد لغة الجسم والمسافة والحركة، اضافة إلى الاستجابات اللفظية الحضورية. ويمكن التمييز بين نوعين من السلوك الحضوري هما:

(١) مهارات السلوك الحضوري الجسدي:-

وهي مهارات يستخدم فيها المرشد الرسائل غير اللفظية (لغة الجسد)، بهدف تسهيل قدرته على الاصغاء والتذكر والحضور جسدياً وذهنياً وانفعالياً لاطول فترة من الوقت، ويستفيد المسترشد من جراء استخدام المرشد لهذه المهارات في تعزيز الشعور بالافضلية تجاه نفسه، لأن المرشد يعطيه كامل اهتمامه وطاقته. وبناءاً على ذلك فان استخدامها يساعد على توثيق العلاقة الإرشادية، ويسهل عملية كشف الذات لدى المسترشد. ويمكن التمييز بين اربعة مهارات فرعية من مهارات السلوك الحضوري الجسدي كما يلي:

أ- مهارة التواصل البصري (Eye contact)

وتتضمن هذه المهارة مقابلة المسترشد وجهاً لوجه والتواصل معه بالعينين، بحيث تكون عيني المرشد في وضع مستريح فلا يكون البؤبؤ متسعاً كثيراً ولا ناعس مع الانتباه إلى عدم التحديق المستمر في عيني المسترشد. ان

استخدام هذه المهارة يعكس رسالة للمسترشد مفادها ان المرشد مهتم به ومنتبه لما يختبره (هنا والان) وراغب في مشاركته.

ب- الميل قليلاً إلى الامام (Lean forward)

يجلس المسترشد في هذه المهارة في وضع زاوية قائمة لا منفرجة او حادة وفي وضع جسدي مسترخٍ، بحيث يكون وضع جسمه منفتحاً وليس منكمشاً، كأن يضع يديه على كتفه أو يضع رجلاً على رجل مما يعيق حركاته. وبهذا الوضع يعكس المرشد رسالة مفادها انه مندمج مع المسترشد، ومستعد لتقبله ولديه الطاقة والمرونة الكافية لسماع ما يقول.

ج- المسافة (Distance)

لابد ان يأخذ المرشد موضوع المسافة بينه وبين المسترشد - اثناء الجلسة الإرشادية - بعين الاعتبار وتشير الدراسات في هذا الصدد بأن المسافة النموذجية بين المرشد والمسترشد تترواح بين (١م. ـ ١،٨م.)، وانه لابد ان يعطى المسترشد الحرية ليقرر هذه المسافة، ويجلس في المكان الذي يريد.

د- مهارة اللمس والربت على الكتف.(Touch)

تعتبر هذه المهارة من المهارات الحساسة، والتي يجب ان يتوخى المرشد الحذر عند استخدامها حتى داخل الجنس الواحد (مرشد ومسترشد او مرشدة ومسترشدة)، لأنه قد يساء فهم هذه المهارة حسب ثقافة المسترشد، وعلى كلٍ فإنه قبل ان يتخذ المرشد القرار باستخدام هذه المهارة، لا بد ان يراعي الإعتبارات التالية:-

- ملاحظة مستوى الثقة مع المسترشد، فكلما زاد مستوى الثقة يمكن استخدام مهارة اللمس.
- اخذ تاريخ المسترشد حول اللمس، والانتباه إلى أي تصرفات تشير إلى انه يكره اللمس، وهل سيدركه على انه سلوك جنسي ام سلوك اصيل؟

- هل المرشد مهتم بمصلحة المسترشد، او مهتم باللمس لاجل ان يحصل على اعجابه او اعجاب ذوويه و المراقبين. واذا مارس المرشد هذه المهارة وشعر بعدم ارتياح المسترشد، فإنه ينبغي عليه ان يتوقف عن اللمس ويعدل جلسته دون ان يشرح أي شيء عن اللمس او سببه.

(٢) مهارات السلوك الحضوري اللفظي

وهي استجابات لفظية يستخدمها المرشد، بهدف حث المسترشد على المزيد من الحديث وكشف الذات. وهي تأخد ثلاثة اشكال من المهارات الفرعية هي:-

أ- **المشجعات الصغيرة.**

وهي عبارة عن صوت او كلمة صغيرة تقال للمسترشد من اجل توجيه الحديث بينه وبين المرشد، وقد تترافق هذه الكلمة او الصوت مع هزة رأس باتجاه أعلى – اسفل. وللمشجعات الصغيرة أهمية كبيرة في اشعار المسترشد باهتمام المرشد بحديثه، مما يدفعه إلى المزيد من الحديث.

مثال:

المسترشدة:- لقد كنت دائماً اسعى إلى رضى زوجي.

المرشد:- اها...(مع هزة راس)

ب- **التشديد واعادة الكلمات.**

تتضمن هذه المهارة التشديد على بعض الكلمات الواردة في كلام ورسائل المسترشد، والتي يود المرشد التوسع في موضوعها.

مثال:-

المسترشد:- لقد قام والدي بعقابي اكثر من مرة.

المرشد:- بعقابك ؟! (اذ اراد ان يعرف كيفية العقاب وينفس مشاعر الغضب لدى المسترشد).

ج- الفورية:-

وهي استجابة لفظية من طرف المرشد تصف الشيء الذي يحدث حالياً في العملية الإرشادية، يفضل اللجوء إليها عندما يكون المسترشد متردداً او حذراً في الحديث او التقرب، كذلك في حالتة التحويل والتحويل المضاد، والتوتر في العلاقة الإرشادية. وتسير هذه المهارات وفق خطوتين رئيسيتين على النحو التالي:

- يعي المرشد ما يحدث خلال عملية التفاعل، ويراقب التسلسل في التفاعل اللفظي بينه وبين المسترشد من خلال استقراء الرموز والإرشادات غير اللفظية بدون اظهار تحيزاته وتقيماته الخاصة.
- يضع استجابات لفظية يمكن من خلالها مشاركة المسترشد بافكاره ومشاعره حول العملية الإرشادية، وقد تحتوي هذه الاستجابات على مهارات الاصغاء بلغة (انا)، مع التركيز على ما يحدث (هنا والان) وعدم تاجيلها إلى نهاية الجلسة التالية.

ان استخدام مهارات الفورية حسب الخطوات السابقة يقلل من مسافة الدور بين المرشد والمسترشد، ويسهل عملية كشف الذات وايجاد الحلول لمشكلات المسترشد، ويحد من معوقات الاتصال الفعال. وفيما يلي امثلة توضيحية على مهارة الفورية:

مثال(١): المرشد: انا اشعر بالانزعاج لانك تريد ان تاخد وقت الجلسة كاملاً (فورية المرشد).

مثال(٢): المرشد: انا مرتاح في العلاقة معك (فورية تعكس العلاقة).

مثال(٣): المرشد يبدو عليك الانزعاج (فورية المسترشد).

مهارة كشف الذات (Self-Disclosure)

تشير مهارة كشف الذات إلى استجابة لفظية من طرف المرشد، يبوح بها عن خبرات شخصية تعكس افكاره وانفعالاته واتجاهاته، و بعض الاحداث التي مر بها والتي يعتقد انها تتشابه نوعاً ما مع خبرات المسترشد. وقد يكون كشف الذات اكثر فعالية اذا انتهى بسؤال مفتوح. والمثال التالي يوضح طبيعة هذه المهارة:

- المرشد: انا ايضاً اعاني من مشكلة مالية، لقد تراكمت علي بعض الديون في الشهور الثلاثة الاخيرة، ما رأيك ؟

اهداف كشف الذات

يشير (Egan) إلى جملة اهداف يحققها المرشد من استخدام مهارة كشف الذات هي:

١- ان المرشد اكثر حساسية ودفء تجاه المسترشد، ويقلل من مسافة الدور بين الطرفين.

٢- يزيد من قدرة المسترشد على التعبير عن مشاعره وافكاره بسهولة، ولا شك ان استخدام مهارة كشف الذات من قبل المرشد يزيد من مستوى كشف الذات لدى المسترشد.

٣- مساعدة المرشد على تغيير ادراكات المسترشد، وتطوير ادراكات ومفاهيم جديدة - نحو مشكلاته - يحتاجها لتحقيق اهدافه.

انواع كشف الذات

يمكن التمييز بين اربعة انواع من مهارة كشف الذات، ويعتمد اختيار المرشد واستخدامه لاي منها على طبيعة المشكلة والهدف الإرشادي الذي يسعى المرشد والمسترشد لتحقيقه، كذلك على شخصية المسترشد لاسيما الكتوم المتحفظ في كلامه وفيما يلي عرض لاهم انواع كشف الذات:

١- كشف الذات الوصفي (Demographic self disclosure)

يتحدث المرشد في هذا النوع من كشف الذات عن خبرات ومواضيع عامة وليس حميمة يعتقد انها تتشابه مع المواضيع التي يمر بها المسترشد، ولا بأس اذا بدأ المرشد استخدام هذا النوع من الكشف في الجلسة الاولى، شريطة ان يقتصر في الكشف على الخبرات المعرفية والسلوكية.

مثال:

المرشد:- لقد عانيت من نقص مهارات الدراسة في حياتي المدرسية، وانعكس ذلك على تحصيلي الدراسي.

٢- كشف الذات الحميمي (Personal self-disclosure)

يكشف المرشد في هذا النوع عن مواضيع شخصية اكثر خصوصية، ويشير بشكل مباشر إلى المشاعر التي يعتقد انها تتشابه مع المشاعر الضمنية لدى المسترشد، ولابد ان يوضح للمسترشد كيف تغلب على المشكلات بهدف قيادته إلى ايجاد حلول.

مثال:

المرشد:- انا اشعر بالقلق تجاه مستقبل ابنائي الدراسي، لكني احاول دائماً تحسين شروط النجاح الدراسية لديهم.

٣-كشف ذات سلبي (Negative -self disclosure)

يبوح المرشد في هذا النوع من الكشف عن معلومات وخبرات تعكس نقاط الضعف والمواقف الفاشلة التي تماثل خبرات المسترشد، ويفضل عدم اللجوء إلى هذا النوع من الكشف الا في حالات يرى فيها المسترشد انه الوحيد في العالم الذي يعاني من مشكلته.

مثال:

المرشد:- انا ايضاً منفصل عن زوجتي. لقد كان زواجي جامداً وتعيساً جداً ولم ينجح.

٤- كشف ذات ايجابي (Positive-self disclosure)

يكشف المرشد في هذا النوع عن معلومات وخبرات تعكس نقاط القوة والمواقف الناجحة المشابهة لخبرات المسترشد، وهو افضل انواع كشف الذات.

مقدار ما يكشف المرشد عن ذاته

فيما يتعلق بكمية او مقدار المعلومات والخبرات التي يكشفها المرشد عن نفسه، فإن الدراسات تشير إلى ان مقداراً متوسطاً من كشف الذات يؤثر ايجابياً في المسترشد، اكثر من كشف ذات كثير جداً او كشف منخفض جداً، فالمقدار الكبير جداً من كشف الذات يجعل المسترشد يدرك بان المرشد يعاني من مشكلات، وانه نفسه (المرشد) يحتاج للمساعدة والإرشاد، ويحول الجلسة الإرشادية إلى جلسة تبادل للقصص والمواضيع حول خبرات كلا الطرفين، ويجعل كلاً منهما يتسابق في عملية الكشف، في حين ان المقدار المنخفض جداً من كشف الذات يزيد من مسافة الدور بين الطرفين، ويجعل العلاقة الإرشادية اكثر جموداً ورسمية.

وينبغي هنا ان لا يطيل المرشد الوقت الذي يستغرقه في مهارة كشف الذات حتى لا يستهلك الوقت المحدد للمسترشد ليكشف ذاته،كما ان عليه ان ياخذ في الاعتبار طاقة المسترشد في الاستفادة من كشف الذات، فلا يقوم بكشف الذات اذا وجد ان ذلك يضيف عبئاً اضافياً على المسترشد الذي يكون محملاً بالاعباء بطبيعة الحال.

ولابد ان يعدل المرشد من محتوى كشف الذات بما يتلاءم مع المحتوى الذي يكشف عنه المسترشد، فاذا كشف المسترشد عن خبرات ايجابية يكشف المرشد عن خبرات ايجابية مشابهة، ويتجنب الكشف عن خبرات سلبية حتى لا يشعر المسترشد بالاحباط. كذلك عندما يكشف المسترشد عن خبرات حميمة فإن المرشد يخطيء اذا كشف عن مواضيع او خبرات وصفية عامة، وهكذا لابد ان

يتلاءم نوع كشف الذات من قبل المرشد مع نوع وطبيعة كشف الذات لدى المسترشد.

المهارات الفنية

وهي مهارات ترتبط باجراءات تحديد المشكله التي يعاني منها المسترشد - المرحلة الثانية من مراحل العملية الإرشادية-. و تقسم إلى نوعين من المهارات هي: مهارة القياس والتقويم و مهارة التشخيص. وفيما يلي توضيح لكلا المهارتين:

أ - مهارة القياس والتقويم (Measurement)

تشير مهارة القياس والتقويم إلى قياس كمي نسبي غير مباشر لعينة من السلوك. وهي مهارة ترتبط بكيفية اختيار الاختبارات النفسية والتربوية التي تخدم العملية الإرشادية، وكيفية تقيمها وتطبيقها وتفسيرها. ويتم عادة قياس جوانب محددة في الشخصية مثل الاستعدادات والذكاء والميول والقدرات واختبارات التكيف.... الخ. ويتطلب القياس النفسي الدقة والتحديد للقيم الكمية التي تقدر بها الصفات وتتخذ اساساً للحكم والمقارنة.

ان اتقان مهارة القياس والتقويم لا يقل اهمية عن اتقان المهارات الإرشادية الاخرى، فكما لا يستطيع الطبيب ان يعمل بكفاءة بدون استخدام ادوات التشخيص كالسماعة ومقياس ضغط الدم وميزان الحرارة والتحاليل المخبرية، كذلك المرشد في ميدان الإرشاد لايستطيع العمل بدون اتقان مهارة استعمال الاختبارات وادوات القياس، وحتى لو امتلكها فان المهم هو حسن استعمالها.

وحتى يستطيع المرشد النفسي مزاولة مهنة الإرشاد بنجاح عليه ان يكون قادراً على اتقان مهارات القياس التالية:-

١- ان يفهم اساسيات الاحصاء الوصفي والتحليلي والقياس، وان يعرف ويفسر مقاييس النزعة المركزية والتشتت والارتباط.

٢- ان يعد قائمة بالاختبارات الرئيسية اللازمة للعملية الإرشادية، ويفهم دليل كل منها الذي يوضح طرق ادارتها (تطبيقها وتصحيحها وتفسيرها)، ويلم باحدث المعلومات حول هذه الاختبارات والصور المعربة لها.

٣- ان يتمكن من عرض نتائج الاختبارات شفوياً وكتابياً، والبيانات الاحصائية سواء في جداول او رسوم بيانية، ويناقشها مع المسترشد او مع ذويه، ولا بد ان يعرف ماذا وكيف يعرض هذه النتائج؟

٤- ان يقارن بين انواع الدرجات (الخام، المعيارية، النسبية، المطلقة، المئوية، المئينية..الخ)، وان يترجمها ويحولها إلى ما يعادلها، مبيناً نقاط القوة والضعف في كل منها، وان يبين الطبيعة النسبية عند تفسير العلامات معيارية المرجع، و يستخدم معادلات الخطأ المعياري في تفسير كل علامة بمفردها، اضافة إلى تطبيق وحساب معادلة (سبيرمان براون وكودر ريتشارد ستون).

٥- ان يُعَّرف المسترشد او المفحوص بكيفية تطبيق الاختبارات ويهيئه للاجابة على فقرات الاختبار، وينتبه لردود فعل المسترشد سواء اللفظية او غير اللفظية اثناء جلسة الفحص، وان يخفض من قلق الاختبار لديه.

٦- ان يعرف كيفية استخدام الحاسوب في تطبيق وتفسير الاختبارات، وكيفية قراءة تقارير الفحوص المحوسبة.

٧- ان يطلع على الالتزامات الاخلاقية و القانونية لتطبيق الاختبارات، مثل حقوق المفحوص والمسؤوليات المهنية للمرشد.

ب- مهارة التشخيص (Diagnosis Skill)

تتضمن مهارة التشخيص تحديد اسباب واعراض ونمط المشكلة وتحديد درجتها بدقة، والتعرف على ديناميات شخصية المسترشد. وتعتمد مهارة التشخيص على جمع المعلومات واستخدام الوسائل الإرشادية والعلاجية.

وصياغة الفروض العلمية التي تتصل بمجموعة الاضطرابات العامة والتي تندرج تحتها الحالة موضع التشخيص. ولا بد ان يتضمن التشخيص وضع كل الاحتمالات الاخرى في الاعتبار، وذلك عن طريق التشخيص الفارقي من اجل استبعاد الحالات المتشابهة. وتستلزم عملية التشخيص من قبل المرشد معرفة نظرية واسعة في المشكلات المختلفة، وفي علم الامراض سواء النفسية او الجسدية، والتصنيفات الطبية لها مثل تصنيف (D.S.M). ولا شك ان الدقة في التشخيص تساعد على التنبؤ بمستقبل العلاج، و اختيار طريقة العلاج المناسبة. وهناك ثلاث انواع من التشخيص يستخدمها المرشد في عمله الإرشادي هي:

١-التشخيص الاكلينيكي (Clinical Diagnosis)

عملية تشير إلى تشخيص الاضطراب من لحظة إلى لحظة، وتحديد الاسباب والأعراض السريرية حسب تصنيفات الاضطرابات النفسية. وعلى اساس التشخيص يتم اتخاذ الاحكام الاكلينيكية المتعلقة بالأعراض. ولا بد ان يضع المرشد في اعتباره طبيعة الاضطراب هل هي حادة ام مزمنة ام عابرة ؟ وهل تحدث في فترات زمنية متقطعة ام متواصلة ؟هل تتضمن اضطرابات نفس جسمية؟

٢- التشخيص التنبؤي (Predictive Diagnosis)

تشخيص يعتمد على استخدام سجلات الفرد المختلفة، ويعتبر السجل التراكمي(المجمع) من اكثر الوسائل استخداماً في التنبؤ بأداء الفرد المستقبلي. وعلى المرشد ان يأخذ باعتباره العوامل الخارجية، عندما يضع تنبؤاته منتبها إلى استمرارية وجود العوامل القاهرة.

٣- التشخيص الفارقي (Deferential Diagnosis)

أحد انواع التشخيص الذي يتضمن دراسة الاسباب المحتملة للحالات النفسية وتحديد مبدئي للاضطراب، وفي الغالب فان ابسط طريقة او منهج لاكتشاف ما ينظم حالة نفسية هو ان نسأل ماذا ؟ ولماذا؟. وفي حال الفشل في

الحصول على اجابات دقيقة لمثل هذه الاسئلة المباشرة، يجب البحث عن ادلة غير مباشرة، تمكننا من الاجابة على نفس هذه الاسئلة. ومن اجل فهم وتصنيف الاضطرابات النفسية هناك ملاحظات لا بد ان تؤخذ بعين الاعتبار اهمها: تعرف الاسباب الاولية، والأسباب المساعدة التي عجلت في حدوث الاضطراب، وردود الفعل المميزة للشخصية، وردود الفعل والعوامل الطبيعية.

مهارات العمل المتقدمة

تتضمن هذه المهارات استجابات نشطة تؤثر مباشرة على المسترشد تهدف إلى زيادة وعيه بالافكار والمشاعر والسلوكيات التي يحاول تجنبها، والتي تقف في طريق تكيفه، إضافة إلى زيادة وعيه بالحاجة للتغيير من خلال اطار مرجعي خارجي اكثر موضوعية (الاطار المرجعي للمرشد). ويعتمد استخدام هذه المهارات على مدركات المرشد وفرضياته من جهة،وعلى رسائل واستجابات المسترشد من جهة اخرى. ويفضل استخدامها - بعد او متزامنة - مع مهارات الاصغاء، اذا اراد المرشد ان يكون اساساً قوياً من الثقة والاطمئنان لدى المسترشد. ونناقش فيما يلي خمسة مهارات من مهارات العمل الأساسية في ميداني الإرشاد والعلاج النفسي على حد سواء وهي:-

اولاً- مهارة السؤال (Question)

ان السؤال الجيد له مكانته في الإرشاد والعلاج حيث يتم من خلاله البدء بالمقابلة الإرشادية، واستخلاص معلومات محدودة عن شخص المسترشد، ويدفعه إلى الالتزام بالتواصل مع المرشد. وتعتبر مهارة السؤال من اكثر المهارات التي يساء استخدامها في العملية الإرشادية. ويرى المختصين في الإرشاد ان متوسط الاسئلة في الجلسة الإرشادية يجب ان لا يزيد عن خمسة اسئلة، ولا بد من اعطاء المسترشد فرصة كافية للاجابة عن السؤال، وعدم توقع جواب جاهز لديه، ويحذرون من طرح عدة اسئلة في وقت واحد؛ لأن المسترشد في

هذه الحالة سيجيب على السؤال الاسهل او السؤال الاخير ويهمل بقية الاسئلة.

انواع الاسئلة الإرشادية
يتحدث المسترشد في بداية الجلسات الإرشادية عن مشكلات عامة ولا يصرح بمشكلته الحقيقية، ويخطيء الكثير من المرشدين عندما يحاولون الوصول إلى المشكلة الحقيقية عن طريق الاستمرار في طرح الأسئلة المتتالية، ففي مثل هذا الوضع لا يتحرك المسترشد نحو الامور المؤلمة المسببة لمشكلته الحقيقية، ويتوقف عن التفكير في القرارات الضرورية، وبدلاً من ذلك يتوقع المزيد من الاسئلة وينتظر السؤال التالي.وعموماً هناك اربعة انماط من الاسئلة يمكن للمرشد ان يستخدمها في الجلسة الإرشادية وهي:-

١- الاسئلة المغلقة (Closed Question)
وهي اسئلة تتطلب اجابات محددة ومباشرة وقصيرة لا تتيح للمسترشد استخدام خياله، ولا تشجعه على طرح المعلومات والمشاركة بها. ويستخدم المرشد هذا النمط من الاسئلة بهدف تضيق دائرة النقاش عندما يكون المسترشد ثرثاراً، او عندما يرغب في جمع معلومات محددة وخاصة وعند تحديد محكات او معايير لمشكلة المسترشد، كذلك عند الحصول على معلومات وبيانات عامة.

<u>أمثلة توضيحية</u>
- هل يوجد حالة اكتئاب في الاسرة؟
- هل ما زلت تعمل في التدريس؟
- متى بدأت تشعر بالإكتئاب؟
ولا يفضل استخدام نمط الاسئلة المغلقة في الحصول على معلومات عن المشاعر والانفعالات، حيث تكون الاسئلة المفتوحة اكثر ملاءمة.

فمثلاً عندما يوجه المرشد السؤال المغلق التالي للمسترشد.

- هل تحب والدك؟

فان ذلك استخدام خاطيء للسؤال يضع المسترشد في حالة ارتباك ويجبره على استخدام الحيل الدفاعية، والافضل ان يستخدم المرشد السؤال المفتوح كما هو موضح في المثال التالي:

- كيف تشعر تجاه والدك؟

٢- الاسئلة المفتوحة (Open Question)

وهي الاسئلة التي يطرحها المرشد على المسترشد وتعطي الثاني فرصة اكبر للحديث وطرح معلومات اكثر وتدفعه للإلتزام بالتواصل مع المرشد، مما يساعده في فهم طبيعة المشكلة التي يعاني منها. وتتميز اجابات المسترشد على الاسئلة المفتوحة – مقارنة بالمغلقة – بانها اجابات غير متوقعة، وانها تساعد في التعرف على نمط تفكير المسترشد. ويفضل استخدام هذا النمط من الاسئلة اكثر من الاسئلة المغلقة لاسيما في الحالات التالية:-

١- عند بدء المقابلة الإرشادية.

مثال:

- ماذا تود ان نناقش اليوم؟

٢- عند استخلاص معلومات حول موضوع معين.

مثال:

- اخبرني ماذا حدث بينك وبين والدك قبل اسبوع؟
- اخبرني عن اسلوب التفاعل مع اعضاء اسرتك؟
- كيف تدرس على مادة الرياضيات؟
- لو لم تكن مكتئباً كيف تكون حياتك؟
- ما الذي يجعلك تعتقد انك غير قادر على العمل؟

٣- الاسئلة المزدوجة (Double Question)

يحدد هذا النوع من الاسئلة موقف المسترشد من موضوع معين، حيث يكون لديه خيارين لا ثالث لهما، وقد يصعب عليه اتخاذ قرار بشان احدهما. ويرى كل من (Ali & Graham، ١٩٩٦) انه اذا اراد المرشد الوصول إلى قلب المشكلة، فإنه من المحتمل ان يقع في مصيدة الاستمرار في طرح الاسئلة دون انتظار الاجوبة. واكثر الاسئلة المزدوجة شيوعاً في هذه الحالات هو السؤال المزدوج الذي ياخذ صيغة (إما...أو)

مثال:

المرشد:- هل تجد في طلاق زوجتك حل لانهاء الخلافات بينكما، او الانفصال المؤقت عنها حتى تهدأ النفوس وتعود حياتكما الزوجية كما كانت في السابق؟

٤- اسئلة الدقة والتحديد (Concreteness Question)

وهي اسئلة ذات صيغة خاصة تصمم بهدف الوصول إلى المعنى المحدد الذي يكون غامضاً في كلام المسترشد، حيث يتحدث أحياناً عن خبرات ناقصة او يختار كلمات لا تمثل حقيقة المعنى الذي يريد ان يقوله، وتكون لغته مليئة بالفجوات مثل حذف بعض الحقائق او التعميم لفكرة او شعور او خبرة دون وجود ما يدعمها من الحقائق.

أمثلة توضيحية

- المسترشد:- جميع طلبة الصف يكرهوني.
- المرشد:- من هم الذين يكرهونك بالتحديد؟
- المسترشد:- ابراهيم افضل مني.
- المرشد:- بماذا هو افضل منك؟
- المسترشد:- انا قلق.
- المرشد:- من ماذا انت قلق؟

خطوات طرح الاسئلة

هناك خطوات يتبعها المرشد عند استخدامه لمهارة السؤال على اختلاف انماطه تتمثل فيما يلي:

١- تقرير الهدف من السؤال وهل هو ذو قيمة علاجية.

٢- طرح السؤال على نفسه قبل ان يطرحه على المسترشد، فإذا اجاب عليه فلا داعي لطرحه على المسترشد.

٣- اختيار كلمات ومفتاح للسؤال، فأداة (ماذا) تستدعي الاجابة بمعلومات وحقائق، اما التساؤل باستخدام الاداة (كيف) فانه يرتبط بالعمليات النفسية والانفعالات ، والاداة (لماذا) تدلنا عتى الاسباب والجوانب الفعلية، والادوات (متى واين ومن) ترتبط بظروف الزمان والمكان والسؤال عن الاشخاص.

وهناك اعتبارات وتعليمات لابد ان ياخذها المرشد بعين الاعتبار عند استخدامه لمهارة السؤال اهمها:

ا- اعطاء المسترشد الفرصة الكافية للاجابة على السؤال، وعدم توقع جوال جاهز لديه.

ب- ضرورة التمهيد للسؤال بعبارة (عكس مشاعر)او (اعادة صياغة)؛ لأن ذلك يعطي المسترشد انطباعاً بان المرشد متفهم لمشكلته؟

ج- تجنب استخدام مهارة السؤال الا اذا دعت الحاجة لها، لاسيما الاسئلة الاتهامية التي تثير ردود الفعل الدفاعية.

مثال:

- اين كان عقلك عندما طلقت زوجك؟

- الم تعلم بانك خاطىء في هذا القرار؟

ان استخدام المرشد لمثل هذه الاسئلة التي لا هدف لها، ربما يؤدي إلى توقف المسترشد عن متابعة الإرشاد.

ثانياً- مهارة تقديم المعلومات

تتضمن هذه المهارة تقديم بيانات ومعلومات وحقائق معينة حول الخبرات والبدائل والاشخاص، لاسيما عندما يتعلق هدف الإرشاد بالاختيار بين اكثر من بديل او فرصة. ولا شك ان قدرة الفرد على اتخاذ القرارات تزداد عندما يتمكن من توليد بدائل جديدة على اساس من المعلومات، حيث يتمكن من الحكم على البدائل المتاحة له، وهناك غرضان رئيسيان لاستخدام مهارة اعطاء المعلومات هما:

الأول: مساعدة المسترشد على فهم الاختيارات والبدائل المتاحة له.

الثاني: تصحيح البيانات المشوهة وغير المنسقة او الناقصة.

كما ان هناك شروطاً ينبغي ان تتوفر في المعلومات التي يقدمها المرشد للمسترشد هي:

- ان تكون معلومات مفيدة للمسترشد وغير متوافرة لديه.

- ان تتوفر الامكانات والقدرات لدى المسترشد للاستفادة منها.

- ان تكون مختصرة وموضوعية بحيث يتذكرها المسترشد بسهولة. (Cormier and Cormier p.١٣٠).

طبيعة المعلومات التي يقدمها المرشد.

تختلف المعلومات التي يقدمها المرشد من حيث الموضوعات والعمق والتأثير على المسترشد، فبعض المعلومات قد تؤثر انفعالياً على المسترشد وتجعله يقاوم الإرشاد، وبعضها يؤثر ايجابياً ويقود إلى التغيير. وعموماً فان المعلومات التي يمكن تقديمها في الجلسة الإرشادية تأخذ ثلاثة انواع هي:-

- معلومات خاصة بعملية وإجراءات الإرشاد.

- معلومات تتعلق بنتائج المسترشد، والبدائل والفرص المتاحة له.

- معلومات خاصة يطلبها المسترشد.

ولا بد ان يكون المرشد صادقاً في طرحه للمعلومات، ولا يتوانى او ينحرج في ان يقول " لا اعلم " عندما لا تتوفر لديه معلومات معينة.

توقيت تقديم المعلومات.

ان انسب وقت لتقديم المعلومات يكون عندما لا يعرف المسترشد الفرص والخيارات المتاحة، و عندما يكون غير واعٍ بالنتائج الممكنة لإختيار معين او بالمخرجات لخطة او اجراء ارشادي معين، كما يحتاجها عندما يكون لديه معلومات ناقصة او غير صحيحة. ولا بد ان يقدم المرشد المعلومات في الوقت المناسب وعند الحاجة، حتى يضمن عدم تجاهل المسترشد لها او اهمالها،كما ينبغي تقديم المعلومات المهمة اولاً حتى يتذكرها المسترشد.

كيفية تقديم المرشد للمعلومات

بعد ان يقدر المرشد المعلومات التي يحتاجها المسترشد والاثر النفسي الذي يمكن ان تحدثه، يمكن استخدام اسلوب المناقشة الشفهية والحوار الجشطلتي لهذه المعلومات. واذا لم يتأكد من تفهم المسترشد للمعلومات بهذه الطريقة، فإنه يمكن استخدام اسلوب الورقة والقلم في تقديم المعلومات، والاستعانة ببعض الرسومات لتحديد النقاط الرئيسية في المعلومات.ويفضل ان يحصل المرشد على انطباعات وردود فعل المسترشد حول هذه المعلومات، وان يراجعها عن طريق تلخيصها وتكرارها مرة اخرى على مسامع المسترشد.وأخيراً ينبغي على المرشد ان يتجنب استخدام مهارة اعطاء المعلومات بهدف التهرب من ضغط الوقت او من خوف المسترشد، وكذلك عليه ان يتوقف عن اعطاء المعلومات عندما يشعر ان المسترشد يلجأ إلى طلبها ليتجنب مواجهة انفعالاته.

أمثلة توضيحية:

١- المسترشدة:- اشعر بالذنب من جراء ولادتي لطفل يعاني من تشوه خلقي في فكه، ولا استطيع ان افعل له شيئاً.

- المرشد:- هناك اطباء متخصصون بالجراحة التجميلية، هل حاولت مراجعتهم؟

٢- المسترشدة:- ان مستوى السكر في دمي يأخذ بالارتفاع، علماً بانني منتظمة في اخذ الدواء.

- المرشد:- عليك ان تعلمي ان الدواء وحده ليس كافياً لفحص مستوى السكر، وانما تحتاجين إلى اتباع حمية غذائية، وممارسة تمرينات رياضية يومياً.

٣- المسترشد: ضغط العمل الجديد بدأ يؤثر علي، فانا عجول جداً واحاول تحقيق عدة اشياء في وقت واحد، لكني لا انجح في ذلك عادةً.

- المرشد:- عليك ان تعي الحقيقة التي تقول: ان الضغط المستمر يمكن ان يؤدي إلى مشاكل جسدية، في حالة عدم تحقيق اهدافك خطوة خطوة وليس مجتمعة.(Cormier & Cormier p.١٣٧).

ثالثاً- مهارة التفسير (interpretation skill)

تتضمن مهارة التفسير فهم واعطاء معنى لاستجابات المسترشد (اللفظية وغير اللفظية) يتجاوز نطاق هذه الاستجابات او المعلومات المجمعة بوسائل الإرشاد الأخرى، بهدف تزويده بفروض حول العلاقات السببية او المعاني التي تتخلل سلوكياته.

ويفسر المرشد استجابات المسترشد بالاعتماد على المعرفة السيكولوجية والظواهر النفسية، كذلك من خبرته مع الحالات الإرشادية التي قام بها. ويتطلب التفسير دراية واسعة بآخر ما توصلت اليه الابحاث والدراسات النفسية المنشورة والمحكمة، لاسيما فيما يتعلق في الإرشاد العلاجي والمواضيع ذات العلاقة، كما يتطلب ان يكون المرشد على دراية بخصائص الثقافات الفرعية للمجتمع الذي يعمل فيه، وان يلم بالخصائص السيكولوجية لفئات خاصة من الناس مثل الاعزب والمتزوج والعانس والأرمل والشيخ والشباب.....الخ.

وتختلف مهارة التفسير عن باقي المهارات الإرشادية التواصلية في انها تتعامل مع الجزء الضمني (غير الظاهر) في كلام المسترشد، والذي لا يبوح به علناً (p١٢٤،Cormier).

اهداف التفسير

هناك مجموعة من الاغراض تتحقق من جراء استخدام مهارة التفسير بفاعلية اهمها:-

١- مساعدة المسترشد على استيضاح افكاره وانفعالاته، وتمكينه من فهم سبب هذه الافكار والانفعالات، وكيفية تأثيرها عليه، وحثه على مواجهتها بدلاً من الهرب.

٢- احداث تغيير في ادراك ومعرفة المسترشد في ما يتعلق بأفكاره ومشاعره وسلوكه وخبراته، وبالتالي تنمية الاستبصار لديه ووضوح مفهومه لذاته من اطار مرجعي مختلف.

٣- كشف الصراعات اللاشعورية التي يعاني منها المسترشد والمساعدة في حلها، وتحليل التحويل والمقاومة والتغلب عليها.

٤- زيادة دافعية المسترشد واهتمامه بعملية الإرشاد، وتحضيره لاستبدال السلوكيات الهازمة للذات بالسلوكيات الاكثر فاعلية.

٥- تطوير العلاقة العلاجية الإيجابية، من خلال تعزيز الصراحة الذاتية للمسترشد وتعزيز مصداقيته.

محتوى موضوعات التفسير

يبدأ المرشد مهارة التفسير عندما تتجمع لديه المعلومات الكافية التي تساعد على ذلك، وعندما يصبح المسترشد مهيئاً معرفياً وانفعالياً للمشاركة به، وعندما يتقبل الموضوعات التي يمكن ان يقدم المرشد تفيسراً لها. وتشمل الموضوعات التي يقوم المرشد عادةً بتفسيرها ما يلي:-

- نتائج الاختبارت والمقاييس النفسية.
- اسباب المشكلة (الاسباب المهيئة، والمرسبة، والحيوية، والبيئية..)
- الاعراض المرضية ورموزها ومعانيها واهدافها.
- ديناميات العلاقة الإرشادية.
- المشاعر والافكار والمعاني الكامنة التي يعبر عنها المسترشد خلال التداعي الحر وعلاقتها بمشكلته الحالية والمشكلات السابقة، مما يساعد في استبعادها. ويمكن ان يفسر المرشد ما يستنتجه ويترجمه من المعاني الكامنة في كلام المسترشد.
- الصراعات التي يعبر عنها المسترشد خلال التداعي الحر وعلاقتها بمشكلات المسترشد الحاضرة والماضية، مما يساعده في استبصارها.
- تفسير جوانب معينة في شخصية المسترشد مثل اسلوب الحياة وحيل الدفاع وهدف الحياة وديناميات شخصيته، لاسيما في الإرشاد التحليلي.
- تفسير الرموز الكافية في احلام المسترشد، عن طريق الطلب منه الكشف عن محتويات الحلم الواضحة.

قواعد استخدام مهارة التفسير
لكي تكون تفسيرات المرشد ناجحة وتحقق الفوائد والاهداف الإرشادية المرجوة، لابد ان يراعي القواعد التالية:
١- ان تكون التفسيرات دقيقة ومناسبة لمستوى فهم المسترشد، وان تكون تفسيرات علمية مستقاة من النظريات العلمية، شريطة ان تكون خالية من المصطلحات الفنية الصعبة، ولتسهيل ذلك قد يلجأ المرشد في بعض الحالات إلى استخدام وسائل معينة لإيضاح المعاني، مثل الصور او او الرسومات (صورة الجهاز العصبي مثلاً)، وعلى المرشد ان يستقي تفسيراته من خلال قيمه وسماته الشخصيه.

٢- لا بد للمرشد ان يقدم تفسيراته لخبرات المسترشد ومشاعره بشكل متدرج وشمولي، حيث يفضل البدء بتفسير الاشياء القريبة من الشعور والوعي، ومن ثم الغوص اكثر طالما كان المسترشد قادرا على ذلك، مع ضرورة الانتباه إلى المقاومة والدفاع قبل تفسير الانفعالات والصراعات التي تسبب ذلك. وعندما يتبع المرشد هذه القاعدة للتفسير فان المسترشد سيقبلها على المستوى المعرفي والانفعالي وتأتي العملية الإرشادية ثمارها.

٣- صياغة العبارات التفسيرية بطابع تقريبي وليس قطعي مثل (ربما، اعتقد، من الممكن، يبدو وكان)، وهناك ثلاث عوامل تؤثر على محتوى وصياغة التفسير الذي يقدمه المسترشد هي:

أ- ان تكون وجهة النظر التي يستخدمها المرشد في التفسير متناقضة بشكل بسيط عن وجهة نظر وتفسير المسترشد لهذه المواضيع.

ب- لابد ان يركز المرشد على تفسير الاسباب التي يستطيع المسترشد التحكم بها.

جـ- الدلالة: بمعنى صياغة افكار ومشاعر وسلوك المسترشد، من خلال اطار مرجعي جديد ذو دلالة محددة.

ومن حيث التوقيت الزمني لاستخدام مهارة التفسير، فانها تؤجل للجلسات الاخيرة ولا تستخدم في الجلسات الاولى؛ لأن التفسير يقوم على معلومات كافية كما ذكرنا سابقاً. ومن حيث توقيت الجلسة نفسها فانه يفضل استخدام التفسير في الجزء الاول او الاوسط من الجلسة وليس نهاية الجلسة. واخيراً ممكن ان يختبر المرشد فاعلية تفسيراته عن طريق ملاحظة ردرود فعل المسترشد غير اللفظية مثل التبسم والاسترخاء اكثر في الجلسة، او التثاؤب، اضافة إلى الجوانب اللفظية التي تؤكد على فهم المسترشد للمشكلة من خلال الاطار المرجعي للمرشد.

امثلة توضيحية:

- المسترشدة:- لا أدري لماذا تزوجنا اصلاً؟!

- تفسير المرشد:- انت الآن تمريين في مرحلة صعبة تجعلك تتسائلين عن فائدة الزواج، وربما انكارك هذا للزواج يسبب لك المزيد من الكآبة والانزعاج.
- المسترشدة:- بعد وفاة زوجي أصبحت متخوفة من مسؤولية تنشئة أولادي، فقد كان زوجي يعينني كثيراً في ذلك. اني لا انام جيداً واشرب الكحول مما يسبب تشوش في تفكيري. وقد زاد وزني في الآونة الأخيرة ولا استطيع متابعة العمل في وظيفتي.
- تفسير المرشد:- من الممكن ان شربك بكثرة وعدم النوم جيداً، وسيلتان لتجنب قبول مسؤولية تنشئة الأطفال واتخاذ القرارات.

رابعاً- مهارة المواجهة (Confrontation skill)

عادةً ما يجمع المسترشد بين العديد من التناقضات، بهدف تجنب الاصطدام بحقيقية مشاعره وأفكاره أو لتجنب إدخال أي تغير بناء على شخصيته،و ينبغي ان يكون الهدف من استخدام مهارة المواجهة مساعدة المسترشد على فحص هذه التناقضات والتداخلات في رسائله، وتسهيل عملية التغيير وشحذ الامكانات وحل الصراعات الداخلية لديه. ولتحقيق ذلك لابد ان تقدم بطريقة لطيفة وغير مباشرة وليس بطريقة افحامية أومؤذية.

ويرى (كاركوف وبترستون) ان المواجهة تتدرج من التحدي البسيط إلى الاصطدام المباشر بين المرشد والمسترشد، واضافا ان التحدي الخفيف يشحذ امكانات المسترشد الشخصية. ومجمل القول انه يمكن النظر للمواجهه على انها دعوة من قبل المرشد، لمساعدة المسترشد على استطلاع مبررات سلوكياته الدفاعية، وخاصة تلك التي تحول دون قدرته على ادراك حقيقة ما يدور حوله من امور او ربما تعيقه عن اتخاذ دوره الايجابي في حل مشكلاته.

انواع التناقضات في شخصية المسترشد

هناك بعض الانواع الرئيسية للرسائل المتناقضة والمختلطة التي يظهرها المسترشد والتي تتطلب استخدام مهارة المواجهة ومناقشة هذه التناقضات. وفيما يلي أهمها:

أ- التناقض بين رسالتين لفظيتين (تناقضات علنية). مثال:-

- المسترشد: انا احب ابي كثيراً لكني اتضايق عندما يطلب مني ان ادرس.

- المرشد: تحبه وتتضايق من توجيهه لك، كيف يكون ذلك؟

ب- التناقض بين رسالة لفظية وسلوك ظاهر. مثال:-

- المسترشدة: انا سعيدة جداً بقرار الانفصال عن زوجي (وهي تذرف الدمع).

- المرشد: انت تقولين انك سعيدة بالانفصال، في حين تنهمر دموعك على خديك، كيف تصفين ذلك؟

جـ- تناقض بين رسالة لفظية وخطوات عمل. مثال:

- المسترشد: انا مستمتع جداً في الإرشاد (وهو كان قد تأخر عن الجلسة ربع ساعة، واعتذر عن الجلسة السابقة لها، وقاطع جلستين ارشاديتين قبل ذلك).

- المرشد: انت تقول انك مستمتع جداً في العملية الإرشادية، في حين انك غير ملتزم بمواعيدها. كيف تصف ذلك؟

د- التناقض بين رسالة لفظية والسياق الذي تقال به. مثال:-

- المسترشدة:- لا أعرف لماذا اتحمل سوء معاملته، واسمح له بضربي. انا حقاً كرهه.

- المرشد:- انت من جهة تقولين انك لا تحبينه، ومن جانب آخر تبقين في البيت وتسمحين له بضربك، كيف تفسرين ذلك؟

٤٢٢

مثال:-

- المسترشد:- ارغب في ان أرفع وزني ٢٥(كيلوغرام) خلال شهر عن طريق التدريب الرياضي (في حين ان وزنه الفعلي ٥٠ كيلوغرام).

- المرشد:- انت تريد ان ترفع وزنك إلى النصف عن طريق التدريب، وهذا لا يتحقق في هذه المدة الزمنية.

هـ- تناقض بين رسالتين غير لفظيتين (عدم تناسق في تصرفين).

و- تناقض بين شخص المسترشد واشخاص آخرين.

ان مواجهة هذا النوع من التناقض يساعد في حل الصراعات الشخصية للمسترشد.

قواعد استخدام المواجهة

يمكن للمرشد ان يزيد من فاعلية وكفاءة استخدامه لمهارة المواجهة اذا اتبع القواعد البسيطة التالية:

١. يجب ان يعي ويتأكد المرشد من دوافعه للمواجهة، بحيث لا يكون الدافع من استخدامها مضايقة المسترشد او التنفيس عن احباطات المرشد، وانما يكون وسيلة لاعطاء تغذية راجعة ايجابية وتقوية العلاقات الإرشادية.

٢. تستخدم مهارة المواجهة بعد ان تتجاوز العلاقة الإرشادية المراحل الاولى، وتتكون الثقة لدى المسترشد ويكون مستوى القلق منخفضاً لديه.

٣. ينبغي ان لا يثقل المرشد المسترشد بمواجهات عديدة تتطلب منه الكثير من الطاقة في وقت قصير، او اشياء لا يستطيع القيام بها بنجاح.

٤. هناك حدود للمواجهة فهي تلفت نظر المسترشد إلى الصراع الذي يعاني منه، ووعيه بذلك يكون خطوة اولى لحل الصراع.

٥. قد يكون استخدام المواجهة كمهارة مفردة غير كافٍ لحل التناقضات الموجودة في رسائل المسترشد، إذ قد يحتاج المرشد إلى استخدام أساليب

استراتيجيات علاجية اخرى كاستراتيجية الحوار الجشطالتي او لعب الدور او تبادل الادوار.

٦. يجب ان يكون المرشد نموذجاً حسناً امام المسترشد في عدم اظهاره أي شكل من التناقضات.

ردود فعل المسترشدين اتجاه المواجهة

تختلف ردود فعل المسترشدين نحو المواجهة، وفي واقع الامر لا توجد طريقة محددة للتعامل مع هذه الردود لاسيما السلبية منها، وينصح في حالة ردود الفعل السلبية ان يلجأ المرشد إلى مهارات الاصغاء، ويهيء الاساس مرة اخرى للمواجهة. وفيما يلي اهم ردود الفعل التي يبديها المسترشدين تجاه المواجهة:

١-التقبل الصادق.

وهي افضل ردة فعل نحو المواجهة، ويحدث التقبل الصادق عندما يتقبل المسترشد المواجهة لتناقضاته ويقر بالتناقضات ويفسرها.

٢- التقبل الزائف.

يحدث هذا النوع من التقبل ربما لأن المسترشد لم يستعد بعد للمواجهة، وربما يرتبك المسترشد في هذه الحالة اذا لم يكن المرشد دقيقاً في مواجهته.

٣- الانكار

ينكر بعض المسترشدين وجود تناقضات لديهم باستخدام العبارات التالية:

- انا لم اقصد ان اقول ذلك..
- كيف توصلت لذلك وانت لم تجرب..؟
- انه موضوع تافه لا يستحق المناقشة.

خطوات بناء المواجهة الفعالة

هناك ثلاث خطوات لابد ان يسير بموجبها المرشد بالتسلسل، لبناء مواجهة فعالة وبدقة وهي:

١- الخطوة الاولى: تحديد التناقض في رسائل المسترشد عن طريق استخدام مهارة السؤال، او احدى مهارات الاصغاء (لاحظ ان مهارات الاصغاء ضرورية جداً لاتقان مهارات متقدمة كما ذكر سابقاً).

٢- الخطوة الثانية: تلخيص العناصر المختلفة لهذا التناقض.

٣- الخطوة الثالثة: تقديم التغذية الراجعة عن طريق استخدام كلمات وعبارات تطابق كلمات وعبارات المسترشد، والقنوات السمعية او البصرية او اللمسية التي يستخدمها في الكلام.

واذا لم يحل التناقض بعد اتباع الخطوات الثلاث السابقة، ربما يصبح من الضروري القول للمسترشد العبارة التالية:(انت ترى الامر هكذا.. وانا اراه هكذا) (Cormier p.١١٨-١٢٣). واخيراً يمكن للمرشد ان يقيس مدى فاعلية مواجهته وتقييم عملية التغيير في تفكير وسلوك المسترشد، من خلال مراقبة ردود فعله تجاه المواجهة عندئذٍ بامكانه ان:

- يحدد ماذا يفعل المسترشد بخصوص التغيير في أي وقت اثناء المقابلة.
- يكتشف فاعلية مواجهته واثرها على المسترشد (Ivey،١٩٦ p.١٩٠-١٩٦).

خامساً: مهارة التغذية الراجعة (Feedback skill)

تتضمن مهارة التغذية الراجعة تزويد المسترشد بمعلومات عن كيفية أدائه لمهمة معينة، وذلك بهدف مساعدته على النمو وفهم نفسه ومعرفة قدراته وتفاعلاته مع البيئة، وتزويده بتوجيه ودعم لما تم انجازه بنجاح، وما يمكن انجازه، ثم ادراك وتصحيح اية مشاكل تواجهه.

اعتبارات استخدام التغذية الراجعة

هناك اعتبارات أساسية لابد ان يأخذها المرشد بعين الاعتبار عند استخدام مهارة التغذية الراجعة اهمها:

١- توفر درجة مناسبة من الدافعية لدى المسترشد ليستقبل التغذية الراجعة.

٢- يجب ان تقتصر التغذية الراجعة على ما يقوم به المسترشد ويلاحظه المرشد.

٣- لابد ان تحتوي التغذية الراجعة على كمية من المعلومات المحددة وليس العامة، شريطة الا تكون هذه الكمية كثيرة جداً او مبالغ بها، وان تساعد المسترشد على تطبيق بدائل معينة.

٤- يفضل ان تعطى التغذية الراجعة مباشرة، واذا اضطر المرشد لتأجيلها فانه يجب ان يقدمها في اسرع وقت.

٥- تقدم التغذية الراجعة بلغة واضحة ومباشرة وباسلوب ونبرة صوت هادئة، وليس باسلوب غاضب.

٦- لابد ان يذكر المرشد الجوانب الايجابية في شخصية المسترشد اولاً، ثم بعد ذلك يذكر الجوانب السلبية التي تتضمن الاخطاء والسلبيات، وبعد ذلك يذكر ما يود تحقيقه او انجازه لدى المسترشد لاسيما في التغذية الراجعة التصحيحية.

مصادر التغذية الراجعة:

ان افضل من يقدم التغذية الراجعة هو المرشد النفسي؛ لما يمتلكه من مهارات التواصل البشري. فهو افضل من يلاحظ ويراقب انجازات وسلوكيات المسترشد. ولابد ان تقدم التغذية الراجعة بطريقة فاعلة محددة وليس عامة، حتى تكون استجابة تصحيحية وليس عقوبة. وقد تقدم التغذية الراجعة عن طريق اشخاص آخرين مثل (الوالدين، المعلمين، الاصدقاء)، وذلك بالاتفاق مع المرشد والمسترشد بانجاز مهمة معينة او تصحيح سلوكيات محددة. وقد يقدم المسترشد

التغذية الراجعة لنفسه بنفسه، وذلك بملاحظة سلوكياته بعد ان يكون قد حدد اهدافاً محسوسة ومقاسة وخطوات عمل محددة ومتسلسلة لما يرغب ان ينجزه، وبذلك يصبح مع الزمن مسؤولاً اكثر عن انجازه وسلوكياته ويستطيع تعزيز نفسه بنفسه. وفيما يلي امثلة توضيحية توضح مصادر التغذية الراجعة، سواء كانت من قبل المرشد او المسترشد او اشخاص اخرين:-

- المرشد:- انت طالب متميز تحصيلياً وتحظى باحترام زملائك والمعلمين، لكن كثرة مزاحك مع طلاب الصف تجعل بعضهم يسيء اليك، بامكانك ان تتعامل معهم بجدية واحترام وتتفاعل معهم بلطف واعتدال.(تغذية راجعة من قبل المرشد او شخص آخر).

- المسترشد لنفسه:- لقد احرزت علامات جيدة في مادة الرياضيات والعلوم، ولكن علاماتي في اللغة العربية ليست في المستوى المطلوب، انني استطيع ان اعمل على زيادة علاماتي في اللغة العربية اذا خصصت ساعة اضافية لهذه المادة ولخصت النقاط الأساسية في كل حصة لغة عربية.

انواع التغذية الراجعة

هناك اربعة انواع رئيسية يمكن ان يستخدم المرشد واحدة او اكثر منها حسب مرحلة الإرشاد وطبيعة الهدف الإرشادي للجلسة وهي:

ا. التغذية الراجعة التأكيدية (Confirmatory)

وهي التي يخبر من خلالها المرشد المسترشد بأنه يتقدم بنجاح نحو الهدف المحدد، وحسب الخطوات المتفق عليها.

ب. التغذية الراجعة التصحيحية (Corrective)

يزود المرشد في هذا النوع من التغذية الراجعة المسترشد بالمعلومات التي يحتاجها، من اجل ان يعود للخطوات التي ابتدأها بطريقة صحيحة ولكنه انحرف عنها قليلاً فيما بعد.

جـ. التغذية الراجعة التحفيزية (Motivating)

وهي التي يخبر من خلالها المرشد المسترشد عن النتائج الايجابية لإتباعه الخطوات الصحيحة، وكذلك النتائج السلبية لعدم اتباع الخطوات الصحيحة، وذلك بهدف اثارة دافعيته للعمل.

د. التغذية الرجعة التسهيلية (Facilitative)

وهي تلك التي يخبر من خلالها المرشد المسترشد بكيفية تأثير سلوك المسترشد عليه وبماذا يشعر حيال ذلك بعد ان يكون قد حدد هذا السلوك، وماذا يرغب ان يعمل اذا ما استمر المسترشد في سلوكه. ان هذا النوع من التغذية الراجعة يساعد المسترشد على فهم نفسه بطريقة افضل، وتغيير نفسه اذا رغب في ذلك.

(انتهى بحمد الله)

قائمة المراجع العربية

- أبو حجلة نظام، الطب النفسي الحديث، الطبعة الأولى، عمان، دار الثقافة، ١٩٨٧.
- أبو حطب فؤاد وآمال صادق، علم النفس التربوي، الطبعة الثانية، القاهرة، مكتبة الانجلو المصرية، ١٩٨٠.
- -أبو عيطة سهام، مبادئ الإرشاد النفسي، الطبعة الأولى، عمان، دار الفكر،١٩٩٧.
- الوقفي راضي، أساسيات التربية الخاصة، الطبعة الأولى، عمان، كلية الأميرة ثروت، ٢٠٠١.
- ابو لبدة سبع،مبادىء القياس النفسي والتقييم التربوي، الطبعة الرابعة الجمعية التعاونية،١٩٨٢
- العيسوي عبد الرحمن، العلاج النفسي، القاهرة، دار الفكر الجامعي، 1979.
- الرفاعى نعيم: العيادة النفسية والعلاج النفسي، الجزء الثاني، المطبعة التعاونية، دمشق،١٩٨٢.
- الخطيب جمال، تعديل السلوك (القوانين والإجراءات) ،جمعية عمال المطابع التعاونية، الأردن ،عمان، الاردن،١٩٨٧.
- اوزيبا صموائيل وآخرون – مترجم – استراتيجيات الإرشاد النفسي لتعديل السلوك النفسي ، الإسكندرية، دار المعرفة الجامعية، ١٩٩٢.
- باترسون،نظريات الإرشاد والعلاج النفسي،ترجمة حامد الفقي،دار القلم، الكويت، ١٩٩٢.
- ديفيد جيلدارد: (مترجم)الدليل العملي للمرشدين النفسيين والتربويين وأساسيات الإرشاد الفردي ،دار الفكر للطباعة والنشر والتوزيع،عمان، الأردن،٢٠٠٣.
- حمزة مختار ، أسس علم النفس الاجتماعي ، الطبعة الثانية ، جدة ، دار البيان العربي، ١٩٨٢ ٠
- زهران حامد، علم نفس النمو (الطفولة والمراهقة)، الطبعة الخامسة، القاهرة، عالم الكتب، ١٩٨٥.
- زهران حامد، التوجيه والإرشاد النفسي، الطبعة الثانية، القاهرة، عالم الكتب، ١٩٨٠.
- زيتون عايش، أساسيات الإحصاء الوصفي، الطبعة الأولى، عمان، دار عمار، ١٩٨٤.
- زيتون عايش، بيولوجيا الانسان: مبادئ في التشريح والفسيولوجيا، الطبعة الثانية، عمان دار عمار، ١٩٩٥.
- سعد جلال: المرجع في علم النفس، الطبعة الثالثة، دار المعارف، القاهرة ١٩٦٣.

- طلعت منصور واخرون، مبادىء التوجيه والإرشاد المدرسي. الطبعة الاولى،مطبعة الصفا، الكويت- الجامعة العربية المقترحة٢٠٠٣.

- عوده أحمد، القياس والتقويم في العملية التدريسية، الطبعة الأولى، دار الأمل للنشر والتوزيع، اربد،الأردن، ٢٠٠٥.

- عدس وتوق، المدخل إلى علم النفس، الطبعة الخامسة، عمان، دار الفكر، ١٩٩٨.

- عاقل فاخر، التعلم ونظرياته، الطبعة الخامسة، بيروت، دار العلم للملاين، ١٩٨١.

- قطامي يوسف، تفكير الأطفال: تطوره وطرق تعليمه، الطبعة الأولى، عمان ،الأهلية، ٢٠٠١.

- مصطفى احمد فهمي، الصحة النفسية: دراسات في سيكولوجية التكيف،الطبعة الأولى، القاهرة، مكتبة الخانجي ،١٩٧٦.

قائمة المراجع الأجنبية

- Cormir.M.&Cormir.S(١٩٩١) Interviowing Stratigies for Helpers Fundmenta Skills & Cognativ Bihavior) Intervvetions.Brook Book company .

- Bozarth. J.D.(١٩٩٨). Person-Centered Therapy. -A revolutionary paradigm. Ross-on-why: pees Books.

- Corey. G.(٢٠٠١).Theory and Practice of counseling and psychotherapy. California: Cole publishing company.

- Brammer .L.M..of schostrom.E.L. (١٩٧٧).Therapeutic psychology: Fandamentals of conseling and psychotherapy. New Jersy: prentice-Hall. Inc.

- Cringed. W.E and Kazden . A.E. and Mahoney. M.J (١٩٨٤(Behavior Modification: principals. Issues and Application. Boston: Houghton Muffin company.

- Ellis . A. of Grieger. R. (١٩٧٧). HandBook of rational emotive Ththerapy. N.y: springer.

- Hoyt . K.b. career Education where it is? Where it's going. Olympus com vtah.١٩٨١.

- Haugue. congruence .confusion of language.person- centered practice N.J Cole .١٩٩٨.

- K. Hoyt & others. career education in high school. clofy.n.j Knopf. L. F. (١٩٨٤).

- Skinner- .Tood. J. and Bohart. A.C. (١٩٩٤). Foundations About Behaviourism. N. Y.:

- Mars.S. empathies listening:report son the experience of ٦ping heard. Journal of Humanistic psychology.

- Hoppok . Robert. Occupational Information. N.Y.Mc.Graw hill.١٩٧٧.

- Meier's . s.(١٩٨٩).The elements of counseling. California: Cole/Books.

-Patterson– (١٩٨٦). Theories of counseling and psychotherapy. -N. Y: Havlen and Row.

- Osipows.theories of occupation of career development .prentice ٤thed.N.Y.Mc.Graw hill. ١٩٩٣.

Printed in the United States
By Bookmasters